JN303312

保城広至

アジア地域主義外交の行方:
1952－1966

木鐸社

目次

凡例 …………………………………………………………………………… 6

略語表 ………………………………………………………………………… 7

序章　「戦後アジア主義」と日本の地域主義外交 …………………11
　　1　問題の所在………………………………………………………11
　　2　アジア地域主義外交：その定義，その事例………………………13
　　3　本書の方法論……………………………………………………20
　　4　分析の視角………………………………………………………24
　　5　本書の構成………………………………………………………30

第1章　アジア地域主義外交展開の背景：1945－1953………………33
　　1　日米経済協力の一環としての東南アジア開発………………33
　　2　日本とアジア……………………………………………………37
　　3　アメリカとアジア………………………………………………40

第2章　「アジア・マーシャル・プラン」の幻想：1954 ……………45
　　1　「アジア・マーシャル・プラン」 ……………………………45
　　2　6月の外遊と東南アジア援助問題………………………………50
　　3　「お土産」を求めて ……………………………………………58
　　4　アジア地域主義構想出現の契機………………………………62
　　5　「アジア・マーシャル・プラン」の幻想 ……………………73
　　6　東南アジア経済開発計画研究会………………………………77
　　7　吉田外交の終焉とアジア地域主義の胎動……………………82

第3章　アジア地域主義構想の不用意な乱発：1955－1956 …………85
　　1　鳩山政権のアジア地域主義外交………………………………85
　　2　スタッセン訪日と日本…………………………………………88
　　3　シムラ会議の失望………………………………………………93
　　4　大統領特別基金と日本…………………………………………99
　　5　ジョンストン演説の波紋 ……………………………………105
　　6　2つの地域協力構想とその挫折 ……………………………110
　　7　アジア地域主義構想の乱発とその蹉跌 ……………………118

第4章　「対米自主外交」という神話：1957 ……………………121
　　　　1　「開発基金」構想と「対米自主外交」………………………121
　　　　2　米国援助政策の転換：「援助も貿易も」……………………126
　　　　3　経済外交懇談会 ………………………………………………134
　　　　4　岸信介の「戦後アジア主義」…………………………………141
　　　　5　岸・マッカーサー予備会談と「開発基金」構想の出現 ……145
　　　　6　東南アジアと「開発基金」構想 ……………………………150
　　　　7　「開発基金」構想とアメリカ…………………………………160
　　　　8　繰り返される徒労 ……………………………………………167
　　　　9　「開発基金」構想の末路………………………………………170
　　　　10　「対米自主外交」という神話…………………………………175

第5章　池田政権期のアジア地域主義外交論再考：1961-62 …………177
　　　　1　池田政権期のアジア地域主義 ………………………………178
　　　　2　ケネディ政権の「新太平洋共同体」構想と日本 …………181
　　　　3　OAEC構想の浮上 ……………………………………………184
　　　　4　OAEC構想と日本外務省 ……………………………………187
　　　　5　OAECをめぐる国際関係 ……………………………………193
　　　　6　OAECをめぐる国内政治 ……………………………………199
　　　　7　中間的な結論 …………………………………………………208

第6章　西太平洋友好帯構想の浮上と挫折：1963 ……………………211
　　　　1　覆い隠されてきた池田政権のアジア地域主義 ……………211
　　　　2　コンフロンタシ ………………………………………………215
　　　　3　池田外遊前夜 …………………………………………………221
　　　　4　池田東南アジア訪問と「西太平洋」構想 …………………235
　　　　5　「西太平洋」構想とは何だったのか…………………………244

第7章　東南アジア開発閣僚会議のイニシャティブとその限界：1965-66 …249
　　　　1　日本主催による戦後初の国際会議 …………………………249
　　　　2　ジョンソン構想と「アジア平和計画」………………………258
　　　　3　外務省のジレンマ ……………………………………………264
　　　　4　外務省構想の形成 ……………………………………………270
　　　　5　閣僚会議構想をめぐる国際関係 ……………………………274
　　　　6　閣僚会議開催へ向けた国内政治 ……………………………284
　　　　7　東南アジア開発閣僚会議の開催 ……………………………290
　　　　8　日本のイニシャティブとその限界 …………………………299

終章　結　論 ……………………………………………………303
　　　1　アジア地域主義外交の展開とその論理 ……………303
　　　2　蹉跌の理由 ……………………………………………309
　　　3　むすび：オリエンタリズムの桎梏を超えて …………314

おわりに ……………………………………………………………317

引用文献 ……………………………………………………………321

アブストラクト ……………………………………………………337

事項索引 ……………………………………………………………342

人名索引 ……………………………………………………………348

凡例

1　国名に関しては表記を統一せず，次のようにそれぞれ正式名称，略称などを用いた。
　例1)「アメリカ合衆国」「アメリカ」「米国」
　例2)「中華人民共和国」「中国」
　例3)「中華民国」「台湾」
　例4)「大韓民国」「韓国」

2　漢字表記以外の人名に関しては初出の際に氏名を英文名ともに表記し，以後は主に名字を用いた。

3　機構，組織などの名称については，初出の際に英語略語と日本語の正式名称を表記し，以後は主に略語を用いた。略語については，別途略語表を付記した。

4　引用文献や引用論文の記載は，各章の初出の際に著者や編者名，題名や論文名，掲載雑誌名，出版社，発行年，論文の掲載されているページ数など必要な情報を列挙した。その後同じ文献を用いる場合は省略し，「前掲」「*ibid.*」「*op. cit.*」などによる略記を用いた。

5　一次資料については，次のように必要に応じて略語を用いた。それら略語は，巻末の引用文献において　[　]　の中に表記してある。
　例1) Dwight D. Eisenhower Library, Abilene, Kansas　→　DDEL
　例2) *Foreign Relations of the United States*　→　FRUS
　例3)『吉田総理欧米訪問関係一件　欧米訪問準備』　→　『吉田訪問』

6　日本の情報公開請求によって得られた開示資料には，すべて末尾に開示番号を付してある。
　例) 日本代表団「シムラ会議に関する報告書」1955年5月27日，2006-00692

7　年代はすべて西暦で表記した。

略語表

ADB（アジア開発銀行：Asian Development Bank）
AFC（アジア投資金融機関：Asian Finance Corporation）
AID（国際開発局：Agency for International Development）
AMF（アジア通貨基金：Asian Monetary Fund）
APEC（アジア太平洋経済協力：Asia-Pacific Economic Cooperation）
APO（アジア生産性機構：Asian Productivity Organization）
APU（アジア決済同盟：Asian Payment Union）
ASA（東南アジア連合：Association of Southeast Asia）
ASEAN（東南アジア諸国連合：Association of Southeast Asian Nations）
ASPAC（アジア太平洋協議会：Asian-Pacific Council）
CACM（中央アメリカ共同市場：Central American Common Market）
CFEP（対外経済政策委員会：Council on Foreign Economic Policy）
CHINCOM（対中国輸出統制委員会：COCOM's China Committee）
CIAP（進歩同盟全米委員会：Committee on the Alliance for Progress）
COCOM（対共産圏輸出統制委員会：Co-ordinating Committee for Export Control to Communist Area）
DAC（開発援助委員会：Development Assistance Commitee）
DLF（開発借款基金：Development Loan Fund）
EAEC（東アジア経済協議体：East Asia Economic Caucus）
EAEG（東アジア経済グループ：East Asia Economic Group）
EC（欧州共同体：European Communities）
ECAFE（アジア極東経済委員会：Economic Commission for Asia and the Far East）
ECSC（欧州石炭鉄鋼共同体：European Coal and Steel Community）
EEC（欧州経済共同体：European Economic Community）
EFTA（欧州自由貿易連合：European Free Trade Association）
EPA（経済連携協定：Economic Partnership Agreement）
EPU（欧州決済同盟：European Payment Union）
EU（欧州連合：European Union）
EURATOM（欧州原子力共同体：European Atomic Energy Community）
FOA（対外活動本部：Foreign Operations Administration）
FTA（自由貿易協定：Free Trade Agreement）
GATT（関税と貿易に関する一般協定：General Agreement on Tariffs and Trade）
GHQ（連合国軍最高司令官総司令部：General Headquarters of the Allied Forces）
ICA（国際協力局：International Cooperation Administration）
IDB（米州開発銀行：Inter-American Development Bank）

IDAB（米国国際開発顧問団：International Development Advisory Board）
IFC（国際金融公社：International Finance Corporation）
IMF（国際通貨基金：International Monetary Fund）
LAFTA（中南米自由貿易連合：Latin American Free Trade Association）
MSA（相互安全保障法：Mutual Security Act）
NAFTA（北米自由貿易協定：North American Free Trade Agreement）
NATO（北大西洋条約機構：North Atlantic Treaty Organization）
OAEC（アジア経済協力機構：Organization for Asian Economic Co-operation）
ODA（政府開発援助：Official Development Assistance）
OECD（経済協力開発機構：Organization for Economic Cooperation and Development）
OEEC（欧州経済協力機構：Organization for European Economic Cooperation）
OSCE（欧州安全保障協力機構：Organization for Security and Cooperation in Europe）
PKI（インドネシア共産党：Partai Komunis Indonesia）
PRB（ブルネイ人民党：Partai Rakyat Brunei）
SEATO（東南アジア条約機構：Southeast Asia Treaty Organization）
SUNFED（国連特別経済開発基金：Special United Nations Fund for Economic Development）
UN（国際連合：United Nations）
UNCTAD（国連貿易開発会議：United Nations Conference on Trade and Development）

アジア地域主義外交の行方：1952－1966

序章
「戦後アジア主義」と日本の地域主義外交

1 問題の所在

地域主義の2つの波

　アジアにおける地域主義が注目を集めている。1989年のAPEC（アジア太平洋経済協力）設立以降，1990年代初頭にマレーシアのマハティール（Mahathir, bin Mohamad）首相によって提唱されたEAEG（東アジア経済グループ）・EAEC（東アジア経済協議体）構想，アジア通貨危機後に日本の大蔵省が提案したAMF（アジア通貨基金）構想，そして1997年以降に定例化したASEAN（東南アジア諸国連合）＋3の首脳会議（いわゆる「東アジア共同体」）などに見られるように，アジアにおける地域「共同体」形成への動きは，90年代以降，多くの国の政府関係者・研究者を惹き付けてきた。このようなアジア太平洋における地域主義の趨勢は，EC（欧州共同体）からEU（欧州連合）への拡大深化と，北米におけるNAFTA（北米自由貿易協定）の発足などとまとめて，「新しい地域主義（New Regionalism）[1]」，「第二の地域主義（Second Regionalism）[2]」あるいは「地域主義の新しい波（New Wave of Regionalism）[3]」などと呼ばれている。そして21世紀に入ってからも，このような

---

[1] Norman D. Palmer, *The New Regionalism in Asia and the Pacific*, Lexington, Ma.: Lexington Books, 1991.

[2] Jagdish Bhagwati, "Regionalism and Multilateralism: An Overview," in Jaime de Melo and A. Panagariya (eds.), *New Dimensions in Regional Integration*, Cambridge: Cambridge UP., 1993.

[3] Edward D. Mansfield and Helen V. Milner, "The New Wave of Regionalism,"

「新しい」国際政治の現実と，それに直面する研究者の関心は衰えるどころか，ますます過熱傾向にある。誰もがその趨勢に乗り遅れることを恐れるかのように，「東アジア共同体」を論じるようになった。ただしこのような近年の地域協力の動きに，「新しい」「第二の」という修飾語が付されていることからもわかるように，地理的に近接している国家同士が協力しようとする志向性は，決して近年に特有の，新規な現象ではない。特に戦後間もない1950・60年代には，世界中至る場所で地域枠組みを創設しようとする試み，いわゆる「第一の」地域主義が観察されたのである。アジアだけでも例えば，1954年にSEATO（東南アジア条約機構）が，1961年にはASA（東南アジア連合）が，1966年にはASPAC（アジア太平洋協議会）などが結成されている。ただしこの時代のアジア地域主義のほとんどが，実現せずに構想倒れに終わっているか，実現したものであっても短命に終わる運命にあった。この時代につくられたもので現在まで存続している地域枠組みは，ADB（アジア開発銀行，1966年創設）とASEAN（1967年創設）の2つに過ぎない。

　そして日本もまた例外なく，と言うよりはむしろアジアの中では最も精力的に，この時代にいくつかの地域枠組みをつくることを望んだのである。しかし日本政府が抱いた地域協力構想は，悉く失敗に終わってしまった。本書が分析対象とするのは，この時期に日本が世界に向かって訴えながらも，実現することなく散っていった，アジア地域主義の試みである。地域的な経済相互依存関係が未だ熟していなかった1950年代から60年代にかけて，なぜ日本はアジアにおける地域枠組みの形成を試みたのだろうか。それを出現せしめた要因は何だったのか。そしてまた，日本がつくろうと試みた地域枠組みには，どのような政策意図が込められていたのだろうか。最終的には，日本の構想は一つも実を結ぶことがなかったが，それはなぜだったのか。戦後間もないこの時代において，アジア地域主義を唱えた日本政府の政策形成過程を追い，日本の構想が投げ込まれたアジア太平洋の国際関係を分析することによって，上記の疑問点を明らかにすることが，本書の目的である。

　上述したように，多くの人々が時流に乗るかたちでアジアにおける「新しい」地域主義にスポットライトを当てている一方で，それ以前の歴史については，依然として研究者の間に大きな誤解，あるいは認識不足が見られるの

International Organization, 53, no. 3 (Summer 1999).

が実情である。例えば1980年代末以前には日本はそもそもアジアにおける地域主義を唱えることはなかったとして、その理由としていわゆる「大東亜共栄圏」の負の遺産を挙げている研究がしばしば散見される。もちろん、そのような認識不足の原因は第一にその論者の不勉強に求めるべきではあるが、この時期における日本のアジア地域主義に関する包括的な実証研究が未だ現れていないこともまた、認識不足の理由として挙げられよう。本書は、各国政府内部の資料（いわゆる一次資料）に基づいた実証分析によって、そのような知識の空白を埋める試みでもある。その意味で本書には、現在のアジア地域主義に関心を持つ識者や政府関係者にも手にとってもらい、敗戦後間もない日本の為政者が、どのようなアジア地域主義を構想し、どのような理由でそれが蹉跌に終わったのかを知ってほしい、という願いが込められている。もちろん、ここで論じることがすべて真理だと言うつもりはない。今後新たな資料の発見や異なった切り口、論理展開によって、本書の見解は塗り替えられるだろうと思われるし、それが望ましいことは言うまでもない。ただし現在のところ本研究は、戦後間もない時期における日本のアジア地域主義外交に関する、最も詳細で系統的な通史であると言ってよいだろう。本書を世に問う意義の一つはここにある。

2　アジア地域主義外交：その定義、その事例

本研究における「アジア地域主義」とは、いわゆる六大州（six continents）の一つであるアジア州から、旧ソ連に含まれていた中央アジアの国々と中東を除いた地域において、「アジア」という地理的領域を設定し、そのうちの複数の国家間、あるいは地域外の諸国も含めて何らかの機構を創設したり、定期的な会合を行ったりすることによって、政策協調や協力を積み重ね、その域内関係の強化・維持をはかる動き、と定義する[4]。その結果形成された公的

4　「地域主義」は、そもそもUN（国際連合）という普遍的国際組織との繋がりで使用されていたが、後に「地域統合」とほぼ同じような意味で用いられるようになってきた。地域統合と地域主義の簡潔な説明は、山影進「地域統合・地域主義と地域研究」坪内良博編『＜総合的地域研究＞を求めて：東南アジア像を手がかりに』京都大学学術出版会、1999年、452-456頁。また、近年の地域主義についての包括的な定義と説明は、Andrew Hurrell, "Regionalism in Theoretical Perspective," in Louise Fawcett and Andrew Hurrell (eds.),

な多国間の取り決め，すなわち制度そのものは，「地域枠組み」と呼ぶ。したがって本書では，「地域枠組みを創設しようという試み」＝「地域主義」である。「地域枠組み」の中には，事務局を持ち，加盟国を拘束する協定や条約などの法制化が進んだ，いわゆる「フォーマル」な組織から，サミットのように各国政府関係者の定期的会合によって維持される「インフォーマル」な会議形式までも含む。また本書では，「地域主義」の具体的計画のことを，「地域協力構想」あるいは「地域主義構想」と呼ぶ。

　本研究では，1950・60年代における日本のアジア地域主義が，政治主体による外交政策として国際社会に対して投げかけられた，すべての試みを分析事例とする[5]。この点，曖昧模糊として具体的な計画とはならなかった構想，あるいは対外政策として表出されることなく国内で議論されたに留まったような計画は，分析事例から外される[6]。また，例えば財団法人である日本生産性本部が音頭をとって1961年に発足したAPO（アジア生産性機構），ECAFE（アジア極東経済委員会）が主導して1966年に創設されたADBなどは，日本政府による外交政策が発端ではなかったため，分析対象からは除外される[7]。本書では，分析対象とする事例を「アジア地域主義外交」と呼ぶ。

　本研究の分析対象期間は，戦後日本が主権を回復した1952年から，「東南アジア開発閣僚会議」が開催された1966年までである。この期間を対象とする

Regionalism in World Politics: Regional Organization and International Order, New York: Oxford University Press, 1995, chap. 3; Raimo Väyrynen, "Regionalism: Old and New," *International Studies Review*, no. 5 (2003). 大庭三枝『アジア太平洋地域形成への道程：境界国家日豪のアイデンティティ模索と地域主義』ミネルヴァ書房，2004年，2，20頁などが参考になる。

5　なぜすべての事例を分析しなければならないのかは後述する。
6　その意味で，本書の「構想」の英訳としては"idea"あるいは"concept"といった漠然としたものではなく，"plan"という訳語が最も適当である。
7　アジア生産性機構の設立については，社会経済生産性本部『生産性運動50年史』2005年，105－106頁。ADBについては，曺良鉉『アジア地域主義とアメリカ外交：1960年代地域機構設立の相互作用における多様性の分析』東京大学大学院総合文化研究科博士論文，2006年，第4章参照。ただしECAFEが1962年に提案したOAEC（アジア経済協力機構）構想については，本書の定義では日本のアジア地域主義外交ではないものの，興味深い事例であるため，第5章で詳細に分析する。

理由として，戦後日本の地域主義が，この時代に集中しているという事実が挙げられる。1970年代においては，日本政府がアジア地域主義を声高に唱えることはなかった。それが再び浮上するのは1980年代の後半になってからであるが，この時代以降における地域主義の目的やその機能，出現理由は，戦後間もない1950・60年代のそれと大きく異なっている。本研究が目指すものは，ある時代に限定された一般化であるが，1950・60年代における日本のアジア地域主義と，80年代以降のそれとに大きな断絶が存在する以上，この二つの時代を同列に論じることにはあまり意味がないと考える。加えて，政府の内部文書は30年経過した後に審査・公開していくという，いわゆる「30年ルール」の資料的制約から[8]，80年代以降の日本外交の実証分析は，それ以前の時期に較べると皮相的なものにならざるを得ない。したがって本研究の分析は，実証の質を保つ意味でも，1950・60年代という時代に限定された日本の地域主義構想を対象にしている[9]。

　現在判明している限りでは，1950から60年代にかけての日本のアジア地域主義外交は，7事例存在した（表0－1および図0－1～0－8[10]）。そして7つのうち6回までが構想倒れに終わり，唯一1966年に実現した「東南アジア開発閣僚会議」もまた，実質的には何の役割も果たさぬまま，9年という短命に終わっている。すなわち，この時代の日本政府によるアジア地域主義は，すべて挫折する運命を辿ったのである。繰り返しになるが，日本のアジア地域主義外交を出現せしめた要因は何だったのか，そこにはどのような意

8　ただし日本の情報公開法では，比較的最近の資料も開示請求することによって（部分開示ながら）入手できるようになっている。
9　もちろん，資料の制約がなければ，時代の断絶そのものを説明変数として，戦後から現在までの日本のアジア地域主義外交を論じることも可能であり，研究上および政策上の意義も大きいと思われる。70年代以降の分析を行うことに筆者は吝かではなく，今後の課題としたいと考えている。
10　本書で明らかにしていくように，日本の地域主義構想が対象とする国々は，構想の策定段階ではっきりと決まっていたわけではなく，特に1950年代には，参加想定国は曖昧なまま，構想倒れに終わったケースが少なくない。例えば「スターリング圏以外の東南アジア」がどの国を指すのかは，必ずしも明確ではない。したがって，図示した領域は筆者の推測が含まれていることをあらかじめお断りしておく。

表0−1　分析対象事例

年	構想名	首相	内容	結果
1954〜1955	東南アジア経済開発基金 アジア決済同盟	吉田茂 鳩山一郎	多国間開発援助枠組み 貿易決済同盟	×
1955	地域開発基金 短期決済金融機構	鳩山一郎	多国間開発援助枠組み 貿易決済同盟	×
1955〜1956	アジア開発金融機関	同上	多国間開発援助枠組み	×
1956	アジア開発基金	同上	多国間開発援助枠組み	×
1957	東南アジア開発基金	岸信介	多国間開発援助枠組み 貿易決済同盟	×
1963	西太平洋友好帯	池田勇人	インドネシアを対象と した信頼醸成枠組み	×
1965〜1966 1975	東南アジア開発閣僚会議	佐藤榮作	多国間開発援助枠組み	○ ↓ ×

注：同時に同じ政策関係者によって作成された構想は一つの事例としている。
筆者作成

図が込められていたのか，そしてなぜ，日本の構想は結実することがなかったのか。これらの問いに答えること，換言すれば，戦後日本による「アジア地域主義外交の行方」を追うことが，本書の目的になる。

図0−1　東南アジア経済開発基金

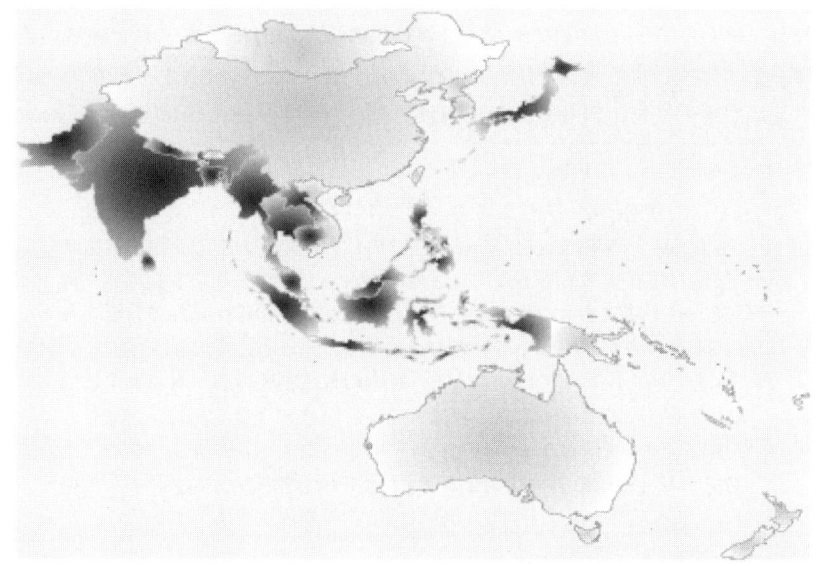

序章 「戦後アジア主義」と日本の地域主義外交　17

図０−２　アジア決済同盟

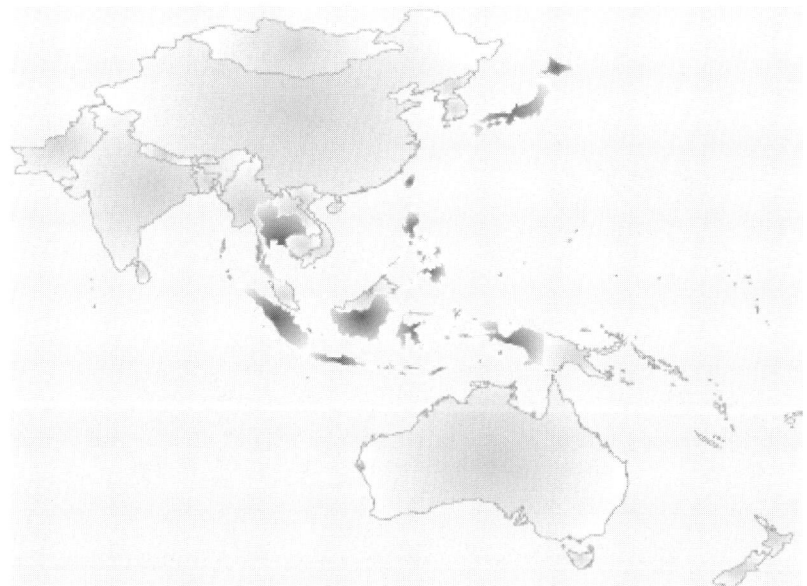

図０−３　地域開発基金，短期決済金融機構

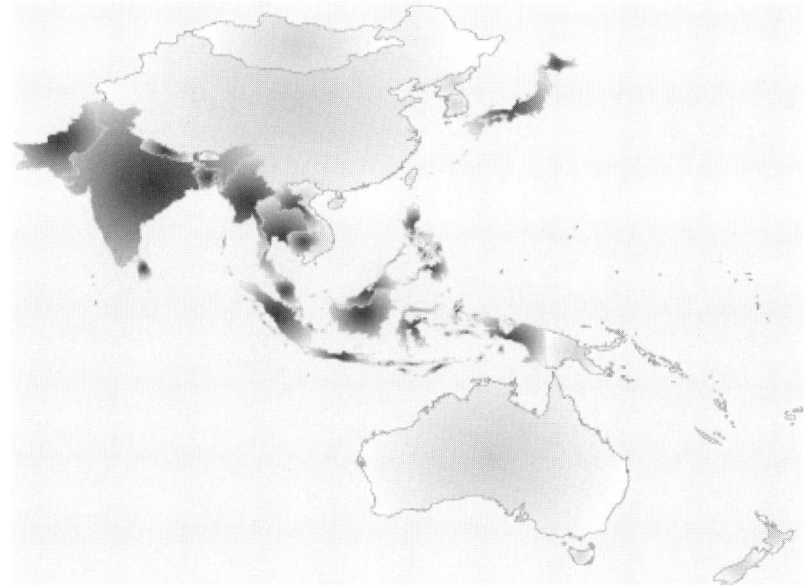

図0－4　アジア開発金融機関

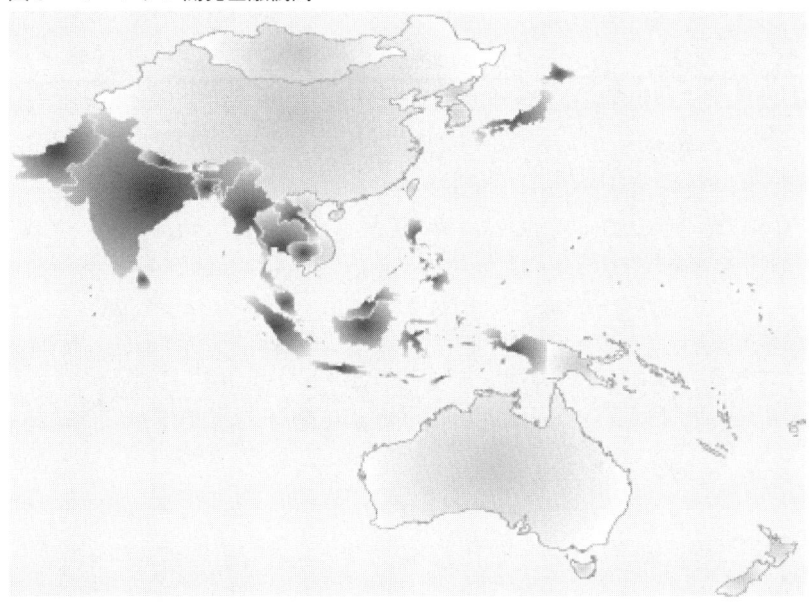

図0－5　アジア開発基金

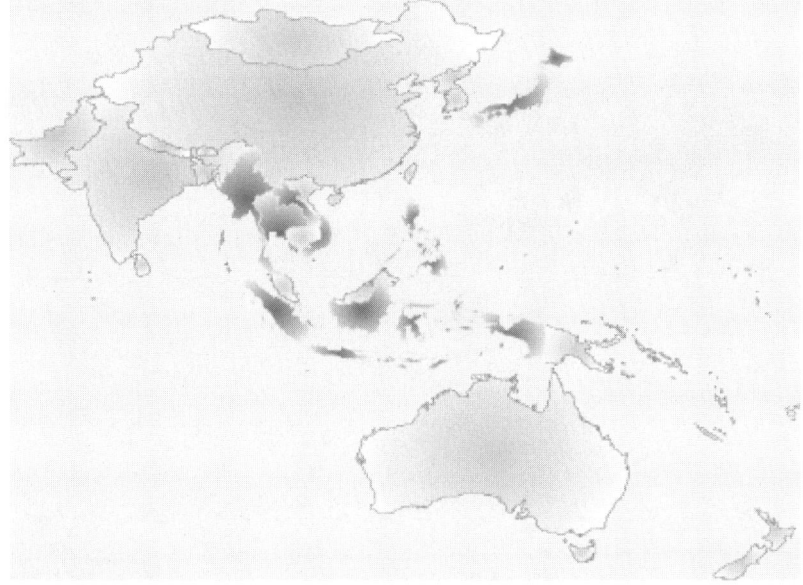

図0-6　東南アジア開発基金

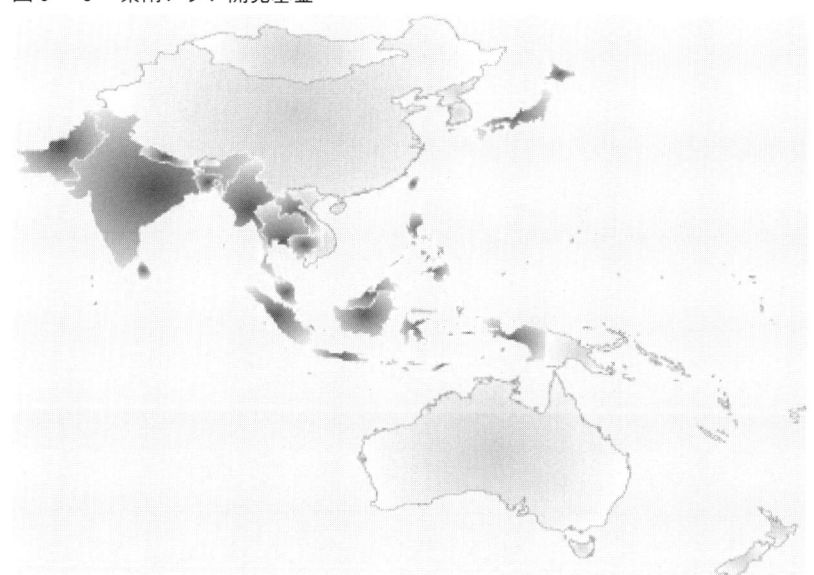

図0-7　西太平洋友好帯

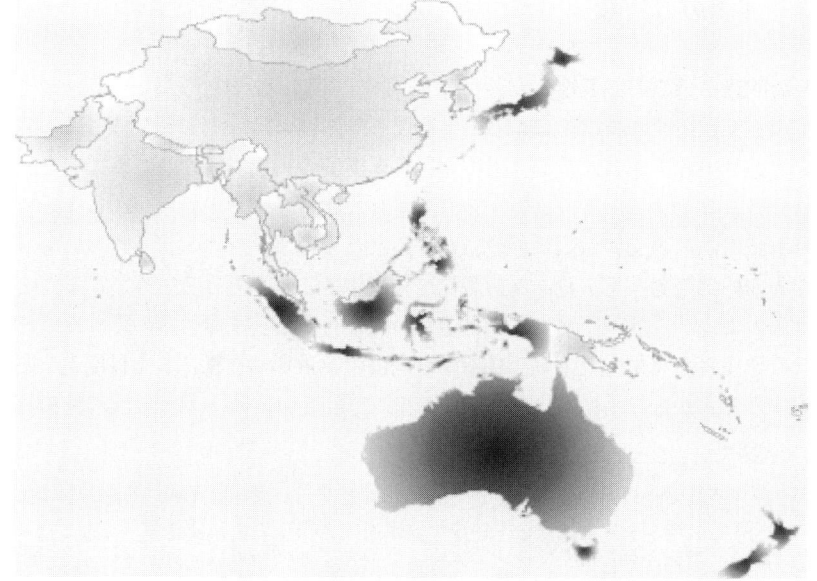

図0−8　東南アジア開発閣僚会議

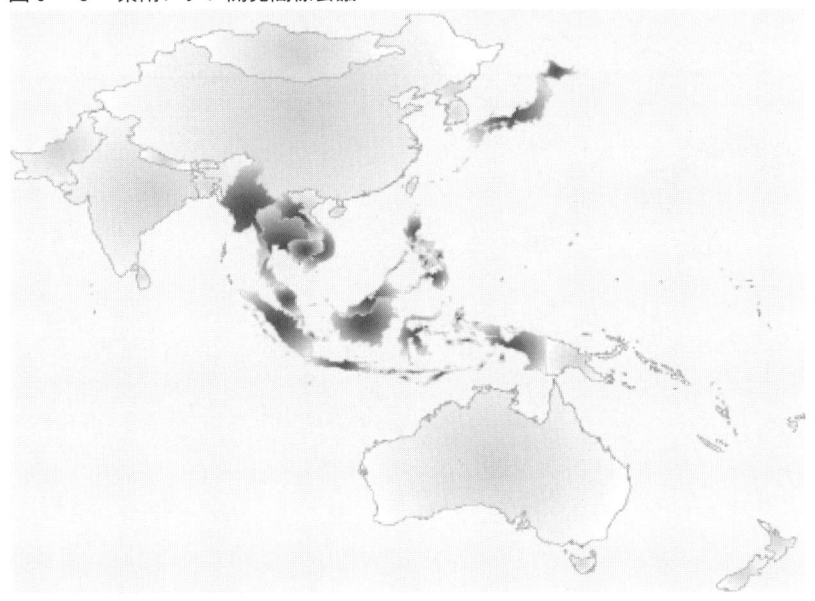

3　本書の方法論

系統的通史分析の必要性

　本書が採用するのは，15年という期間を時系列に沿って，各政権によるアジア地域主義構想の政策形成過程を，日米英豪の一次資料に基づいて実証的に分析する手法である。幸い，2001年4月に施行された情報公開法によって，日本政府内部の文書が閲覧可能になり，それまでブラック・ボックスであった省庁内部の動きを，我々はある程度把握することができるようになった。従来のように，状況証拠による推論から戦後日本外交を論じるのではなく，政策作成者を特定した上で，日本政府内部の政策形成過程にある程度光を照射することが，容易になったのである[11]。

　11　情報公開法が施行されてから6年が過ぎたが，未だ研究者に共有されるような引用ルールは確立していない。本書で引用する情報公開開示文書にはすべて開示番号を付し，読者がそれを参照して開示請求できるように便宜を図

本書が試みるような，15年間という比較的長い期間を対象とした日本のアジア地域主義外交に関する研究は，少数と言ってよいだろう[12]。さらに政府内部資料を利用した外交史の実証分析となると，個別の事例においては近年着々と研究が積み上げられてきているものの[13]，通史的に系統立てて，すべての事例を濃淡なく実証分析したものはまだ存在していない。そのような系統的な通史分析の欠如からは，二つの問題が生じてくる。

第一に，ある特定の政権の外交政策を緻密に実証分析する外交史研究は，自らの分析事例の特殊性を強調する傾向があるが，個別の単一事例を詳細に分析するだけでは，それがユニークであると言うことは論理的に不可能である。類似した他の事例との比較分析を通じて初めて，その外交政策を相対化することが可能であり，その特殊性や他の時代との同質性を浮き彫りにできると言える。さらにはそのような通史的な比較によって，従来見落とされてきた条件を発見することもまれではない。

第二に，ある程度の通史分析を行ったとしても，分析対象が何のリサーチ・デザインもなく任意に選ばれていたとしたら，その選択は，自らの主張を裏付けるために持ってきた都合の良い事例である[14]，という批判を免れることはできない。さらに言えば，歴史的に有名な事例のみを取り上げ分析し，重要ではあるがそれほど知られていないその他の事例を切り捨てたとすれば，その研究から得る読者の歴史理解は，かなりいびつなものになる恐れがある。

事例選択の問題は，政治学の方法論的課題として，随分と長い歴史を持っ

っている。

12 山影進「アジア・太平洋と日本」渡邉昭夫編『戦後日本の対外政策』有斐閣，1985年，渡邉昭夫『アジア太平洋の国際関係と日本』東京大学出版会，1992年，第4章，末廣昭「経済再進出への道：日本の対東南アジア政策と開発体制」中村政則他編『戦後日本　占領と戦後改革6　戦後改革とその遺産』岩波書店，1995年，波多野澄雄「アジア太平洋の『地域主義』と日本」波多野澄雄・クラインシュミット編『国際地域統合のフロンティア』彩流社，1997年，大庭，前掲書，波多野澄雄・佐藤晋『現代日本の東南アジア政策：1950－2005』早稲田大学出版部，2007年。

13 それら実証研究は各章で紹介する。

14 Barbara Geddes, *Paradigms and Sand Castles: Theory Building and Research Design in Comparative Politics*, Ann Arbor, The University of Michigan Press, 2003, chap. 3.

ている。その代表的なものの一つに、エクスタインの事例分析の方法論がある[15]。エクスタインによれば、単一の事例であっても、慎重なリサーチ・デザインが施されていれば、その選択は恣意的にはならず、定量的研究に劣らない分析の意義があるという。つまりある理論の有効性／非有効性を論ずるにあたって、それが説明する「最もあり得そうな事例（most likely case）」の分析によって当該理論が反証されれば、あるいは逆に「最もあり得そうにない事例（least likely case）」においても当該理論が有効であることが検証されれば、その事例は単一であっても分析するに値するのである。このような30年前のエクスタインの主張は、今なお重要な示唆を与えてくれる。恣意的に選んだある事例を一次資料に基づいて詳細に記述しただけで、一つの研究として認められてしまいかねない外交史研究に対する、警鐘ともなり得るだろう。しかしながら逆に、理論的な問題に関心が集中してしまうと、事例分析がかなり偏った方向に行くことになりかねない。例えば、いわゆるデモクラティック・ピース論の検証のために、1898年に英仏間で起こった「逸脱事例」であるファショダ危機の事例分析を積み上げている米国政治学界の現状は[16]、外交史家にしてみればやや知的異常と映るかもしれない。さらには、我々が知りたいのは、理論的有効性ではなく、事例そのものの面白さ、新たな事実の発見である場合も少なくない。言うまでもなく歴史家は通常、後者に重きを置いている。

　本研究は、上記のような問題点を解決するために、15年間、政権の数で言えば（短命であった石橋湛山政権を除くと）5つの内閣を対象にして、日本によるアジア地域主義外交を例外なくすべて、濃淡なく実証分析することを

15　Harry Eckstein, "Case Study and Theory in Political Science," in Fred I. Greenstein, and Nelson W. Polsby (eds.), *Handbook of Political Science, vol. 7, Strategies of Inquiry*, Reading, Mass.: Addison-Wesley, 1975, pp. 79-137. 内山融「事例分析という方法」『レヴァイアサン』40号（2007年）も参照。

16　アンドリュー・ベネット、アレクサンダー・L・ジョージ、宮下明聡訳「歴史学、政治学における事例研究と過程追跡：異なる目的を持つ両学問分野の似通った方法」コリン・エルマン、ミリアム・フェンディアス・エルマン、渡邉昭夫監訳『国際関係のアプローチ：歴史学と政治学の対話』、2003年、東京大学出版会、315頁。

試みる。15年間という長期間でありながら,一次資料に基づいた実証分析を行うことによって,統一的かつ質の高い時代横断的な比較が可能になり,各事例の共通項と相違を浮き彫りにすることができると考えられる。その点で,ジョージとベネットの「構造化・焦点化された比較の方法（method of structured, focused comparison）」と本書の方法論とはかなり類似している。ジョージらによれば,「構造化・焦点化された比較の方法」とは,さまざまな事例に対して,研究の目的に沿った同じ問いを投げかけ,「構造的」で系統的な比較を行い,分析対象事例のある特定の側面に「焦点」を当てて,詳細に分析して理論化を目指す手法のことである[17]。

　また,本研究が最も重視する分析方法は,政策決定過程の時系列的な分析である。先述したように,情報公開法によってブラック・ボックスは開かれ,日本外交の政策決定過程は,かなりの程度解明することが現在は容易となっている。本書は,日本の情報公開法を大いに活用することで,従来の日本外交史研究が到達し得なかった水準の,緻密な実証分析が可能になったと考えている。したがって本書は,事例を単なるテストケースと考えるのではなく,

---

17　ただし本書では,ジョージらのように「仮説－検証」型の演繹法ではなく,外交史分析に典型的な「実証－結論」型の帰納法を重視する。すなわちそれは,政策決定過程を時系列的に解き明かしていくことによって,政策に関する新たな事実やそれが現れる必要条件,思想的な背景を抽出することに主眼を置く方法である。1950・60年代という限定された時代の枠の中において,なんらかの一般的な知見を導出することは可能であるし,本書はそれを目指すものであるが,アプリオリに設定した理論を検証することは意図しない。本章の以下で展開する論理はいずれも,実証分析から導き出されたものである。また,ジョージらは「追跡過程（process tracing）」の重要性を強調するものの,それがある特定の理論や仮説を検証するために使われる限り,都合の良い資料にのみ光を当て,その他のものは切り捨てるという,資料の恣意的な取捨選択問題は回避できないのではないかと思われる（この論点は別の機会で論じる予定である）。ジョージらの方法論は,Alexander L. George, "Case Studies and Theory Development: The Method of Structured, Focused Comparison," in Paul Gordon Lauren, (ed.), *Diplomacy: New Approaches in History, Theory, and Policy,* New York: Free Press, 1979, pp. 43-68; Alexander L. George and Andrew Bennett, *Case Studies and Theory Development in the Social Sciences,* Cambridge, MIT Press, 2005 参照。

新たな事実と因果関係の発見によって，事例自体の歴史的評価を塗り替える意図も持っている。本研究では，取り扱う事例すべてにおいて，それぞれ日本外交史研究への貢献ができるものと考えている。各事例を独立論文としていくつか発表しているのはそのためである[18]。その意味で，なるべく事例そのものの面白さも味わっていただくことを望んでいるが，それが成功したかどうかは読者諸賢の御判断を仰ぐしかない。

4　分析の視角

地域協力枠組みの形態と日本のアジア地域主義

　言うまでもないことだが，多国間の地域協力枠組みは，さまざまなかたちをとり得る。古くは，「政治的統合」と「経済的統合」とは区別して論じられてきたし[19]，その中でも政治的な安全保障枠組み一つをとってみても，NATO（北大西洋条約機構）やSEATOのような集団的自衛権を志向することもあれば，OSCE（欧州安全保障協力機構）のような協調的安全保障になることもある。また，経済的な地域枠組みとしては，「自由貿易地域」→「関税同盟」→「共同市場」→「経済同盟」→「完全な経済統合」といった，バラッサによるいわゆる古典的経済統合の理論が存在し[20]，現在最も進んだ地域統合枠

18　保城広至「岸外交評価の再構築：東南アジア開発基金構想の提唱と挫折」『国際関係論研究』第17号（2001年），保城広至「1962年の『アジア共同体』：OAEC構想と日本」『アジア研究』第53巻第1号（2007年），保城広至「東南アジア開発閣僚会議の開催と日本外交：1960年代における日本のイニシャティブとその限界」『国際政治』第144号（2006年），Hiroyuki Hoshiro, "A Japanese Diplomatic Victory?: Japan's Regionalism and the Politics between Japan, the United States and Southeast Asia, 1965-1966,"『東洋文化研究所紀要』第151冊（2007年）。

19　いわゆる「古い」地域主義（地域統合）について概観するには，*International Organization* 誌が1970年に特集を組んだ論文集が有用である。"Regional Integration: Theory and Research," *International Organization*, 24, no. 4 (Autumn, 1970). 浦野起央・大隈宏・谷明良・恒川恵市・山影進『国際関係における地域主義：政治の論理・経済の論理』有信堂高文社，1982年，鴨武彦『国際統合理論の研究』早稲田大学出版部，1985年，山影進『対立と共存の国際理論：国民国家体系のゆくえ』東京大学出版会，1994年，第Ⅰ部第3章も参照。

組みであるEUは，21世紀に入ってから「経済同盟」の段階に達したと考えられる。このようなさまざまな地域枠組みの形態を念頭において，改めて表０－１を眺めれば，そこに際立った特徴が認められる。その特徴とは，戦後日本のアジア地域主義構想は，（池田政権の唯一の例外を除いた）すべてが，集団的自衛権でも，貿易枠組みでも，金融協力でもなく，「開発援助枠組み」か「貿易決済枠組み」の創設を目指したものであった，という事実である。すなわち，日本の望んだ地域枠組みは，バラッサの想定する経済統合以前の段階に位置付けることができる。そして当然のことながら，発展途上国の開発援助や貿易の決済を行うには，一国のみが対象であったとしても，多くの資金を必要とする。それが複数国に広がるとなると，膨大な資金が事前に用意されていなければならない。ところが敗戦の荒廃からようやく立ち直りつつあり，またビルマやフィリピン，インドネシアなどに対して二国間ベースで賠償金も支払う必要があったこの時期の日本に，そのような財政的余裕があるはずはなかった。その最大の財源として想定されたのは，日本ではなく，米国であった。つまり，本書の分析対象とするアジア地域主義は，（池田の事例を除いて）アメリカの大規模資金を想定した，「開発援助枠組み」あるいは「貿易決済枠組み」の形成だった。そしてもちろん，米国が日本の構想に賛意を示すという可能性がなければ，その構想は無意味なものになるだろう。日本がアジア諸国と経済協力を行うには，賠償や円借款などの二国間協力で事は足りる。わざわざ多国間の枠組みを新たにつくろうと試みたのは，米国がアジア援助の増額に乗り出してきたと，日本の政策決定者が判断したためである。

　すなわち，日本政府によるアジア地域主義外交推進の必要条件は，米国の対アジア政策が，地域枠組みの形成に積極的になり，かつ援助が増額の方向へ政策転換するという「期待」の存在であった。米国の政策転換の実現可能性が高ければ高いほど，日本はより具体的で大胆な地域主義構想を推進し，逆に可能性が低ければ低いほど，目立たないかたちで小規模構想を水面下で探ったのである。そして「期待」が全く存在しなければ，日本政府は地域主義外交を推進することはなかった。戦後日本のアジア地域主義外交は，アメリカのアジア政策と密接に結びついていたのである。

20　ベラ・バラッサ，中島正信訳『経済統合の理論』ダイヤモンド社，1963年。

ではなぜ日本政府は，アメリカの資金に依存する地域枠組みを構想したにも拘わらず，自らイニシャティブを発揮したのだろうか。換言すれば，なぜ日本は米国の代わりに自らが表立って地域主義外交を展開したのであろうか。その問題を解くためには，日本の政策関係者が，どのような対米，対アジア認識を抱いていたかを明らかにしなければならない。

「アジアの一員」＋「西側先進国の一員」＝「戦後アジア主義」

戦後日本の為政者は，軍事的考慮に偏ったアメリカの冷戦戦略に対する不満を常に持っていた。日本に再軍備を迫るアメリカ，それを拒否する日本という姿は，1950年代前半における日米関係の典型的な構図であった。そして視点を国外へ向けるならば，アメリカの対東南アジア政策は反共イデオロギーに囚われるあまり軍事的なアプローチに傾斜しており，アジア諸国の反感を買っているという認識を，自らの経験と共に日本の政策決定者は抱いていたのである。つまり日本としては，援助政策に積極化しつつある米国の資金をアジアへ導入することを望んでいたが，米政府がそれを直接行えば，アジア諸国の反発を招くことは必至であると考えた。そこで日本の政策決定者が訴えたアプローチは，「アジアによるアジアのための経済開発」であった。このスローガンには，「アジアの一員」でもあり，米国を始めとする「西側先進国の一員」でもある日本が，いわゆる「橋渡し」を行うかたちでアメリカの資本をアジアへ導入し，開発を行うという考えが内在されていたのである。

本書では，上記のアプローチを出現せしめた日本のアジア認識を，分析概念として「戦後アジア主義」と呼ぶ。「アジア主義」というすでに耳慣れたフレーズに，「戦後」という修飾語を付す理由は次の通りである。戦前期においては，「大東亜共栄圏」に象徴されるように，日本が中心となってアジアで地域枠組みを創設するという政治的動きは，英米を中心とする列強との協調外交とは相容れないものであった。つまり戦前のアジア主義は，対抗すべき「他者」である英米という存在を前提として，一体としてのアジアという地域の枠を作り出し，英米に「抵抗や闘争を呼びかけるプロジェクトとしての政治的言説[21]」という面，欧米に対するカウンター・イデオロギーという様相

---

21 山室信一『思想課題としてのアジア：基軸・連鎖・投企』岩波書店，2001年，580頁。

を強く呈していたのである。それはまず，西欧的国際秩序の排他的性格に反発するかたちで，「西欧」を敵対すべき「他者」として捉え，それに対抗するために「東洋」という地域を創設する。そして欧米列強の支配からアジアを解放するという名目で，日本を盟主に据えてアジアの連帯を目指した「攻撃的な」思想であった[22]。それに対して戦後は，冷戦という国際構造によって日本は西側陣営の一員として参入し，敵対すべき他者は共産主義国家へと取って代わった。西側の領袖であるアメリカは，日本にとって対抗すべき相手ではなくなったのである。それに加えて，敗戦の荒廃と憲法9条の制約などによって，戦後の日本は海外派兵するほどの軍備を持つことはなく，あくまで共産国家への日本の対抗手段は経済的なものに限られた。攻撃的な思想は牙を抜かれたのである。しかし「東洋と西洋との緊張関係」という認識は，戦後の日本に持ち越された。アメリカを中心とする西欧のアジア政策が，独立した直後でナショナリズムの渦巻く「アジアの心理」を考慮に入れておらず，いたずらに現地の反発を惹起している，という認識は継続されたのである。そして地理的近接性，人種的・文化的同質性という実態あるいは心理から，日本は「アジアの一員」であるという認識もまた，根強く残った。さらには，日本がアジア諸国の中の先進国であり，最も経済的・技術的に優れているという優越感も，戦後に持ち越された。ここに，「戦後」という修飾語を付しているものの，「アジア主義」と主張する根拠がある。

　日本を「自己」とし，アジア諸国を「他者」として捉えた場合，戦前の負債によって，アジアが日本に対して反感・不信感を抱いていると，日本の政

---

[22] 言うまでもないことだが，戦前のアジア主義は一概には捉えられない多様な広がりを持っており，そのようなアジア主義者の思想的多様性については，広範な研究の蓄積がある。古典的な業績として，竹内好「アジア主義の展望」竹内編『現代日本思想体系9　アジア主義』筑摩書房，1963年，7-63頁が最も包括的なものである。近年の研究としては，平石直昭「近代日本の『アジア主義』：明治期の諸理念を中心に」溝口雄三他編『アジアから考える5　近代化像』東京大学出版会，1994年，265-291頁，平石直昭「近代日本の国際秩序観と『アジア主義』」東京大学社会科学研究所編『20世紀システム1　構想と形成』東京大学出版会，1998年，176-211頁，日本政治学会編『日本外交におけるアジア主義』岩波書店，1999年，各論文，山室，前掲書などが挙げられる。

策関係者が認識していたことは確かである。戦前戦中期における日本のアジア政策が無条件に免罪されると考えているほど，日本政府は無神経ではなかった。しかしながら，図０－１から図０－８を一瞥しただけで明らかなように，朝鮮半島の２国と中国は，日本が提案した諸構想の対象範囲から完全に抜け落ちている。すなわちこれらの国々と，1960年代の後半から1970年代になるまで国交回復しなかったという事実（韓国とは1966年，中国とは1972年。北朝鮮とは2008年現在，未だ国交なし）は，日本外交の対象たるアジアを，南・東南アジアへと限定した。南・東南アジアに対する戦争責任という認識は，これら北東アジアの３国に比較すると，遥かに低調なものであった。つまり1950年代から60年代にかけて日本のアジア地域主義の対象となる「アジア」とは，全アジア地域ではなく，独立後間もなく，ナショナリズムの渦巻く南・東南アジア諸国のことであり，贖罪意識も自ずと希薄化されることになる。この時期，日本の知識人が論じたナショナリズムは，共産革命を果たした中国が主な対象であり，そこにはある種の「憧憬」を見て取ることができる[23]。しかし現実政治を営む政治家や官僚にしてみれば，当然ながら，脅威とみなされた中国に対して知識人のような視点が芽生えることはなかった。中国や北朝鮮といったアジアの共産主義国に対しては，連帯感という意識はなく，この時代のアジア地域主義構想には，むしろ特に中国に対抗するという意図が込められていたのである。

　このような贖罪意識の希薄化に加えて，アメリカ要因を導入することによって，「自己」と「他者」との関係が容易に転換可能になる論理が，「戦後アジア主義」には組み込まれていた。すなわち，東南アジア（「他者」）と日本（「自己」）という関係に，アメリカというさらなる「他者」を含めることによって，東南アジアと日本は「アジア」という名の下に「自己」になる。そして日本の政策関係者は，アメリカとアジアには対立的な緊張関係が存在するという認識を持ち，一方で日本は「アジアの一員」であり，他方で「西側先進国の一員」でもあるという二つのアイデンティティを有している。そこから現れ出る論理的帰結が，アジアとアメリカの「橋渡し」という役割を担うに相応しい日本，という自己イメージの浮上である。アメリカの資金を利用

23　小熊英二『＜民主＞と＜愛国＞：戦後日本のナショナリズムと公共性』新曜社，2002年，265－280頁。

しながらも，日本を含むアジア諸国によってそれを使用するという，「アジアによるアジアのための経済開発」というスローガンが，このように正当化されるに至る。ただしそこには，経済運営に経験が浅い東南アジア諸国を指導する立場にある日本，という戦前的な「アジア主義」の一つの特徴が埋め込まれていたのである。

　もちろん，このような「戦後アジア主義」が，日本の政策関係者すべてに浸透していたわけではない。日本がアジアで地域枠組みの形成に主導的な役割を果たすことに対して，批判的な勢力は常に国内に存在した。1955年以降の大来佐武郎や，石橋湛山などはその典型である。さらに付言すべきは，「戦後アジア主義」の内容は各人が全く同一というわけではなく，そこには当然のことながら多様性が存在していたという事実である。その点，アジア地域主義外交の内容及びその政策意図は，明らかに1950年代と1960年代とでは異なっている。1950年代のそれは戦前的な性格を強く有していた一方で，1960年代にはそのような様相はあまり見られない。竹内が戦前の「アジア主義」を評して「特殊的であり，おそろしく多義的でもある」「たぶん辞典の数だけ定義の種類がある[24]」と指摘したことが，「戦後アジア主義」にも当てはまる。

　以上のように，アメリカの資金を想定しつつも日本政府は「アジアによるアジアのための経済開発」というアプローチを唱え，アジア地域主義外交を展開する。しかしながら，それらは悉く頓挫したのであった。なぜならば，日本の「戦後アジア主義」から発した「アジアによるアジアのための経済開発」というアプローチは，日本以外の国と共有されることは無く，結局のところ，米国・東南アジア双方に受け容れられることはなかったからである。日本のアジア認識，アメリカのアジア認識，アジアのアジア認識は，この時代，ほとんどかみ合うことがなかったのであった[25]。

　以上の主張を実証することが，本書の分析の目的になる。

24　竹内，前掲論文，7頁。
25　日本のアジア地域主義構想をめぐる国際関係について詳しくは，終章で分析する。

5 本書の構成

　最後に，簡単に本書の構成を述べておく。本書は序章と終章を含めると，9章構成になっている。導入部の序章（本章），概論的記述を行っている第1章，そして結論部の終章を除けば，各章が，先行する研究群に対応する構成となっている。したがって，必ずしも表0-1で挙げた各事例が一つの章に対応しているわけではない。例えば第3章では4つの事例が取り上げられているし，第1，2章及び5章で分析するアジア地域主義外交の事例はない。

　はじめに第1章では，敗戦直後から1953年までの日本とアジアの関係を概観する。この8年という間に，「日米経済協力の一環としての東南アジア開発」という，後のアジア地域主義外交の素地が形成されていった。その背景を論じると共に，日本の政策決定者によるアジア認識が，米国を含めることによってどのように変化するのかという点も考察している。

　第2章では，戦後日本による初の地域主義構想と考えられている「アジア・マーシャル・プラン」構想を検証し，その事実がな・か・っ・た・ことを明らかにする。すなわち本章では，40億ドルという膨大な額のアメリカからの資金援助を東南アジア開発に投入するという計画は，ジャーナリズムと後世史家の作り上げた幻想に過ぎなかったことを，吉田茂の外遊を分析することによって実証する。したがって，戦後日本のアジア地域主義構想は，吉田ではなく，鳩山政権になって初めて出現するのである。

　第3章では，その鳩山政権期におけるアジア地域主義外交を分析する。この2年間は，章題を「アジア地域主義構想の不用意な乱発」としたように，日本がアジア地域主義に最も精力的だった時期である。具体的には，米国政府高官に提出した「東南アジア経済開発基金」および「アジア決済同盟」構想，コロンボ・プラン加盟国によるシムラ会議における「地域開発基金」，「短期決済金融機構」の設置提案，また米国に提示した「アジア開発金融機関」と「アジア開発基金」の設立構想があった。これらは，米政府内部の援助増額派の言説，あるいは実際の米国によるアジア援助増額の動きに触発されたものであったが，日本政府の見通しは甘過ぎた。これらの諸構想は，アジア諸国にも受け入れられず，また米政府内部で十分な検討もされることなく，全て頓挫するのである。しかしながら，その失敗にも拘わらず岸政権は1957

年,同様の地域主義構想を提唱する。その出現背景には,どのような政治過程があったのだろうか。

　第4章では,岸内閣の「東南アジア開発基金」構想の政策立案からその挫折に至る過程を検証する。その分析を通じて,従来「対米自主」と言われてきた本構想が,米国のアジア政策と密接に繋がっていたことを明らかにする。

　第5章以降は1960年代を扱っている。1950年代とは異なり,高度成長を果たしたこの時期においては,基本的に日本自身のために地域協力を行う必要性が薄れていたはずである。それにも拘わらず日本は地域主義外交を展開した。なぜだろうか。その疑問を解くことが5章以降の目的である。第5,6章では,池田政権がアジア地域主義外交に積極的ではなかった,という通説に対する反論を試みている。第5章では,はじめに米国の対アジア政策と池田政権との関係を検証したのち,ECAFE が提案し,日本が消極的だったために実現しなかったと言われてきた地域主義構想,OAEC 構想を取り上げ,前政権との比較を行う。その結果,米国がアジアにおける地域主義に好意的であったなら,池田政権もそれ以前と変わらない地域主義構想を提案していた可能性を示唆するとともに,日本の望んだ地域枠組みは,「貿易枠組み」ではなかったことを改めて確認する。第6章では,従来ほとんど実証研究の対象となることのなかった,池田政権の「西太平洋友好帯」構想を取り上げ,その内容,政策意図,そして挫折するに至った原因を分析する。実はこの構想は歴代政権のうちで最も政治的であったことを明らかにするとともに,そのために米国・アジア双方からの反対に遭い,結局池田政権はその発表を断念するに至る過程を実証する。

　最後の事例を扱う第7章では,佐藤政権期に開催された「東南アジア開発閣僚会議」を分析する。従来,経済大国となった日本の援助増大表明と考えられてきたこの会議が,実はアメリカの大規模資金を導き入れるための受け皿として意図されていたことを明らかにする。その点でこの会議は,1950年代の諸構想と同様の性格を有していたのである。しかしながら,アメリカとアジア諸国は日本の実質的貢献を期待しており,このような各々の認識の相違が,すでに9年後の閣僚会議の自然消滅を運命付けていたことを指摘する。すなわち,池田の「西太平洋友好帯」構想を唯一の例外として,1950年代から60年代にかけての日本のアジア地域主義構想は,そのすべてが,アメリカの資金を東南アジアへと導入するための地域枠組みとして考案され,そして

すべてが挫折したのであった。
　最終章では，本書の実証分析が明らかにした諸点を鳥瞰していく。戦後日本によるアジア地域主義外交の出現要因，その政策意図，戦後アジア主義の多様性，そして日本の政策が悉く失敗に終わった理由を抽出し，むすびとする。

第1章

アジア地域主義外交展開の背景：1945－1953

　次章で論じるように，戦後日本のアジア地域主義外交は，吉田政権の末期になってから開始される[1]。その分析を行う前に本章では，戦後日本とアメリカ・東南アジアとの関係についての歴史的背景と，1950年代に，日本の政策関係者がどのようなアジア認識を抱いていたかについて概観しておく。

1　日米経済協力の一環としての東南アジア開発

　戦前の日本にとってのアジアとは，「圧倒的に」大陸，特に朝鮮半島から満州にかけての北東部を意味していた[2]。例えば，1935年における日本の貿易

---

[1]　ちなみに，1946年に提出された外務省特別調査委員会報告書『日本経済再建の基本問題』に，一箇所だけ「地域主義」への言及がなされているが，それはあくまで今後の客観情勢の予測であって，日本の外交構想と呼べるものではなかったと言える。この報告書では，日本が中国や「朝鮮」との経済的分業関係を成立させることや，日本がアジア諸国の工業化に貢献することが望ましいとされているが，報告の作成者がそれを「地域主義」と呼んだり，その制度化に向けて尽力した形跡はない。その後しばらくの間，日本政府が何ら地域主義外交を展開しなかった事実に鑑みても，主権を喪失した敗戦直後の日本にとって，自ら主体的に地域主義を構想する余裕はなかったと考えるのが妥当であろう。外務省調査局「改訂日本経済再建の基本問題：昭和21年9月，外務省特別調査委員会報告」有沢広巳監修，中村隆英他編『資料・戦後日本の経済政策構想　第1巻　日本経済再建の基本問題』東京大学出版会，1990年，147，199－200，256頁。

[2]　渡邉昭夫『アジア太平洋の国際関係と日本』東京大学出版会，1992年，80－81頁。

実績を見ると，日本のアジア向け輸出に占める大陸の割合は約60％であり（東南アジアは30％），輸入は50％（同じく30％）に達していた[3]。しかしながら，敗戦と中華人民共和国の成立，朝鮮戦争によって冷戦がアジアへと転移すると，日本と大陸との関係はほとんど断ち切られてしまう。また中国と韓国両国の反日感情も手伝って，大陸は戦前のように十分な日本の市場とはなり得なかったのである。このような国際環境から，工業製品購入市場と食料・原料供給源をコストの高い北米市場のみに依存してはいられない日本が，東南アジア開発に意欲を示したのは言わば必然であり，そのための援助をアメリカに仰ぐことになる。このような「日米経済協力の一環としての東南アジア開発」という構想，すなわちアメリカの資金と日本の技術を結びつけることによって，戦後失われた日本の市場を東南アジアに見出す構想は，敗戦後間もない時期に見ることができる。

例えば，外務省や通産省の官僚が「アジア版マーシャル・プラン」への期待を表明していた事実を，1940年代末の国会で確認することができる[4]。1950年1月には，日銀総裁であった一万田尚登は来日したジュサップ（Jessup, Phillip C.）無任所大使との会談で，ポイント・フォー計画に関して日本の産業能力を東南アジアの後進地域（backward areas）開発のために利用することができれば望ましいと語り，インドシナ，インド，タイといった東南アジア開発への意欲を見せていた[5]。また同時期に経済安定本部が作成してアメリカへ提出した，「東南アジアの経済開発における日本の貢献」と銘打った文書には，日中貿易が戦前の水準にまで回復することはもはや不可能であるとして，日本は将来東南アジアへ依存せざるを得ないという結論に達していた。この文書で想定されていた東南アジアは，インドネシア，インドシナ，インド，フィリピン，セイロン（現スリランカ），そしてマラヤ連邦（つまり南アジア諸国を含めた広義の東南アジア）であり，日本がこれらの地域

3　行沢健三・前田昇三『日本貿易の長期統計：貿易構造史研究の基礎作業』同朋舎，1978年，78頁。

4　鄭敬娥「1950年代初頭における『日米経済協力』と東南アジア開発」九州大学法制学会『法政研究』，第70巻4号（2004年），1151–1152，1174頁。

5　Memorandum of Conversation, January 9, 1950, enclosed with from Tokyo to Department of State, January 13, 1950, 894.00/1-1350, *RDOS-IAJ, 1950-54*, Reel 21.

から一次産品を輸入し，重工業製品を輸出するというパターンが想定されている。ただし東南アジア諸国の経済レベルがある程度高まらない限りその実現は困難であるとして，アメリカ政府に対して，年間4～5億ドルという，東南アジア経済開発のための大規模な資金援助を要請していたのである。それによって日本は，東南アジア諸国が望むような工業設備や農業技術などを供給できるとしていた[6]。おそらくこの文書と何らかの関連を有していたと思われる「自立経済達成の諸条件」という，経済安定本部の作成した文書（これはエオス作業というニックネームを与えられていた）においても，同様の考えが示されている。そこでは，「アジア・マーシャルプラン」が推進された場合，日本経済のアジア向け輸出が大幅に増加することが期待されていたのである[7]。

　日本を自由主義陣営に留めておくことを望んだトルーマン（Truman, Harry S.）政権期のアメリカもまた，日本を東南アジア諸国と経済的に結びつけることを通じて各国のドル・ギャップを克服し，日本の経済自立を達成して，共産主義への接近を阻止しようとした。戦後間もない時期はいわゆるポーレー（Pauley, Edwin）使節団の賠償中間報告に見られるように，日本の重工業産業を解体し，アジア諸国を上回る生活水準を日本に許容せず，その復興はアジア諸国の中でも最後にすべきであるという懲罰的な考えが見られた（これは日本では「ポーレー的段階」と呼ばれた[8]）。しかしながら米ソの対立が顕在化し，日本の重要性が高まって行くにつれて，そのような懲罰的な動きは鳴りをひそめることになる。多くの研究が指摘するように，アメリカ政府

6　Economic Stabilization Board, "Japan's Share in Economic Development of South-East Asia," January 28, 1950, enclosed with From Tokyo to Department of State, February 10, 1950, 894.00/2-1050, *RDOS-IAJ, 1950-54*, Reel 21.

7　この作業では，「アジア・マーシャルプラン」を想定したものはA案，そうでないものはB案と呼ばれ，それぞれの場合における日本経済構造の帰結に関するシミュレーションが行われた。このA案での「アジア・マーシャルプラン」の規模は約8億ドルと想定されていた。林雄二郎編『新版日本の経済計画：戦後の歴史と問題点』日本経済評論社，1997年，90-98頁。

8　戦後初期における米国の対日賠償政策の変遷については，「賠償・終戦処理（原朗執筆）」大蔵省財政史室編『昭和財政史：終戦から講和まで』第1巻，東洋経済新報社，1984年が最も詳細で包括的である。

内では日本の重化学工業を育成し，その技術と東南アジアの資源を結びつけようとする構想が，さかんに議論されるようになるのである[9]。1947年のストライク（Strike, Clifford S）調査団による第一次ストライク報告や，翌48年の第二次ストライク報告，ジョンストン（Johnston, Percy）調査団によるジョンストン報告によって，上記の対日賠償政策は大幅に緩和され，日本の経済再建が第一目的として謳われることになる（これは「ストライク的段階」と言われた）。そして1949年12月に作成され，米国の「インドシナ政策の転換を画した[10]」と言われているNSC48／2では，非共産主義アジア諸国の経済的地域統合（Regional Association of Non-Communist States）の推進が謳われており，そのために日本を含むアジア諸国の主導が期待されていた[11]。このように，日本を共産主義陣営に向かわせないために経済復興を推進し，東南アジア諸国と経済的に結びつけようとする考えは，すでに1940年代後半の時点で，アメリカ政府の中で主流の地位を占めていたのである。

　そして1950年6月に勃発した朝鮮戦争と，10月の中国参戦によって，上記のような動きは決定的になる。ココム（COCOM：対共産圏輸出統制委員会）の下部機関でありその極東版でもあったチンコム（CHINCOM：対中国輸出統制委員会）と，日米二国間の個別の取り決めによって，日本の対中禁輸は

9　これらを論じた代表的なものとして，William Silvers Borden, *The Pacific alliance: United States Foreign Economic Policy and Japanese Trade Recovery, 1947-1955*, Madison: University of Wisconsin Press, 1984, chaps. 3-4, 6. 渡邉昭夫「戦後初期の日米関係と東南アジア：戦前型『三角貿易』から戦後型『半月弧』へ」細谷千博・有賀貞編『国際環境の変容と日米関係』東京大学出版会，1987年，菅英輝『米ソ冷戦とアメリカのアジア政策』ミネルヴァ書房，1992年，210-211，214頁，赤木完爾「戦後日本の東南アジア回帰とアメリカの冷戦政策」『法学研究』第68巻11号（1995年），マイケル・シャラー，五味俊樹監訳『アジアにおける冷戦の起源：アメリカの対日占領』木鐸社，1996年，第8, 12, 16章。

10　赤木完爾『ヴェトナム戦争の起源：アイゼンハワー政権と第一次インドシナ戦争』慶応通信，1991年，80-81頁，加藤洋子『アメリカの世界戦略とココム　1945-1992：転機にたつ日本の貿易政策』有信堂，1992年，第3章。

11　US Department of Defense, *United States-Vietnam Relations, 1945-1967*, Washington, D.C.: USGPO, 1971, vol. 8, pp. 265-272. NSC48の作成過程は，シャラー，前掲書，第11章。

欧州各国のそれよりも厳しい条件下に置かれた。つまり1940年代にはまだ許容されていた日中貿易は，これによってほとんど完全に断ち切ることを強いられたのである[12]。ただしこのように朝鮮戦争によって大陸との貿易が閉ざされた一方で，アメリカは日本から軍需を調達するといういわゆる「特需」を発注し，ドッジ・ラインによって困窮に喘いでいた日本の経済回復に大きく貢献することになる（これは「ドッジ（Dodge, Joseph M.）的段階からダレス（Dulles, John Foster）的段階への移行」と言われた）。1951年から53年にかけて，輸出の5割から7割に達する臨時の外貨が特需として流入することになる[13]。そして朝鮮戦争勃発後に日本が東南アジアへと再び目を向けるきっかけとなった注目すべき動きは，1951年5月にGHQ（連合国軍最高司令官総司令部）のマーカット（Marquat, William F.）経済科学局長が発表した，いわゆるマーカット声明である。この声明では日米経済協力が謳われ，また中国市場の代替として東南アジアの原材料資源開発と輸出が示唆される。吉田内閣も1951年に発表した「新経済政策」でこの声明に触れ，「わが国は，米国の緊急調達計画への参加や東南アジアとの貿易及びその資源の開発への協力を通じて……本格的に国際経済に参加し得る十分な機会が与えられている[14]」と述べたのであった。

2　日本とアジア

ただし，上記のようなレトリックとは裏腹に，実際の「日米協力による東南アジア開発」は遅々として進まなかった。その主な理由は，日本が掛け声ばかりで具体的な日米協力計画を提案しなかったことにあったが，仮に計画が立てられたとしても，原材料を確保することに腐心する日本の思惑が，現地の民族感情を刺激したことにも原因があった。日本が考案した東南アジア開発計画のうち，最大規模を持っていた日印合併製鉄所建設プロジェクトは，

12　Yoko Yasuhara, "Japan, Communist China, and Export Controls in Asia, 1948-52," *Diplomatic History*, 10, no. 1 (1986), pp. 87-89.

13　中村隆英「日米『経済協力』関係の形成」近代日本研究会編『年報近代日本研究4　太平洋戦争：開戦から講和まで』山川出版社，1982年，281－285頁，鄭，前掲論文，1159－1163頁。

14　大蔵省財政史室編『昭和財政史：終戦から講和まで　第17巻　資料（1）』東洋経済新報社，1981年，104頁。

その典型例であると言える[15]。これは1952年9月に電源開発会社総裁に就任直前の高碕達之助が提唱したもので、インドの鉄鉱石主産地であるヒラクードに年産百万トン（これは当時インドの生産量の倍に相当した）の溶鉱炉を設置するという構想であった。総資本金は約1億ドルと見積もられ、そのうちの5千万ドルを日印折半で、残りを世界銀行から借り入れることが想定されていた。吉田内閣もこの計画にゴー・サインを出し、また、世銀総裁のブラック（Black, Eugene）も協力する意向であったらしい。しかしこの計画は最終段階の1953年2月になって、インド側の突然のキャンセルによって立ち消えとなってしまう。インドが問題としたのは、日本が買う銑鉄の価格がインドの期待したものと大きく離れていたことと、新設する会社に日本が副社長を出し、経営に参加することを望んでいたことにあった。高碕自身は、この経営参加の要望は世銀から出された条件であったと述べているが、インドとしては、国の基礎産業である製鉄事業に外国人を経営参加させるということは、「国民感情が許さな[16]」かったのである。高碕はこの教訓を以下のように述懐している[17]。

　　われわれいままでやっておった海外発展策、特にアジアに対する発展策というものは余程注意して相手国の意思を尊重してやらなければならんと思う。ということはだね、自分たちが思っている以上に彼らのナショナリズムというものは強いんだ。何しろ今までは独立国でなくて白色人種に色々な圧迫を受けておった。それが解放されてようやく独立したという時だから、もう丁度維新後の日本の尊皇攘夷と同じような具合に、われわれの想像以上に、ナショナリズムが強いということを考えてやらなければ大失敗するだろうと思う。

そして「相手国の意思を尊重する」必要性、換言すれば、自らをアジア諸

15　以下の記述については、吉田内閣刊行会編『吉田内閣』吉田内閣刊行会、1954年、510－511頁、岸信介・高碕達之助「対談：アジアの経済開発とナショナリズム」『アジア問題』1954年1月号、22－31頁、高碕達之助『高碕達之助集』上巻、東洋製罐、1965年、172－175頁を参考にした。
16　岸・高碕、前掲論文、23頁。
17　岸・高碕、前掲論文、22－23頁。

国の立場に置き，その視点から考える姿勢が欠けていたという認識は，この時代の他の日本人にも共有されていた。

> アジア諸国をいわば外部から眺め，主としてこちら側の必要から一方的に問題を取り上げようとする傾向がないでもない。……アジア諸国民が何を問題とし，いかにそれを解決しようと努めているかという点をいわば内面から理解することに努力し，問題の解決に協力するという立場をとるのでなければ，わが国とこれら諸国との間における真実の友好関係をつくりあげることは難しいだろう。

経済安定本部の大来佐武郎と原覺天は，1952年に上梓した『アジア経済と日本』の冒頭で，以上のように記している[18]。1954年に発足したアジア協会の初代会長を務めた藤山愛一郎（日本商工会議所会頭）も，その機関誌『アジア問題』において「かつてこれらの国々とあれほどの近親さを保っていた我が国は，戦後自らの生きる道を見出すために追われていたとはいえ，一時その存在を忘れ去っていた観がある。……われわれはこれら諸国をかつての原料供給地，商品市場としてのそれではなく，新しい経済基盤の上に生成しつつある新興国であるとの認識のもとに，彼らが何を求めかつ何を解決しようとしているかを的確に理解し，その深き理解と相互の友情と信頼を基礎としてあらゆる部門においての協力を行ってゆかねばならないと思う[19]」というコメントを載せ，大来・原と同じような所見を述べている。敗戦によって壊滅的な打撃を受けた日本は，自らの復興に汲々とするばかりに，アジアを自らの経済発展のために利用する対象であるとしか捉えられず，アジアを主体的に考える姿勢，アジアの一員として，アジアに責任を負う姿勢を失っていた。彼らはそう主張する。

すなわち，日本を一方の主体，東南アジアを他方の主体と捉えた場合，そこには大きな亀裂が存在していることを認めた上で，それを埋める努力を怠ってはならないという認識は，確かに戦後日本の政策関係者の中に存在して

18　大来佐武郎・原覺天『アジア経済と日本』岩波書店，1952年，1頁。

19　藤山愛一郎「機関誌『アジア問題』の発刊に際して」『アジア問題』1954年9月号。

いた。ただし、そのような「日本とアジア」という関係に、「アメリカ」という主体を含めることによって、それが別のかたちをとることになる。

3　アメリカとアジア

「植民地主義」「冷戦的思考」vs.「ナショナリズム」

　外務省アジア局は、1953年に作成した「東南アジア国際情勢の分析」という名の資料において、東南アジアには反植民地感情と、欧州と提携しているアメリカに対しても反感があることを紹介する[20]。広義の東南アジアにおいて戦後新たに独立した国々は、フィリピン（1946年にアメリカから）、インドとパキスタン（1947年にイギリスから）、セイロンとビルマ（1948年にイギリスから）、インドネシア（1949年にオランダから）、ラオスとカンボジア（1953年にフランスから）、マラヤ連邦（1957年にイギリスから）など数多く、その中でもインドネシアや北ベトナムに代表されるように、独立戦争を旧宗主国と戦って勝ち取った国もあった（北ベトナムはフランスとの戦争を継続中）。また、特に中立主義を標榜する東南アジア諸国は、「アメリカの政策がアジア人の心理を考慮に入れていないことに批判的」であり、「アメリカの外交政策は多く支持されておらず」、「東南アジアにおけるアメリカの声望も未だ高いとはいえない」として、アメリカと東南アジアの心理的懸隔を狭める必要性が説かれている[21]。それに対して、東南アジア諸国民が有色人種に「漠然たる親和感を抱いているのは事実[22]」としている。そして「一体としてのアジアなるものは未だ存しない」が、「独立日浅いこれら各国がいわば次第に大人となり」、「諸国間の現在の微弱な相互提携も、各国の自主化促進、交通通信の発達の程度に従って具現され、アジア民族の有色人種としての共感と相俟ちアジア共同体の一体化に役立ちうる」だろうと断言するのである[23]。以上の諸点を考慮に入れたかたちで、日本としては、戦争に伴う賠償その他の対外問題を解決し、「戦争中に失はれた精神的つながり」を回復させ、アジア諸民

20　外務省アジア局第四課『東南アジア国際情勢の分析』（執務参考用）1953年、2－3頁。
21　同上、27頁。
22　同上、3頁。
23　同上、16－17頁。

族の独立の気風を尊重するとともに，アジア戦災国の犠牲において，日本が米欧と固く結ばれたことに対する各国の不満に耳を傾ける必要性を説くのであった[24]。

「反植民地感情」あるいは「民族主義」に配慮するという方針は，1954年5月19日に外務省によって作成された文書「東南アジアとの経済協力」でも確認できる。そこでは，東南アジアの民族主義的感情に考慮して「経済協力は現地の要望に応じて行うこと」という方針が立てられていた[25]。この部分のみを読む限り，外務省がアジア諸国の「主体性」を尊重していたとの解釈が可能である。ただしその方針に付された説明文には，「……経済協力はあくまで現地の要望に応じて行うことを建前とするが，国によって計画立案の能力に欠けている場合には，内面的に示唆を行って計画を表面に浮び出させるようにする」と記されている。ここに「現地の主体性」は基本的に遵守すべきではあるが，経済開発能力のない国には，「アジアの一員」であり，「先進国」である日本が指導すべしという論理が現れている。そしてその資金源として，日本単独で不可能な場合は，やはりアメリカが想定されていたのである。「わが国より現地に対する投資を原則とするも場合により外国，たとえば米国などから資金を借入れ，わが国の危険負担において行うかまたはこれと合弁で行う」ことが提案されている。

以上のような，アメリカが冷戦思考に囚われており，その東南アジア政策が現地のナショナリズムに配慮していないという批判，そのために日本が主導的な立場で東南アジア開発を行う方が望ましいという考えは，外務省のみならず，当時の日本の政界・財界の至る所で散見される。例えば，フィリピンとの賠償交渉に深く関与した永野護は，東南アジアの開発と対日感情について，以下のように述べている。「少くも（東南アジアの－引用者註）どこの国の住民よりも日本人の頭が優れている。だから日本人の頭で考えてやると，その国の人じや考え得なかったことを，いろいろ考えると思う」「何て言つたつて，日本人に対して持っている近親感というものは争えませんし，いろんな意味において感ずる」「大東亜戦争のときにやつたことは，……われわれ尻拭いをするのに手間がかかるけれども，これは急性の怪我をしたようなもの

---

24 同上，38−39頁。
25 外務省「東南アジアとの経済協力」1954年5月19日『吉田携行』A'0137。

で、……一時的にやつたんですから、こいつは案外早くケロリとしてくれると思います」「白人人種がやったやつは、慢性の肺病みたいなもので、長い間かかってジリジリ締めつけた……から、なかなか抜けやしません[26]」。このような見解を有する人物が、1953年に政府の諮問機関として発足した「アジア経済懇談会」のメンバーであり[27]、次章で述べる「東南ア調整連絡会（仮）」の一員としても名が挙がっていたことからもわかるように、日本の東南アジア政策の中心的な役割を担っていたのであった。

そして吉田首相自身もまた、同様のアジア認識を共有していたと言える。吉田はその回顧録で、日本は地理的区分においてアジアに位置しているのであるから、「西欧諸国とわが国とを較べれば、わが国の方が西欧諸国よりも、アジアを理解すること多かるべきは当然といえよう」と断言する[28]。吉田はさらに、アジア人は西欧人よりも日本人に親近感を抱いていると述べ、アメリカを中心とする西欧側の資金と日本の技術を結合させて東南アジア開発を行うことは、日本の国際的役割の好例であるという。そして「長い間、西欧諸国の植民地主義に圧迫を感じてきたこれらの後進国は、外国資本の導入には、可成り警戒的であるのは止むを得ないことであるが、それを仲立ちしたり、説得したりする役柄は、日本にとって恰好といえると思う」と述べている。

1953年12月18日の閣議によって、東南アジア開発については相手国の立場を尊重し、かつ国連及び第三国の計画に積極的に協力すること、また「アジア協会」を設立することなどが、日本政府によって決定された[29]。この「相

26 「座談会　東南アジア貿易をめぐって」『通商産業研究』1953年9月号、57－78頁。

27 「アジア経済懇談会」は、賠償を含む日本と東南アジアとの経済協力問題に関して、内閣に意見を具申する諮問機関として、1953年6月12日に発足した。確認できている限りでは、会合は翌54年4月1日（第39回会合）まで開かれている。メンバーは石坂泰三（東芝電気社長）、原安三郎（日本化学社長）、小林中（日本開発銀行総裁）や永野などで、政財界人が10人余りであった。外務省アジア局「アジア経済懇談会議事録（第1回～第39回）」、2006－00628。

28 吉田茂『回想十年』第1巻、中公文庫、1998年（初刊は新潮社、1957年）、39－40頁。

29 『日本経済新聞』1953年12月19日朝刊、「総理用資料」『吉田携行』A'0136。アジア協会は、松永安左ェ門を名誉会長、会長を藤山愛一郎として翌年4月

手国の立場を尊重」すること自体は，既に述べた日印合併製鉄所建設プロジェクトの失敗や，遅々として進まない賠償交渉から導き出されたものであった。すなわち，日本を一つの主体として，東南アジア諸国をもう一つの主体とする相対関係が想定され，日本が「相手国」の置かれている状況や民族感情に配慮する必要性が勧告されていた。つまり日本は，東南アジア諸国にとって「他者」であった。もちろんここには，戦前の負債が未だ根強く残存していることへの自戒もあっただろう。しかしながら，アメリカの反共政策や西欧諸国の植民地主義をその視野に含めることによって，容易に日本が欧米の「相手国側」であるアジアに立つことが可能になるような転換の論理が，永野や吉田の発言から浮かび上がってくるのである。すなわちそれは，欧米による植民地の遺制や反共政策が東南アジアの反発を買っているという現状，そのため欧米よりも日本の方が東南アジア諸国から好意的に受け入れられているという認識，アジアの一員である日本は高度な技術力も備えている経済的な先進国であり，アジア開発という役割を担うに最も相応しいという矜持，本書が「戦後アジア主義」と呼ぶ思想であった。次章以降で論じるように，このような論理を可能にした「戦後アジア主義」は，この時代に日本の地域主義構想を主唱した人々に，広く共有されていたものであった。

「日米協力による東南アジア開発」再び

「日米経済協力の一環としての東南アジア開発」はスローガンとしては声高に叫ばれていたものの，ほとんど有名無実と化していたのは上述した通りである。しかし朝鮮戦争の休戦協定が1953年7月27日に結ばれ，特需の恩恵も途絶えると，再びこの問題が政府の重要案件として俎上に載ることになる。1953年7月から1954年6月までの特需契約はその前年の62%と落ち込み[30]，日本はそのために米国に対して何らかの援助措置を要請する必要に迫られる。それがMSA（相互安全保障法）による対日援助，対中貿易禁輸の緩和，余剰農産物売却金の使途問題，そして東南アジア開発に対する援助だったのであ

16日に設立される。アジア協会の活動に関しては，末廣昭「戦後日本のアジア研究：アジア問題調査会，アジア経済研究所，東南アジア研究センター」『社会科学研究』第48巻第4号（1997年），42-50頁。

30　中北浩爾『1955年体制の成立』東京大学出版会，2002年，24頁。

る[31]。日本の防衛力増強をめぐる日米交渉として論じられることが多い1953年10月の池田・ロバートソン（Robertson, Walter S.）会談は，その一つの現われであった。この会談において日本側は「10月19日付池田特使覚書」というかたちで，東南アジアへの賠償支払いに関して，これら諸国の資源開発と関連させるような事業計画に，アメリカの援助を考慮するよう要請する[32]。未だ具体的な提案は有していないものの，近いうちにそのような事業計画を立案するよう努力すると日本側は述べている。これに対してアメリカ側は「10月21日付合衆国覚書」で，日本の賠償問題の解決を，アメリカはもし役に立つと考える場合には援助をする用意があると答える。また，日本と東南アジアとの貿易の促進が持つ重要性に鑑み，「日本が演じ得る役割に関して日本政府が提案するいかなる特定の構想についても討議する用意がある」と好意的に応じている[33]。日本側は，この問題については日米に「見解一致をみている」として，「明らかに意見の食い違いが見られる」他の議題とは対照的な高い評価を下すのである[34]。

　つまり，この時点（1953年末）において，対東南アジア経済協力に関して，日本は未だ具体的な提案を有してはいなかったと言える。アジアで多国間地域枠組みをつくろうとする動き，すなわち地域主義の動きが日本政府内で生じてくるのは，この会談の翌年，吉田政権の末期になってからであった。次章以降では，戦後日本が本格的に取り組むことになる地域主義構想の出現する契機，変遷，そして挫折に至るプロセスを明らかにしていく。

31　MSA援助をめぐる日米関係については多くの研究が存在する。代表的なものとして，安原洋子「経済援助をめぐるMSA交渉：その虚像と実像」『アメリカ研究』第22号（1988年），植村秀樹『再軍備と55年体制』木鐸社，1995年，第3章第1節。

32　「10月19日付池田特使覚書」1953年10月19日『池田特使』A'0137。

33　「10月21日付合衆国覚書」1953年10月21日『池田特使』A'0137。

34　欧米局長「池田特使の日米往復書簡に関する考察」1953年10月26日『池田特使』A'0137。

第2章
「アジア・マーシャル・プラン」の幻想：1954

1 「アジア・マーシャル・プラン」

　日本政府が戦後初めてアジア地域協力構想を提唱したのは，吉田政権の末期であるというのが，従来の通説的理解である。それは40億ドルという大規模な資金をアメリカから引き出し，東南アジア開発に充てるという計画であり，「アジア・マーシャル・プラン」という名称を与えられている。そしてこの計画の主唱者が，日本の第51代総理大臣，吉田茂であったと言われてきた。その根拠とされているのが，1954年末に吉田が訪問先のアメリカで行った演説である。1954年11月7日，欧米外遊途上ワシントン入りした吉田首相はその翌日，ナショナル・プレス・クラブの壇上に立ち，次のような趣旨の演説を行う[1]。

　　もし共産中国の経済発展が数年後に隣接国を実質的に凌駕するようになれば，その圧力に抵抗できなくなる東南アジア諸国は，あっけなく共産主義のもとに屈するであろう。また日本にとっても，東南アジアとの貿易は，死活的な重要性を持っている。したがって，中国のように強制労働や財産没収などによって，強制的に資本を蓄積することができない東南アジアの自由主義諸国には，正々堂々と，外部から援助の手を差し

---

[1] 全文は，Address by Prime Minister Yoshida of Japan, National Press Club, Washington, D.C., Monday, November 8, 1954『吉田訪問』A'0136。邦訳は，吉田茂『回想十年』第1巻，中公文庫，1998年，271－275頁。

延べなければならない。ただし民間資本を導入する基本的条件である安定性というものは，現在の東南アジアには存在しない。そしてそれが整えられるまで待っている時間はないのである。現在東南アジアの自由諸国に資本導入を促進する国際機関として世界銀行，FOA（対外活動本部），コロンボ・プランの3機関があり，その額は年間4億ドルであるが，それは中国と対抗していくのに必要な10分の1に過ぎない。「未開発国」が自由主義国の構成員として生き残るためには，各国政府や国際金融機関を通じて資金供給を大幅に増大させなければならない。そして資本投下が最大の効果を挙げるためには，あらゆる関係国が参加する一つの機関を通じて，資金配分が行われる必要がある。こうすることによって，まだ若い新興諸国民に必要な自助，自立参加という意思を起こさせるのである。コロンボ・プランはおそらく理想的な組織であると言えるだろう。

　このような計画はうまくいくのであろうか。事実，それはうまくいってきた。OEEC（欧州経済協力機構）をその成功例として挙げることができる。OEECのような機構が東南アジアにあれば，混乱を避けながら強固で健全な民主的発展を遂げることができよう。もちろん，このような計画は非常に大雑把な略図であって，これは経済の専門家によって周到に立案されなければならない。我々日本人はこの計画を成功させるために如何なる努力も惜しまない。日本はアジアの一員でもあり，その中で最も工業の進んだ国でもあるので，西欧的な技術を東洋に適用する方法を一番良く知っている。

　欧州は今私が述べた計画のおかげで，いまや厳然と自由陣営に参加している。思い起こせば，この計画が実行に移された当時は，多くの非難があった。しかし，この大胆で雄大な構想は，寛大，温情なる人々が相互信頼の精神と現実的協力とで，その友人たちと共同で作り上げた素晴らしい例として，長く歴史に残るであろう。アジア諸国が共産主義に対抗しつつも各国の伝統に従いながら進歩発展するのを援助できるのは，このような方法でしかない。ゆっくりとしている時間はない。残された道は，今すぐ行動あるのみである。

　これが吉田の「アジア・マーシャル・プラン」構想と呼ばれているものである。この時の吉田の訪米を扱った研究は例外なく，40億ドルもの資金を東

南アジアへ投入するという大計画の提案が，吉田訪米の主目的の一つであったと主張する。ただしそれはアメリカの拒否に遭ってあえなく挫折したと論じられてきた。

ラ・マンチャの男？

「鈴木源吾文書」という，当時の大蔵省財務官が保持していた一次資料を利用して吉田茂の訪米を論じたダワーは，吉田のこの提案を「ドン・キホーテ的に非現実的」と揶揄し，それゆえ結局は実を結ぶことがなかったという結論を下している[2]。波多野も，年間40億ドルという莫大な資金をアメリカに求めることの「実現性に確信があったのか否かは疑わしい」としながら，この構想が「吉田訪米の最も重要な提案の一つ」であり，アメリカが日本を重視しつつある現状（この点は第3節で後述する）を巧みに利用して「経済援助の大幅拡大をねらった作戦とも考えられる」と推測する。そして結局は，アメリカ政府が大規模な経済援助に消極的であったことを理由として，「アジア・マーシャル・プラン」は挫折したと結んでいる[3]。日米両国の一次資料を利用した実証研究において清水は，アメリカ政府内の対アジア援助増額論者の発言を鵜呑みにした日本が，「アジア・マーシャル・プラン」を提案したが，これは日本政府の誤った判断であったと言う。吉田の訪米以前にすでに米国政府内では「アジア・マーシャル・プラン」を語ることはタブーとなっており，吉田の提案はすげなく退けられたと論じている[4]。池田や中北も，吉田が政権存続のために「お土産」を求めて訪米し，「東南アジア経済開発にねらいを絞り，アメリカから援助を引き出」す目的で「アジア・マーシャル・プラン」構想を発表したが，国務長官のダレスに拒否されて「手ぶらの帰国」を余儀なくされたと結論している[5]。

---

2 ジョン・ダワー，大窪愿二訳『吉田茂とその時代』下巻，中公文庫，1991年（初公刊はTBSブリタニカ，1981年），300-310頁。

3 波多野澄雄「『東南アジア開発』をめぐる日・米・英関係：日本のコロンボ・プラン加入（1954年）を中心に」近代日本研究会編『年報近代日本研究16：戦後外交の形成』山川出版社，1994年，231-232頁。

4 Sayuri Shimizu, *Creating people of plenty: the United States and Japan's economic alternatives, 1950-1960*, Kent, Ohio, Kent State University Press, 2001, pp. 84-95.

このように、「アジア・マーシャル・プラン」という構想は、吉田訪米の重要な目的の一つとされ、結局は米国の拒否によって消え行く運命にあった、という共通了解が存在し、それが通説の地位を占めてきた。そこから浮かび上がってくるのは、政権の存続に恋々とするあまり誇大妄想を抱き、40億ドルという非現実的な金額をアメリカに求めたが、あえなく退けられた「ドン・キホーテ」吉田老翁の姿である。そして外遊から帰った吉田を待ち受けていたものは、騒然たる国内政治状況であった。吉田が帰国して一週間後に、自由党を離党した鳩山一郎らが民主党を結成、内閣不信任案を左右社会党とともに提出する。吉田はあくまで解散・総選挙を行うつもりであったが、副総理の緒方竹虎らの説得を受け入れて総辞職するに至る。つまり、「お土産」を得られなかったことで、吉田はアメリカの後ろ盾を失い、「晩節を汚した」[6]と冷評される不本意な政権の末期を迎えることになったのである。

　しかし上記のような先行研究の理解からは、いくつかの問題点が生じてくる。
　第一に、この演説をもって吉田が「アジア・マーシャル・プラン」構想を提唱したのだという主張は、明らかに根拠が薄い。もし日本側が「アジア・マーシャル・プラン」の提案を吉田訪米の目的としていたのならば、その演説のみならず、実質的なブリーフィング・ペーパーや日米間の討議内容にそれが記されていなければならない。吉田外遊関係の外務省資料が日本で公開されたのは1991年であるが[7]、ダワー以外の先行研究が発表されたのは、すべてその公開以後である。つまり、公になった一次資料を先行研究が利用しているにも拘わらず、「アジア・マーシャル・プラン」構想の根拠を吉田の演説のみに求めているのは、そこに何か問題があると言わざるを得ない。そし

　　5　池田慎太郎「中立主義と吉田の末期外交」豊下楢彦編『安保条約の論理：その生成と展開』柏書房, 1999年, 201-209頁, 中北浩爾『1955年体制の成立』東京大学出版会, 2002年, 166頁。
　　6　渡邉昭夫「吉田茂：状況思考の達人」渡邉昭夫編『戦後日本の宰相たち』中公文庫, 2001年（初公刊は中央公論社, 1995年）, 68頁。
　　7　『吉田総理欧米訪問関係一件』（第11回公開）マイクロフィルム A'0135-A'0137。

て本章が明らかにするように,実際のところ,演説以外の根拠は存在しないのである。

第二に問題とすべきは,その演説内容である。明治39年(1906年)に外務省に入省して以来,約50年もの歳月を外交の専門家として歩んできた吉田が,果たして40億ドルという莫大な資金を,米国がやすやすと拠出すると本気で考えていただろうか,という疑問が残る[8]。確かに吉田は,中国と対抗するには,東南アジアに現在の10倍の額である40億ドルが必要であると述べ,OEECのような多国間機関を通じて大規模な資金を配分することが望ましいと訴えている。しかしながら,これが「非常に大雑把な略図(only in very broad outline)」と自身語り,専門家によってさらに検討する必要性を認めている。すなわち,吉田は具体的な提案をしたわけではなく,あくまで大まかな方向性を示したに過ぎないのである。これをもって「アジア・マーシャル・プラン」を要請したと結論付けるには無理がある。

第三に指摘すべきは,この問題についての日本側当事者の評価が,先行研究のそれと真っ向から対立するという点である。後に述べるように,吉田と外務省当局は,この問題に関してはアメリカ側から好意的な反応を得たと受け止め,満足していたのである。これはもう一つの交渉事項であった,農産物余剰問題に対する失望とは対照的であった。もし日本が「アジア・マーシャル・プラン」の実現を交渉事項として設定していたのならば,このような評価は出てくるはずはない。では何が日本側の目的であったのか。

上記の疑問に答えるかたちで本章の分析が明らかにするのは,以下の諸点である。

第一に,日本政府は東南アジア援助に対する対米提案として,一方で首相の演説を行い,他方では事務当局で討議するために具体案を提示するという,二本立ての方針を暗黙の前提として立てていた。吉田の演説はその一方に過ぎず,本格的な提案は作成中であり,完成次第アメリカ政府へ提出される予定だった。周知のように吉田の外遊は引退の花道として論じられることが多

---

8 ちなみに1954年当時の米国の全世界への対外援助額は,経済援助と軍事援助を合わせて約60億ドルであった。川口融『アメリカの対外援助政策:その理念と政策形成』アジア経済研究所,1980年,付表。

く，上記先行研究においても，「アジア・マーシャル・プラン」は最後の賭けであったかのように描かれている。しかしそれは後知恵的な解釈であって，吉田自身や外務省が，政権の存続を前提にして訪米していたことを見落としてはならない。つまり，日本政府としては，吉田の帰国後に東南アジア開発に関する計画を取りまとめて，アメリカに提示する予定だったのである。吉田がワシントンに滞在中，この問題に関する日米首脳同士の実質的な討議記録が残されていないのは，このためである。

第二に，東南アジア開発のための日米協力で日本側当局が「お土産」として望んだものは，先行研究が言うような，40億ドルという膨大な額の要求ではなかった。それは，日米首脳の共同宣言にこの問題を明示的に盛り込むことであった。日本側当事者がこの問題について好意的な評価を下しているのは，日本のこの要求が通ったからである。

そして第三に，日本のアジア地域協力構想は，アメリカ政府内の援助積極論者によって鼓舞されて立案が進められていたが，具体的な提案が完成したのは，実は鳩山政権に移行した後の，1954年12月であった。そしてその案は極めて抑制されたものであり，しかも完成した直後において日本政府は，米国にその具体案を正式に提案することを思い留まることになる。直接米国に打診するのは，次章で論じるように，具体案完成から約3ヶ月後のことであった。すなわち，日本政府が米国へ訴えかけた「アジア・マーシャル・プラン」なるものは，実はジャーナリズムと後世の歴史家が作り上げた「幻想」に過ぎなかった，というのが本章の分析による結論である。戦後初のアジア地域主義構想は，吉田ではなく鳩山政権期に提唱されるのである。以上の主張を実証的に明らかにすることが，本章の目的となる。

2 6月の外遊と東南アジア援助問題

吉田が外遊する意向を明らかにしたのは，1954年の1月下旬である[9]。前年の夏にダレス国務長官が，吉田に対して米国へ招待する旨の書簡を送り，それを吉田が受け入れたことに端を発する[10]。ただし英国を始めとする欧州

---

9 『朝日新聞』1954年1月23日朝刊。

10 From Dulles to Yoshida, August 13, 1953, enclosed with from Robertson to the Acting Secretary, "Official Visit of Prime Minister Yoshida of Japan to the United

各国への訪問など，計画が具体化していくのは翌年になってからであった。当初の予定としては，第19回通常国会が終了する翌日の6月4日が考えられていた。しかしながら，サンフランシスコ講和会議後初の現役総理大臣の訪米は，日本側の事情により延期されることとなる。

レームダックの打開策

　片山哲・芦田均両内閣を挟んだかたちで，7年2ヶ月と長期間にわたって政権を担当した吉田内閣は，この時期には第五次に入っており，少数派内閣としてその政権運営は困難を極めていた。1954年1月から始まった第19回通常国会は，造船疑獄に加え，スト規正法，教育二法，警察法改正などの治安立法をめぐる紛糾によって，荒れに荒れたのである。4月に佐藤榮作幹事長が造船疑獄によって逮捕を迫られたが，吉田や緒方らの意向によって犬養健法相が検察庁への指揮権を発動しこれを阻止したことが，世論と野党の反発を招来せずにはおかなかった。朝日新聞の世論調査によれば，吉田続投を支持するものが23％に対して，退陣を希望するものがその倍の48％に達していたのである[11]。24日に両派社会党が提出した内閣不信任案は，改進党の一部が衆議院本会議で欠席したために228対208という僅差で否決されたものの，保守合同の動きと相まって，すでに吉田政権の命運には翳りが見えていた[12]。そして防衛二法案と警察法改正などをめぐって国会の審議は難航し，会期最終日の6月3日，政府は会期の2日間延長を強行採決することを決定する。これに左右社会党は実力阻止を図ったために国会は乱闘騒ぎにまで発展し，ついに堤康次郎衆議院議長は警官隊を院内に導入して，「空前の大混乱」に至ったのである[13]。このために岡崎勝男外相は4日朝，首相の渡米を6日に延期すると発表したが[14]，未曾有の事態が2日で改善されるはずもなく，翌日日本政府は，吉田の外遊を「無期延期」すると米国に通達した[15]。

　6月に予定されていた吉田の欧米訪問は，こうして直前になって延期され

　　States," February 16, 1954, RG59, Lot Files, 55D480, Box 3, NAII.
11　『朝日新聞』1954年5月16日朝刊。
12　中北，前掲書，118－138頁。
13　『日本経済新聞』1954年6月4日朝刊。
14　同上。
15　『毎日新聞』1954年6月6日夕刊。

たが，その目的は何だったのだろうか。吉田はこの外遊に何を求めていたのであろうか。日本政府は，公式にはこれが単なる「親善訪問」であると繰り返し表明していた[16]。つまり政府によれば今回の外遊は，日本が独立を達成した後に，占領中の経済援助に対して欧米諸国に謝意を表明するための「謂わば good will mission[17]」であり，日本の経済情勢をよく説明し，各国と日本との友好関係の増進を図ることが目的であった。その結果何らかの具体的成果が生じれば好都合であるが，吉田としては「外部に物欲しそうな顔」や，援助を「期待する素振りはしたくないというお気持[18]」だったのである。しかし5月27日に駐日大使アリソン（Allison, John）と会談した吉田は，もし自分の滞在中にアメリカから何らかの経済的支援を得る見込みがあれば，その後交渉するために池田勇人を送り込む意図を有していることを明らかにしており[19]，経済援助を引き出したいという思いは日本側にあり，それは米国側にもひしひしと伝わっていたようである。アリソンは，「もしアメリカが吉田に政権の座を保ち続けて欲しいのならば，何らかの"お土産（presents）"を持って帰れるような用意をした方が良い，というのが明白な結論であった」と本省に報告していたからである[20]。前章で述べたように，すでに前年の朝鮮戦争休戦による特需の減少は顕著な事実であり，また1954年度予算はいわゆる「一兆円予算」と呼ばれる緊縮財政政策が敢行されたため，日本経済の悪化は避けられなかったのである。米国からの援助や借款を要請することは，このような現状から考えても当然の行動であった。

　つまり日本政府としては，吉田の意を体したかたちで外遊の目的を「親善訪問」と公言していたものの，少数派内閣である吉田政権が存続可能になるように，米国から何らかの具体的な援助を得たいという考えは持っていたの

16　岡崎外相や緒方副総理は，吉田の訪米が特別な目的を持つものではなく，単なる親善訪問であると述べている。『毎日新聞』1954年5月13日朝刊，『日本経済新聞』1954年5月25日朝刊。

17　松井官房長発在米島公使宛，1954年5月14日『吉田訪問』A'0135。

18　同上。

19　From Tokyo to Secretary of State, May 28, 1954, 033.9411/5-2854, RG59, Central Decimal File, 1950-54, Box 182, NAII. 本資料は，手賀裕輔氏（慶應義塾大学大学院）のご厚意によって入手したものである。記して感謝したい。

20　*Ibid.*

である。ただし吉田と外務省の間には若干考え方に相違があった。外務省の松井明官房長が米国の島重信公使に宛てた手紙では、それが以下のように語られている[21]。吉田は訪米の準備のために「色々な項目の研究方下命」をしたが、それは松井にとって、外資導入の優先順位や余剰農産物問題などに関して「多少実情にそぐはぬのではないかと思われる」ところがあった。しかし「何分御老人のことでもあり、謂わば fixed idea を持っておられるので結局はお考え通りの線で米国当局にも話される」と考えられるため、各省に対して、東南アジア開発計画、貿易促進、MSA 問題、外債起債の方法などを研究するよう要請したという。松井が憂慮したのは、日本の経済自立達成のために外資導入を吉田が要請するにしても、「これを如何なる機関に如何に要請するかが問題」であるにも拘わらず、吉田は「これは米国当局がきめることで、こちらが心配する必要はないという御意向」であり、技術的なことには無頓着であった点である。それが「困惑」の種であり、「当局もその取り扱いに苦慮している有様」だったのである[22]。

　首相と事務当局の調整がこのようにうまくいかなかったために、「各省に於て取り纏めた経済関係の対米要望事項」が本省から駐米大使に送付されたのは、吉田が出発する予定であった日の前日、6月3日までずれ込んだ[23]。そこで取り上げられた「政府部内に於いて決定をみた」事項は、

(1)対日関税交渉特別措置
(2)特需の減少に伴う長期買い付け計画の約束
(3)世界銀行からの借款要請
(4)余剰農産物の受け入れとその使途
(5)米国の輸出入銀行からの融資要請

であった。つまり、これら5つの事項が米国からの「お土産」として期待されていたのであり、東南アジア開発への援助要請は、ここには含まれていな

21　松井官房長発在米島公使宛、1954年5月14日『吉田訪問』A'0135。以下の引用はこの電文による。
22　中国問題に関しても、吉田と外務官僚との間に意見の懸隔があったことが指摘されている。田中孝彦「吉田外交における自主とイギリス　1952-54年：吉田ミッションを中心に」『一橋論叢』第123巻第1号（2000年）、56-57頁。
23　岡崎大臣発在米井口大使宛「総理大臣渡米の件」1954年6月3日『吉田訪問』A'0135。

かった。なぜなら，日本側の具体案はまだつくられていなかったからである。

「検討中」の東南アジア開発計画

6月11日にアメリカの日本大使館で行われた，マーフィー（Murphy, Robert D.）国務省副次官との会談において，元蔵相の向井忠晴外務省顧問は，「我方は東南アジア諸国との緊密な関係樹立の為又東南アジア各国自体の利益の為各種の同地域開発計画を検討中」であり，その実施の際には「米国の援助を希望する」と述べ，具体案が未だ検討段階にあることを明らかにしている。それに対してマーフィーは，「興味ある申出なれば具体案の提示あらば検討すべし」と答えている[24]。つまり本来ならば吉田がすでに滞米しているはずの11日に至っても，この問題については未だ「検討中」の段階にあったのである。若干時期はずれるが，7月に行われた渡辺武駐米公使とボールドウィン（Baldwin, Charles）極東経済問題担当次官補代理との会談においても，渡辺は東南アジア開発に対する日本政府の関心を提起し，米国やその他の国々と協調する必要性を訴えている。ただしここでも渡辺は具体的な計画を提示したわけではなく，日本の賠償をより広い経済計画に利用することと，日本がコロンボ・プランに参加する希望を持っている旨とを述べるに留めている[25]。つまり7月の時点でも，日本政府は何らかたちをもった構想を有していたわけではなかった。

ただしこの点で，注目すべき動きが吉田の外遊前に見られた。愛知揆一通産相（経済審議庁長官兼任）は5月28日の記者会見において，東南アジア開発の総合調整をはかるために，経済審議庁が中心となって「東南ア調整連絡会（仮）」をつくる用意があると発表する[26]。従来個別で立案されていた東南

---

[24] ワシントン発本省着「向井マーフィ会談要旨の件」1954年6月12日『吉田訪問』A'0135。向井は外務省顧問として吉田に随行することが決定されており，吉田の外遊延期後も予定どおり，6日にワシントン入りしていた。ちなみに吉田は，池田勇人を連れていきたかったようである。From Tokyo to Secretary of State, May 28, 1954, 033.9411/5-2854, RG59, Central Decimal File, 1950-54, Box 182, NAII.

[25] Memorandum of Conversation, July 15, 1954, 894.00/7-1554, *RDOS-IAJ, 1950-54*, Reel 25. ちなみに渡辺は，初代ADB総裁を務めた人物である。

[26] 『朝日新聞』『毎日新聞』1954年5月29日朝刊。

アジア開発計画を総合的な立場から検討する必要性と，英米との協力に際して折衝を行う必要性から，このような委員会をつくる考えを表明するのである。参加を求める顔ぶれとしては，大来佐武郎，永野護の他，久保田豊（日本工営社長）や稲垣平太郎（日本貿易会会長）などが想定されていた。おそらくこの発表は吉田の外遊と関連を有していたと思われるが，6月4日の渡米に間に合わせるには，あまりにも遅すぎたのであった（この委員会が実際に発足したのかどうかも不明である）。

作成済みの演説内容

このように，具体的計画は未だ「検討中」であった東南アジア援助問題は，直接に米国に要請する予定はなかったものの，総理が演説を行うことでこの問題について世論を喚起するという方針は立てられていた。4月初旬に「総理演説作成上の方針」と銘打たれ，翌日ワシントンへ送付された電文に，吉田訪米に際しての演説要領が記されている[27]。ここではまず，「米国に於ては与論へのアッピールに効果を挙げることに努め，極東に於ける共産勢力の脅威に対し我国は民主諸国と協力し，自主的かつ積極的にこれに対抗せんとするものであることを力説する」と謳われる。そして経済的には，「極東における諸国の経済状態がはなはだしくぜい弱なる点が，共産勢力の温床となっているにかんがみ，これら地域との経済関係を緊密化するための我国の企画を明らかにし」，「米国朝野の了解と協力を要請することが今回の目的であることを納得せしめる」ことが掲げられていた。ただしその際には，「東南アジア諸国を刺激しないような表現を用い」て，また援助の要請をほのめかすことは「極力之を避け」る必要性が付け加えられている。

以上のような方針に基づいて作成され，米国外交評議会で6月11日に吉田によって読まれる予定であった演説は，以下のような内容であった[28]。はじめに，東南アジア全体にわたる共産主義の脅威が喚起され，東南アジア諸国の人々のためにだけでなく，日本経済の将来のためにもこれを防ぐことが必

---

27 欧州参事官「総理演説作成上の方針」1954年4月5日，ワシントン宛「岡崎大臣発総理外遊に関する件」1954年4月6日『吉田訪問』A'0135。

28 Address of Prime Minister Shigeru Yoshida Before the Council on Foreign Relations, New York City (Draft), June 11, 1954『吉田訪問』A'0135。以下の引用はこの草案による。

要であることが強調される。そして東南アジアのうちに未だ日本に対して悪感情を有している諸国もあるが，日本自らの行動によって，これらの人々との親睦を育て，今の日本はかつてのそれではないことを彼らに理解させることが大切であると言う。東南アジアの共産化を防ぐためには，彼らの生活水準を改善することが必要であり，大きな資本力や技術力を持つ英米はこれを行うことができるが，機会と援助が与えられれば，日本も貢献することができる。なぜなら日本は産業技術と多くの優れた技術者を持つとともに，西欧の技術をアジアの条件に適応させてきた経験があるからである。人間性や人々の必需品はどの地域においても差異はないものの，その地域の歴史的背景，心理的，あるいは局地的な条件は異なっており，しばしばそれに適したアプローチが必要となる。アジア人としての日本，そしてアジア的発展に即した経験を有する日本は，西欧とアジアとの有効な仲介者となり得るだろう。もし我々の技術力が十分に活かされるならば，アジア諸国の経済発展のために役立ち，彼らの生活水準は向上し，日本と彼らの貿易量も伸び，共産主義に対抗する力となるだろう。そしてどのような経済開発計画も，アジアの国家独立という見地を尊重しなければならないし，地域に固有の社会や政治の発展を損なうような，外からの干渉は行うべきではない。

　この演説内容から読み取れるのは，第一に，アジアの低い生活水準が共産主義に付け込まれる原因となっていることを示している点，第二に，英米の資本を得た日本が，その技術力を駆使してアジアの開発を行うことに意欲的である点，そして第三に，戦前の負債から日本に対して反感を持つ国も存在することは認めつつ，東南アジア開発はアジアの先進国である日本が行うに相応しいと考えている点である。すなわち，「アジアの中の日本」という認識の下，「アジアの独立の尊重」「外からの干渉排除」というフレーズには，米国の資本を受けた上で，日本によるアジア開発が正当化される論理が組み込まれていた。その論理の中核には，前章で見た日本政府のアジア認識が存在していることは論を俟たない。

　ただし，このような考えが果たしてアメリカ政府に通じていたかどうかは疑問である。例えば駐日大使アリソンは，3月の終わりに国務省に送付した電文の中で，日本が東南アジアでリーダーシップを発揮するには時間を要するであろうとして，その理由の一つにアジア諸国の日本に対する敵愾心（hostility）を挙げていた[29]。同様の考えは，国務省本省においても共有されて

いたと思われる。前述した向井とマーフィーとの会談前に，国務省内で取り交わされた文書において，向井が切り出すであろう吉田の二つの「お得意の考え（pet ideas）」が記されている30。その一つは，東南アジア諸国にとって日本はアメリカに対するよりも不信の度合いが低いので，日本は米・東南アジア関係を結びつけるのに貢献することができる，というものであった31。そして注目すべきは，その箇所に手書きで「？」が付してある点である。つまり，アメリカ当局にしてみれば，東南アジアは未だ日本に対する敵意が生々しく残存している地域であった。アメリカの方が不信を持たれているという認識や，欧米とアジアの仲介者たる日本という日本政府要人の考えは，この文書を読んだ国務省の人間には理解できなかったのである。

以上で論じたように，吉田が訪米する6月4日には，日本政府は東南アジア開発計画を検討していたものの，具体案は結局間に合わずにアメリカに提案することはなかった。首相と事務当局との調整不足に加えて，東南アジア開発は日本にとってそれほど差し迫った問題ではなく，また米国の考えが明瞭ではなかったことなどがその原因だと思われる。ただし，演説案には東南アジア開発のために世論を喚起することが盛り込まれており，それは既に作成済みであった。そしてその内容は，東南アジア開発は英米の出資を得た日本，アジアの先進国である日本が行うに相応しいというものであった。つまり一方で具体的計画を米国政府に提示し，他方で首相演説において世論を喚起するという二本立ての方針が固まっていたのである。そしてその方針は次節以降で見るように，10月から11月にかけて実現した吉田の訪米とその事前折衝においても，変更されることはなかった。さらに言えば，演説案は作成されたものの，具体的計画は完成しなかったこともまた，6月の訪米と同様だったのである。

---

29 From Tokyo to Secretary of State, March 25, 1954, 794.00/3-2554, *RDOS-IAJ, 1950-54*, Reel 5.
30 "Mr. Mukai's Call on Mr. Murphy this Afternoon at 5:30," June 11, 1954, RG59, Lot Files, 55D480, Box 3, NAII.
31 もう一つは，日本が自由主義諸国と共産中国との仲介者（bridge）となるべく行動できるというもの。いわゆる中ソ離間構想である。

3 「お土産」を求めて

　空前の国会乱闘によって首相の外遊は延期となったものの，吉田自身はそれを諦めたわけではなかった。臨時国会前の9月に再び出発する意向を，吉田は6月末の時点で表明しており[32]，その希望は実際に実行されることになる。ただしその9月の訪米は，米国側の要請により11月に変更された。つまり今回は，米国から欧州へと訪問する予定だったのが，米国の都合により，欧州を先へ，米国は最後へと回されたのである[33]。9月26日，「政局からの逃避行[34]」という非難を浴びながら，吉田は羽田を発った。

　前節で見たように，6月に予定されていた訪米では，吉田自身は「外部に物欲しそうな顔」をすることや，「お土産」を「期待する素振りはしたくない」という意向であり，米国への要望事項もようやく直前に確定したほどであったが，今回は違った。吉田が訪米する約20日前から通産相・経審庁長官の愛知が米国入りし，日米間で何らかの取り決めが結ばれることを目的として，具体的な対日援助問題についての折衝が開始されている[35]。吉田の言葉を借りれば，「私のワシントン滞在はわずか数日に過ぎないから，……先着隊として"米国側の事務当局と下相談をしておく"[36]」ことが愛知ミッションの使命であった。その愛知ミッションが日本から携行してきた諸問題は，東南アジア経済協力，余剰農産物の域外調達，日本の防衛予算，在米資産返還問題などであり，その中でも特に「首相が個人的に大変関心を持ち」，吉田が

32　『日本経済新聞』1954年6月30日朝刊。
33　この年，アイゼンハワー（Eisenhower, Dwight D.）大統領は9月から10月初旬にかけて，ダレス国務長官も9月はワシントンから離れる予定があったため，吉田の9月訪米は望ましくないとされていた。そのために島駐米公使は，数回にわたって米国から日程変更を打診され，そのたびに本省に電文を送付している。イギリスに対しても，米国首脳の都合により，訪英の日程が変更になった旨が伝えられている。Memorandum of Conversation, August 11, 1954, RG59, Lot Files, 55D480, Box 3, NAII. 島公使発松井官房長宛，1954年7月2日，7月23日，8月4日『吉田訪問』A'0135. "Mr. Yoshida Visit," August 4, 5, 1954, FJ1631/44, FO371, 110496, PRO, NAUK.
34　『日本経済新聞』1954年9月26日夕刊。
35　「愛知大臣より井口大使へ」1954年10月11日『愛知訪米』A'0152。
36　吉田，前掲書，264頁。

来る前に「是非とも何らかの了解に達したい」と愛知が望んだのは，余剰農産物売却金の使途問題だった[37]。

このように吉田内閣は当初の方針を転換して，明示的に具体的な「お土産」を米国から無心することになるが，その方針転換の理由は大きく分けて二つあった。一つは，日本経済の低迷と吉田内閣の目に見える凋落を挽回する必要性，もう一つはアメリカによるいわゆる「日本重視キャンペーン」から来る援助獲得への希望的観測である[38]。

米国に重要視された日本？

前述したように，特需の減少と緊縮財政政策によって，この時期の日本経済は困難に喘いでいた。1954年1月から10ヶ月間景気後退が続き，ちょうど吉田がワシントンに滞在した11月が景気の底となった。いわゆる「29年不況」である。このような不況に加えて，造船疑獄などの不正を行いながら，約6年もの間政権の座に居座っている吉田内閣に国民は厭きており，それに対する政府の懸念は大きかった。吉田がアメリカでFOA長官のスタッセン（Stassen, Harold E.）に述べたように，貿易は好転したものの「その反面失業は増大し，政府は益々不評になって来ている[39]」とする嘆きは，おそらく本音であろう。政権の存続を願う吉田内閣としては，米国からの援助を得てその不人気を挽回する必要があった。ただしそれは，経済界がもろ手を挙げて賛成するものではなかったようである。例えば，保守合同によって安定した政権が確立されることを望んでいた経団連の石川一郎会長は，吉田政権への米国からの援助に真っ向から反対していた。吉田外遊後にアリソンと会談した石川は，将来の日本への援助について最終的な取り決めをすれば，それは不人気な吉田個人への支持と受け取られ，アメリカもまた日本国民の不評を買う

---

37 "Aichi Talks Summery Minutes, First Plenary Meeting, October 24, 1954," RG59, Lot Files, Conference Files, 1949-1963, Box 61, NAII.

38 この二点については，既に先行研究による指摘があり，以下の記述はそれらに依拠している。詳しくは次の諸研究を参照のこと。石井修『冷戦と日米関係：パートナーシップの形成』ジャパンタイムズ，1989年，第6章，池田，前掲論文，170−171頁，中北，前掲書，139−155頁。

39 井口大使発外務大臣代理宛「吉田総理とスタッセン対外活動本部長官との会談に関する件」1954年11月9日『吉田訪問』A'0136。

ことになるだろうと指摘し，吉田への援助を約束しないよう求めたのである[40]。すなわち，「お土産」への要請は決して経済界が求めたものではなく，吉田政権がその延命をはかるために利用しようと意図したものであった。そして日本政府には，アメリカからの援助を期待する根拠があった。

その根拠とは，経済的困窮に苦悶していた日本に対して手を差し延べることを，国務長官や大統領が公然と訴えたことにあった。ダレス国務長官は，6月11日にロサンゼルス世界問題会議でインドシナへの米国の介入条件についての演説を行うが，そこで日本問題に触れて以下のように言明する[41]。日本は生きるために貿易をしなければならない。日本が西欧と友好関係を保てるように，アメリカは日本に米国市場で自由に貿易をすることを許可するべきであり，共産陣営へと日本を向かわせるような経済政策は回避しなければならない，と。

すなわち，日本を経済的に孤立させない必要性を，ダレスは強調したのである。その約10日後の22日，アイゼンハワー大統領もまた，日本に手を差し延べる必要性を訴える。全国編集者協会の演説において，日本は西太平洋防衛の鍵であり，もしクレムリンがこの国を手に入れれば，日本の戦争遂行能力はすべて自由世界に向けられるだろう，と大統領は言う。そして日本に援助を与えず，貿易もせず，共産主義国との貿易を許さず，日本の貿易相手の一つである東南アジア地域の防衛に尽力しなければ，日本はどうなるだろうかと問いかける。日本は共産主義陣営に向かうだろう，と[42]。

クラレンス・マイヤー（Meyer, Clarence E.）を団長とするFOAミッションの訪日もまた，希望的観測の根拠の一つであった。日本を経済的に援助す

40　From Tokyo to Secretary of State, October 19, 1954, 794.13/10-1954, October 25, 1954, 794.13/10-2554, *RDOS-IAJ, 1950-54*, Reel 15. ただし，石川と同席していた経団連副会長の植村甲午郎や三菱銀行頭取の千金良宗三郎は，石川の考えは杞憂に過ぎないと考えていたようで，「興味深い意見の相違（An interesting divergence）」が見られたとアリソンは記している。つまり，経団連が一致して吉田退陣を希望したわけではなかった。

41　『朝日新聞』1954年6月12日朝刊。

42　"Remarks at the National Editorial Association Dinner," June 22, 1954, *Public Papers of the Presidents of the United States, Dwight D. Eisenhower, 1954*, Washington D.C.: USGPO, 1960, pp. 585-590.

るために米国は何をするべきか,あるいは何が可能かを調査するために,7月8日から3週間かけてマイヤー調査団は日本に滞在する[43]。調査団は吉田首相をはじめ,経済関係閣僚,池田政調会長,一万田日銀総裁,あるいは石川日経連会長,藤山日商会頭といった政府・与党・経済界の上層部と精力的に懇談を行う。この調査団の目的はあくまでも日本経済の「視察」であって,援助について「交渉」する権限を持ち合わせておらず,日本政府・経済界の首脳陣との会談においても,もっぱら聞き役に徹していた様子がその会談録からもうかがえる[44]。そのことが明らかになるや,当初この調査団に持っていた「政府の甘い期待は一ぺんに吹飛んでしまった[45]」が,それでもなお,米国からの援助獲得への期待をこの調査団に託する思いは,政府首脳陣の発言から伝わってくる。例えば小笠原三九郎蔵相はこの調査団に対し,現在行われている日本の経済財政政策はアメリカの援助に依存するものではないと断りながらも,「我々は将来何らかの経済援助が必要になると信じており,その点,アメリカからの協力が得られれば,大いに感謝するだろう[46]」と述べている。

　実際のところ,「日本重視キャンペーン」は国外に発したものではなく,米国内向けのものであった。アイゼンハワー政権が一連の演説を行っていた目的は,関税率に変更を加える協定を締結する権限を大統領に与える,いわゆる互恵通商協定法の延長を獲得し,日本から米国向けの輸出品の関税率を抑止することであった[47]。しかしながら日本政府は,大統領演説に代表されるアメリカの変化を敏感に嗅ぎ取り,これを自らに有利なように解釈し,そこから何らかの対日援助を獲得する望みを持ったのである。8月に欧米局によ

43　The Secretary of State to the Embassy in Japan, June 17, 1954, *FRUS, 1952-1954, vol. 14, part. 2*, pp. 1661-62.

44　From Morrison to Baldwin, "Meyer Mission in Japan," July 9, 1954, 794.5MSP/7-954, *RDOS-IAJ, 1950-54*, Reel 19.

45　『日本経済新聞』1954年7月25日朝刊。

46　"Second Meeting, Finance Minister Sankuro OGASAWARA, official residence," July 22, 1954, enclosed with from Morrison to Baldwin, "Meyer Mission in Japan," July 9, 1954, 794.5MSP/7-954, *RDOS-IAJ, 1950-54*, Reel 19.

47　石井修「冷戦・アメリカ・日本(3・完):アイゼンハワー時代初期における米国の通商政策と日本」『広島法学』第9巻第2号(1985年),8-12頁。

って作成された「米国要人の最近の対日観」と銘打った文書では,そのような希望的観測が記されている。この文書では,上記のような大統領や国務長官の演説などが紹介され,「若し米国が貿易の機会と米国の援助を日本に与えないならば,日本は生存することも自由世界にとどまることもできないであろう」という認識がアメリカの中で「最近相当深まりつつあると思われ」,「米国の日本に対する政策の今後の方向を示唆するもの」であると,対日援助に関して楽観的な記述が見られる[48]。そしてその期待は,あからさまにアメリカへと伝えられた。7月末に吉田自由党の幹事長となった池田勇人は,8月13日にアリソンと会談を行い,吉田を中心とする自由主義者が,緊密な日米関係を継続させるために不可欠の人材であることを強調する。そして吉田の訪米がなぜこんなにも重要で,なぜ早急に行われなければならないのか,そしてなぜアメリカから「お土産(real presents)」を持って帰らなければならないのかを,諄々と説いたのであった[49]。

4　アジア地域主義構想出現の契機

前節で見たように吉田政府は,政権の存続のためにアメリカから何らかの経済援助を得ることを期待するようになっていた,「お土産」の一つとして,アジアにおける地域枠組みの創設とそれへの米国からの援助を構想し始めるのは,9月末から10月初旬にかけてのことである。そして吉田内閣をしてそのような構想を促進せしめた要因もまた,米国側にあった。

援助政策をめぐる米政府内部の抗争

20年ぶりに共和党政権を復活させた米国第34代大統領アイゼンハワーは,通常兵器を削減しつつも,核兵器や空軍力への依存を深めて財政の健全性を維持するという,いわゆるニュールック政策を推進したことで知られている[50]。そしてその経済援助政策は,

---

48　欧米局第一課「米国要人の最近の対日観」1954年8月『日本・米国間外交(日米外交関係)第一巻』A'0134。ちなみにこの文書では,ダレスの演説が「7月11日」に行われたと記されているが,6月11日の誤りであろう。

49　From Tokyo to the Department of State, August 14, 1954, *FRUS, 1952-1954, vol. 14, part. 2*, pp. 1704-1707.

50　松岡完『ダレス外交とインドシナ』同文舘,1988年,173-178頁。John L.

援助－削減を望む
投資－助長することを望む
通貨交換性－容易にすることを望む
貿易－拡大することを望む[51]

というスローガンから明らかなように，途上国の経済開発はアメリカの援助よりも貿易の拡大と民間投資の増大といった，自助努力で行われるべきだというのが根本的な思想であった[52]。特に財務省長官には援助削減派のハンフリー（Humphrey, George M.），予算局長官には，「ドッジ・ライン」という超均衡財政を日本に残したことで知られているドッジが就任するなど，政府支出削減への意気込みは特にアイゼンハワー政権の第一期目に顕著であった。しかしながら，このような援助削減に対する姿勢は政権内部で共通了解が存在していたわけではなく，援助増大派の影響力も無視できないものがあった。スタッセン FOA 長官はアジア地域主義への共感と援助増額への意欲を示していたし，ジャクソン（Jackson, C. D.）大統領特別補佐官もまた，アジアへの対外援助拡大を訴え続けており，ダレス国務長官も留保つきでスタッセンを支持していたのである。特にスタッセンは，対外援助を司る機関のトップという地位と，自身の国際主義的な信念に基づいて，アジアへの援助拡大を

Gaddis, *Strategies of Containment: A Critical Appraisal of American National Security Policy During the Cold War*, Revised and Expanded Edition, Oxford University Press, 2005, Chaps. 5-6. 渋谷博史『20世紀アメリカ財政史Ⅰ：パクス・アメリカーナと基軸国の税制』東京大学出版会，2005年，231−235頁。

51 "Special Message to the Congress on Foreign Economic Policy," March 30, 1954, *Public Papers of the Presidents of the United States, Dwight D. Eisenhower, 1954*, Washington D.C.: USGPO, 1960, p. 363.

52 アイゼンハワー期の援助政策は，川口，前掲書。Burton I. Kaufman, *Trade and Aid: Eisenhower's Foreign Economic Policy*, Baltimore: Johns Hopkins University Press, 1982; Walt W. Rostow, *Eisenhower, Kennedy, and Foreign Aid*, Austin: University of Texas Press, 1985; Dennis Merrill, *Bread and the Ballot: The United States and India's Economic Development, 1947-1963*, Chapel Hill and London: The University of Carolina Press, 1990. 李鐘元『東アジア冷戦と韓米日関係』東京大学出版会，1996年，などを参照。

最も積極的に説いていた人物であった[53]。

ディエンビエンフーでのフランスの大敗に象徴されるインドシナでの状況の悪化を受け，アメリカは1954年5月からNSC5429シリーズ（「米国の極東政策」）の策定作業を行っていた。8月4日に提出されたNSC5429では，日本とコロンボ・プラン加盟国を含む，できるだけ多くのアジア諸国を含める経済組織の創設を促すことが謳われ，アメリカによる実質的な財政援助も行ったうえで，アジア諸国が自立を維持できるための経済的・社会的な強靭性を達成させるという勧告がなされている[54]。この勧告を具体化するために，ボールドウィンを座長とする「アジア経済ワーキング・グループ（Asian Economic Working Group）」が組織され，8月末に調査報告書が提出される。この報告書では，東南アジアの共産化阻止のために経済援助を拡大する必要性が説かれ（最初の数年間に少なくとも20億ドルが必要であると推算されていた），日本がこの援助計画の直接の受益者とされている。また，さまざまな援助を統一的に管理するために，OEECのような地域機構の創設が望ましく，コロンボ・プランの後ろ盾で新たなプログラムを打ち上げることも提言されていた[55]。つまりアメリカ政府内部においても，広義の東南アジアを包含する地域枠組みの設置が検討されており，そこにアメリカが大規模な援助を行うことが望ましいとする意見が存在したのである。NSC5429シリーズはこの報告書が提出された後も，数回にわたって加筆修正が続けられることになる[56]。その作業の中心人物の一人であり，対アジア援助に関して上記ワーキング・グループと見解を共有していたスタッセンFOA長官による公式・非公式の発言が，日本政府のアジア地域主義を鼓舞することになった。

まず9月28日，IMF（国際通貨基金）と世界銀行の年次総会出席のために訪米していた小笠原蔵相は，スタッセンとの会談において，この地域における多国間の貿易決済取り決め（payments arrangements）についてアメリカは

---

53 Kaufman, *op. cit.*, pp. 51-53; Shimizu, *op. cit.*, pp. 87-88. 李，前掲書，第3章第2節．

54 NSC5429, "Review of U.S. Policy in the Far East", August 4, 1954, *FRUS, 1952-1954, vol. 12, part. 1*, pp. 696-703.

55 Baldwin to Bowie, "Report of Asian Economic Working Group," August 30, 1954, *ibid.*, pp. 808-820; Rostow, *op. cit.*, pp. 232-244.

56 李，前掲書，26-29，114-118頁．

何らかの考えを有しているか問う。これに対しスタッセンは,「この問題に関しての諸提案は歓迎するし,アメリカは地域経済取り決めに伴う問題を研究している。そして年内には,個人的にこの地域の国々へ訪問することが実現するだろう」と好意的な返答を与える[57]。さらにスタッセンは,アジアの非共産主義圏に対する経済援助の増額を公然と表明するのである。10月8日,日本が正式に加入することになったコロンボ・プランのオタワ会議での演説でスタッセンは,コロンボ・プランの目的を増進させるような提案や計画をアメリカは歓迎するだろうと述べ,またインドシナ戦争の終結によって確保される資金を,コロンボ・プランのプロジェクトに充てることも意図していると言う。そして欧州がかつて成し遂げてきたような,多国間の地域的経済協力へ向かう手段（steps）に対して,アメリカが特に興味を持っていることを宣言するのである[58]。このようなスタッセンの言動に対して,米政府内の財政保守主義者は苦々しく思っていたに違いない。例えばドッジはこの演説に対して,それが外交的にあまりにもコストがかかることであり,コロンボ・プラン加入後の日本がアジアを再び支配することを,アメリカが支持するかのように誤解されると警告を発していた[59]。

まさにこのドッジの懸念は当たっていたのである。第6節で詳述する東南アジア経済開発計画研究会では,スタッセンの演説を根拠として,米国の対アジア援助増額の可能性が議論されることになる。また,話は若干後になるが,吉田は外遊から帰国した直後の12月1日に,「政府の所信に関する演説」という表題で,外遊の成果を国会で報告する。そこで東南アジア経済開発についての日米協力に関して,上記スタッセンの演説に言及している[60]。実は

---

57 From Hemmendinger to Robertson, "Meeting of Japanese Finance Minister Ogasawara with Governor Stassen," September 30, 1954, 794.5MSP/9-2854, *RDOS-IAJ, 1950-54*, Reel 19. 小笠原は帰国後も,読売新聞のインタビューに答えて,アジア決済同盟の設立に意欲的な姿勢を示していた。『読売新聞』1954年10月12日朝刊。

58 演説の全文は, Statement of Hon. Harold E. Stassen, Director of the FOA of the US, Delivered at Morning Session, Colombo Consultative Committee Meeting, Friday, October 8, 1954『愛知訪米』A'0152 で閲覧可能である。

59 Shimizu, *op. cit.*, p. 92.

60 From Tokyo to Secretary of State, December 1, 1954, 794.00/12-154, *RDOS-*

公式発表ではその部分が消去されることになるが（消去された理由は不明だが，スタッセンという個人名に特化したことに配慮した結果であったのかもしれない），日本政府がアメリカによる対東南アジア援助政策積極化の一例として，スタッセン演説を好意的に受け取ったことは明らかである。これらスタッセンの公式・非公式の発言から，アジア地域協力構想に対するアメリカの援助が得られるという期待を，日本政府が抱いたことは必然であった。

愛知ミッション

10月18日にワシントン入りした愛知は米国側に対して，日米間で何らかの基本的な合意に達して，吉田がそれを日本に持ち帰ることができることを期待すると述べ，その胸のうちを正直に吐露する[61]。先述したように，その中で最も重要視されたのは余剰農産物問題であり，日本としては1955年度に米国から約1億3300万ドルの余剰農産物の購入を希望し，その全額を贈与あるいは借款として日本側が使用することを望み，東南アジア開発援助についてもその購入資金から（つまり円建てで）出資される計画などが立てられていた[62]。吉田が訪米するまでの間，愛知と米国務省との協議は，主にこの余剰農産物をめぐって進められる。そして，それと同時に日本側が提出した資料の一つに，「東南アジアの経済開発を促進するための必要条件に関する調査」という名の文書があった[63]。表も含めて11頁に及ぶこの文書には，本章の冒頭で紹介した吉田演説のエッセンスがすべて詰め込まれている。若干長くなるが以下に紹介しよう。

IAJ, 1950-54, Reel 6.
61 "Aichi Talks, First Plenary Meeting," October 24, 1954, RG59, Lot Files, Conference Files, 1949-1963, Box 61, NAII.
62 中北，前掲書，166頁。"Aichi Talks, Second Plenary Meeting," October 29, 1954, RG59, Lot Files, Conference Files, 1949-1963, Box 61, NAII.
63 "A Survey of Elements Necessary to Facilitate the Economic Development of Southeast Asia (Doc. No. 10221)," October 12, 1954『吉田会談』A'0137。以後，この文書は「調査」とする。邦訳は，経審経済協力室「東南アジア経済の急速な発展を可能ならしむる条件について」1954年10月12日，2006−00627で閲覧可能である。ちなみにこの文書は，ダワーが「『鈴木源吾』文書第116巻，文書10221」として引用したのと同じものである（財務省大臣官房文書課情報公開・個人情報保護室により確認済み）。ダワー，前掲書，411頁。

初めに，日本が東南アジア諸国と経済的な結びつきを強める必要性が訴えられている。もし東南アジアが共産主義の影響下に入るならば，日本の経済が立ち行かなくなるため，これらの地域への援助は日本の政治経済を強化する上でも，極めて重要な要素となるという。そして共産中国と東南アジアの一人当たり国民所得は現在ほぼ同レベルにあるが，アジアの将来は，この両地域の一方が他方を凌駕することによって，大きな影響を受けるだろうと予想される。この点，資本投入量の大きさは経済発展に決定的な要素となるのは言うまでもないが，東南アジアへの資本は中国に遥か及ばない（中国が60億ドルなのに対して，東南アジアは17億ドル）。その上，中国にはいわゆる「志願労働者（voluntary labor）」がおり，それらを考慮に入れれば10年後には，中国は東南アジアに比較して一人当たり国民所得が20から30％ほど高くなるだろうという。したがって，中国と対抗していくためには，東南アジアに経済的あるいは技術的な援助をすることが先進国の義務となる。具体的には，中国と同じく国民所得の20％ほどの投資額を東南アジアへと導入するとなると，40億ドルまで増やさなければならない。中国は昨年度から始まった第一次五ヵ年計画によって，人民を犠牲にすることでドラスティックな措置を国内で行っているが，民主主義体制下の東南アジア諸国においては，同様な政策を実行することはできない。したがって，海外からの投資を増大する必要が生じてくるのである。米国を中心とする先進国では，投資は民間に任せておけば足りるという考えが普及しているが，そのような消極的な姿勢では東南アジア諸国の急速な経済発展は望めない。政府や国際銀行は衛生・教育・運輸・灌漑施設といったインフラに対する投資を増大させなければならない。それによって，民間企業も商業ベースで投資可能な基盤もでき，さらに他の産業への投資に繋がっていくだろう。

中国と同レベルの経済発展を維持するには年間40億ドルの投資が必要なのは以上示した通りであるが，現在のFOAや世銀ローン，コロンボ・プランを合わせた年間投資額は4億ドルに過ぎず，あまりにも少ない。一刻も無駄にすることが許されない今，この地域に思い切った経済援助の増額が必要である。さもなければ，東南アジア諸国にとって共産中国やソ連が魅力的なパートナーとして立ち現れるだろう。そしてその援助

を行う方法であるが，これを個別に行うことは賢明ではないだろう。東南アジアにおける自由主義国の団結（unity）を強化するためには，欧州と同じようにすることが最善の方法である。アジア地域は広大であり，各国政府の行政能力は未だ成熟していないので，OEECと同じような組織を創設することが望ましいのである。そのためには，日本が最近加入し，ほとんどすべてのアジア諸国を包含するコロンボ・プランを利用することも可能かもしれない。また，アジアの域内貿易を促進し，自らの団結を強くするために，先進国がかなりの額の引き当て資金を供給するようなアジア決済同盟（Asian Payment Union）も考えられるし，アジア開発基金（Asian Development Fund）を創設することも一つの構想である。他のアジア諸国とは異なり，日本は多国間の決済枠組みに加入していないため，域内貿易の決済に困難が生じ，貿易拡大の障害ともなっている。スターリング圏の決済枠組みなどに加入している他のアジア諸国も，外貨準備不足や一次産品の輸出に頼らざるを得ない現状から，外貨収入の急激な変動にさらされており，英米を中心とする先進国が出資する決済同盟であれば，喜んで参加するだろう。すなわち決済同盟においても，外からの経済援助は必要不可欠なのである。アジア開発基金に関しては，現在の世銀によるローンは小額であり，また商業的な観点からの投資が多いため，東南アジア諸国の要求に合致したものではない上，求められているのは贈与であってローンではない。もし現在このような機関の創設が不可能であれば，コロンボ・プランにOEECと同様の機能を持たせた常置の事務局（permanent office）を設置することを提案する。ともあれ，基金のほとんどは米国から，特にドルが供給されることが望ましい。そうなれば，日本が東南アジアへ輸出することによってドルを獲得し，特需の減少を埋め合わせすることが可能だからである。

　さらに，現在のポイント・フォーやコロンボ・プランを通じた英米の技術援助は行われているものの，そのほとんどが，限られた数の高度な技術者を養成することを目的としており，それ以外の技術を，より広範にわたって伝えようとはしていない。この点，日本が技術訓練者の受け入れ施設を拡大することや，東南アジアにおける訓練施設のレベルを上げることによって，現在よりも格段に優れたプロジェクトを推進できるようになるだろう。

「調査」の特徴は，以下の6点に集約できる。

第一に挙げられるのは，東南アジア地域における共産主義の脅威を喚起するとともに，日本と東南アジア間の経済協力の必要性を強調している点である。これは6月の首相演説草案にも見られる主張であり，日本が繰り返し訴えてきたものであった。軍事問題に偏ったアメリカの東南アジア政策に対する，間接的な批判であるとも言える。

第二に，40億ドルという途方もない金額の根拠が，ここに具体的に示されている。それは，中国と同様の経済発展を継続していくために必要な額が推算された結果であった。そして40億ドルの投資額という考えは，経済審議庁の大来佐武郎が主張していたことでもある。ECAFEの経済分析課長として約1年半のバンコク勤務を終え，1954年1月に経審庁の調査部に着任した大来は，その年の4月，経団連に請われて東南アジア援助についての講演を行う。そこで東南アジアの国民所得を一人当たり年2％だけ上昇させるために，大体30から40億ドルの外部からの投資が必要であるという国連の報告書を紹介し，大来自身もそれが「望ましい援助額」であると述べていた[64]。

そしてこれに関連して第三に，「調査」を作成したのも，やはり大来だったのである。実はこれらの文書は，駐米大使館が本省へ催促していたにも拘わらず事前には送付されず，愛知ミッションが直接持参したものであった[65]。そして外務省の武内龍次欧米局長の依頼によってこれを作成したのが，経済審議庁の大来だったのである[66]。つまり新たな地域枠組みをつくろうという日本の構想は，外務省の要請を受けた大来によって直前になってようやくか

---

64 大来佐武郎「経団連パンフレット No. 17 エカフェの窓から見た東南アジア経済事情」1954年4月，18－21頁，『日本経済新聞』1954年12月4日朝刊。

65 ワシントン発本省着「愛知通産大臣一行の日程に関する件」1954年10月7日，在米井口大使宛緒方大臣発「愛知大臣東南ア資料に関する件」1954年10月15日『愛知訪米』A'0152。

66 経済局調査資料室「東南アジア経済協力問題研究会提案及び討議内容（第五回及び第六回）」1954年11月（討議が行われたのは11月16日と24日－引用者註），2006－00627。ちなみに愛知と大来は戦前からの知り合いでもあった。小野善邦『わが志は千里に在り：大来佐武郎伝』日本経済新聞社，2004年，27，148頁。

たちが整えられるほど即席のものであり，また後述するように，正式な提案とはならなかった。

　第四に，アジアで多国間枠組みを設置する理由が説明されている。それは，共産主義に対抗するためにアジアの連帯を強化する必要性と，アジア諸国内の行政機関の未熟さであった。そして言うまでもなく未熟なものが集まっても成熟するはずはなく，この主張の背景には，行政組織の発達した日本が中心になるという含意を読み取ることができる。

　第五に，コロンボ・プランを利用することと，アジア決済同盟，アジア開発基金をつくることが並列されており，それらは相互排他的ではないという点が挙げられる。日本としては，アジア開発基金を南アジアも含む広義の東南アジア，コロンボ・プランベースでつくり，アジア決済同盟を狭義の東南アジアベースで設置することを想定していた（これは後述する）。

　第六に，後に武内が語ったところでは，この「調査」の内容が，「総理のかねての構想にも合致しプレス・クラブにおける演説にもとりいれられた[67]」。すなわち，はじめに紹介した「アジア・マーシャル・プラン」の根拠とされる吉田演説の産みの親は，25年後に外務大臣を務めることになる大来佐武郎だったのである。

　アジア決済同盟に関しては，「東南アジア決済同盟機構の草案 (Draft of Organization of the Southeast Asia Payment Union) という別の文書が用意されていた[68]。一頁のみのその文書には，この地域の貿易と財務処理を促進・改善するために決済同盟をつくることが提案されており，スターリング圏に含まれない東南アジア諸国とアメリカを参加国とするが，スターリング圏の国々が望めばその参加を排除しないとした。つまり，決済同盟のメンバーとしては，とりあえず，インドシナ諸国やフィリピン，およびインドネシアといった狭義の東南アジア諸国の参加が見込まれていたのである。このメンバー構成は，「アジア開発基金」がコロンボ・プランをベースにした（つまり広義の）東南アジアを想定していたのとは対象的である。決済同盟はイギリスの反発を買

67　経済局調査資料室「東南アジア経済協力問題研究会提案及び討議内容（第五回及び第六回）」1954年11月，2006-00627。

68　"Draft of Organization of The Southeast Asia Payment Union (Doc. No. 102616),"『吉田会談』A'0137。

わないために狭義の東南アジアに限定し，開発基金はその懸念がない上に鉄鉱石の原産地であるインドを含めるために，広義の東南アジアにまで広げたとも考えられる。また，決済処理を容易にするためにアメリカはメンバーとして認めるが，この機構を通じての貿易は行わないとしている。その組織には総会や事務局長を置き，アメリカがドル信用を提供し，借方の余剰金は現地通貨でアメリカが受け取り，それをSEATOなど現地の軍事計画や輸出品の購入に使用するとしていた。ただしこれはあくまで「暫定的性格[69]」を持つものであり，完成した計画ではなかった。武内は後に，「アジア決済同盟案についてはこれを出すか出さないかについては大分問題があって結局提出しなかった[70]」と語っている。

したがって，決済同盟をつくるという小笠原の打診に対するスタッセンの支持や，スタッセン自身のコロンボ・プランにおける発言に触発されて，上記２つの文書はわずか10日あまりで作成されたと推測することが可能である。換言すれば，米国内のアジア援助増額積極派の筆頭であったFOA長官の言動が，日本をして戦後初のアジア地域主義構想を推進せしめた直接の要因だったのである。

ただし，吉田演説の原型とも言うべき「調査」の内容であったが，日本側は誇大妄想を抱いていたわけではなく，これがすべて実現すると考えてはいなかった。なぜなら，「調査」を提出した際の日本側代表であった武内は，「これは公式の提案ではない」と初めに述べ，何らかの交渉や要請を行う素振りを全く示さなかったからである[71]。日本の代表がアメリカに求めたのは，日本の調査結果に対する米政府の見解であり，この文書に記されている問題についての日米間のさらなる協議であり，そして「これは日本人の心（Japanese

---

69 "Meeting with Aichi Group on Southeast Asian Economic Cooperation," October 22, 1954, RG59, Lot Files, 55D480, Box 9, NAII.

70 経済局調査資料室「東南アジア経済協力問題研究会提案及び討議内容（第五回及び第六回）」1954年11月（討議が行われたのは16日と24日－引用者註），2006－00627。

71 "Aichi Talks, Fist Meeting informal," October 21, 1954, RG59, Lot Files, Conference Files, 1949-1963, Box 61, NAII. この第一回非公式会議には愛知は加わっておらず，日本側の参加者は武内，通産省の大堀弘通商局次長，宮沢喜一参議院議員，渡辺武駐米公使などであった。

mind）にとって，非常に重要な問題なので」，吉田と米政府首脳との会談後に発表される共同声明に，この問題を盛り込むことであった[72]。すなわち日本側にとって，この文書に代表される東南アジア経済協力問題は，それを実現させることではなく，両国の共同声明に盛り込むことが今回の「お土産」だったのである。

　米国側代表のボールドウィンは，日本の作成した文書の質の高さを賞賛し，現在アメリカはこの文書に見られる問題を研究中であると述べる。ただしまだ米国政府としての結論は出ていないため，あまり確定的なことは言えないと言い添えている。「調査」の内容を披見したボールドウィンは，一瞬目を見張ったに違いない。前述したように，ボールドウィンを座長とするアジア経済ワーキング・グループは8月末に調査報告書を提出していたが，そこでは東南アジアの共産化を阻止するための経済援助拡大やOEECのような地域機構創設の必要性，コロンボ・プランの利用などが提言されていた。つまり日米双方の調査報告内容は，「驚くほど似ていた（startling resemblance）[73]」のである。ただしそこにおいても，日米間のアジア認識は異なっていた。宮沢はこの会談の中で，もしアジアに対する援助が直接アメリカからではなく，日本を通じて行われるならば，アメリカの「ひも付き」であるという疑念が解消されると主張する。宮沢は後に，「好戦国アメリカ」がSEATOに代表される東南アジアに軍事的な枠組みをつくるのに熱心な余り，経済的な裏づけを忘れている点を批判的に論じているが[74]，上の発言はこのような考えから出てきたものであろう。つまり宮沢も，軍事偏重的な米国の対アジア政策に反感を抱き，日本が前面に出た方がアジア諸国に受け入れられ易いと考えていたのである。ただしその宮沢発言に対しては，米国側から，アメリカの援助はほとんどすべての東南アジア諸国に受け入れられていると，素っ気無い回答が返されている。

72　"Aichi Talks, Fist Meeting informal," October 21, 1954, RG59, Lot Files, Conference Files, 1949-1963, Box 61, "Meeting with Aichi Group on Southeast Asian Economic Cooperation," October 22, 1954, RG59, Lot Files, 55D480, Box 9, NAII.

73　*Ibid*.

74　宮沢喜一『東京－ワシントンの密談』中公文庫，1999年（初公刊は実業之日本社，1956年），284－287頁。

以上見たように，愛知ミッションの持参した文書には「アジア決済同盟」「アジア開発基金」あるいは「コロンボ・プランの組織化」などが提案されていたが，それは公式の要請とはならなかった。また，アメリカ側もこの文書を非現実的であると一蹴したわけではなく，現在米政府内部においてもこの問題は検討中である事実を日本側に明らかにして，さらなる協議を開くことが同意されたのである[75]。

5　「アジア・マーシャル・プラン」の幻想

沈黙の吉田茂

　11月7日にワシントン入りした吉田は，翌日から10日にかけてアイゼンハワー大統領，ダレス国務長官をはじめとする米国政府首脳や，世銀総裁のブラックと会談を行い，さまざまな問題に関する意見交換を行うことになる。ただし，ナショナル・プレス・クラブで述べた「アジア・マーシャル・プラン」構想に，吉田自身が言及することは，実は一度もなかった[76]。例えば演説の1時間前に行われたスタッセンとの会談において，吉田は「自分は東南アジア開発には深き熱意を持っている」と述べ，賠償問題には触れたものの，アメリカの援助増額や地域枠組みの創設問題には言及していない[77]。スタッセンは，「東南アジア諸国との経済交流等については，あらゆる援助を惜しまない。日本側より具体的な提案があればこれを歓迎する」と好意的に促した

---

[75] "Aichi Talks, Fist Meeting informal," October 21, 1954, RG59, Lot Files, Conference Files, 1949-1963, Box 61, "Meeting with Aichi Group on Southeast Asian Economic Cooperation," October 22, 1954, RG59, Lot Files, 55D480, Box 9, NAII. ただし愛知と吉田が滞米中に，日米の協議会が開かれたという証拠は見つかっていない。

[76] 先行研究が「アジア・マーシャル・プラン」構想を論じるのに，吉田の演説のみを根拠にせざるを得なかったのは，そのためである。

[77] 井口大使発外務大臣代理宛「吉田総理とスタッセン対外活動本部長官との会談に関する件」1954年11月9日『吉田訪問』A'0136。"Stassen-Yoshida Meeting," November 8, 1954, RG59, Lot Files, Conference Files, 1949-1963, Box 61, NAII.

が，これに吉田は何の反応も示さなかった。吉田自身が「アジア・マーシャル・プラン」を積極的に推進するつもりならば，この件の推進に意欲的であったFOA長官に，日本の構想を打ち明けないことは極めて奇妙なことであろう。この直後にナショナル・プレス・クラブでの演説が行われるのであるが，以上の経緯から推測するに，演説内容を吉田が見たのは，スタッセンとの会談が終わった後，すなわち演説の直前であると考えられる。

　その後も，吉田はこの問題に全く触れようとはしなかった。これは日英米共同で中ソ分断を図るという構想を，吉田が個人的に英・米の首脳陣に対して積極的に持ちかけた態度とは対照的である[78]。11月9日に行われたダレスとの第二回目の会談において，吉田は日本の東南アジア賠償に対する米国の配慮を求める[79]。吉田は「賠償は一種の投資である」と考えていると述べ，賠償という名の下で東南アジアの経済開発が促進されて生活水準や購買力が上がれば，共産主義の浸透する余地が減じ，加えて日本自身の輸出が増加して日本の利益にも繋がる「一石二鳥の効果」があると力説する。そしてアメリカに対して7，8億ドルの借款供与を要請するのである。しかしこれに対するダレスの反応は，否定的なものであった。その資金規模が膨大であって議会や米国民の賛同を得られる見込みはない上，もしアメリカが賠償の費用負担を引き受けることにコミットすれば，フィリピンやその他の求償国はさらに増額を要請することは確実であるという。このような論理でダレスは，吉田の要求をきっぱりと拒絶するのである。そしてダレスは話題を「東南アジア・マーシャル・プラン」に移し，これにも反対の意を表明する。ダレスは，「米国としてはかかる巨額を融通することできざるのみならず，マーシャル・プラン実施当時の欧州と現在の東洋における情勢とは甚だしく相違しおる点を指摘せざるをえず，たとえ一千万ドルの金にしても真に効果を挙げんとすればなかなか苦心を要するところにして，遺憾ながら東南アの実情が40億ドルに上がる融資に適格なりとは申難し」と述べるのである。これに対して，吉田は反論どころか，一切の言及を控えている。話題はすぐにその他の

78　中ソ分断問題については，陳肇斌『戦後日本の中国政策：1950年代東アジア国際政治の文脈』東京大学出版会，2000年，112－145頁。

79　「吉田総理，ダレス国務長官第二回会談要旨」1954年11月9日『吉田訪問』A'0136。以下の会談内容はこの資料による。

事項へと移り，これで東南アジア援助問題は打ち切りとなった[80]。

10日に行われた世銀のブラック総裁との会談でも同様に，この問題について吉田は何ら自己の見解を語っていない[81]。ナショナル・プレス・クラブにおける吉田の演説を「興味深く拝見した」とするブラックに，吉田は何ら返答することを避け，すぐに賠償の問題へと話題を移したのであった。

「アジア・マーシャル・プラン」の起源

吉田自身は，演説内容があたかも自分の発案であったかのように，後に回顧している[82]。確かに武内が述べたように，アメリカの資金と日本の技術を結合させて，東南アジア開発を行うという発想そのものは吉田の持論でもあり，それはこの演説にも反映されていたと言える。しかしながら前述したように，吉田演説は大来が作成した「調査」をベースとしており，吉田が自らの演説について何も言及していない事実から，40億ドルの必要性や新たな地域枠組みの創設といったその具体的内容については，吉田は個人的には関与していなかったと判断できる。さらに指摘すべきは，米国を訪問していた日本側が「アジア・マーシャル・プラン」という用語を一度も使用していないという事実である。確かに，前章で述べたように，戦後間もない時期から日本政府は「アジア版マーシャル・プラン」の実現に期待していたし，吉田演説においても，アジアに大規模資金が必要であることと，OEECのような多国間枠組みをつくることを謳ったことによって，マーシャル・プランを想起

80　ただし米国側に残されている会談録の内容は，日本側のそれと若干ニュアンスが異なる。米側記録では，ダレスは吉田の演説を端から否定したわけではなく，東南アジアの経済発展のために，日本と協力する必要性を認めているのである。このような両者の会談録内容の相違はなぜ生じたのだろうか。筆者の推測では，おそらく実際のダレスの発言内容は，日本側の記録に残されているものに近かったと考える。しかし米国の対東南アジア援助政策が未確定の段階で，国務長官が断定的な発言をした事実を残すことを（特に国務省内の援助増額派が）懸念した結果，会談記録が意図的に日本に好意的なものへ書き換えられたのではないだろうか。"US Summary Minutes of Meeting," November 9, 1954, *FRUS, 1952-54, vol. 14, part. 2*, pp. 1779-83.

81　「吉田総理，ブラック世界銀行総裁会談要旨」1954年11月10日『吉田訪問』A'0136。

82　吉田茂『回想十年』第1巻，264-266頁。

することは容易であり,事実,この演説は「アジア・マーシャル・プラン」を提案したものと人々の記憶に残ることとなった。しかしながら,愛知ミッションが持参した「調査」や彼らの言説,吉田の演説には,「アジア・マーシャル・プラン」に直接言及した記録は残っていないのである。ではいつからこの用語が使われ始めたのか。外務省の文書のなかでそれが初めて現れるのは,先述の吉田・ダレス第二回会談(11月9日)であり,そこでダレスが「東南アジア・マーシャル・プラン」と発言したことに端を発する。11月8日の吉田演説はナショナル・プレス・クラブで行われたが,当然のことながらここには多くの報道陣が詰めていた。そして例えば翌日のニューヨーク・タイムズ紙には,「アカと闘うためにアジアのマーシャル・プランを力説する吉田 (Asian Marshall Plan Urged By Yoshida to Combat Reds)」という見出しで,吉田演説の全文が掲載されている[83]。ダレスは吉田以外の日本側代表とは会っていなかったため,他の情報源からこの計画を知ったはずである。ダレスの部下,あるいは彼自身がこの記事を読んだために,日本側が一度も使うことのなかった「アジア・マーシャル・プラン」という用語を持ち出したという推論は,あながち的外れではないだろう。すなわち,吉田演説の内容に「アジア・マーシャル・プラン」という名称を与えたのは,ニューヨーク・タイムズであった可能性が高い[84]。

　おそらく吉田の帰国直後に作成されたと考えられる「東南アジアの経済開発促進について」と記された文書に,次のような記述がある[85]。そこではまず吉田がナショナル・プレス・クラブの演説で,東南アジア開発には40億ドルの資金規模が必要であることを説いて注目を引いたことが述べられ,東南ア

---

[83] *The New York Times*, November 9, 1954. ただしこの記事も,「吉田は自らの計画をマーシャル・プランと呼ぶことはなかった」ことを指摘している。

[84] ちなみに,クリスチャン・サイエンス・モニター紙はタイトルではなく本文のみに「アジア・マーシャル・プラン」という名称を使い(ここでも,吉田がその単語を明示しなかったことは付言されている),ワシントン・ポスト紙は吉田演説を紹介しているものの,その名称は使っていない。*The Christian Science Monitor; The Washington Post*, November 9, 1954.

[85] 「東南アジアの経済開発促進について」『吉田訪問』A'0136。作成局・作成日は不明であるが,吉田外遊の総括としてまとめられたものなので,おそらく1954年11月中旬につくられたものであると推測される。

ジアにおける日米協力も共同声明で明確に謳われたことを評価する。この問題は数年来の懸案であったが，今回まで正式にはとりあげられることはなかったとした後，「総理外遊と前後してこの問題をさらに具体的に検討するため各省関係者の研究会を開催討論を重ねてきたが，近く報告書完成の見込みである」という。そして翌年に来日する予定のスタッセンや米国政府にこの具体案を提示し，「急速に話合いにはいりたい意向」であると記されている。つまりこの時点では，「調査」とは別に各省庁が集まって，政府としての報告書をまとめている最中だったのである。すなわち，一方で首相の演説で世論に向けてアピールし，他方で具体的な計画を対米提案にするという，6月に確立された方針がここでも存続していたことが認められる。したがって，日本による戦後初のアジア地域主義構想は，吉田の演説ではなく，その後に作られた計画に求められなければならないのである。では果たして，日本政府の構想は完成し，翌年来日したスタッセンとの話し合いは行われたのであろうか。はじめに述べたように，およそ1ヶ月半に及んだ外遊から戻った吉田を待ち受けていたものは，自由党の分裂と鳩山を総裁とする日本民主党の結成，そして吉田内閣の総辞職であった。吉田は帰国後，わずか3週間あまりで政権を投げ出さざるを得なかったのである。アジア地域協力構想は，吉田政権の崩壊とともに消え去ったのだろうか。

その構想は作成された。そして翌年3月に来日したスタッセンにも伝えられたのである。

6　東南アジア経済開発計画研究会

吉田がナショナル・プレス・クラブで演説を行った一週間前の11月1日，「東南アジア経済開発計画研究会」の第一回会合が，霞会館において開かれる。この研究会は，東南アジア開発資金問題，アジアにおける多角決済機構問題，そして米国の余剰農産物政策問題を討論するために，外務省が中心となって経審と通産との間に持たれた会合であった[86]。上述した文書「東南アジアの

86　外務省からは，経済局第一課の兼松武，第三課の宮崎弘道，調査資料室の河合俊三，アジア局は第一課の安藤龍一，第二課の岡田晃，欧米局第一課の谷盛規，経済審議庁からは大来佐武郎，通産省からは企画室の井上亮，片山石郎などが参加している。ただし以下で引用する討議内容の資料では，発言者名はほとんど記されていないため，誰がどのような発言をしたのかは必ず

経済開発促進について」で言及されている「各省関係者の研究会」とは，これを指していることは間違いない。この研究会は定期的に開かれ，現在判明している限りでは，11月24日までに6回の会合が持たれている。以下，問題を東南アジア開発と多角決済機構に絞って討議内容を検討しよう。

第一回会合では，アメリカの援助政策について外務省経済局側から報告がなされた後，東南アジア経済開発のためにアメリカが援助する見込みがあるのかどうかが話し合われた[87]。報告では，アメリカに期待したい経済政策として，「欧州におけるマーシャル・プランのような援助計画を東南アジア全体に対して行うこと」が挙げられている。その点，SEATO会議においてダレスが援助を拒否した事実から，アメリカの東南アジア経済援助が増額されるかどうかは疑わしいという意見も出されたが，コロンボ・プランのオタワ会議でスタッセンが「はっきりと言明」しているし，国務・国防両省は反対しているが，「必ずしも見込みのないことではない」と楽観的な意見も出されている。そしてスタッセンが来日した際に，日本側が何らかの良案を提出すれば，「彼の方でも喜ぶことであろう」という見解も出されている。これらの意見は，第4節で論じたように，スタッセンのコロンボ・プランでの発言が，日本政府をして米国の対東南アジア援助政策に期待せしめた影響力を物語っていると言える。この会合は第一回ということもあり，確固たる結論も出ないまま次回以降に持ち越されている。

第二回会合では，APU（アジア決済同盟）の設立問題が主に話合われた[88]。ここで出された最も大きな論点として，スターリング・ブロックを入れるか否かという問題が挙げられる。これをつくるとなると，「英側の反対は極めて強いと覚悟しなければならない」からである。また，仮にAPUが出来たとしても，債務国が多いためにクレジットが直ちに減少していくであろうから，年間1億5千万ドルほどの援助を米国から得る必要があるとされた。いずれにせよ日本以外にAPUに関心を示す国がない等，それを設立するには多くの問題を抱えていることが指摘され，経審が継続して研究することになった。

しも明らかではない。

87 経済局調査資料室「東南アジア経済協力問題研究会報告及び討議内容（第一回）」1954年11月（討議が行われたのは11月1日－引用者註），2006－00627。

88 経済局調査資料室「東南アジア経済協力問題研究会報告及び討議内容（第二回）」1954年11月（討議が行われたのは11月5日－引用者註），2006－00627。

第2章 「アジア・マーシャル・プラン」の幻想：1954　79

さらにこの会合では，アメリカの援助をAPUに注ぎ込むことには多くの反対者が出て，APUを問題にする前にまず経済開発機構を先議すべきであるという結論に達している。すなわち，貿易決済よりも開発枠組みの設立に優先権が与えられたのである。

　第三回会合は9日に行われている。(時差を無視すれば)吉田首相がワシントンで演説を行った二日後である。この会合では初めに経審が「東南アジア諸国の経済開発所要資金」という資料を配布, 説明した[89]。この資料で経審は，コロンボ・プランは東南アジアの経済発展に有用であるものの，「資金面および運用機構の点で決して十分なものとはいえない」として，現存している機構とは異なる「開発資金供給機関が所望される」と述べている。また，東南アジア各国の経済計画から算出された国外資金の額として，（政府投資と民間の直接投資とを合わせて）年間約30億ドルが必要であると推算されている。前述した「調査」の40億ドルよりも10億ドル低いが，それでも膨大な額であることに変わりはない。繰り返しになるが，これは大来の持論でもあった。

　この第三回目の討論は「極めて活発なもの[90]」であったらしい。東南アジアへ投資する際は，相当長期にわたる基礎的な投資となることを覚悟しなければならないとされ，それも一気に多額の資金を投入するのではなく，徐々に段階的な投資を行う必要性が述べられている。また，この問題について米国と折衝する際には，技術援助に重点を置いた経済開発機構をつくるべきであるという意見，技術援助と開発投資を同時並行的に行うべきであるという意見，さらにはその反対に，技術援助は一切やめにした開発機構をつくるべきだという考えが出されている。ただしこの会合では結局結論は得られず，次回に持ち越された。また，米国に対しては，「自ら指導的な立場に立って，あれこれと示唆したり命令したりするような態度は絶対に避けなければならないという事を忠告する必要がある」と，居丈高な米政府に対する警告が記されている。さらには，「援助の第一目標は農業開発にあることは自明の理」としながらも，それを露骨に出すことは「反撥される恐れが多分にあるので

89　経済審議庁経済協力室「東南アジア諸国の経済開発所要資金」1954年11月8日, 2006-00627。

90　経済局調査資料室「東南アジア経済協力問題研究会報告及び討議内容（第三回）」1954年11月（討議が行われたのは11月9日－引用者註), 2006-00627。

禁物」であるという。重工業の発展は現在の東南アジア諸地域には当分の間無理であることは「分り切っている」のだが，それは指摘しない方が賢明であることが，再三指摘されている。なぜなら，「たとえば玩具を欲しがる子供のようなもので欲しいと思ったら手に入れるまでは他人のいうこと等耳に入らないのと同じこと」だからである。この発言が誰によってされたのかは資料からは明らかではないが，アジア地域協力構想立案の関係者が上記のような東南アジア認識を持っていたことは，改めて注記しておこう。経済開発機構の案文作成に関しては，第一に，OEECを参考にすること，ただし第二に，欧州と異なる東南アジアの特殊性を具体的に説明すること，第三に，もし大規模な投資がなければ，東南アジア地域は共産圏の影響を被る結果になることを納得させること，すなわち共産主義の脅威を強調すること，そして第四に，援助国にはアメリカだけではなく，イギリスも加えることが指針として挙げられている。

　翌日行われた第四回会合では，アジア局から東南アジア経済協力機構についての報告と，それについての討議が行われている[91]。アジア局の報告では，コロンボ・プランやECAFEなど，既存の機構を活用することに検討が加えられるものの，いずれも問題があり，「OEEC的な考え方で東南アジア開発基金といったものを新設する必要がでてくる」という結論が下されている。基金はとりあえず米国FOAの資金から4億円（ドルの誤りか？）程度を想定しており，以後40億から50億円（同じくドルの誤り？）の出資が必要となるとしている。参加国はインド・パキスタンが加入しなければあまり意味がないため，コロンボ・プラン加盟国（つまり広義の東南アジア）が想定されている。続いて行われた討論において，機構の業務内容や決済同盟設立の困難さ，出資国として米国のみを期待することなどが問題にされた。ただしこの回でも結論を得ない点が少なくなかったらしく，更なる討議を次回行うことになった。

　第五回目の会合では，開発機構をどのような形式のものにするべきか，という点に議論が集中した[92]。最終的には，さまざまな意見・提案をまとめたも

91　経済局調査資料室「東南アジア経済協力問題研究会報告及び討議内容（第四回）」1954年11月（討議が行われたのは10日－引用者註），2006－00627。

92　経済局調査資料室「東南アジア経済協力問題研究会提案及び討議内容（第

のを，次の第六回会合までに作成して，一般討議にかけることがこの回で決定された。その案を起草するために，アジア局のメンバーと，通産省の片山が選ばれている。次の第六回会合で注目されるのが，帰国していた武内欧米局長と，大蔵省の為替局から柏木雄介調査課長が初めて参加したことである[93]。武内はアメリカに提示した「調査」に対する「米国側の反響は相当大きなもので」あったと述べ，「米国政府首脳部がこの提案に少なからぬ関心と注目を寄せたことは確実である」と，楽観の程を示している。また，アジア局と通産省の合作である「東南アジア経済協力機構に関する提案（試案）[94]」についても話し合いが持たれ，資金配分や米国以外の拠出国，米国の軍事的性格を排除する具体的方法などについて意見が提出された。結局のところ，各自が抱いている問題点や意見は直接経済局まで持ち込むということで話がつき，再び討議することでこの会合は終了している。

　残念ながら，これ以後の討議内容は現在のところ見つかっていない。ただし報告書自体は，鳩山政権が発足して一週間経った12月17日に完成している[95]。その報告書では，共産中国に対抗していくために東南アジアの経済発展を図るべきではあるが，中国のような急速で大規模な重工業投資は東南アジアの実情に合わないので，援助は保健衛生・教育などの基礎的な投資に重点を置き，計画は漸進的に行うべきであるとされた。その際には，東南アジア諸国の「民族主義的傾向の激しさ」を考慮に入れ，各国の自主性を尊重することが強調されている。そして援助には西欧諸国など多くの自由主義陣営が参加することが望ましく，受益国も東南アジア地域のできるだけ多くの国を含めることが提唱されている。そして援助資金一元化のために開発協力機関を設ける必要があるが，全参加国が資金を拠出して基金を設立するという方式が望ましく，その内部に理事会をつくって援助国と被援助国との利害調整を行うとされた。ただしここで注目すべきは，その基金への援助額など具体

　　五回及び第六回）」1954年11月，2006−00627。
　93　同上。ただし同資料には，柏木の発言は記されていない。
　94　討議資料には含まれていなかったため，筆者は未見。
　95　『日本経済新聞』1954年12月17日朝刊，経済局「東南アジア経済協力問題に関する一考察」1954年11月，2006−00616。以下の内容はこの文書からの引用。

的な計画にまでは踏み込んでいない点である。共産中国と同様の経済発展を行うためには、現在よりも年間40億ドルの資本を増加し、投下することが必要と算定されているものの、それが新機構に対する出資額と想定されていたわけではない。つまりこの報告書の内容は、吉田演説と比較すると、かなり抑制されたものになっていたのであった。

さらに言えば、この報告書は井口貞夫駐米大使に送付されたが、井口は非公式にその要旨をボールドウィンに伝えたに過ぎず[96]、正式に米政府に渡されることはなかったのである。「時宜に適った (climate is right) 時に」米国と討議を行うとされ、結局は駐米大使館に留め置かれたのであった[97]。次章で明らかにするように、翌年3月のスタッセンの来日がその時であった。つまり日本政府による初のアジア地域主義構想は結局のところ、対外政策として打ち出されることはなかったのである。

以上論じたように、吉田の6月の外遊計画以来、東南アジア経済協力に関する日本提案の一連の動きは、ようやく鳩山政権の1954年12月に具体案が完成され、ひとまず幕は下りた。ただしそれは最終的には、アメリカ政府へ伝わることはなかった。つまり「アジア・マーシャル・プラン」という、大規模で非現実的な経済援助計画を日本が米国へ提案したという事実は、日本外交史上においては、存在しなかったのである。

7　吉田外交の終焉とアジア地域主義の胎動

本章の分析によって明らかになったのは、以下の諸点である。

第一に、東南アジア開発のために40億ドルの援助を要請した吉田首相の「アジア・マーシャル・プラン」構想とは、ジャーナリズムと後世史家がつくりあげた幻想に過ぎなかった。もし日本が「アジア・マーシャル・プラン」を提唱し、それが「お土産」として期待されていたのならば、何の言質も与えなかったアメリカ政府の態度は、失望を招きこそすれ、決して評価できる

96　井口大使発外務大臣宛「東南アジア経済協力問題に関する件」1955年1月14日、2006-00616。

97　From Tokyo to Department of State, January 7, 1955, 794.00(W)/1-755, *RDOS-IAJ, 1955-59*, Reel 31.

ものではなかったはずである。しかしながら先述したように，日本側が「お土産」として望んだのは，共同声明にこの問題が盛り込まれることであった。それは実現した。実現したからこそ，日本はこの共同声明を留保なく評価していたのである[98]。これは余剰農産物問題をめぐる交渉において，日米双方の主張があまりにもかけ離れており，日本側が「率直に言って失望を禁じえない」[99]と吐露したことと対照的である。先行研究はこの共同声明を，「陳腐な承認」「おざなり」「内容の乏しい」といった低い評価を下しているが[100]，日本側が当初用意した声明案には，そもそもアメリカの対東南アジア大規模援助の提案などは記されていなかった[101]。後の研究者の評価と日本側当事者の評価とが大きく分かれるのは，前者が「アジア・マーシャル・プラン」の実現そのものを「お土産」であると誤解したことが原因であった。「アジア・マーシャル・プラン」という，日本側が使用しなかった具体的な名称がジャーナリズムによって創出され喧伝され，それが独り歩きを始めてしまう。そのために，あたかもアメリカの大規模援助を東南アジアへ投入することが吉田演説の目的であるかのように誤解され，「ドン・キホーテ」吉田による最後の賭け，という姿が現在に至るまで定着してきたのである。

　それに関連して第二に，米国政府は，決して端から日本のアプローチに対して冷淡な態度を示したわけではなかった。アメリカ政府内においても，この問題は検討の途上にあり，ボールドウィンなどは日本の「調査」資料に記載されていた内容と同様の所見を持っており，この時点においては，愛知ミッションに対して好意的であった。アメリカがこの問題に関して最終結論を出すのは，次章で述べるように，翌年の1月のことである。

98　吉田もこの共同声明には満足していた。吉田，前掲書，266－267頁。共同声明の全文は，同書，268－270頁。
99　「余剰農産物」（作成日，作成局不明）『吉田会談』A'0137。つまり日本政府が最も望んだ「お土産」は，結局アメリカから得ることはなかったのであった。中北，前掲書，165－166頁参照。
100　ダワー，前掲書，310頁，清水，前掲論文，184頁，池田，前掲論文，206頁，中北，前掲書，166頁。
101　共同声明初期の日本案は，ダワーが引用している「鈴木源吾文書」第115巻に入っている（財務省情報公開開示請求によって確認済み）。ダワー，前掲書，309－310頁。

第三に，日本政府からの具体的な提案は，吉田が滞米の際は関係省庁によって未だ作成途上にあった。「調査」は大来を中心とする経済審議庁が独自に作成した，文字通り調査に過ぎなかった。これは愛知ミッションの一人である武内が，「公式の提案ではない」とアメリカ側に述べたことと符合する。すなわち，吉田の演説は東南アジア開発の必要性を世論に訴えるための，「アピールに効果を挙げる」ことを目的としたものであり，具体的な計画と合わせて初めて効果を発揮するものであった。この方針，一方で首相演説において世論を喚起しておいて，他方で具体的計画を米国政府に提示するという二本立ての方針は，暗黙の前提として6月に決まっていたものであった。そして具体的計画が未完成であったこともまた，6月と違わなかったのである。

そして第四に，最終的には駐米大使館に留め置かれたものの，アメリカの資金を想定しておきながら日本が前面に立ち，新たな地域枠組みをつくろうとしたのは，東南アジア諸国の中に反植民地感情，軍事偏重の米国に対する悪感情が渦巻いているという判断によるものであった。例えば，当時愛知ミッションの一員として米国側と直接会談をもった宮沢喜一は，率直に「好戦国アメリカ」の東南アジアに対する「ひも付き」援助を批判的に指摘する。それを解消するために考案されたのが，日本を通じた経済援助であった。すなわち日本は，新たな援助枠組みを作り上げ，「アジアによるアジアのための経済開発」を訴えたのである。そしてそこには，「アジアの一員」であり「先進国」でもある日本が，双方の橋渡し役を演じるという論理が内在されていたのである。このような考えが，以後日本のアジア地域主義外交の中核となる。

吉田政権の末期から鳩山政権にかけて，日本のアジア地域主義構想は誕生した。それ以降，しばらくの間，日本は同じような構想を世に問うことになる。そしてほぼ同様のパターンが，1966年に日本主催で開かれた，東南アジア開発閣僚会議まで繰り返されるのを，我々は本書の分析によって知ることになるだろう。

第3章

アジア地域主義構想の不用意な乱発：1955－1956

1　鳩山政権のアジア地域主義外交

　鳩山政権のアジア地域主義外交に関する実証研究は，前章で見た吉田や，次章で分析する岸政権に比較すると少ない。その理由として第一に，資料に乏しく，実証研究の対象となり得なかったという点，第二に，吉田茂や岸信介が米国のナショナル・プレス・クラブで華々しく世論に訴えかけたのに対して，鳩山一郎自身は概して無関心であり，ほとんどこの問題が公の場で議論されることが無かったという点，そのために第三として，魅力ある分析対象とはなり得なかった点などが挙げられよう。また，鳩山民主党が「中共貿易の促進」を掲げたのに対抗して，緒方自由党が「東南アジアとの提携」を打ち出したことから，鳩山政権の東南アジア政策の特徴として吉田からの断絶性が強調されるあまり1，さして注目を浴びてこなかったことも事実である。「対米自主」路線の鳩山が対中接近を図り，吉田の「対米協調」路線を引き継いだ緒方が，その牽制策として東南アジア開発を重視したという，二律背反的な考えがその底流にあると思われる。しかしながら本章で明らかにするように，鳩山政権期の2年間ほど，日本が精力的にアジア地域主義外交を展開した時期はなかったのである。1955年3月に来日したスタッセンに手渡した「東南アジア経済開発基金」設立の要望，同年5月に開かれたシムラ会

1　波多野澄雄「『東南アジア開発』をめぐる日・米・英関係：日本のコロンボ・プラン加入（1954年）を中心に」近代日本研究会編『年報近代日本研究16：戦後外交の形成』山川出版社，1994年，235頁。

議における「地域開発基金」や「短期決済金融機構」の設立提案，10月に来日した米政府高官に対して（非公式ながらも）披露した「アジア金融公社」構想，そして1956年の3月に盛り上がりを見せた「アジア開発基金」「アジア開発金融機関」と，少なくとも4回にわたって日本はアジア地域協力構想を米国に提案している。鳩山政権の2年間は，まさに「アジア地域主義構想の乱発」期であった。ただしそれは，十分な国際情勢の分析から導き出されたものではなく，あまりにも「不用意」なものだった。

このように，多くの提案をしているにも拘わらず，鳩山政権期のアジア地域主義外交の実証研究は，管見の限りでは，次の2つに過ぎない。日米両国の一次資料を利用した実証研究において清水は，この政権のアジア協力構想を「中間的措置の模索」と位置付け，アメリカ政府内ではすでにアジア経済開発のための地域枠組みを創設する方針は却下されており，そのために日本の数々の提案，請願は悉く退けられたと論じている[2]。佐藤もまた，この時期の日本の諸構想とそれらが実現しなかったという事実を紹介し，次の岸政権期に提唱された「東南アジア開発基金」構想の原型は，この時期に既に出揃っていたと主張する[3]。

本章の分析は，以上の研究に対して反論を唱えるものではない。ただしこれら先行研究の問題を挙げるならば，日本の政策決定過程の分析が欠けているという点である。そのために，これら諸構想が出現した背景や理由が論じられておらず，表面的な事実紹介に留まっている。本書においても資料的な制約から，必ずしも政策決定過程の全貌が明らかにされたとは言い難いが，少なくとも本章の分析は，上記研究が欠いている部分を補うに足る知見を提供すると考える。

2　清水さゆり「ポスト占領期の日米関係」上智大学アメリカ・カナダ研究所編『アメリカと日本』彩流社，1993年，185−191頁。Sayuri Shimizu, *Creating people of plenty: the United States and Japan's economic alternatives, 1950-1960*, Kent, Ohio; Kent State University Press, 2001, chap. 8.

3　佐藤晋『戦後日本外交とアジア秩序構想：「経済外交」・安全保障・ナショナリズム』慶應義塾大学法学研究科博士論文，2000年，第4章，波多野澄雄・佐藤晋『現代日本の東南アジア政策：1950−2005』早稲田大学出版部，2007年，33−41頁。

第3章　アジア地域主義構想の不用意な乱発：1955-1956　87

　それは第一に，本書が繰り返し指摘しているように，これらの日本の諸構想は，アメリカの対アジア援助政策の転換に促された結果だという点である。より厳密に言えば，アメリカの対アジア援助政策が転換期にあるという「期待」が，日本の提唱した諸構想の直接的な原因であった。具体的にはその期待は，スタッセンの来日，大統領特別基金の設置，そして米国国際開発顧問団団長の演説に対してであった。

　第二に挙げられるのは，これらの諸構想がアメリカの資金を想定していたにも拘わらず，アメリカが直接的に関与することを抑えていたという点である。その根底には，序章および第1章で明らかにしたように，「アジアの民族感情」に対する配慮，「アジアによるアジアの開発」を行う，というアジア主義的認識が存在していたのである。

　そして言うまでもなく第三に，このような考えは吉田政権と何ら異なるものではなかった。また次章で分析する岸政権のアジア地域主義構想の発想とも，類似したものであった。つまり戦後日本のアジア地域主義構想は，「対米自主」路線という性格を与えられている鳩山・岸政権においても，「対米協調」路線の吉田や緒方と何ら変わる点はなかったのである。

　ただし第四に，このようなアジア主義的認識に対して批判的な意見も，政府内部において存在したという事実が指摘できる。本章では，それら日本の地域主義外交に対して批判的であった政府関係者の言説を紹介する。彼らの主張と，逆にアジア地域主義の促進を望んだ人々のそれとを比較することによって，両者のアジア認識を浮き出たせることがその目的である。

　また第五に，日本の打ち出した地域協力構想に対して，当事者であるアジア諸国がどのような考えを持っていたかを検証する。1955年5月に地域経済協力を話し合うため，コロンボ・プラン加盟国が集まって開催された会議は，そのための絶好のテスト・ケースとなり得る。結論を先に述べるなら，日本以外のアジア諸国は，地域的な経済協力に対して否定的，ないしは無関心であった。日本の政府関係者はこの結果に大いに狼狽し，失望を禁じ得なかったのである。

　上記の諸説を実証するために，以下本章では，鳩山政権期のアジア地域主義外交を時系列に沿ったかたちで分析していこう。

2 スタッセン訪日と日本

前章で論じたように、スタッセンは前年からの希望どおり、1955年の2月21日から3月13日にかけてアジア諸国を訪問する。米政府内では対東南アジア援助をめぐって、ボールドウィンやスタッセンらの対外援助増額論者と、財務省やドッジなどの財政保守主義者が論争を続けていたが、この頃には、前者の敗北は明らかとなっていた。それを決定付けたのは、1月21日に作成されたNSC5506である[4]。ここでは、アジアの経済発展に関するアメリカの財政的貢献は、現実的かつ合理的な規模とされ、アジアへの特別援助は2億500万ドルに留まった上、その運営方式も、コロンボ・プランの強化・活用以外は多国間方式が退けられ、従来の二国間主義が強調されたのであった。このNSC5506は、2月5日に大統領によって承認を受ける[5]。すなわち、スタッセンが旅立つ前の時点ですでに、アメリカ政府は東南アジア経済援助の方針を正式に決定しており、それは財政保守主義の立場に則ったものだったのである。したがってスタッセンのアジア訪問は、対アジア援助の増額を検討するためではなく、2億500万ドルという特別援助（以後、大統領特別基金と呼ぶ）の使途を決定する参考とするために、アジア諸国の意見を聴取することを目的としたものであった。インドはこの時期、米国がパキスタンに傾斜している点と、アジアにおける軍拡を促進している点に批判的であったが[6]、次節で述べるようにインドはこの基金を多として、その使途をアジア各国で協議するために、自らイニシャティブをとって国際会議を開催するのである。スタッセン率いるFOAミッションは、インド、パキスタン、フィリピン、韓国などをまわった後、最終訪問国の日本へと降り立った。

---

4 NSC5506, "Future United States Economic Assistance for Asia," January 21, 1955, in Paul Kesaris, ed., *Documents of the National Security Council, 1947-1977*, Frederick, Md.: University Publications of America, 1980-2005, Reel 4. 李鐘元『東アジア冷戦と韓米日関係』東京大学出版会、1996年、119－122頁。

5 *FRUS, 1955-1957, vol. 9*, p. 334, footnote.

6 Dennis Merrill, *Bread and the Ballot: The United States and India's Economic Development, 1947-1963*, Chapel Hill and London: The University of Carolina Press, 1990, p. 113.

スタッセンに希望を託す重光葵と高碕達之助

　3月9日，スタッセンと会談を行った重光外相は，あらかじめ用意していた4頁の「メモランダム[7]」（おそらく重光自らが手を入れたと思われる）と，12頁にわたる「英文オブザベーション[8]」をスタッセンに手交する。同席した谷正之外務省顧問は，東南アジア経済開発問題に関する日本の考えは「英文オブザベーション」に詳細が記されていると述べ，重光はこの問題についてさらに日米両国の専門家の連絡を行いたいと希望している。スタッセンはこれに同意し，前年から東京に赴任していたクラレンス・マイヤーと外務省担当部局とで連絡を行うことを約束した[9]。

　この「英文オブザベーション」は，まず東南アジアの経済的脆弱性と共産中国の脅威，それらが日本経済に及ぼす負の影響という，使い慣れたフレーズに始まり，援助を長期にわたって継続すること，農業部門や軽工業の育成を図り，工業化の前提となる基礎部門を固めることが大切であると続く。そしてできるだけ多くのアジア諸国が参加する経済援助は，アジアの人々にとって「心理的に好ましい効果（better psychological effect）」があるだろうとされた。さらには，二国間援助は被援助国の猜疑心を引き起こすために，多国間の方が好ましいとされている。援助機会はすべての東南アジア諸国に与えられ，それはSEATOやコロンボ・プランとは独立したものが想定されていた。そしてさしあたり二国間援助を行うことは差し支えないが，将来的には関係諸国が一体となって新たに「東南アジア経済開発基金」のようなものを設置するのが望ましいとされた。また，多角決済を経済援助と組み合わせ

---

[7] "Memorandum," March 9, 1955『米国要人訪日』A'0400。

[8] "Assistance in the Economic Development of South-east Asian Countries," March 9, 1955『米国要人訪日』A'0400。この文書の元になった日本語資料は，アジア局「スタッセン氏に対する申し入れ案（東南アジア経済協力について）」1955年3月2日『米国要人訪日』A'0400で閲覧可能である。ちなみにアイゼンハワー大統領図書館に収められている文書では，同資料は鳩山首相がスタッセンとの会談で，鳩山自身が提示したことになっている。日本側資料とは異なるが，鳩山の決済を受けたということであろう。"Statement Presented to Governor Stassen at Meeting with Prime Minister Hatoyama," March 9, 1955, CF-CF, Subject Series, Box 28, DDEL.

[9] アジア局長「本大臣，スタッセン長官会談の件」1955年3月9日『米国要人訪日』A'0400。

た方式も考慮に値すると記されている。現在日本は自国の経済安定と復興や賠償問題の解決のため，今すぐ東南アジアへ大規模な経済協力を行うことは困難であり，専ら日本は技術協力に力を注いでいる。日本の技術の方が西欧のそれよりも東南アジア諸国にとって適用されやすく，また地理的な近接性と人種的類似性（geographical proximity and racial affinity）も，経済協力を行いやすい要因となるだろう。このような観点から，農業・工業・医療・運輸などの分野にわたる技術トレーニングセンターをつくる計画があり，その際にはFOAの援助が利用できることを希望すると記されている。

　この「英文オブザベーション」は，前年の12月に完成した東南アジア経済協力問題研究会の最終報告書をベースとしたものであった[10]。ここでは，愛知ミッションが米国に提出した「調査」あるいは吉田演説のような，対東南アジア援助の具体的な金額は消え，できるだけ多くの国が参加する「東南アジア経済開発基金」が望ましいと述べるに留まった。そしてそこから日本が得る恩恵は，主に技術協力分野に特化されたのである。「アジア・マーシャル・プラン」と名付けられた華々しい構想の片鱗すら，この資料からは消え去ってしまっていた。更に言えば，「東南アジア経済開発基金」の機能や運営方法といった実質的な内容は，どこにも記されていなかった。

　「英文オブザベーション」が，このように抑えられたものになったのは，以下の理由によるものだった[11]。最近の米政府要人の言動から，アメリカにいわゆる「アジア・マーシャル・プラン」のような大規模な財政支出による援助を行う用意はないことが明らかになっており，東南アジア開発援助は年間5億ドルから6億ドル程度の支出に留まる見込みが強くなっていた。加えて，東南アジア諸国においても日本の空疎な大言壮語には批判的な声があるので，今後は現実に即した着実な協力計画を進めることが望ましいとされた。また，いわゆる「アジア決済同盟」の構想については一応成案を得たが，この資料では若干触れるに留めた。その理由として，東南アジアで貿易，投資等の経済交流は盛んではなく，また恒常的入超の国々もあるため，現在直ちにそのような機構を設置するのは時期尚早である点，イギリスの決済地域と抵触す

10　欧米一課長「東南アジア経済開発援助問題に関する資料送付の件」1955年3月24日『米国要人訪日』A'0400。

11　同上。以下の説明はこの文書による。

るため，英国と，それを支持する米国が反対する可能性がある点が挙げられた。ただし経済交流の円滑化のためには，3カ国ないしは4カ国間での決済を通じて貿易の増進を図り，漸進的に多角決済機構の設置を考慮する，という程度の含みは残すべきであると考えられたため，簡単な記述に留まったのである。以上のような日本政府の判断は，ほぼ正確な国際情勢の分析に基づいていたと言えよう。

　ただし，実は多角的決済機構については，経審庁長官となっていた高碕が，かなり詳しい資料をスタッセンに提出していた[12]。「東南アジアとの経済協力案」と銘打ったこの英文資料には，次のように記されている。まず，アジア決済同盟がECAFEの外貨専門委員会で討議されたことに触れ，それがアジア地域だけでつくられれば，恒常的な債務国と債権国が生まれるだけなのでうまくいかないが，もし外部からの適切な準備金が供給されれば考慮する価値があるだろう，という結論に達したことを紹介する。しかしこの文書によれば，結局は後にインドとイギリスが反対して，この話は沙汰止みになったらしい。そしてそのような多角決済がアジアに欠如している事実によって，最も損害を被っている国は日本であって，インドネシアや韓国との貿易で回収不能の貸越し残があるために，日本はインドネシアへの輸出を制限せざるを得ない。それゆえ，このような機構ができることが日本の輸出増加と経済発展にとっては望ましいとされている。そしてもし決済同盟の創設にアメリカの助力があれば，日本のみならず，他のアジア諸国にとっても大きな利益があるという。また，ポンド圏であるインドやパキスタンなどを含めるのは，実際的見地からして困難である（practically unfeasible）と思われるので，おそらくこの機構は，ポンド圏に入っていない狭義の東南アジアと東アジアの国々でまず始めるのが最善であるとされた。とりあえずの準備金としては，年間2億ドルが必要であろう。もしそのような機構の創設が現在のところ不可能であれば，アメリカがインドネシアの援助などを行うことで，日本・インドネシア間貿易の障害を取り除く試みも，考慮に値すると記されている。
　高碕がこの決済同盟構想をどのような経緯で作成したか，なぜスタッセン

12　"Some Proposals for the Economic Cooperation with the Southeast Asian Countries," March 9, 1955, WHCF-CF, Subject Series, Box 28, DDEL.

に手渡したかは明らかではない。先の外務省資料では，決済同盟の構想は完成したものの，スタッセンに提出した資料の中にはほとんど盛り込むことはなく，そのことは関係省庁とも協議済みだったはずだからである。東洋製罐取締役や満州重工業開発総裁といった，戦前戦後一貫して実業家としての経歴を持つ高碕は，鳩山政権になって初入閣し，前月の衆議院選挙によって大阪三区から出馬して初の議席を得た，言わば政治の素人であった。最初に「これらは私の個人的な提案だ (my personal suggestions)」とスタッセンに述べていたことから推測するに，これは事務当局を通さないで作成された可能性が高い。したがって本書では，この決済同盟構想は日本政府の正式な提案ではないとして，分析事例として取り扱わない。ただし興味深い点を挙げるとすれば，この構想は明らかにインドネシアを対象としていることである。当時日本とインドネシアの貿易は，二国間の貿易・支払協定に基づくいわゆる「オープン勘定」で行っていたが，インドネシアや韓国等に対しては多額の焦げ付き債権が発生して，日本側に不利なものとなっていた[13]。大蔵省の官僚が後に回想しているように，インドネシアの「貸し越し残が滞って苦労」していたのである[14]。したがって，もしアメリカが輸出信用を提供すれば，この問題は解決することになる。すなわち，開発枠組みは広義の東南アジア地域が，貿易決済枠組みは狭義の東南アジア地域が日本にとって望ましいあり方であった。そして特に後者の対象は，インドネシアにあった。このように日本の地域主義は，対象地域をその機能によって変化させていたと言える。

　重光とスタッセンの会談に戻ろう。アメリカの対東南アジア援助政策と，日本の賠償とを組み合わせるような措置を求める重光に対し，スタッセンは日比賠償についてはなるべく早く解決するよう要求し，それが片付いてから東南アジア開発計画が行われるのが順序であると説いた。またスタッセンは，アジアの経済開発はアジア諸国が「主人公」であり，アメリカはこれに協力するが，アメリカの援助にも限度があると述べている。そして今年6月にコ

13　大蔵省財政史室編『昭和財政史：昭和27-48年度　第11巻　国際金融・対外関係事項（1）』東洋経済新報社，1999年，491-505頁。

14　本田敬吉・奏忠夫編『柏木雄介の証言：戦後日本の国際金融史』有斐閣，1998年，28頁。

ロンボ・プラン各国の事務レベル会議を開催するという計画が，アジア諸国の中にあることを打ち明ける。米政府がなんらかの計画を持っているか訊ねる重光に対し，スタッセンは，計画はあると答えたものの，「我々はアジア諸国からイニシアティヴが来るべきである」と答えている。NSC5506の決定を受けたかたちで，スタッセンの発言もまた，抑制的であった。

　以上要するに，日本政府はスタッセンに対して，「東南アジア経済開発基金」あるいは「決済同盟」に触れた文書を正式に提出した。すなわちこの会談において，日本政府は戦後初めてアジア地域主義外交を展開したのであった。しかしながらアメリカ政府内部では，このようなアジアでの多国間枠組みの可能性は既に退けられていた。スタッセンですら，帰国後の座談会で「欧州とアジアでは事情が違う」と述べ，アジア経済協力機構のようなものをつくる考えを否定して，コロンボ・プランを活用することを明言したのである[15]。したがって日本の提案は，米政府内では全く協議されることはなかったようである。例えば4月7日に開かれたNSCの会合で日本問題が話合われたが，スタッセンは「東南アジア経済開発基金」などの日本の提案については一言も言及していない[16]。FOAミッションは帰国後作成した報告書の中で，アジア地域では太平洋戦争における日本への遺恨が依然として存在し，それがこの地域の経済協力を妨げている最も大きな要因であると述べている[17]。つまり「アジアの連帯」を説いた日本の構想は，スタッセンにしてみれば論外であったと言えるだろう。

3　シムラ会議の失望

　先述したように，アイゼンハワー政権の援助増大派と財政保守主義者たちの論争は後者に軍配があがり，結局アジア地域への米国からの特別援助は，2億500万ドルに留まった。ただしこの大統領特別基金の使途を決定するために，インドがイニシャティブをとって，コロンボ・プラン加盟のアジア諸

15　『日本経済新聞』1955年4月9日朝刊。

16　"Discussion at the 244th Meeting of the National Security Council, Thursday, April 7, 1955," AWF-NSCS, Box 6, DDEL.

17　From McDiarmid to Governor Stassen, "Governor Stassen's Trip to 7 Free Asian Countries, February 21-March 13, 1955," March 21, 1955, FEPOC -DSSS, Box 5, DDEL.

国と英国による会議が開催される。場所はインドのシムラで，5月9日から13日の間，いわゆる「シムラ会議」が開催された[18]。インドとしてはこの会議を予備的（preliminary）なものと位置づけ，同年の秋にシンガポールで開かれるコロンボ・プラン会議で何らかの最終決定を行う意向であった[19]。しかしながら最終的には，そのような期待は実現することはなかった。

インドからの招請を受け，日本がシムラ会議への参加を決定したのは，ちょうどバンドン会議が開かれている最中の4月19日であった[20]。政府代表として，前ベルギー大使の荒川昌二をあて，外務省からは宇山厚アジア局参事官，そして経審の大来ら5人が出席した[21]。日本としては，このシムラ会議で，アジア諸国の地域的な経済協力が推進されることは「極めて望ましい」という結論に達し，大きな期待を抱いて参加する。しかしながら，東南アジア諸国の態度は，日本の熱意に冷水を浴びせるものであった。米国からの援助受け入れを拒否しているビルマとセイロンが，まず不参加を決めた[22]。ま

---

18 参加国は，インド，パキスタン，カンボジア，ラオス，南ベトナム，インドネシア，タイ，ネパール，日本，英国（シンガポール，北ボルネオ，サラワク，マラヤ）で，ビルマとセイロンは不参加，フィリピンはオブザーバーを送っている。

19 From Embassy of India in Japan to The Ministry of Foreign Affairs, Government of Japan, April 12, 18, 1955, 2006−00691。

20 『毎日新聞』1955年4月19日朝刊。ちなみにバンドン会議では日本代表の高碕が，多角貿易多角的支払いの採用を期することを提案しているが，これは具体的な地域枠組みをつくるというものではなかったようである。経済協力のための何らかの機構を設置するという議題に関しても，日本は小規模な諮問委員会の常設には賛成したものの，事務局設置には消極的であった。宮城大蔵『バンドン会議と日本のアジア復帰：アメリカとアジアの狭間で』草思社，2001年，144−145頁。

21 農林大臣官房総務課国際協力班「シムラ会議に関する報告書」東京大学経済学部図書館所蔵。この資料は農林省作成とあるが，その内容はこの時期に大来が執筆したいくつかの論文と多くの共通点があることから，会議に参加した大来が中心になって作成したものと考えられる。なお，同じ表題で内容もほぼ同様の文書が，外務省情報公開でも得られたが（日本代表団「シムラ会議に関する報告書」1955年5月27日，2006−00692），本書では記述量の多い前者を参照した。以下，断りのない限りこの文書からの引用である。

22 ビルマは後に東南アジアを歴訪した岸信介首相との会談で，この会議に出

た，インド・パキスタン・日本以外の代表は会議に参加したものの，ほとんど発言しなかった。ラオスとカンボジアは外務大臣が出席していたが，地域的なアプローチによる経済協力の推進という問題には興味を示さず，進んで討議に加わるという意図はそもそもなかったようである。議題は以下の6つで，これらをめぐって5日間にわたって討議が行われることになった。

(1)米国援助の利用方式
(2)米国援助に関して生じている実際的諸問題
(3)大統領特別基金による，地域内貿易促進，「地域開発基金」の設立，「短期決済金融機構」の設置問題
(4)欧州諸国のコロンボ・プラン協議委員会加入問題
(5)地域技術訓練施設の設置
(6)コロンボ・プラン協議委員会の事務局設置問題

この中で日本代表が自ら提案し[23]，かつ「最重要議題」と見なしたのは，(3)であった。日本はアジアで地域的な機構を設置する必要性を，戦後初めてアジア諸国に向けて力説したのである。しかしながら，このような日本の熱意にも拘わらず，アジア各国の反応は冷ややかなものだった。会議を主催したインドは，多国間援助機構設置の必要性を原則的には認めつつも，当面は二国間方式が望ましい旨表明，パキスタンがこれを全面的に支持し，他の諸国もそれに倣った。予想される援助が著しく少額で，その継続性も疑わしいため，地域的機構を設けるまでもない，というのがその主な理由であった。インドがこのような態度を示したのは，あくまで二国間援助方式を強調するパキスタンとの関係をさらに悪化させないための，政治的配慮の結果である

席しなかったのはビルマが多国間より二国間での経済援助を好むからだと述べている。中川アジア局長報告「岸総理とウ・チョウ・ニエン・ビルマ副総理との会談録」1957年5月25日『岸会談録』。ビルマの外交政策は，「すべての国と友好関係を保つが，紐付きの経済援助は拒否する」方針により，1953年に米国からの援助は受け入れないことを決定している。シムラ会議に参加しなかったのも，アメリカ援助の紐付きを警戒したからだと思われる。この時期のビルマの外交政策は，William C. Johnstone, *Burma's Foreign Policy: A Study in Neutralism*, Cambridge, Mass.: Harvard University Press, 1963, chaps. 2-3 が参考になる。

23　(作成者不明)「シムラ会議関係資料」1955年5月，2006-00691。

と日本側は考えていたが，日本対東南アジア諸国という構図が浮き彫りになったことは，誰の眼にも明らかであった。さらには，コロンボ・プランに事務局を設置する問題も，参加国の大勢が二国間援助方式を選択する方向へと傾いたため，その必要性は否定されたのである。

日本は「被援助国の意向を尊重すべき立場」にあるため，「過度に自説を押付けるが如き態度は避けた」が，かろうじてこの会議の最終報告の中に，多角的協力機構や共同開発基金または短期国際決済銀行の設置は，多額の援助資金が提供される場合には望ましい，という項目の挿入には成功した。ただし当然ながら，この会議で得られた結論に日本はショックを受け，失望を禁じ得なかった[24]。「我々東京出発前の期待から見れば頗る物足りない結果になった」，「狭い視野の結論に落ちて了った」と日本代表は嘆いたのである。

「敗因」の分析

「援助は二国間方式で行う」というシムラ会議の不本意な決定について，日本代表は以下のように分析する[25]。まずセイロンが欠席したのは，インドとの関係が必ずしも良好とは言えないという点[26]，また中国と3年ほど前から米とゴムのバーター貿易を行っているため，米国からの援助を受けていないという点が理由として考えられる。ビルマが欠席したのも同様に，米国からの一方的な援助を拒絶している関係上，今回の会議に出る必要はないと判断したのであろうと推測されている[27]。

参加国の中でも，インドネシア代表が発言しなかったのは，本国がバンド

---

24 From Tokyo to Department of State, "PartII-Economic Section, Joint WEEKA (Weekly Economic Notes)," June 3, 1955, 794.00(W)/6-355, *RDOS-IAJ*, 1955-59, Reel 31.

25 以下の分析は，農林大臣官房総務課国際協力班，前掲報告書に加えて，大来佐武郎「シムラ会議について」『日本の経済』1955年7月号を参照した。

26 会議開催前から，セイロンがインドの「指導的役割」に対して懐疑的であるとの情報が，駐セイロン大使から伝えられていた。コロンボ結城大使発本省重光大臣着「米国の対アジア経済援助受入れ会議に関する件」1955年4月20日，「シムラ会議に関する件」1955年4月21日，2006－00691。

27 この推測も，駐ビルマ大使から寄せられた情報に基づく。ラングーン太田大使発重光大臣着「シムラ会議に関する件」1955年5月10日，2006－00691。

ン会議に忙殺されているため，出席していたインドネシア代表はシムラ会議に臨む訓令を受けていなかった点，またインドネシアもセイロンやビルマと同様，現在アメリカから経済援助は受けないという方針を採っていたため，今回は積極的に発言し得ない事情があったと考えられた。さらにパキスタンの主張が通った理由として，ビルマの不在が挙げられている。ビルマはバンドン会議では経済開発における「リージョナル・アプローチを強く支持し，これに反対するパキスタンを攻撃していた」が，今回の会議ではその役割を果たす国はなかったからである[28]。そしてインドが自ら提示した議題に地域的枠組みによるアメリカ援助の受け入れを示唆しておきながら，それを否定するという自家撞着した態度を示した理由が，次のように分析されている。それは，インド政府からの会議招請にアジア各国から強い疑惑が出される中で，インドが他の国々に対して支配力を振るおうとしているとの印象を避けるために，ことさら地域主義を強調することを避けたのではないか。特に，インドに対する警戒心を隠そうとしないパキスタンを宥和する必要性に迫られたのではないか，という推測である[29]。

　ただし，東南アジア諸国全体としては，それぞれが国内開発に没頭し，資本不足を訴えている実情では，少なくとも現段階では，各国が少しでも多くの援助を直接，自国の国内開発へと振り向けたい心理も理解できるとする。2億ドルという限られた資金をどのように使うかということになれば，各国が自国中心主義に陥ることもやむを得ないことである，という判断も示されている。1ヶ月前に鮮明な印象を見せつけたバンドン会議では，アジア・アフリカ諸国の協力関係，連帯の強化が高らかに謳われていた。しかしながらこのシムラ会議の議題は，協力や連帯といった抽象的なものではなく，2億ドルの分配という世俗的，具体的なものであった。アジア諸国相互の猜疑心，

28　ただしビルマがアメリカの出資を得たかたちでの多国間援助に反対していたのは，本章脚注22で紹介したとおりである。つまり，日本代表のこの分析は的を射ていなかった。

29　駐米インドネシア大使ムカルト（Moekarto, Notowidigdo）も同様の所見をボールドウィンに語っている。ムカルトによれば，アジアの小国群はインドがアジア諸国を牛耳ることに対し，ある種の恐れを抱いていたという。Memorandum of Conversation, "Simla Conference," May 16, 1955, RG59, Lot Files, 56D679, Box 7, NAII.

警戒心，自国内問題から，現実のアジア地域協力がいかに多くの困難に満ちているかが，この会議で明らかになったのである。

以上のように，大統領特別基金2億ドルの使途を協議するために開催されたシムラ会議では，援助は多国間ではなく，二国間方式が望ましいという結論に達した。すなわち日本が期待したアジア地域主義は，東南アジア諸国とは共有されていないことが明らかになったのである。まずは自らの国家建設に邁進していた独立後間もないアジア諸国にとって，「我々のアジア」という意識は未だ芽生えていなかった。そしてこのようなアジア諸国が自ら出した結論は，大統領特別基金にも影響を及ぼしたようである。アメリカの上院議員の一人はこの結果を受けて，「議会が基金を削除または削減する可能性がある[30]」と語っていたが，実際に基金は議会によって，半分の1億ドルに減額されたのであった[31]。またロバートソン国務次官補は5月24日，井口駐米大使に対して，アジア諸国の多様性とアジアでの多国間援助運用の困難さを指摘し，「アメリカとしては，援助は多国間よりも二国間で行うべきだ」と言明した[32]。ここにおいて，日本以外の関係諸国は，アジアでの多国間機構設置の実現を諦めたのである。

しかしながら日本は，自らの提案を捨て去りはしなかった。むしろ日本はこれをきっかけとして，地域協力に対する具体的な構想をつくりあげる必要性を痛感するのである。シムラ会議の結論を受けたかたちで，日本としては，多角的経済協力を実現するための具体策について「早急に研究を進める」必要性があると，シムラ会議に関する報告書の中で主張されている。さらにここでは，インドとインドネシア代表が日本のイニシャティブを期待しているという印象を受け，かつアメリカの援助資金を利用し得る可能性が存在する以上，その実現に向けて日米間で協議を進めていくべきである，という提言がなされている。これを裏付けるように，会議に参加した宇山と大来は米大使館員に対して，9月末に開催される予定のコロンボ・プランのシンガポー

---

30 『日本経済新聞』1955年5月20日朝刊。

31 Burton I. Kaufman, *Trade and Aid: Eisenhower's Foreign Economic Policy*, Baltimore: Johns Hopkins University Press, 1982, pp. 54-55.

32 Memorandum of Conversation, "War Criminals; Indochina Situation and Other Matters," May 24, 1955, RG59, Lot Files, 56D679, Box 10, NAII.

ル会議で，再び「地域開発基金」設置を提案する予定であると打ち明けている[33]。大来自身は，このシムラ会議を契機として，アジアで地域枠組みを設けるには未だ機は熟していないことを悟り，この種の構想には次第に批判的になっていく[34]。ただしそのような大来個人の意見とは無関係に，日本政府はあくまで大統領特別基金を元金とした地域経済協力枠組みの創設を訴えていくのである。

4　大統領特別基金と日本

シムラ会議が開かれた5月からしばらくの間は，日本政府はアメリカの大統領特別基金の行方を静観する構えを見せた。重光外相は1955年8月23日から9月6日にかけてアメリカを訪問するが，そこで重光はかつてスタッセンに手交したような地域協力構想を提案することはなかった。その代わりに重光は，アメリカが東南アジア経済開発に注力することが必要であるとして，日本はコロンボ・プランを通じた協力を望むし，大統領特別基金が早急にオペレーションされること，それを利用するかたちで技術訓練センターが日本で設置されることを期待すると述べるに留めている[35]。この時の訪米における優先的な協議事項は，日米安保改定問題と日ソ国交交渉の進捗報告であって，東南アジア援助問題はあまり重要視されていなかった観がある[36]。ただし重光と同時に訪米していた河野一郎農林大臣も，ウォー（Waugh, Samuel C.）経済担当国務次官代理に対して，日本で技術訓練センターを設立するために大統領特別基金が利用されることを希望しており，日本の閣僚が大統領

33　From Tokyo to Department of State, "PartII-Economic Section, Joint WEEKA (Weekly Economic Notes)," June 17, 1955, 794.00(W)/6-1755, *RDOS-IAJ, 1955-59*, Reel 31.

34　大来，前掲「シムラ会議について」，「1955年におけるアジアの国際会議」『アジア問題』1955年12月号，「アジア経済協力機構と日本」『昭和同人』1962年4月号，26－27頁などを参照。

35　From Department of State to Tokyo, August 31, 1955, 611.94/8-3155, *RDOS-PRUSJ, 1955-59*, Reel 2.

36　田中孝彦『日ソ国交回復の史的研究：戦後日ソ関係の起点：1945-1956』有斐閣，1993年，178－180頁，坂元一哉『日米同盟の絆：安保条約と相互性の模索』有斐閣，2000年，第3章。

特別基金に少なからずの関心と期待を持っていたことがうかがえる[37]。

「アジア開発銀行」試案

日本政府が再び動き出したのは，重光訪米の前後である。中でもアジア地域協力構想の実現に最も積極的だったのは，鳩山政権発足とともに日銀総裁を退任し，大蔵大臣となっていた一万田尚登であった。9月12日から開かれたIMF・世銀総会に出席した一万田は，出発前の5日，記者会見で「自分としては特に東南アジアの代表を招くパーティなどを開き，米国のハンフリー財務長官らを交えて東南アジアの開発について話合って見たい。東南アジアの資源と，米国の資本と，日本の工業力との三つをうまく結びつける方法はないかというのが私のネライである。特に具体的な計画があるわけではない。……この話についてはきょう（9月5日）鳩山首相にも了解を得てある」と述べ，アジア蔵相会議を開催したい意向を表明するのである[38]。東南アジアの資源，日本の技術，米国の資金を結びつけるという考えが，敗戦以来脈々と続いていたものであることは，改めて言うまでもないだろう。この時期はIFC（国際金融公社）の設立協定が世銀によって起草された年であり（創設は翌1956年），一万田はアジアにも同様の機関（Asian Finance Corporation：AFC）を創設することを望んでいた。ただし一万田の上記のような構想の起源は，実は「ローマ法王」と呼ばれ畏怖されていた，日銀総裁時代にまでさかのぼることができる。一万田が1950年に，ジュサップ無任所大使に対してアメリカの援助と日本の産業能力を結びつけ，東南アジア開発を行うという構想を語っていたことは第1章で既に述べた。その後も一万田は日銀の総裁という地位にありながら，個人的にこの問題についての関心を持ち続けたのであった。1952年の5月，一万田は日銀の調査局に東亜調査課を新設し，IMFに相当するアジア開発基金，あるいは後の欧州通貨制度のような機構が可能かどうかをそこで調査させている[39]。この時の調査の結果は，そのような機構の創設は「なかなか難しい」ということであったが，その答申に対し

37　Memorandum of Conversation, September 3, 1955, 894.00/9-355, *RDOS-IAJ, 1955-59*, Reel 1.

38　『朝日新聞』『毎日新聞』1955年9月6日朝刊。

39　渡辺孝友「追想・一万田総裁」一万田尚登伝記・追悼録刊行会『一万田尚登［伝記・追悼録］』徳間書店，1986年，334頁。

て一万田の「ご不満の色は濃かった[40]」らしい。この調査の結論に達した理由は明らかではないが，おそらく資金が不足していたことが，最も大きな要因だったと考えられる。したがって，アメリカが大統領特別基金を設けたことは，一万田の構想にとってまさに渡りに船だったのである。

　この点で注目に値する計画が，日銀の職員によって1955年の7月に作成されている。「アジア開発銀行試案」と銘打ったその文書には，アジア地域の開発や経済協力関係の促進を図ることを目的とした，資金供給のための地域組織（アジア開発銀行）を設けることが提案され，かなり詳細にわたってその内容が記されている[41]。その構想の概略は次の通りである。まず資本金として米国の大統領特別基金とアジア諸国からの出資金が想定されており，域内諸国の出資は，少なくとも総額の半ば以上が望ましいとされている。出資各国の中央銀行総裁，あるいはその指名者によって理事会が構成され，議決権は出資額に比例して与えられることが原則とされた。業務は長期低利の貸付であるが，その対象はインフラ部門に重点が置かれている。この計画の作成者は，「之は全く我々の私的なものであって，日本銀行とは何等関係のないものである[42]」と記しているが，日銀職員がこのような計画を立案し，それが外務省内に資料として残されているのは，極めて異例のことである。一万田総裁時代の影響の残滓が，ここで発露されたと推測することも可能であろう。一万田はこの年の9月，トルコのイスタンブールで開催されたIMF・世銀の第十回総会に出席するとともに，この機会を捉えてインドやインドネシア，タイ，韓国の代表とも会談し，アジア蔵相会議の開催を打診したと報道されている[43]。一万田自身，ロンドンで行われた記者会見で，この蔵相会議の提案に「多くの賛同を得た[44]」と自賛している。シムラ会議で地域的な援助機構をつくることは時期尚早という結論が出たにも拘わらず，一万田はそれに向けて積極的に動き出すのである。

　10月初旬，国務次官のフーヴァー（Hoover, Herbert Jr.）と，FOAの業務を受け継いだICA（国際協力局）のホリスター（Hollister, John B.）長官が来日

40　同上，335頁。
41　於日銀「アジア開発銀行試案」1955年7月22日『ADB』B'0148。
42　池田健・山田乾一「アジア開発銀行試案の説明」（作成日不明）『ADB』B'0148。
43　『毎日新聞』1955年9月17日朝刊。
44　『毎日新聞』1955年9月22日朝刊。

する。このときに日本は大統領特別基金の使途に関するいくつかの提案を行うが、その中の一つにAFCの設立が含まれていた。そしてその提案に最も積極的だったのも、やはり一万田であった。10月5日、フーヴァーとホリスターを囲んで、重光外相・一万田蔵相・石橋通産相・高碕経企庁長官・岸幹事長といった日本政府要人が参加して話合いが持たれた。このときに重光が米国側代表に対して、東南アジア経済開発のための日米協力構想に関する文書を手交する。英文で23頁にわたるその文書は4つの項目に分かれており、それらは(1)日本と東南アジア諸国との経済協力の必要性、(2)大統領特別基金使途に関する諸提案、(3)東南アジア諸国の軍備強化に関する日本の協力、(4)日本における土地開発及び改良、であった[45]。そして第2項目の中に、日本のアジア地域協力構想が提案されていたのである。そこでは、アジア経済開発のための調査機関や技術訓練機関の設置が掲げられ、大統領特別基金からの出資を求めると共に、AFCの設置が提言され、加えて貿易決済機関の設置も「望ましい」とされていた。この第2項目を作成したのはまたもや経済企画庁であり、さらに推論を進めるならば、経企庁の経済協力室によって作成されたことに鑑みて、当時その室長の任にあった大来の手によるものである可能性が高い[46]。

　重光はこれら諸提案が記されている文書が、「非公式（unofficial）なもので、自分の個人的な考え（only his personal views）」に過ぎないと米国側にあらかじめ断っている[47]。したがってこの提案は、日本からの正式な外交政策ではないとみなし、本書の分析事例からははずされる。ただしこれが経企庁の手によるものであることと、一万田蔵相がAFC設立に積極的な姿勢を示していたことは、指摘すべき事実であろう。つまりこの文書に盛り込まれたいくつかの提案は、決して重光の「個人的」な意見ではなく、日本政府内部におい

45　タイトルなしの1955年10月3日付アジア局作成文書。日本語・英語共に『米国要人訪日』A'0400 に収められている。

46　経済企画庁経済協力室「アジア経済開発のための大統領基金使用方法に関する諸提案」1955年9月29日『米国要人訪日』A'0400、同「大統領基金使用方法に関する基本的考え方」1955年9月29日、2006－00620。

47　Memorandum of Conversation, "US-Japan Relations, Southeast Asia, China Trade," October 5, 1955, 611.94/10-555, *RDOS-PRUSJ, 1955-59*, Reel 3. 朝海記「閣僚とフーヴァー次官等との会談覚」1955年10月5日『米国要人訪日』A'0400。

ても，地域主義を推進する共通了解がある程度存在していたのである。重光が米側に手渡した文書とは別に，一万田はこの会談で「2つの具体的な提案」を行っている[48]。一つは米国と日本を含むアジア諸国が資金を供給するAFCを設置すること（出資金は2億ドルとし，アメリカとアジアで折半することが想定されている），もう一つはその機関がアジア諸国の企業活動に資金を供給し，かつ企業間の合弁事業の仲介を行う，という構想であった。この提案が，先に述べた日銀職員による「アジア開発銀行試案」の内容や，重光が米側に手渡した上記文書の第2項目と類似していることは明らかだろう（AFCという機構名も同一である）。つまり，繰り返しになるが，重光の「非公式で個人的な」文書の第2項目自体は経企庁が作成したものであるが，そこには一万田の考えが反映されており，米国からの資金は大統領特別基金の1億ドルが想定されていたのであった。そしてこれ以降，一万田が積極的に推進する大蔵省の「アジア開発金融機関」構想が，徐々にかたちを整え，具体化していく。

石橋湛山が浴びせた冷水

　しかしながら，一万田が賛成し，経企庁が実質的な立案をしたにも拘わらず，重光が「非公式で個人的な提案」であると言わざるを得なかった事実は，これらの構想をめぐって日本政府内で意見の不一致があったことを示している。アメリカ側に手渡した文書の最も大きな問題は，おそらくそこに東南アジア諸国の軍備強化に関する日米協力が含まれていた点であると思われるが，「アジア開発金融機関」構想についても，閣内で意見の不一致が見られた。これに否定的だった代表的な人物が，石橋湛山通産相である。石橋はフーヴァーが来日する直前に，「東南アジア開発のための金融機関を設けようとする構想もあるようだが，実現の見込みは薄い[49]」と冷めた発言をしており，一万田らに批判的であったことがうかがえる。石橋が不満だったのは，このような構想が，東南アジア諸国の切なる願いから出たものではなく，日本の押しつけに過ぎないという事実を見抜いていたからに他ならない。その典型例

48　Memorandum of Conversation, "US-Japan Relations, Southeast Asia, China Trade," October 5, 1955, 611.94/10-555, *RDOS-PRUSJ, 1955-59*, Reel 3.
49　『日本経済新聞』1955年9月30日夕刊。

を，10月3日に出されたコロンボ・プランの準備会合の結論に見ることができる。この会合で石橋と高碕は大蔵・外務・農林省などの事務当局と打ち合わせを行い，日本側としては，日本独自の東南アジア開発計画を提出することは見合わせる，という結論に達している[50]。その理由として，「開発計画はむしろ援助を受ける各国がこれを立案すべきでコロンボ会議において援助国の立場に立つ日本が独自の開発計画を正式に提出することは筋が通らない」ことが挙げられていた。日本としては，アメリカや被援助国から具体的な開発計画について相談を受けるようなことがあった場合に限って，日本側の計画を提示して協力する，という方針が決定されたのであった。前述したように，シムラ会議直後においては，日本はコロンボ・プランのシンガポール会議で何らかの具体案を再び提案する方針であった。その方針は，フーヴァーらが来日した際に外務省によって作成された文書でも確認できる[51]。それが直前になって変更されたのである。アジア決済同盟推進に積極的だった高碕が（そして後述するように，高碕は「アジア開発公社試案」なる構想を翌年に出してくる），このような結論を主導したことは考えにくい。つまりこのときに決定された方針を主唱したのは，石橋通産相であったことはほぼ間違いない。この点に，戦時の言論統制下においてブロック経済，大東亜共栄圏といった「大アジア主義」に徹底して反対し，満州放棄論をはじめとする「小日本主義」を唱え，経済自由主義，個人主義を貫いた石橋湛山の面目が表れている[52]。そのような決定がなされたために，10月にシンガポールで行われたコロンボ・プラン会議で日本代表は，アジア開発基金，あるいは決済同

---

50 『毎日新聞』1955年10月4日朝刊。

51 ア，協（アジア局，国際協力局の略か－引用者註）「東南アジア経済開発に対するわが国の協力について（フーヴァー国務次官一行に対する大臣会議資料案）」1955年9月29日『米国要人訪日』A'0400。この文書では，「シムラ会議においては米国の考え方がよく理解されなかったため，地域的な考え方に対しては消極的結論が出されたようであるが，今次のシンガポールの会議において域内各国の意見を充分聴取し妥協点をみいだすように努めたいと思う」と記されている。

52 石橋の「小日本主義」については数多くの文献があるが，代表的なものとして，増田弘『石橋湛山研究：「小日本主義者」の国際認識』東洋経済新報社，1990年，姜克實『石橋湛山の思想史的研究』早稲田大学出版部，1992年などが挙げられる。

盟といった具体的な構想を打ち出すことはなかった。日本代表は，アジア地域内の連繋を密にすると同時に，地域外諸国との結び付きを強めていこうとする，「開放的な地域主義」推進の必要性をスローガンとして掲げるに留めたのであった[53]。

5　ジョンストン演説の波紋

　フーヴァーとホリスターの来日に伴い，大統領特別基金の使用のために，再びアジア地域枠組みの創設を提案した日本政府であったが，アメリカ政府内で日本案が検討されたという形跡はない。重光がこれを「非公式なもの」であると述べたのに加えて，大統領特別基金が半分に減額されたことからもわかるように，対アジア援助に関して批判的な雰囲気がアメリカ国内を覆いつつあった現状では，日本提案を真剣に考慮する余地はなかったと考えられる。そしてそれに呼応するかのように日本政府もしばらくは沈黙するに至り，地域協力構想を世に問う動きは鳴りをひそめるのである。その典型例を，11月24日に外務省がまとめた，東南アジア経済協力の方針に見出すことができる。これは重光外相が新党（自由民主党）の外交政策の骨組みとするために事務当局に要請したものであったが，それによると，多角決済機構の確立は時期尚早であり，各国の経済力が高まり地域内の貿易が活発になるような基礎態勢を作るように努力する，と謳うに留まった[54]。すなわちここにきて，多角決済機構の設立を日本外務省は諦めたのである。

　しかしながら，翌1956年の2月の終わりから3月にかけて，再び日本政府内の地域協力構想は活発化するのであった。一万田蔵相が再び「アジア開発金融機関」の設立を提案し，高碕経企庁長官が「アジア開発公社」試案を打ち出し，それを現実的に発展させたかたちで外務省が，3月に来日したダレス国務長官に対して，「アジア開発基金」の創設を訴える。この活発化の直接

53　大来佐武郎「コロンボ計画と東南アジア開発の進展」『経団連パンフレット No. 29』1955年12月号，21－23頁。この「開放的な地域主義」というスローガンは，これが語られた背景に鑑みれば，日本の地域主義積極化姿勢と言うよりもむしろ，その重点は「開放的な」という修飾語に置かれていることがわかる。すなわち日本政府はこの会議において，シムラ会議で提案したような地域枠組みの創設を謳ったものではなかったのである。

54　『日本経済新聞』1955年11月13日朝刊，11月25日夕刊。

的な契機となったのは，IDAB（米国国際開発顧問団）議長・米国映画輸出協会会長という肩書きを持つ，エリック・ジョンストン（Johnston, Eric）の演説であった。

　2月25日に羽田に降り立ったジョンストンはその3日後，多くの政財界人が参加した東京商工会議所主催の歓迎昼食会で，以下の構想を明らかにする[55]。それは東南アジア諸国の経済開発のために，20年から30年という長期低利のローンを扱う投資金融機関を設立するというものであった。その準公共会社で日本が指導的立場に立つよう，米国は協力すべきであるとジョンストンは語ったのである。さらにジョンストンは，ダレス国務長官がこの次に来日するときには，必ずさらに有益な覚書を発するだろうと，確信に近い予測を披露し，自分の帰国後は，演説で述べた内容を国際開発顧問団に勧告することを約束したのである。翌日の記者会見でもジョンストンは，アジア開発公社を半官半民会社とし，米国が総資本の半分を負担し，日本も賠償金の一部を投入すべきであると，具体的な提案を行っている[56]。ジョンストンは3月2日の夜に離日するが，最後の会見でもアジア開発に関する金融機関に触れ，「すでに政府の方針として決ったものではない」としながらも，「我々がこのプランを政府に具申することは間違いない[57]」と述べ，関係者に大きな期待を抱かせて，日本を後にしたのであった。日本が朝野をあげてこれを歓迎したことは言うまでもない。

　指摘すべきは，ジョンストンが来日したのは，まさに東西対立の緊張緩和と中ソの経済援助攻勢が始まった時期であったという点である。ソ連のスターリン（Stalin, Iosif Vissarionovich）が1953年に死去した後，新たなソ連の指導者たちは経済的手段による政治的影響力の拡大をめざす方向に傾斜し始めていた。1955年11月にフルシチョフ（Khrushchev, Nikita Sergeevich）とブルガーニン（Bulganin, Nikolai Aleksandrovich）がインド，ビルマ，アフガニスタンのアジア中立主義諸国を旅して，非共産国へ初の経済援助を約束してい

55　『日本経済新聞』『朝日新聞』1956年2月28日夕刊。"Excerpt from speech by Eric Johnston, president of the Motion Picture Export Association of America, before the Tokyo Chamber of Commerce and Industry, and other organization, at Tokyo, February 28, 1956," 611.94/3-2156, *RDOS-PRUSJ, 1955-59*, Reel 3.
56　『日本経済新聞』1956年2月29日朝刊。
57　『毎日新聞』『日本経済新聞』1956年3月3日朝刊。

る。そして1956年第20回ソ連共産党大会では，そのような援助政策が正式に採用されるのである。ソ連の経済援助はその他にモンゴルや北朝鮮などにも触手を伸ばしており，同年の4月までに中ソの技術協力は14カ国に及び，その長期借款は8億2千万ドルにも達していた[58]。これら共産主義国の経済攻勢に対して，アメリカが懸念を禁じ得ないという情報と，それによって対アジア政策が転換を迫られているという感触を，当時の日本政府は得ていたのであった[59]。

　実際のところ，ジョンストンの来日は，あくまで個人の資格で行われたのであって，東南アジア視察の帰途，日本に立ち寄ったに過ぎなかった[60]。また，この直後に来日したダレス国務長官が，ジョンストン演説を全く知らなかったことからもわかるように[61]，ジョンストンの構想はアメリカの公式な提案ではなく，IDAB議長の個人的意見に過ぎなかった。ジョンストン自身も，その点は記者会見で明らかにしている[62]。さらに付言すれば，アメリカ大使館は3月1日，外務省経済局長の湯川盛夫に対して，ジョンストン演説が政府の政策を反映したものではなく，それが受け入れられる見込みに関しても懐疑的な見解を伝えている[63]。しかしながらこの演説は「熱狂的（enthusiasm）[64]」に受け入れられ，日本の朝野におけるジョンストン提案に期待す

58　Stephen Browne, *Foreign Aid in Practice*, London: Pinter Reference, 1990, pp. 17-18; Merrill, *op. cit.*, pp. 122-123.

59　例えば，アジアにおける共産主義の浸透に対処するために援助を強化することを，米大統領が1956年の年頭教書で明らかにしたことについて，自民党政調会長の水田三喜男は，ソ連の外交攻勢からアメリカがアジア外交に重点を移さざるを得なくなっている事実を指摘し，日本もこれに協力してアジア開発に関する政策を強く推進する必要があると述べている。『朝日新聞』1956年1月6日朝刊。

60　『日本経済新聞』1956年2月25日夕刊。

61　Memorandum of Conversation, March 18, 1956, *FRUS, 1955-1957, vol. 23*, pp. 156-163.

62　『毎日新聞』1956年3月3日朝刊。

63　From Tokyo to Department of State, "PartII-Economic Section, Joint WEEKA (Weekly Economic Notes)," March 2, 1956, 794.00(W)/3-256, *RDOS-IAJ, 1955-59*, Reel 32.

64　From Tokyo to Department of State, "PartII-Economic Section, Joint WEEKA

る想いは,否が応でも高まったのである。藤山愛一郎はこの演説を「恐らくダレス国務長官とも打ち合わせ済みではなかろうか」という推測をしてみせ,「最近のソ連の中近東,東南アジアに対する政治的な経済攻勢におくればせながら対応しようとする米国の新路線のはしりであり,これに対する日本および東南アジアにおける反応を打診しようとしているフシが感じられる[65]」とまで述べている。つまりジョンストンの演説が,アジア政策の転換期にある米政府による「観測気球」であると藤山は考えたのであった。藤山はジョンストンと会談した後に,米国の資本,日本の技術を活用して東南アジア開発を行う「行き方は望ましい」と述べ,ジョンストン構想に賛意を表す。ただし藤山は,「アジア諸国の対米感情はかならずしもよくなく,またどんな援助でも喜んで受けるというわけではないのでその出し方をうまくやることが大切である」と釘をさすことを忘れなかった[66]。このような考えが,前章で見た吉田や外務省アジア局,宮沢らのものと同じであることは言うまでもない。

そして一万田蔵相は自ら希望してジョンストンが滞在していた宿舎を訪問,会談を行うのである。会談後の記者会見で一万田は,従来東南アジア援助に乗り気ではなかった米国だったが,その有力者の一人が,自分と同様の構想を抱懐していたことを「全く喜ばしい」と述べ,この計画が具体化すれば日本も積極的に参加することを明言している[67]。このジョンストン演説に触発されたかたちで,SEATOのカラチ会合出席の帰途訪日したダレス国務長官に対し,日本政府は再び地域協力構想を提案するのである。

「アジア開発基金」と「アジア開発金融機関」

ダレス訪日の直前に,「エリック・ジョンストン提案に関する」打合せが,外務省や大蔵省,経企庁の事務方の参加で開かれている。ここで経企庁の担当者(名前は不明)によって,ジョンストンと会談した高碕長官が「アジア開発公社」試案を披露したことが明らかにされている。この構想は,資本金を2億ドルとし,コロンボ・プラン参加国にアフガニスタンを加えた広義の

(Weekly Economic Notes)," June 15, 1955, 794.00(W)/6-1556, *ibid*.
65 『朝日新聞』1956年2月29日朝刊,『毎日新聞』1956年3月1日朝刊。
66 『日本経済新聞』1956年3月1日朝刊。
67 『日本経済新聞』1956年2月29日夕刊。

東南アジアを対象とし，低利・長期の融資を行う機関であるとされ，日本の賠償とリンクさせることが考えられていた[68]。この高碕の構想を踏み台として，その対象範囲を狭義の東南アジアに絞ったかたちで作成されたのが，「アジア開発基金（Asian Development Fund）」と銘打った2頁の文書であった。重光・一万田・高碕・石橋などの日本政府要人がダレスと会談した際に，日本側はこの文書をダレスに手交する[69]。その文書では，はじめに大統領特別基金の創設を評価したのち，現在のコロンボ・プランで恩恵を受けているアジア諸国は，コモンウェルス圏に集中しており，それ以外の国々には不満が存在していると指摘する。そしてそれら不満を有する国々は，日本が戦後賠償を支払う義務のある国々であるが，米国が日本の賠償を考慮に入れ，地域的な調整によりアジア諸国の経済発展のために何らかの政策を行ってくれることを期待している。昨年，フーヴァー国務次官が訪日した際に我々はアジア開発基金の創設を提案したのであるが，そのような基金が創設されるのなら，必ずやこの地域の経済開発に貢献するであろう，というのが日本の考えであると締めくくられている。そして添付資料としてダレスに対し，ジョンストン演説の抜粋を手渡すのであった。

また，ダレスに披露した構想とは独立に，大蔵省もほぼ同様の計画を同時期にまとめていた。それは「アジア開発金融機関」の創設であった[70]。参加国は米英日とその他アジア内外の自由諸国（つまり広義の東南アジア）とするが，設立が急がれるため，根幹となる数カ国の参加を得られれば，とりあえず設立を図るとされた。資本は最低1億ドルとし，出資の割り当ては米国5千万ドル，英国2千万ドル，日本1千万ドル，その他2千万ドルが例として挙げられている[71]。また，政府が表面に立たないようにするべきだと

68　欧米一課「エリック・ジョンストン提案に関する打合に関する件」『MSA』A'0164。

69　"Asian Development Fund," March 18, 1956, 611.94/3-2256, *RDOS-PRUSJ, 1955-59*, Reel 3.

70　（作成者不明）「アジア開発のための金融機関設立の構想について」1956年3月2日，大蔵省資料 Z522-178。

71　一万田は3月16日の参院予算委員会で，米大統領特別基金から1億ドル，コロンボ・プランから同額を，そして日本もある程度出資するべきだという見解を表明し，大蔵省案とは異なった出資額と出資源を挙げている。その意

いう配慮から，出資者は政府ではなく，各国の輸出入銀行，もしくは開発銀行が望ましいとされた。業務はアジア各国の経済開発のために必要な資金の低利・長期の融資であるが，その重点は中小企業の興業に置かれることが強調されている。加えて，世銀やIFCからの融資の斡旋や債務保証，技術援助などもその業務として挙げられている。その組織としては，総会と理事会が置かれる。総会は出資者の代表者あるいはその代理者各1名で構成，毎年1回開催され，業務運営の基本方針や資金計画の大綱などの重要事項を審議する。総会における決定は投票によって決まり，出資者は出資額に拘わらず平等の投票権を持つ。また，理事会は6名以内とし，総会が選任する経済金融の専門家をもって構成する。その事務所はアジアの一地に置き，基礎産業部，中小企業部，農林水産部，技術部を設けるとされた。

一万田は先に述べたダレスとの会談において，自分はジョンストンの提案に非常に感銘を受けたと述べ，この問題の詳細についてロバートソン国務次官補と話し合いをすることを要望している[72]。その要求は容れられ，一万田は3月22日にロバートソンと会談し，そこで「アジア開発金融機関」構想に関する文書を手渡した。一万田がその後の記者会見で明らかにしたところでは，ロバートソンは「ワシントンとよく相談して検討してみよう[73]」と好意的な返答を与えたようである。

しかし結局のところ，この2つの地域協力構想は，実を結ぶことはなかった。

6　2つの地域協力構想とその挫折

前節で紹介したように，ダレス訪日時に日本は「アジア開発基金」「アジア開発金融機関」という二つの地域協力構想を再び打ち出した[74]。この二つの

　　味で，出資金など具体的な計画はまだ固まっていなかったようである。1956
　　年3月16日参議院予算委員会。
　72　Memorandum of Conversation, March 18, 1956, *FRUS, 1955-1957, vol. 23*, pp.
　　161-162.
　73　『毎日新聞』『日本経済新聞』1956年3月22日夕刊。
　74　ちなみに，通産省も同時期にアジア開発のための何らかの投資機関を創設
　　することを検討していたようである。ただしこれは多国間枠組みというより
　　は，国内での投資機関だったようであり，また結局のところ対外的に提唱さ

計画は，前者が賠償と結びつけたかたちで狭義の東南アジアを対象とし，後者が必ずしも賠償とは結びつけないで，広義の東南アジアを対象にしているという相違点もあるが，それを考慮に入れても，明らかに共通点の方が多いと言える。

第一に挙げられるのは，双方がジョンストン演説に触発されてその姿を現した，という点である。第4節で述べたように，前年10月に訪日したフーヴァー国務次官とホリスターICA長官に対して，一万田は同様の計画を打ち明けていたが，まだそれは曖昧な，漠然とした考えに過ぎなかった。それが具体的なかたちとして正式にアメリカに手渡されたのは1956年の3月であって，ジョンストン演説がなければ，おそらく本構想が，このような鳴り物入りで発表されることはなかっただろう。高碕案を土台とした外務省の構想も同様である。高碕自身は，当時ある雑誌に寄稿した論説で，自らはかねてよりアジア開発機構設立の構想を抱懐していたと述べ，ジョンストン構想はそれと「同一の考えに立つものである」と論じている[75]。つまり高碕が自ら語るところによれば，「アジア開発公社」試案なるものは以前から自分が声高に訴えていたものであり，米国のニューヨーク・タイムズはこれに対して「かなり好意ある論説を掲載した」と主張する。確かに，ジョンストン来日の約2週間前に高碕は，ニューヨーク・タイムズ紙のインタビューに答えて，「アメリカは経済開発問題についてより深く熟考する必要がある」と述べ，5千万から2億ドルの基金で「アジア開発公社」をつくることを提案していた[76]。ただし，少なくともこのときに高碕が抱いていた構想は，日本の外交政策へと結びつくことなく，個人レベルに留まっていた。これが日本外務省によって公式な政策として打ち出されたのは，ジョンストン演説によって，アメリカの対アジア援助政策が転換期にあるという期待を，日本政府が持ったからに他ならない。

第二の共通点として挙げられるのは，両構想がいずれも，米国の資金を想

れることはなかったので，本書の分析対象からははずれる。通商産業政策史編纂委員会編『通商産業政策史　第6巻：第Ⅱ期　自立基盤確立期2』通商産業調査会，1990年，328－329頁。

75　高碕達之助「急がれる東南アジア開発」『新日本経済』1956年4月号（高碕達之助『高碕達之助集』下巻，東洋製罐，118頁）。

76　*The New York Times*, February 14, 1956.

定していたという点である。これらの構想がジョンストン演説を契機として生じたものである以上，米国の資金援助は所与のものであったと言えよう。

高碕達之助・一万田尚登の「戦後アジア主義」

そして第三に挙げられる共通の特徴は，米国の資金が想定されていながら，どちらもアジアのナショナリズムに配慮する必要性が掲げられ，「アジアのためのアジアの開発」が強調されている点である。高碕は先に紹介した論説において，自らの提案を次のように説明する[77]。スターリン亡き後のソ連と，共産中国が東南アジア諸国へ平和攻勢をかけている現状において，「同じアジアの一員として，しかも東南アジア諸国に対して，いわば先進国的立場にある」日本が拱手傍観していることは許されない。日本としては，賠償問題を早期解決し，海外投資促進のための諸条件を整備していくべきなのは言うまでもない。ただし，それでも日本が単独でできることには自ずと限度がある。膨大な資金投下を必要とする東南アジアの経済開発には，より国際的な資金動員が必要となってくる。ことにますます民族自覚の高まりを見せる東南アジア諸国への「特定国」（おそらくアメリカのことであろう）の海外投資には，抵抗が予想される。それゆえ国際機関の創設が求められるのである。この機関では，アジア諸国が自発的に開発をすすめることを基調とし，資金の一部を米国に仰ぐかたちになるが，最終的にはアジア諸国もこれに参加して資金援助を行うことになる。ジョンストン構想はこれと同一の考えに立つもので，日本政府はダレスにこの構想を提案，好意ある考慮を期待していると言う。そしてこの構想は「徒に冷戦の武器として使われる」ことを回避し，「アジアの諸国民に対する温い愛情」から生じる，「まさしくアジアによるアジアの開発に他ならない」と高碕は断言するのである。

「アジア開発金融機関」の創設を提案した一万田を中心とする大蔵省もまた，高碕と同様の考えを共有していた。本構想の具体的内容を記した大蔵省の内部文書に，提案に至る経緯が以下のように述べられている[78]。まず初めに，アジアの経済開発を促進するために国際的な開発機関を設立するという考え

77　高碕，前掲書，113-119頁。
78　（作成者不明）「アジア開発のための金融機関設立の構想について」1956年3月2日，大蔵省資料 Z522-178。

は,「極めて適切」なものであり,日本としてもこれに協力を惜しまないとされている。ただしそれがアジア諸国に受け入れられるためには,次の3点に留意することが必要であるとする。それは第一に,前年のシムラ会議の結論に注意を払う必要性である。すなわち,この会議で援助は二国間で行うべきであるという結論に達したのは,アジア諸国が援助を受ける結果としてなんらかの干渉下に入ることをおそれたことと,各国利害の調整が困難であったことに起因する。したがって,この構想を推進するためには,アジア諸国のナショナリズムに特に深い関心を払わなければならない。第二に,アジア諸国の経済開発を自由主義体制の下において推進するためには,早急な近代化を回避して,各国の中小企業の育成を図ることで,最も実質的な効果が得られる。そして第三に,従来アジア諸国に対する援助は,「東洋的感覚」に対する理解が十分ではなかったため,本機構はその本拠をアジアに置くことが望ましい。以上の3点を考慮に入れて立案されたのが,「アジア開発金融機関」の設立だったのである。この構想の実現に積極的だった一万田は,3月の参院予算委員会の答弁において,シムラ会議での決定は「民族的な意識」が強く反映した結果であると述べ,大統領特別基金を受け入れることによって,他国の指図を受けることをアジア諸国が懸念したのだと説明している[79]。したがって,「東南アジア諸国の開発に資金を供給する場合には,この民族意識を非常に注意をしなければならない」と一万田は主張するのである。

このように共通点が多い両構想が,前章で分析した吉田政権末期から鳩山政権初期にかけて形成されたアジア地域協力構想とも極めて類似していることは,論を俟たないだろう。アメリカの高官による発言(前回はスタッセン,今回はジョンストン)に鼓舞されたという点,その最大の出資国にアメリカを想定している点,そして資金を提供するにも拘わらず,アメリカは「アジアの心情」を理解していないため,アジア諸国が自発的に経済開発を推進する必要があると考えているという点で,ほぼ同じパターンと内容を示していると言える。そして当然ながら,高碕や一万田の考えの中には,日本がイニシャティブをとることで東南アジア諸国の警戒心が引き起こされる,という懸念は微塵も存在しなかった。なぜなら彼らにとって,「アジア」の一員であ

---

79 1956年3月16日参議院予算委員会。

りかつ経済的には「先進国」である日本が，東南アジアの経済開発を先導していくのは当然だったからである。例えば「アジア開発金融機関」の業務として，アジア各国の中小企業の育成が優先されることが謳われたが，これは「近代化」を進めようとする東南アジア諸国の願望と，正面から抵触することは明らかである。抵触するにも拘わらず，そして「アジア諸国の民族意識」に十分配慮しなければならないと主張しているにも拘わらず，彼らは自ら最適と考える経済開発方法を，これら諸国に独善的に押付けるつもりだった。シムラ会議の結果に留意する必要性を説きながら，シムラ会議の繰り返しを行うという矛盾に，高碕や一万田が気付いていたとは思われない。

そして当然ながら，このような構想に批判がなかったわけではない。実は大蔵省内部において，蔵相の構想に痛烈な批判を浴びせていた人物がいた。後のADB初代総裁であり，当時は駐米公使を務めていた渡辺武である。渡辺は7月に，「構想の雄大さ或いは着眼の新規さを競う前に，より基本的な考え方を検討する必要がある[80]」と本省に対して意見具申を行っている。渡辺が第一に問題としたのは，アジア諸国の開発はまず開発されるべき国々自身の問題であり，「如何に精緻巧妙な企画であっても被開発諸国がその必要性を痛感しない限り実行されない」という真理であった。つまり「恩の押売」はかえって逆効果を招く可能性があることを，渡辺は懸念したのである。この意見が，第4節で紹介した石橋のそれと酷似していることは注目に値する。渡辺はさらに，東南アジア諸国は反植民地主義では一致していても諸国間の利害は一致していないため，ヨーロッパのような超国家機関は実現しにくいという事実を指摘する。そして仮に新機構を設立した場合，誰がその運営を行うのか，開発資金をどのような財源に求めるのか，既存機関との関係はどうするのか，などという諸問題を挙げ，一万田らの構想を非現実的なものと切り捨てる。渡辺によれば，アジア開発を促進するために日本が目標とすべきは，技術者の養成，具体的計画への技術・資金援助，あるいは第三国の資金導入の斡旋，民間投資の促進など，より地道で現実的な協力であった。渡辺は最後に，「あくまでアジア諸国のイニシァティヴを尊重しつつ事を進めて行くことが望ましい」と締めくくっている。現地の主体性を重視する考え

---

80 渡辺武「アジア諸国開発に関する諸構想について」1956年7月25日，大蔵省資料 Z522-178。

が，一方で地域協力枠組みの創設へと動き，他方で小規模ながらも二国間協力を進める方向へと流れていく力学のコントラストが，ここに鮮やかに浮き彫りにされている。

ジョンストンと米国政府主流との距離

　アメリカ政府の反応もまた，否定的なものであった。ダレスは先の日本政府要人との会談において，自分はジョンストン提案については知らないとしながらも，この問題について強い興味を示し，米国の援助と日本の賠償を結びつける可能性を研究することも有効であるかも知れないと，好意的な返答を行っていた[81]。ただしこれはあくまでもリップ・サービスに過ぎなかった観がある。前述したように一万田もロバートソンと3月22日に会見を行い，好意的な反応を得たと語っていたが，国務省内でこれが真剣に取り上げられたという事実はない。その証拠として，駐日米大使館のウェアリング（Waring, Frank A.）参事官が国務省本省へ送付した電文と，その返電が挙げられる。ウェアリングは4月に一万田と会談した際，「アジア開発金融機関」のような多国間の枠組みについて，このような組織をまとめるためには相当の時間を必要とする上に，各国の意見調整にもかなりの時間と努力を要せざるを得ないと，否定的なコメントを与えていた[82]。そして日本の賠償に米国の協力を要請する一万田に対して，日・米・賠償受入国の3カ国からなる委員会あるいは協議会というようなものを個別的に設置して協力を進め，これを徐々に積み上げるかたちで多国間枠組みの達成に進むことが，適切かつ実際的であると述べている。この会談の結果を踏まえたかたちでウェアリングは2日後，本省に対して9頁にわたる文書を送付するのである[83]。そこでは，東南アジア開発のために日本の賠償を利用し，米国がそれを支援すべきであること，ガリオア資金の返済を東南アジア開発に充当することが提言されており，

81　Memorandum of Conversation, March 18, 1956, *FRUS, 1955-57, vol. 23*, pp. 156-163.

82　大蔵省「東南アジア経済開発等に関する大蔵大臣と米大使館員の会見記録」1956年4月7日，大蔵省資料 Z522-178。

83　From Waring to Jones, April 9, 1956, "Preliminary Comments on Embassy Tokyo's "Proposal for Economic Development in Southeast Asia"," April 17, 1956, RG59, Lot Files, 58D209, Box 1, NAII.

「アジア開発公社（Asian Development Cooperation）」の創設も，世銀など既存の機関が行っていないような融資を行うならば，大きなメリットがあるだろう，と述べられている[84]。さらにウェアリングは，日本政府がガリオアの返済と結びつけたかたちでこのような機関の設置を公式に提案する限りにおいて米国は慎重かつ好意的に考慮することを伝える必要がある，と付け加えている。この文書内容からわかるように，一万田に対しては批判的であったウェアリングであったが，本省に対しては，日本の構想が実現するように働きかけていたのである。ウェアリングの電文に対してワシントンが返電を寄こしたのは，5月25日であった[85]。つまり1ヶ月半を経た後に，漸く国務省はその重い腰を上げたのである。その電文の作成者である国務省極東局のジョーンズ（Jones, Howard P.）経済調整官は，返事が遅くなったことを詫びつつもウェアリングの電文が「大変興味深く，刺激的」であり，この提案に沿ったかたちで行動を起こすよう努力すると述べている。そしてウェアリングの電文はこの日（5月25日），国務長官に転送されるであろうと言い，何らかの決定が固まり次第再び日本に返電することを約束している。しかしながら，その後ウェアリングに対して好意的な返信が来ることはなかった。なぜなら米政府内において，ジョンストンの提案が否定されるに至ったからである。

日本の新聞報道によると，ジョンストンは「アジア開発公社計画」を5月15日に大統領へ提出，米国経済諮問委員会で検討されていた。しかし6月中旬には，委員会としてはこれに反対する結論に達していたらしい[86]。その理由として挙げられたのが，米国が主導権を握ると東南アジア諸国から反発を買う恐れがあること，また日本が前面に立つと「大東亜共栄圏」の新版と見られる恐れが多分にあること，他のアジア諸国に任せることには不安があり，民間の協力も得られない可能性があること，以上の3点であった[87]。

84　ガリオア（Goverment Appropriation for Relief in Occupied Area Fund: GARIOA）とは，戦後日本の生活必需品を購入するために米国の軍事予算から支出された援助資金のことであり，日本政府に返済義務があった。

85　From Jones to Waring, May 25, 1956, RG59, Lot Files, 58D209, Box 1, NAII.

86　『日本経済新聞』1956年6月16日夕刊，『毎日新聞』1956年6月17日朝刊。

87　ただしアメリカの援助政策を扱った諸研究で，このジョンストン提案に触れたものは管見の限り見当たらない。またここで紹介した米政府の動きは，「ワシントンの権威筋の談話」というかたちをとった新聞報道であって，原資

アメリカが資金協力を拒む限り,「アジア開発基金」「アジア開発金融機関」は画餅に過ぎないことは,誰の眼にも明らかであった。そして一万田らの構想は米国からの賛同を得られなかったばかりか,アジアや,国内からも時期尚早論が浮上することになる。その最たる人物が,実は高碕であった。これら一連の動きと前後して,フィリピン側と賠償交渉を行っていた高碕は,日本の意図に対して予想外に警戒的なフィリピンの雰囲気を肌で感じ取ったらしい[88]。そして6月5日,この種の構想が東南アジアの「誤解」を招く可能性があるとして,尚早論に意見を転向するのである[89]。以上のような四面楚歌状態で,一万田のみがしばらく孤軍奮闘を続けたが,日本の蔵相ができることはほとんど何も残されていなかった。例えば一万田は6月末,「東南亜開発のためにはやはりアジア開発金融公社(アジア開発金融機関と同じものであろう-引用者註)の設置が必要で,この素地をつくるために」,「アジア蔵相会議」を開催する構想を披露している[90]。その後一万田は,おそらくアジア諸国から好意的な返事が得られなかったからだと思われるが,「アジア蔵相会議」構想は諦め,9月にはアジア諸国の蔵相や中央銀行総裁を個別に日本に招き,経済協力について話し合っている[91]。これら会談の内容は不明であるが,訪日したアジア各国代表の意見が,一万田の望んでいたものとは異なっていたことは容易に推察される。9月20日,IMF及び世銀の年次総会出

料に裏付けられたものではない。その意味で,ジョンストン提案の動きは,(実際にジョンストンが米政府に計画を提出したのかどうかも含めて)さらなる実証分析を要するものと考える。

[88] 『朝日新聞』1956年6月6日朝刊。この時期における高碕の日比賠償交渉については,吉川洋子『日比賠償外交交渉の研究:1949-1956』勁草書房,1991年,269-275頁。

[89] 『朝日新聞』1956年6月6日朝刊。From Tokyo to Department of State, "PartII-Economic Section, Joint WEEKA (Weekly Economic Notes)," June 15, 1955, 794.00(W)/6-1556, *RDOS-IAJ, 1955-59*, Reel 32.

[90] 『毎日新聞』1956年6月24日朝刊。

[91] 『日本経済新聞』1956年7月19日朝刊,『朝日新聞』1956年8月6日朝刊。ただし当初は9カ国(インド,パキスタン,セイロン,ビルマ,タイ,インドネシア,フィリピン,台湾,韓国)を招請していたが,確認されている限りでは,訪日したのはセイロン,ビルマ,フィリピン,台湾の4カ国だけである。『日本経済新聞』『朝日新聞』1956年9月10日夕刊。

席のために訪米するにあたって一万田は，東南アジア開発問題に触れ，「資金集中の一つの方法として私は前に東南アジア開発金融公社という構想を考えたが，当面はそういう形にとらわれず，国別の実情に応じた対策を考えていくべきだ」と語り，自らの構想実現を断念したことを明らかにしたのである。

すなわち，エリック・ジョンストンの演説を直接的契機として立案された日本のアジア地域主義構想は，早々に挫折に追い込まれたのであった。

7 アジア地域主義構想の乱発とその蹉跌

以上の分析によって，鳩山政権期における「アジア地域主義構想の乱発」の原因とその内容，結末がほぼ明らかになったと思われる。繰り返しになるが，これら諸構想が出現した直接の原因は，対アジア援助増額を公言していたスタッセンFOA長官の訪日，大統領特別基金2億ドルの設置という実質的な動きと，IDAB議長ジョンストンによる口頭の約束に対する，日本政府の（過分に楽観的な）期待であった。日本政府はアメリカの援助が得られるという確信を持った上で，さまざまな地域協力構想を打ち出したのである。

日本側が戦後初めてアジア地域主義の具体的計画を対外的に提示したのは，吉田茂が訪米中であった1954年11月ではなく，鳩山政権下の1955年3月であった。ただしその時にはすでに，アメリカが大規模な対外援助を行う可能性は消えており，日本もまたその事実を正確に把握していた。それゆえ，日本の提案は抑制的なものに落ち着いた。「東南アジア経済開発基金」の将来的な設置と，それと結び付けられた多角決済への期待に留まったのである。前章で見たように，そもそも日本の構想は，1954年9月以降のスタッセンFOA長官による，公式非公式の発言によって鼓舞されたものであった。時間の経過とともにそれが穏健なものへと変化していった原因は，アメリカの対東南アジア援助政策の消極姿勢化にあった。すなわち日本のアジア地域主義構想は，アメリカのアジア政策と密接に繋がっていたと言える。

このようにアメリカが対アジア援助政策に消極的になっていったものの，大統領特別基金として2億ドルが計上されることが判明すると，日本は再び地域主義外交を展開する。シムラ会議での地域枠組み創設提案がそれである。しかしながらシムラ会議によって明らかにされたことは，東南アジア諸国が地域経済協力に何ら魅力を感じていないばかりか，援助は二国間で行うべきであるという総意の存在であった。そしてアメリカ政府内部の主流派も，ア

第3章　アジア地域主義構想の不用意な乱発：1955－1956　119

ジア諸国と同様の見解を共有しており，1955年の初頭には，援助は小規模かつ二国間ベースで行うという方針が確立されていたのである。日本の地域協力構想立案の中心的人物であった大来は，シムラ会議を契機として，アジアにおける地域枠組みの実現に対して，次第に否定的な考えを持つようになっていく。

　しかしシムラ会議の結論を眼にしながら，むしろそれを眼にしたからこそ，一万田や高碕は「アジアの民族感情」に配慮した，「アジアによるアジアの開発」を訴えるのであった。この「アジア」という地域概念には，日本が含まれていることは言うまでもなく，彼らの提案した構想には，「アジアの一員」でありかつ「先進国」でもある日本が主導することが，無意識にも埋め込まれていたのである。このような日本の意図に対して，前節で述べたようにフィリピンが警戒したのは，当然であったと言えよう。同様に，日本政府内部においても，これら地域協力構想に批判的な考えを持った者は存在した。アジアの実情を考慮に入れれば，多国間の地域枠組みをつくることは決して現実的ではないと，石橋湛山や渡辺武は認識していたのであった。そしてアメリカ国内においても，地域枠組みの創設は退けられる。日本を沸かせたジョンストン構想は，この時期の米政府内では決して主流を形成することはなく，何ら実質的な結果を残すことなしに葬り去られるのであった。鳩山政権期に展開されたアジア地域主義外交は，このようにして幕を閉じる。

　最後に指摘すべきは，この政権が他と比較してユニークではなかった，という点である。大統領特別基金やジョンストン演説に代表される，米国の援助政策の転換にかける「期待」が，日本の提唱した諸構想の直接的な原因であった。このようなパターンは，前章で見た吉田政権や，次章で分析する岸政権の「東南アジア開発基金」構想，あるいは7章の佐藤政権における東南アジア開発閣僚会議において見られたものと酷似しているのである。アメリカの対アジア政策への批判と，「アジアによるアジアの開発」を訴えた点でも，これら諸構想に各政権特有の際だった特徴は認められない。

　鳩山政権期のアジア地域主義構想は悉く挫折し，この時期アジアで地域枠組みが創設される可能性はほとんどないことが明らかになった。しかし翌1957年，岸信介が総理の座に就くと，再び同様の構想が提唱されることになる。なぜか。この疑問を解くことが，次章の主目的となる。

第4章

第4章 「対米自主外交」という神話：1957[1]

1 「開発基金」構想と「対米自主外交」

　時は1957年，岸信介政権に移る。日本の第56代総理大臣であり，外相も兼任していた岸が打ち出したのが，「東南アジア開発基金」構想であった。岸は戦後日本の現役首相としては初めて東南アジア諸国を歴訪，その後アメリカに渡って，自らの構想を各国に打診してまわったのである。その骨子は以下のようなものであった[2]。

(1)コロンボ・プラン加盟国18カ国を基本的な構成国とする（つまり広義の東南アジアが対象）。

(2)初年度の基金は5億ドル程度とし，毎年基金を増加していく。出資国は，コロンボ・プランの援助国（米・英・加・豪・ニュージーランド・日）と，出資を希望する国とする。

(3)理事会と事務局長を置く。理事会は政策決定機関であり，理事は基金参加国がその出資額に応じて派遣する。ただし，理事会において各加盟国の行使し得る投票の数は，アジア諸国については全体の3分の1を超え

1　本章の分析は，保城広至「岸外交評価の再構築：東南アジア開発基金構想の提唱と挫折」『国際関係論研究』第17号（2001年）を元に，新たに入手した資料を利用したかたちで大幅に加筆修正を施したものである。

2　岸が訪米する直前に駐日アメリカ大使に手交した本構想の内容が，大蔵省財政史室編『昭和財政史：昭和27-48年度　第18巻　資料（6）国際金融・対外関係事項』東洋経済新報社，1998年，463頁-467頁で公表されているので，詳しくはそちらを参照のこと。

ない範囲において各国平等に，出資国については出資額に応じた投票数（但し一国の投票数は出資国に割り当てられた投票数の2分の1を超えることはできないこととし，又アジア諸国のうち出資を行ったものにはアジア各国の有する権利に，出資割りによる権利を加算しうることとする）を認めるものとする。

(4)経済開発のため，通常の金利では収支償わない政府の公共事業などに長期資金を低利で融資する。

以上のような地域的開発基金の設置に加えて，アジア向け中期輸出手形の再割引機関（資本金1億ドル）と，アジア貿易基金（同じく1億ドル）の設置が同時にアメリカに提出されている。つまり，「開発基金」と並んで，「貿易決済枠組み」の創設も同時に提唱されていたのである。本書では，それら3つをセットで「開発基金」構想と呼ぶ。

吉田・鳩山政権期のアジア地域協力構想をつぶさに見てきた我々にとっては，これらの計画が決して目新しいものではないことは，一見して明らかであろう。長期低利の開発基金や貿易決済のための基金の設置，（アメリカに最終計画を提出したことからわかるように）アメリカをその最大の出資国に想定している点など，かつて日本政府が提案し，あえなく退けられてきた諸構想と類似しているのである。なぜ日本政府は，前政権で否定されたのと同種の計画を再び提唱するに至ったのであろうか。過去の失敗から何ら学習をしなかったのだろうか。その問題を解くことが，本章の主目的である。

岸外交に対する評価

近年，岸の東南アジア訪問関係の外務省資料が公開されたことから，それを土台としてこの構想を分析した研究が複数発表されている[3]。先行研究に

---

3 先行研究として，山本剛士『戦後日本外交史6：南北問題と日本』三省堂，1984年，樋渡由美「岸外交における東南アジアとアメリカ」近代日本研究会編『年報近代日本研究11：協調政策の限界』山川出版社，1989年，清水さゆり「ポスト占領期の日米関係」上智大学アメリカ・カナダ研究所編『アメリカと日本』彩流社，1993年，李鐘元「東アジアにおける冷戦と地域主義」鴨武彦編『講座・世紀間の世界政治　3』日本評論社，1993年。Sayuri Shimizu, *Creating people of plenty: the United States and Japan's economic alternatives, 1950-*

おける代表的な岸政権の「開発基金」構想に関する解釈は，以下のとおりである。すなわち，例えば吉田政権の東南アジア開発構想は日米協調の一環であったのに対し，岸のそれはアジアの盟主になることによってアメリカと対等の立場で交渉するという，「対米自主」外交の特色が強かった，という説である[4]。この考えの根拠となった主な理由として，次の3点が挙げられよう。第一に，アメリカが当初から反対したにも拘わらず岸が「自主的に」この構想を提唱したという点，第二に，日本がアメリカ政府を通さずに，アジアに直接自らの構想を打診した初の試みであったという点，そして第三に，アメリカがこれを拒否したのは，日本がアジアに「アメリカからは独立した勢力圏」をつくることに対してアメリカが大きな懸念を抱いていた，という点である[5]。

1960, Kent, Ohio; Kent State University Press, 2001. 末廣昭「経済再進出への道：日本の対東南アジア政策と開発体制」中村政則他編『戦後日本 占領と戦後改革6 戦後改革とその遺産』岩波書店，1995年，井上寿一「戦後日本のアジア外交の形成」日本政治学会編『年報政治学1998 日本外交におけるアジア主義』岩波書店，1999年，黒崎輝「東南アジア開発をめぐる日米関係の変容 1957-1960」東北大学法学会『法學』第64巻第1号（2000年），權容奭「岸の東南アジア歴訪と『対米自主』外交」『一橋論叢』第123巻第1号(2000年)。また，本章のベースになった拙稿（保城，前掲「岸外交」）の後に次の二つの実証研究が発表されたが，それによって本書の主張に再考を迫られることはなかったと考えている。佐藤晋「戦後日本の東南アジア政策（1955-1958年)」中村隆英・宮崎正康編『岸信介政権と高度成長』東洋経済新報社，2003年，鄭敬娥「岸内閣の『東南アジア開発基金』構想とアジア諸国の反応」『大分大学教育福祉科学部研究紀要』第27巻第1号（2005年）。敢えて7年前の拙稿と本章との違いを挙げるとすれば，前者は岸が「対米協調」であることを強調していたが，「協調」と「自主」という二分法はもはや無意味である，という考えに筆者が行き着いた点であろう。保城広至「『対米協調』／『対米自主』外交論再考」『レヴァイアサン』40号（2007年）参照。

4 原彬久『戦後日本と国際政治：安保改定の政治力学』中央公論社，1988年，109-113頁，樋渡，前掲論文，波多野澄雄「『東南アジア開発』をめぐる日・米・英関係：日本のコロンボ・プラン加入（1954年）を中心に」近代日本研究会編『年報近代日本研究16：戦後外交の形成』山川出版社，1994年，235頁，北岡伸一「戦後日本外交の形成：講和以後の吉田路線と反吉田路線」渡邉昭夫編『戦後日本の形成』日本学術振興会，1996年，68頁，權，前掲論文。

そして上記の解釈を裏付けるように，岸自身は自らの構想を以下のように語っている。

「アジアにおける日本の地位をつくり上げる，すなわちアジアの中心は日本であることを浮き彫りにさせることが，アイクに会って日米関係を対等なものに改めようと交渉する私の立場を強化することになる[6]」。
「この構想が実現すると，東南アジアにおける日本の主導権が確立する。ということは，東南アジアにおける中共，ソ連の影響力を排除し，自由主義陣営の立場が強化されることになる。もちろん日本の産業界も潤うだろうが，それ以上に日本の世界政策としてとらえるべきである[7]」。
「東南アジアを先に回って，アメリカと交渉する場合に，孤立した日本ということでなしに，アジアを代表する日本にならなければいけない[8]」。

しかしながら，アメリカに資金を依存しながら「対米自主」外交を推進するというのは，明らかに矛盾した行為である。20年後に発表された政治家の回想をそのまま鵜呑みにすることは，一次資料を利用した実証分析を身上とする外交史研究者にとって，極力避けなければならない行為であろう。先行研究の問題点は，この構想がなぜ，どのような経緯で日本政府によって打ち出されたのかといった，日本側の政策決定過程を分析することを怠っていることに求められる。それゆえ，アメリカ側の文脈は米政府内資料を駆使した実証研究によってほぼ正確な記述がなされているのに対し[9]，日本側のそれ

---

5 ただし，この３点目の仮説を提示した樋渡に対する批判として，李は，むしろアメリカは東南アジアにおける日本の役割に期待しており，アジア諸国の対日不信がアメリカの追求する地域的協力体制への障害だったと論じている。黒崎は樋渡論文の資料解釈に疑問を呈し，李の主張を支持した。これによって，この論争に終止符が打たれたと言えるだろう。本書も李らと同じ見解であり，よって樋渡仮説の妥当性を改めて問わないことにする。樋渡，前掲論文，李，前掲「東アジア」，235－236頁，黒崎，前掲論文，115－116頁。
6 岸信介『岸信介回顧録：保守合同と安保改訂』廣済堂出版，1983年，312頁。
7 同上，320頁。
8 岸信介・矢次一夫・伊藤隆『岸信介の回想』文芸春秋，1981年，167頁。
9 李，前掲「東アジア」。Shimizu, *op. cit.*, chap. 8. 黒崎，前掲論文。

は岸の回顧録に依存するという状況にあったのである。しかしながらこの構想の日本国内における政策決定過程を追わない限り，その出現理由や，どのような政策意図がここに込められていたかを理解することは不可能である。本章の目的は，「開発基金」構想の出現過程を時系列的に分析することによって，「対米自主」外交説の根拠となっている上記の3点に反論を加えるかたちで，以下の事実を明らかにすることにある。

　第一に，日本政府を動かしたのは，従来言われてきたように「対米自主」外交を推進しようという岸自身の意志ではなかった。日本がこの構想を提示するに至った背景には，東南アジア開発に関する日本の意見を聴取しようとする，駐日米国大使による岸外相への直接の打診があった。この時期アメリカの援助政策は再検討を迫られており，米政府は日本にも協力を求めていたのである。前政権において悉く構想倒れに終わっていた同様の構想を岸政権が再び持ち出したのは，ようやくアメリカがアジアの感情を無視した従来の対東南アジア政策を変更するに至ったと，日本の政策関係者が考えたからに他ならない。すなわち，この構想が形成された直接的な契機は，アメリカの対アジア援助政策の転換に対する日本側の期待にあったのである。言うまでもなくこの事実は，前章までに論じてきた日本の地域主義構想が出現する原因と同じものであった。そして今回はその背後に，欧州共同市場の設立に脅威感を持った財界と通産省の後押しも加わっていた。

　第二に，この構想の原案は岸自身によって，アジア諸国へ打診する前に米大使館を通じて米国に伝えられており，駐日大使は基本的に岸の構想に賛意を示していた。したがって，先行研究の考えるように，「開発基金」構想は決してアメリカから独立に形成され，初めにアジア諸国へ提案されたものではなかったのである。

　第三に，「開発基金」構想を正当化するために日本政府が持ち出してきたのは，「アジアによるアジアのための経済開発」というアプローチだった。すなわち東南アジアの経済開発は，欧米よりも日本こそがやるにふさわしいという主張であり，日本は東南アジアの代弁者たろうとした。それ故にこの構想の立案者たちは，アメリカが表に立つのは好ましくないと考え，アジア（実質的には日本）が運営する地域枠組みの創設を訴えたのである。この構想が東南アジア諸国に受け入れられることを，彼らは極めて楽観視していた。そしてこのアプローチもまた，岸政権特有のものではなく，吉田政権期から一

貫して底流として存在してきたものであった。

しかしながら第四に、日本の訴えた「アジアによるアジアのための経済開発」は、実在のアジアには受け入れられるものではなく、この構想は大部分の東南アジア諸国から好意的な反応を得ることはできなかった。2年前のシムラ会議の結論が、ここでも改めて確認されたのである。加えて、日本に打診したアメリカも、慎重な討議の結果、「開発基金」構想を拒否するに至るのである。結局のところ、1957年に日本政府によって提示された「開発基金」構想は、東南アジア、アメリカ双方に受け入れられることなく挫折する。すなわち、岸政権期に打ち出された「開発基金」構想も、吉田・鳩山政権期のアジア地域協力構想と同じ原因から浮上し、同じ内容を持ち、そして同じ結末を迎えるのであった。

2　米国援助政策の転換:「援助も貿易も」

前章までに概観したように、アイゼンハワー政権の一期目は、基本的に対外援助に対しては消極的な姿勢をとっていた。それが途上国に対する経済開発問題の関心が高まることによって、一期目の後半から徐々に針路を変え始め、二期目の最初の年である1957年になると、以前の援助政策とは異なったアプローチが採られるようになる。具体的には、DLF（開発借款基金）が5月に創設され、長期・低利でかつ自国通貨で返済可能な、いわゆるソフトローンによる途上国開発への融資・債務保証が行われるようになったこと、加えて軍事援助から経済援助へと重点が移行したことなどが挙げられる[10]。このように、カウフマンの言葉を借りれば、アメリカの援助政策は、「援助より貿易を（Trade not Aid）」から、「援助も貿易も（Trade and Aid）」へと転換するのである[11]。

その転換の要因として、前章で触れた東西対立の緊張緩和と中ソの経済援

10　Burton I. Kaufman, *Trade and Aid: Eisenhower's Foreign Economic Policy*, Baltimore: Johns Hopkins University Press, 1982.

11　*Ibid.* ただし厳密にはこの言葉は正しくない。アイゼンハワー政権一期目においても、援助は全く行われていなかったわけではなく、重点を軍事援助に置いていたということである。すでに論じたように、スタッセンらの援助積極派の行動により、大統領特別基金も1億ドル計上されているし、無視できない程度の経済援助が行われていたことも事実である。

助攻勢が挙げられる。この中ソの援助攻勢を明確に脅威として感じ取ったアメリカは，NSC5707／8において，「自由世界の経済発展は，共産ブロックの進出を阻止するための，米国の政治経済戦略において重要性を有する要素[12]」として，初めて長期的な経済開発援助供与の必要性が正式に提唱される[13]。「政治経済戦争[14]」を勝ち抜くための手段としての援助政策が，ここに萌芽を見せるのである。また，行政府において，1957年に4Hクラブと呼ばれた援助反対派のうち2人が政権を去り[15]，ハーター（Herter, George）とアンダーソン（Anderson, Robert B.）という，援助政策に対して好意的な人物が後任に就いたのも大きかった[16]。「腕白小僧（Young Turks）」と呼ばれた賛成派が力を得たのであった[17]。

このように援助政策の再考を迫られたアメリカは，議会，ホワイトハウス双方に援助政策の大幅な再検討のためにいくつかの委員会を設けることになる。議会は上院下院ともに援助のための特別委員会を設置，大統領も米国鉄鋼協会会長だったフェアレス（Fairless, Benjamin）と，IDAB議長のジョンストンを委員長とする新たな2つの諮問委員会をつくり，援助政策見直しを要請したのである。DLFの創設は，ジョンストン委員会報告によるものだった[18]。

また，この当時のアメリカ援助政策の動きとして，ドッジの後任として7

---

12 NSC 5707/8, "Basic National Security Policy," June 3, 1957, *FRUS, 1955-1957, vol. 19*, pp. 513-516.
13 李鐘元『東アジア冷戦と韓米日関係』東京大学出版会，1996年，211頁。
14 石井修「『政治経済戦争』としての米国対外経済政策：アイゼンハワー期」『国際政治』第70号（1982年）。
15 4Hクラブとは，ハンフリー財務長官，ホリスターICA長官，フーヴァー国務次官，ヒューズ（Hughes, Rowland R.）予算局長のことで，去ったのはフーヴァーとハンフリー。
16 Walt W. Rostow, *Eisenhower, Kennedy, and Foreign Aid*, Austin: University of Texas Press, 1985, p. 125.
17 Young Turksとは，相互安全保障局長官に就任していたスタッセン，ダレス国務長官，ニクソン（Nixon, Richard）副大統領，ロックフェラー（Rockefeller, Nelson A.）大統領特別補佐官のことを指す。
18 両委員会の報告書の邦訳は，アジア協会『アメリカの対外援助政策：フェアレス委員会報告書，ジョンストン委員会報告書』日刊工業新聞社，1957年。

月に CFEP(対外経済政策委員会)の議長に就任したランドール(Randall, Clarence) の地域主義構想が注目に値する[19]。米政府内部におけるアジア地域枠組み創設の構想は、スタッセンの敗北と共に下火になっていたが、スタッセンの地域的経済機構の設置構想を批判したランドールによって、再び呼び起こされるのである[20]。ランドールは各国の経済事情を知るため、1956年12月に極東と(狭義の)東南アジアを歴訪した。彼はその視察報告において、従来これらアジア諸国に対する米国の経済政策は二国間で行ってきたが、今こそ米国に頼らずに各国がおのおのの経済的脆弱性を自ら同士で補完するため、多国間の地域経済会議をつくるべきだと言う[21]。注目すべきは、アジアの経済開発に必要不可欠な日本はそのような会議に当然含まれるべきだが、「日本がその会議の音頭を取るようなことがあってはならない(Japan must not call the conference)」と断言していることである。東南アジア諸国の反日感情が未だ記憶の中に生々しく残存しているために、日本のリーダーシップは各国の警戒心を惹起するとランドールは判断したのだろう。ここで中心的な役割を期待されたのはフィリピンであった。また、資金にはアジア経済開発のための大統領特別基金や、日本の賠償などが想定されていた。加えて、この地域の技術協力についてアメリカの技術者を雇うのは困難であるため、日本のそれを連れてくるのも一案だと示唆している。この報告にダレスは同意し、国務省はアジア地域経済協力の可能性を検討するために動き出す。まず日本

---

19 Kaufman, *op. cit.*, chap. 9.
20 しかし以下に見るように、その趣旨は両者で異なる。スタッセンは地域経済協力のためにアメリカの援助増大を訴えたが、ランドールはアメリカの援助を将来的に減額するために地域経済協力を提唱したのである。その意味では彼は一貫した自由貿易主義者だった。ランドールに関しては、Sayuri Shimizu, "Clarence Randall and The Control of Sino-Japanese Trade," *The Journal of American and Canadian Studies*, no. 7 (Spring 1991), Sophia University, Institute of American and Canadian Studies が詳しい。
21 "Report by the Chairman of the Council on Foreign Economic Policy (Randall)," December, 1956 *FRUS, 1955-1957, vol. 9*, pp. 29-43. ただし彼自身は、この地域にフォーマルな機構をつくるという提案をしたのではなく、まずは非公式に各国代表が互いの経済問題について話し合う場を設けたらどうか、という程度の考えであることをダレスに述べている。From Randall to Dulles, January 22, 1957, FEPR-PPS, Box 11, DDEL.

に内密に打診をしてその見解を聴取し，それをふまえて東南アジア各国の米大使館を通じて，ランドール構想の実現可能性について意見を求めたのである[22]。

そしてまた，ランドールの要請を受け，5月にヤング (Young, Kenneth T. Jr.) を委員長とする，国務省・商務省・財務省・農務省・ICAの代表者10人からなる省際委員会が新たに設けられる[23]。この委員会の目的は，「アジア地域経済開発と協力に関する委員会」という名が示すとおり，アジアにおける新たな地域経済協力の可能性を研究することであった。このヤング委員会が，後に「開発基金」構想の運命を決定づけるのである。

新駐日大使の打診

1957年2月4日，日本問題についての国務省会議がダレス，大使就任直前のマッカーサー二世 (MacArthur, Douglas A. II)，ロバートソンなどが出席して開かれ，ランドール報告についての協議が行われた。アジア経済会議の創設には，実現の前に多大なスタッフの労力と研究が必要だとされ，現時点でこのような会議が生産的 (productive) かどうかに疑問が出されたものの，とりあえずランドールの地域協力構想は是認された。そして日本政府がかつてと同様の構想を実現させようとしてきた事実に鑑み，アメリカがこの問題をより深く研究するために，日本から今まで蓄積してきた情報を引き出すべきである，との結論が下された。近日マッカーサーが日本に着任するので，彼が東京大使館の経済顧問であるウェアリングと協力して日本政府に非公式かつ内密に (informally and confidentially) 接近し[24]，とりあえず日本から情報

---

22 Circular: Sent to Bangkok, Colombo, Djakarta, Hong Kong, Kabul, Karachi, Kuala Lumpur, Manila, New Delhi, Rangoon, Saigon, Seoul, Singapore, Taipei, Vientiane, March 18, 1957, FEPR-PPS, Box 11, DDEL.（各国大使館の報告内容は本章第7節に譲る）

23 ヤングは1953年まで国務省の北東アジア局長，それ以降はフィリピン及び南東アジア局長に就いていた人物である。ランドールは委員会のリーダーとして，この問題について広い見地から十分な考察ができる人物を望んでいたが，日本や東南アジアの情勢に精通しているヤングはまさに適任だったのだろう。From Randall to Jones, April 17, 1957, FEPR-PPS, Box 11, DDEL.

24 ウェアリングは前章で見たように，東南アジアは日本にとって重要な潜在

を得るという結論に達したのである[25]。

　日本では前年の12月に鳩山内閣の後を受け，激しい自民党総裁選挙に勝利した石橋湛山が首相に就任する。総裁公選の決選投票において7票差で破れた岸は外相に就任するが，1月24日に石橋が肺炎で倒れると，31日に岸は首相代理に指名され，病状が好転しなかった石橋は2月23日に総辞職することになる。岸はその2日後に国会で首班に指名され，3月21日の党大会で正式に第3代自由民主党総裁に選出されるのである。7月に内閣改造が行われて藤山愛一郎が外相に就任するまで，岸は首相と外相を兼任することになる。

　上記の国務省決定を受けて，2月15日に着任したマッカーサー大使は，19日夕方に初めて岸を訪問し，その日のうちに早々と東南アジア経済開発問題について切り出した。そこで大使は，この分野で我々は共同で建設的な行動をとる可能性があると感じていると述べ，まず我々ができることを研究する前に，日本が今までこの問題について積み重ねてきた経験と見解をより詳しく知りたい，と岸に語った。さらにマッカーサー大使は，これは自分の個人的な見解であると断りながら，「この分野でのイニシャティブは米国よりもアジア諸国（Asians）から出てくるのが重要だ」と打ち明けたのである。そしてこの問題についての詳細な協議を，内密にウェアリングとすぐ始めることができる人物を任命するよう依頼する。岸がこの計画を歓迎したことは言うまでもない。マッカーサー大使の要求に応えることを即座に約束する[26]。ここで注意すべきは，マッカーサーの個人的発言が岸に与えた影響である。マッカーサーは，この問題のイニシャティブは「アジア諸国」がとるのが良

　　市場であり，この地域の経済開発のためにアメリカが支援する必要性を訴え続けてきた人物である。ランドールはダレスへ送った電文で，結局はヤングが就任することになる省際委員会の委員長にウェアリングを推薦していた。仮にそれが実現していれば，委員会の結論も変わっていた可能性がある。From Randall to Dulles, January 22, 1957, FEPR-PPS, Box 11, DDEL.

25　Memorandum of Conversation, Department of State, February 4, 1957, *FRUS, 1955-1957, vol. 23*, pp. 258-261; From Dulles to Randal, February 8, 1957, FEPR-PPS, Box 11, DDEL.

26　From Tokyo to Department of State, February 20, 1957, *FRUS, 1955-1957, vol. 23*, pp. 267-268.

いと，直接「日本」と明言することは避けている。しかし日本がアジアの盟主であることを自認する岸にしてみれば，日本を置いて他にリーダーシップをとる国などなかった[27]。マッカーサー発言を自分の都合のいいように受け取ったことは想像に難くない。先述のように，ランドール自身は日本のイニシャティブに対して否定的だった。しかし，アジア地域経済協力構想がマッカーサーを経て岸に伝わった時点で，ランドールの警告は完全に抜け落ちてしまっていたのである。岸が「開発基金」構想を打ち出した時，ランドールの胸中は如何なるものだっただろうか。

ウェアリングと協議するために任命された人物は，外務省の湯川盛夫経済局長と千葉皓欧米局長だった[28]。3月3日にマッカーサー大使がダレスに送った電文によると，その時点で外務省は具体的な地域的アプローチを何ら有していなかった。彼らは過去の負債を未だ背負っているこの地域において，自らがイニシャティブをとることで東南アジア諸国が警戒することを憂慮していた。他方で，アメリカが過去に吉田，一万田らの提案を拒否し続けてきたことに対する失望感が大きく[29]，アメリカの支援が得られるということが明確になり，途上国の懸念が払拭されるまで，自らは地域的な開発計画を立てることには尻込みしている様子だった。マッカーサーの印象では，外務省の2人は，二国間で，プロジェクトごとに日米共同でアジア開発を行うのが最も堅実であると信じていたようである。

米援助政策「転換」への過剰な期待

もう一つ，アメリカの援助政策の転換が日本に及ぼした影響として，フェアレス，ジョンストン両委員会報告を挙げておかなければならない。フェアレス委員会は2月に来日し，外相だった岸，蔵相の池田勇人，通産相の水田

27　岸のアジア主義的認識については，本章第4節で詳細に論じる。

28　From Tokyo to Secretary of State, March 3, 1957, FEPR-PPS, Box 11, DDEL. 以下の内容はこの文書による。

29　ただし第2章で検証したように，吉田内閣はアメリカに具体的な提案をする前に総辞職している。湯川は1954年末当時国際協力局長，千葉は在サン・パウロ日本総領事で，経済局とアジア局が主管庁であった吉田政権期の東南アジア経済開発問題には直接関与していなかったために，若干の誤解があったと思われる。

三喜男らと会見し，意見を交わしている。この委員会は3月1日に英文で19頁の報告書を発表したが，その中で「われわれは，アジアと南アフリカに（欧州と－引用者註）同様な大市場樹立の見込みが有力であると信じている。これらの大きな経済力中心地域が発展すれば，それぞれの地域に現地の力の増大を促進し，これによって，現在よりも防衛負担を一層均等に配分できるようになる。このような広域経済圏の発展は，アメリカの外交政策の主たる目的でなければならない[30]」という一文が含まれていた。実際にはフェアレス報告は，援助拡大を制限し，各地域の自助努力に任せる方針を採ったことや，被援助国をアメリカの集団安全保障システムに参加している国に限定していたといった理由により，米政府内では評判が悪く，採用されなかった[31]。また外務省もフェアレスに近い人物を通じて，彼は「アジア地域銀行には賛成していない[32]」ことを確認している。しかし，この一文が日本に与えたインパクトは大きかった。各新聞は，この指摘がフェアレス報告の金看板であると言わんばかりに，競って大々的に取り上げたし[33]，アジア協会が行った分析においても，この部分が「第一に注目される[34]」と述べられている。

　ジョンストン報告はその3日後に提出された。そこでは途上国を共産主義に追いやらないためにも，軍事援助よりも経済援助の方が望ましいと指摘され，新たな国際開発基金を設置してICAを通じて運営するべきであると提案されている。この基金の構想は，ラテン・アメリカ，アジア及び近東を含むアフリカの開発に対する，技術援助と資金援助の供与を目的とするとされていた[35]。フェアレス報告と異なり，ジョンストン報告は国務省に好意的に受

30　"Report to the President by the President's Citizen Advisers of the Mutual Security Program," March 1, 1957, FEPOC-CPS, Box 2, DDEL. アジア協会，前掲書，11頁。

31　Kaufman, *op. cit.*, pp. 101-102.

32　在米谷正之大使発岸外務大臣宛「フェアレス報告に関する情報の件」1957年3月15日『MSA』A'0164。

33　『日本経済新聞』『読売新聞』1957年3月6日朝刊，『毎日新聞』1957年3月6日夕刊。外務省の湯川経済局長は，このような報道が「誇大して書いて」いることに不快感を隠さなかった。外務省「第二回経済外交懇談会議事録」1957年3月28日，2003－00539。

34　アジア協会，前掲書，4頁。

け入れられ，提言どおり5月にDLFが創設されることになる[36]。

　日本政府内では，これらマッカーサー大使の提案や，フェアレス，ジョンストン報告という一連の動きから，従来誤った対アジア政策を採用してきたアメリカの援助施策が転換期にあり，日本もその恩恵にあずかることができると判断したことは想像に難くない。「……フェアレス調査団あたりも充分考え，これまでのアメリカのやり方が効果的であったかどうかを検討している。その意味ではアメリカは今反省期に入っている[37]」という岸の発言はこれを裏付けている。すなわち岸にとって，今まで日本の諸構想が退けられてきたのは，日本ではなく，米国の政策が誤りを犯していたからであった。このような考えを有している以上，悉く挫折に終わった鳩山政権期のものとほぼ同様の構想を，岸がためらいもなく再び打ち出したのは，不自然な行為ではなかったのである。1月末に開かれたアジア・太平洋地域公館長会議で同地域を日本外交の中心に据え，経済協力を推進する姿勢を打ち出していた岸だが[38]，2月に来日したフェアレスと行った会談では，賠償をアメリカの資金によって効果的に活用する以外の考えは持っていなかった[39]。加えて，前述のマッカーサー報告によれば3月初旬の時点ですら，外務省内にもまだ「開発基金」構想なるものは存在しなかったばかりか，外務省はこのような多国間機構をつくることには否定的だったのである。後述するように，岸がマッカーサー大使に「開発基金」構想の原案を提示するのは4月17日であったが，それまでの1ヶ月半の間にどのような動きがあったのだろうか。節を改めて論じることにする。

35　アジア協会，前掲書，34−44頁。この提言は，前年の「アジア開発基金」「アジア開発金融機関」構想誕生の原因となったジョンストン自身の演説を想起させる。

36　Kaufman, *op. cit.*, pp. 101-104.

37　岸信介・韮澤嘉雄「渡米を前にして」『中央公論』1957年5月号，132頁。

38　外務省アジア局総務参事官室「第5回アジア・太平洋地域公館長会議記録」1957年1月，2004−01194。

39　"Verbatim Transcript of Meeting between Acting Prime Minister of Japan, Nobusuke Kishi (through interpreter) and Mr. Fairless and Members of Fairless Committee, February 11, 1957," CAMSP, Box 15, DDEL. 文書課長「岸大臣，フェアレス委員長会談要旨」1957年2月11日『フェアレス』A'0166。

3　経済外交懇談会

1957年3月，岸は強力な経済外交を推進するため，新しく外務省の諮問機関として「経済外交懇談会」を設置することを決定したと発表する。この機関設置の構想はすでに2月頃からはじめられ，岸自ら委員の人選を進めてきたが[40]，3月15日，17人の政・財界人を外務省に招いて初会合が開かれた[41]。この懇談会の主なテーマが東南アジアの経済開発に絞られていたことから判断して，岸が財界の意見を聴取し，東南アジア経済外交の指針に据えようと考えたことはほぼ間違いない。

欧州統合への危機感

第一回会合では，欧州共同市場，EURATOM（欧州原子力共同体）の問題が取り上げられた。この年の3月末に欧州では共同市場のためのローマ条約が締結される予定だったが，未だ発足していないEEC（欧州経済共同体）と，それがアジア経済に及ぼす影響に対して，参加者の懸念が大きかったことが見受けられる。そしてアジアで共同市場というところまで進むのは時期尚早であるが，開発・投資機関を設立することを高碕や土井が主張している。前章で述べたように高碕は，「アジア開発金融機関」設置に最終的には反対した

40　『毎日新聞』1957年3月6日。

41　出席者と当時の肩書きは以下の通り。外務省からは，岸信介（首相兼外相），井上清一（政務次官），大野勝巳（事務次官），湯川盛夫（経済局長），河崎一郎（国際協力局長），田中三男（情報文化局長）。政・財界からは，阿部考次郎（東洋紡社長），土井正治（住友化学社長），藤山愛一郎（日商会頭），市川忍（丸紅飯田社長），一万田尚登（衆議院議員），賀屋興宣（元蔵相），小菅宇一郎（伊藤忠社長），松本俊一（衆院議員），新関八洲太郎（第一物産社長），佐藤喜一郎（三井銀行頭取），杉道助（大阪商工会議所会頭），高垣勝次郎（三菱商事社長），高碕達之助（衆議院議員），高杉晋一（三菱電機社長），植村甲午郎（経団連副会長），山県勝見（日本船主協会会長），山際正道（日銀総裁）。なお，当初は19人が招待されていたが，そのうち石坂泰三（経団連会長）と永野護（参議院議員）の2人は欠席している。『読売新聞』1957年3月16日朝刊，外務省「第一回経済外交懇談会議事録」1957年3月15日，2003-00539。以下の討議内容は，断りのない限りこの文書からの引用である。

のであるが，未練は捨て切れなかったようである。ただしその実現は，アメリカの資金的裏付けがなければ不可能であろうというのが，多くの参加者の見解であった。次の会合で大野次官が総括したように，この第一回会合で大体一致した意見として，「日本としてもこれ（欧州共同市場－引用者註）に対する対策を執るべき」であり，「その方向は東南アジア方面との関係の緊密化を図って行く」ということだった。加えて，「根本的には……矢張りアメリカとこの問題について協力して行くべきであるという御意見が殆ど圧倒的[42]」だったのである。ちなみにこの会議の主催者である岸は，ソ連大使との会談のためにはやばやと中座し，全く議論に参加していない。岸の考えについて高碕は，「東条内閣の時に大東亜共栄圏をやったのだから彼（岸のこと－引用者註）はきっと」地域枠組みの創設に賛成するだろうという所感を持ち，フェアレスにも同じ見解を語ったことを明らかにしている。

EECの設立に危機感を持ったのは，財界人だけではなかった。通産省もまた，欧州統合に対して大きな脅威認識を持っていたのである。3月25日に通産省は，同日ローマで調印された欧州共同市場に対する対策を検討するために省議を開いている。新聞報道によるとその省議では，欧州共同市場が日本に及ぼす影響として，(1)欧州とこれに編入される領土向け輸出はむずかしくなる，(2)商品競争力という点でアフリカ，中近東，東南アジアへの輸出も困難になる，という悲観的見通しが大勢を占めていた。欧州のように関税・数量制限の撤廃というところまでは踏み切れないにしても，重要物資の優先融通と技術交流については，アジア共同経済圏をつくるべきとの意見が強かったようである。それをふまえて通産省は経団連，ジェトロ（日本海外貿易振興会）と協力して欧州経済統合研究会をつくることを決めている[43]。

通産省の一部では欧州統合に危惧の念を抱き，さらに一歩進めて，アジア共同経済圏の構想を強く推進するものもいた[44]。また，フェアレスが訪日し

42　外務省「第二回経済外交懇談会議事録」1957年3月28日，2003-00539。

43　『読売新聞』『毎日新聞』1957年3月26日朝刊。

44　例えば，山崎隆造「日本の対アジア経済協力の実績と問題点」『アジア問題』1957年4月号，同「欧州共同体の調印と今後の問題」『経団連月報』1957年5月号，林信太郎「アジア共同市場論」『通商産業研究』1957年6月号（当時，山崎は通商局経済協力課長。林も同じ経済協力課のスタッフ）。山崎が『経団

たときも、通産省の提出した試案において「要すればアジア金融公社の如き国際的開発金融機構の設置についても積極的な検討を要請したい[45]」という記述も見られるのである。翌年に通産省から初公刊された『経済協力の現状と問題点』においても、経済協力における東南アジアの重要性に触れ、「殊に最近における東南アジア諸国の経済的諸困難は、経済協力に対する期待を増大せしめており、ヨーロッパ共同市場の誕生を始めとする共同市場成立への動きは、東南アジア諸国の地域的結合への要請を通じてわが国の東南アジアに対する経済協力の比重を要求するものがある[46]」と、欧州共同市場の影響と、その対策としてアジア地域協力の必要性が述べられている。また同書には、「東南アジア諸国の経済開発に積極的に協力する見地から」、あるいは日本の「輸出市場の確保、投資利潤の獲得等の経済効果を期待する見地から」、東南アジアへの海外投資を積極的に増進することが謳われていた[47]。省としてのこのようなコンセンサスがある限り、「開発基金」構想は推進してしかるべき政策だったのである。実際には、通産省が「開発基金」構想の立案に関与したのは、外務省の文書から確認できる限りでは、最終案が作成される直前に過ぎず[48]、直接的な影響力はなかったようである。ただしEECの設立は、財界や、東南アジアとの経済協力に積極的だった通産省を不安に陥れ、「開発基金」構想を後押ししたのであった。

松村謙三の登場

　経済外交懇談会の第二回会議が開かれたのは、第一回会議が行われた約2

　　連月報』でアジア共同経済圏構想についての論説を掲載していることは、彼と経団連との繋がりを示していると言えよう。
　45　通商産業省「フェアレス委員会に対する要件事項」1957年2月11日『フェアレス』A'0166。しかし、外務省文書における通産省試案のこの部分は括弧で囲まれていて、そこに✓印がついている。実際のフェアレスとの会談で水田通産相はこの提案をしていないことから判断するに、外務省が削除を求めた可能性がある。
　46　通商産業省『経済協力の現状と問題点』通商産業調査会、1958年、25頁。
　47　同上、15頁。
　48　経済局「アジア経済開発基金構想に関する経緯」1957年7月22日、2003-00590。

週間後の3月28日である[49]。この会合で外務省側は,「東南アジア経済協力についての日米協力問題（試案）」という33頁の文書を配布している[50]。おそらく経済局が作成したと思われるこの文書によると,東南アジア開発のための日米協力の方式として外務省は,地域枠組みをつくることと,各国別で行うことの二種類を想定している。そして前者は「相当の困難がある」ために,現状では非現実的であると退けられ,より「実際的」な後者を推進することが推奨されている。その中には,米国の投融資を得て日本で投資機関を新設することや,技術研修センターを設置することなどが提案されている。すなわちこの時点においても,外務省は地域的な開発基金には消極的な姿勢を崩していなかったのである。

この第二回会合で注目すべき人物は,オブザーバー参加の松村謙三であった。松村は石橋の首相特使として中東,東南アジア諸国を巡って帰国した直後であり,今回会合でその視察報告を行っている。松村は東南アジア諸国の対日感情が非常に良いことを取り上げ,その原因として,「日本の戦争の犠牲のお蔭によって我々は独立した」という考えを彼らが持っている,という意見を披露している。そして再び元の宗主国の資本によって搾取されるよりは,「矢張りアジアにおいて援助する能力のある国は日本だけであるから日本に期待する分量が多」く,かつアメリカの資金援助は望ましいものの,アメリカの技術よりも日本のそれの方が「幼稚な」アジア経済の実情に適しているために,東南アジア諸国は日本の援助に期待していると述べる[51]。そして松村は,何らかの援助機関を外務省か通産省の下につくるよう,強く主張する

---

49 この会合では,外務省から中川融アジア局長,千葉欧米局長の他,財界から小島新一（八幡製鉄社長），鈴木重光（東綿社長），大志摩孫四郎（日本海外移住振興会社社長），神野金之助（名古屋商工会議所会頭），吉本熊夫（日本硝子社長）が新たに加わっている。また岸は最初の挨拶を行った直後に中座し,結局最後まで戻ってくることなく,第一回会議と同じく議論には参加していない。外務省「第二回経済外交懇談会議事録」1957年3月28日,2003－00539。以下,会議の内容は断りのない限りこの文書からの引用。

50 外務省「東南アジア経済協力についての日米協力問題（試案）」（作成日不明），2004－00170。

51 同様の所見が,松村謙三「東南アジアを巡って」自由民主党政務調査会『政策月報』1957年,3月号に記載されている。

のである。松村は，石橋らと共に中国との国交回復に尽力し，一般にいわゆる「贖罪派」と考えられている[52]。また，当時松村は自民党内では非主流派に位置しており，岸とは性格的にもあまり合わず[53]，三木武夫と並んで岸の党内での政敵でもあった。その松村が東南アジアに眼を向けたとき，岸らとほとんど異なることのないアジア認識を持っていた事実は，注目に値する。そして同じく東南アジア開発にも，積極的であった[54]。議論の最後に杉道助が松村に同調し，「早く実行機関を造ることが必要」と外務省を促している。

多国間枠組み設立の論理

4月17日の午後4時半に，第三回会議が行われた[55]。第5節で述べるように，この日の午前中に，岸はマッカーサーに「開発基金」構想の原案を提示している。すなわち，すでに「開発基金」構想はこの時点でその輪郭が出来上がっていた。ただし岸および外務省は，その事実を会議の場で直接には打ち明けていない。岸・マッカーサー予備会談（後述）は極秘で行うという日米了解があったが，それに留意した結果であったかもしれない。この会合ではまず，近年における米国の対日政策についての報告を千葉皓アメリカ局長が行った[56]。その中で千葉は，日本の重要性について米国が相当高い評価を下しているという所見を披露し，日本の経済力強化の必要性が米国内で論じられている事実を明らかにする。そしてフェアレス・ジョンストン両委員会の報告を紹介し，経済問題に関して米国はその援助政策を転換しつつあり，特にアジアでの地域的な経済ブロックの可能性，開発基金の新設などが議論されていると続ける。すなわち千葉は，これら2つの動きの関係をはっきりとは明示しなかったものの，米国による日本重視の姿勢と，対アジア援助政策の転換が，「開発基金」構想実現に有利となる可能性を示唆したのである。

また，米国の資金拠出により日本で新たな投資機関を設ける構想について

---

52 若宮啓文『戦後保守のアジア観』朝日選書，1995年，124-129頁。
53 岸他，前掲『岸信介の回想』，134頁。
54 ただし松村の言う援助組織というものは多国間のそれではなく，日本政府の下に設けることを想定していたようである。
55 外務省「第三回経済外交懇談会議事録」1957年4月17日，2003-00539。以下，断りのない限りこの文書からの引用。
56 欧米局はこの年の4月1日に欧亜局とアメリカ局に分離している。

賀屋興宣は、「御承知のように東南ア諸国の中には相当に反米思想」を有する国があるため、アメリカが資金を出すことについてアジア諸国が反発することに対して懸念を表明している。そしてこの点、中川アジア局長は「アメリカがあまり顔をだしすぎますと東南アの諸国が毛嫌いするという点があるようで、われわれとしてもできれば日本だけで行くのがいいんじゃないかと思っております」と述べている。中川は、アメリカが裏から金を出し、「表はあくまでも日本の投融資機関という格好で行きたい」という考えを表明するのである。もちろんアメリカが素直に資金援助をするかどうかが問題で、その点が「実は非常な心配」であると中川は懸念を隠さなかったが、アジア諸国が日本の構想に反対する可能性は、意識の外にあったようである。「開発基金」構想立案の主管庁は外務省経済局であったが、前述のようにその局長である湯川は、アジアでの地域枠組み創設の可能性については悲観的であった。ただしそれに対して、中川を局長とするアジア局は、「開発基金」構想には乗り気だったのである。アジア局が3月初旬に作成した文書にも、米国の援助政策にアジア諸国が反発している事実が指摘され、そのために地域的な開発基金や決済機構の設置が望ましい、と記されている[57]。つまり外務省内部においても、「開発基金」構想そのものに関して、賛否両論があったことが確認できる。

　この会合で注目すべき発言を行っていたのは、前年までアジア地域協力を唱え続けていた一万田尚登である。一万田は、アジアにおける地域開発機構が「非常に無理だというふうに考えておる」という意見を述べ、東南アジア開発には、より現実的な二国間での経済協力を行うことを主張している。つまり過去の失敗から学んだ一万田は、この時点では自らの構想を完全に放棄していたのであった。この態度は前述の高碕とは対照的である。

　この第三回会合で初めて、岸が議論に参加し、アメリカの対東南アジア政策と日本の計画について、以下のような所見を述べている。ここ数年間アメリカは東南アジア援助をリードしてきたが、それは逆効果であって、「むしろ反米の原因」「反米の気運」にすらなりつつある。このまま放置しておくなら

57　アジア局「対東南アジア経済協力についての日米協力」1957年3月9日、2003-00580。ただしこの時点では、「現在その実現には色々の困難がある」ため、「今より研究を進めておくことは必要である」とされるに留めていた。

ば，共産主義に付け入る隙を与えてしまう。それゆえ，「アメリカはなんとしてもやらなければならんが，どうも俺の方でやったんじゃうまく行かん。それで日本とうまく協力して，日本も丁度そこへ出たいという考えをもっておるから」，ここに双方の利害が一致している。それゆえ日本は，地域「全体を通じて」の協力案を具体化する必要がある，と岸は言う。つまり岸は，対アジア援助政策に思うような成果を挙げていないアメリカが，日本に協力を求めてきたと考えていたのであり，そのために日本は地域協力枠組みの新設を提案する決断をしたのであった。

以上のプロセスを整理してみよう。主管庁である外務省経済局は，多国間での経済開発に当初から消極的だった。その理由は東南アジア諸国が日本のイニシャティブに対して好意的ではない点，過去アメリカの支持を得ることができなかった点にあった。そして当面東南アジアの経済開発のためになすべきことは，各国のナショナリズムを尊重し，実現性のある部分的協力関係を積み上げることであると考えていた[58]。すなわち経済局は，ある程度正確に当時の東南アジア諸国とアメリカの態度を理解していたのである。しかしマッカーサーの打診やフェアレス委員会の来日によって，アメリカの援助政策の転換に期待をかけた岸が東南アジア経済政策の指針とするために，政財界から成る経済外交懇談会をつくった。そこで欧州統合への対抗策から東南アジアとの経済関係の緊密化を図り，アメリカの資金援助を得て何らかの援助枠組みをつくるべきであるという結論に達したことから，経済局はこの問題に取り組まざるを得なくなった。加えて，アジア局の積極的な姿勢もそれを後押しする。さらに言えば，通産省は直接この構想に関与しなかったものの，財界人と欧州統合への脅威認識を共有していた。このように，通産省と財界，外務省アジア局と首相兼外相である岸の思惑が一致し，当初は消極的だった外務省経済局を突き上げたかたちでできあがったのが，「東南アジ

---

[58] 当時駐比大使から駐米大使に着任することが決定していた朝海浩一郎も，「東南アジア各国は SEATO グループ，バンドン・グループに大きく分かれている。だから東南アジアを一体のものとして外交を推進……することはあまり効果がない。アメリカの資本，日本の技術に基礎をおく東南亜開発構想にしても，それを各国一様に運用できると考えては大きな誤りである」と否定的な見解を述べている。『毎日新聞』1957年5月1日朝刊。

開発基金」構想の原案であった。

4　岸信介の「戦後アジア主義」

では主管庁である外務省経済局の消極的態度を押してまで「開発基金」構想を作成させた岸のアジア認識は，どのようなものであったのだろうか。本節では，岸個人の思想形成に焦点を当てて検証することを試みよう。

戦犯容疑で逮捕され，3年3ヶ月にわたる巣鴨での囚人生活から解放された後，しばらくは公職追放されて公務に就くことがかなわなかった岸だったが，追放が解除された戦後日本の独立の日，つまり対日講和条約が発効した1952年4月29日の翌日に，すぐさま政治活動を再開する。三好英之を理事長に，重光葵，清瀬一郎らと日本再建同盟を設立し，次のような五大政策を掲げている[59]。戦後政治活動を開始した直後から，岸は自身の進むべき方向を見据えていたと言えよう。

(1)新しい時代感覚を基準として国民に訴えるようなものを打ち出す。
(2)共産主義の侵略を排除し，自主外交を堅持して平和国家の建設を期する。
(3)日米経済の提携を深め，アジア諸国との通商を密にして，産業経済の交流を期す。
(4)農産漁村の振興と中小企業の育成，勤労大衆の福利増進をはかり，民生の安定を期する。
(5)国民の総意に基づき，憲法を改正し，独立国家としての体制を整備する。

そして本論との関係から言えば，このときから既にアメリカは言うまでもなく，アジア諸国との経済関係を促進する意図を岸は抱いていたのである。アジア主義者と呼ばれる岸のアジア志向の思想形成は，いつなされたのであろうか。それを明らかにするには彼の大学時代に遡る必要がある。

東京帝国大学法学部の学生だった岸は上杉慎一に師事し，その人間的な魅力に強く惹かれ，上杉を中心とする木曜会に入会はしたが，その「極端なる国枠主義や頑固な保守主義にはあきたらぬものがあった[60]」。自身語るに，学生時代のこの時期，岸が思想的に最も影響を受けたのは大川周明，鹿子木員

59　岸他，前掲『岸信介の回想』，92頁。
60　岸信介『我が青春：生い立ちの記／思いでの記』廣済堂出版，1983年，183頁。

信，北一輝らであった[61]。社会主義者であり，独自の国家革新論を唱えた北の『日本改造法案』を岸は徹夜して読破しただけではなく，一冊まるごと写本するほどその魅力にとりつかれたらしい。加えて，大川や鹿子木を訪ね，その大アジア主義や「国際的主義観」には深い感銘をうけたという[62]。例えば大川らを中心とした猶存社の流れを汲む学生団体として，東京帝国大学に「日の会」という組織が結成されたが，岸はその創設者の一人であった[63]。原は「岸のなかに理論的に構築されつつあった北一輝的国家主義，すなわち国内改造論と対外膨張論とを一体化させた国家社会主義は，同時に大川のアジア主義によってさらに肉付けされていった……なぜなら，岸が北一輝の抱く対外膨張論の対象を『アジア』にみてとったのは，大川の大アジア主義によるところ大であったし，その『アジア』への自意識を思想的に正当化しえたのも，やはり大川を経由したからである[64]」と岸の思想形成を巧みに分析している。

商工省時代に岸は満州国産業部次長として満州開発5カ年計画を立案，満州重工業を設立するなどその建国にたずさわり，星野直樹（満州国国務院総務長官），東条英機（関東軍参謀長），松岡洋右（南満州鉄道総裁），鮎川義介（満州重工業総裁）とともに「二キ三スケ」と呼称されるほど深く関与したが，その自身の満州行きの基礎には大川の大アジア主義があったことを認めている[65]。また，そのアジア主義的思想はA級戦犯として巣鴨に収容され，幽囚の日々を経たあとも，「おそらく断絶はない」し「一貫している」と述懐するのである[66]。岸は「東南アジアを歴訪してそのつど満州国のことを思い起こ[67]」し，東南アジアに，日本の経済進出のための開発対象であった満州国を

61　岸，前掲『我が青春』，184頁，原彬久『岸信介：権勢の政治家』岩波書店，1995年，第2章。

62　岸，前掲『我が青春』，184頁。

63　大塚健洋『大川周明：ある復古革新主義者の思想』中公新書，1995年，113－114頁。

64　原，前掲『岸信介』，29頁。

65　同上，29頁。

66　同上，190頁。

67　岸信介「推薦のことば」満州国史編纂刊行会『満州国史：総論』満蒙同胞援護会，1970年。

投影する。すなわち大東亜共栄圏の思想的基盤となった大アジア主義は，満州国建設に間接的に寄与し，戦後も岸信介のアジア認識の中に脈々と生き続けていたのである。

そしてアジア主義の一つの特徴である盟主観，アジアの中心に位置する日本という考えも，そのまま持ち越されていた。岸はなぜアメリカの資金を日本が運用すべきかを以下のように説明する。「……アメリカに対しましても，アジアの問題については，指導するとかなんとかいうようなことを言うわけではありませんけれども，少くとも日本の考えがアジアを理解し，アジアをほんとうによくする上においては一段すぐれておるという考え[68]」であり，「日本が技術の面からあるいは経営等の面から協力して，これら（東南アジア－引用者註）の国々の経済的基盤を強化することは，日本のアジアにおける地位から見まして当然やるべきことであり，私はまたやるのにふさわしい地位にあると考えて[69]」いる。さらに，「米国も，アジアにたいする援助のやり方についてはわからない……アジア問題の処理については，米国はわが国に学ぶべき多くのものがある筈である……ここに日米共同協力の原則を主張する根拠がある[70]」。アメリカ大使マッカーサーに対しても岸は，「おそらく共産主義のプロパガンダのために，アジアの途上国側は一国からの援助に対して懐疑的で，アメリカの誠意（goodwill）を適切に理解できていないのである」とアメリカを持ち上げながらも自らの心情を吐露する。それゆえ「この問題（東南アジア諸国の懸念－引用者註）を解決するためには，多国間機構をつくることが必要である」と力説するのであった[71]。

岸はまた，東南アジア訪問の印象を回想し，特に印象的だったネール（Nehru, Jawaharlal）の演説を挙げる。ネールは聴衆に向かって，次のように熱く語りかけたらしい[72]。

「今ここに日本の総理を迎えている……アジアの端っこにある小さい

---

68 1957年4月19日衆議院外務委員会。
69 同上。
70 岸信介「アジアに対する我が抱負」『アジア問題』1957年8月号，46頁。
71 From Tokyo to the Department of State, September 20, 1957, *FRUS, 1955-1957, vol. 23*, p. 482.
72 岸他，前掲『岸信介の回想』，169－170頁。

島国が日本である。……インドは独立したけど，自分が独立の志を固めたのは日本のおかげである。自分はインドを独立させようと思ったけど，アジア人はヨーロッパ人にはかなわないという観念が底にあった。ところが，このアジアの小国日本が世界最大の陸軍国であり，強大なる軍事大国であるロシアと戦って，これをやっつけたんだ。われわれの決意と努力によってはわれわれの望みは達せられる，自分は何度も投獄されたけれど，その度にそういう決意を固めたんだ。……日本という国は今度の戦争で原子爆弾で国土が荒廃した……それにもかかわらず，日本は再びよみがえった。……インド国民がやらなければならないのは，日本の過去の努力と日本民族がやって来たことを模範とし，これを見習って実現すると言うことだ」

　この演説は，まさしく岸の観念するアジア，西欧からの解放を日本の勇猛さに鼓舞されて勝ち取り，日本を指導国と敬うアジアという認識とぴたりと符合するものであった。それゆえに岸はこの演説をいつまでも記憶に留めておくことができたのであり，東南アジア訪問と言えばこの演説を自然と引き合いに出すことになるのである[73]。インド以外の東南アジア各国首脳との会談，外務省記録に残っており，岸にとって都合の悪いやりとりも含む他の会談内容は，「主に儀礼的[74]」だったとして彼の記憶からは都合よく消失してしまっていた。このような岸のアジア認識を，アジア主義研究者であった竹内好は「古くから流れる感情[75]」，すなわち旧態依然とした，戦前からの継続に他ならないものだと断じるのである。

　ただし指摘すべきは，戦後における岸のアジア主義は，戦前のアジア主義とは同一ではないという点である。なぜならば，序章で述べたように，戦前のアジア主義には欧米に対するカウンター・イデオロギーの様相が強く出ていたが，戦後における岸のそれには反欧米という意識は全く見られないから

---

[73] この話は，ネールを語った岸の他の回顧録（岸信介『二十世紀のリーダーたち』サンケイ出版，1982年，126-130頁，岸，前掲『回顧録』，381-382頁）でも取り上げられている。

[74] 岸他，前掲『岸信介の回想』，169頁。

[75] 竹内好『日本とアジア』ちくま学芸文庫，1993年（初公刊は筑摩書房，1966年），88頁。竹内は，岸外交を竹山道雄批判と絡めて論じている。

である。岸は巣鴨時代にこそ反米的な日記を記しているものの[76]，政界に復帰してからは日米関係を重視し，「親米派」として位置づけられている[77]。またアメリカも，有能な政治指導者である岸に対して高い評価を与えていた[78]。このように，戦後における岸のアジア主義は，大川らの大アジア主義をそのまま受け継いだのではなく，反欧米のイデオロギーが抜け落ち，「アジア」という地域の連帯意識と，その中での盟主意識は残ったかたちで「一貫」していたのである。これが戦前の「アジア主義」と，岸信介における「戦後アジア主義」の相違であった。

5 岸・マッカーサー予備会談と「開発基金」構想の出現

　経済外交懇談会の第三回会合が行われる前に岸がマッカーサー大使に提出した「開発基金」構想の原案は，どのようなものであったのだろうか。4月13日を皮切りに，岸が訪米する6月16日までの間に，岸とマッカーサーはアイゼンハワーとの会談に備えて，確認されるもので少なくとも9回の，いわゆる予備会談を開いている[79]。この一連の会談で岸はトーキング・ペーパーを提示し，安保改訂，沖縄・小笠原問題，基地問題や中国との貿易など，日米の友好関係を損なっている幅広い問題群を取り上げて日本の要望を大使に伝えている[80]。初日に提示されたトーキング・ペーパーでは，上記の諸問題の他に，東南アジア開発についても岸は少し触れたが[81]，具体的な提案をマッカーサーに差し出したのはその4日後，4月17日の会談においてである[82]。

76　岸他，前掲『岸信介の回想』，資料。
77　池田慎太郎『日米同盟の政治史：アリソン駐日大使と「1955年体制」の成立』国際書院，2004年，第5章。
78　同上，原彬久『日米関係の構図：安保改訂を検証する』NHKブックス，1991年，92−95頁。
79　この他，「予備会談」として数えられない岸・マッカーサー会談が3回ある。
80　この一連の予備会談における安保改定問題については，原，前掲『日米関係』，第3章第2節，沖縄問題については，河野康子『沖縄返還をめぐる政治と外交：日米関係史の文脈』東京大学出版会，1994年，第6章参照。
81　From Tokyo to Secretary of State, April 13, 1957, 611.94/4-1357, *RDOS-PRUSJ, 1955-59*, Reel 4.
82　文書課長「岸総理・マッカーサー米大使会談要旨（訪米予備会談第三回）」1957年4月17日，2001−01806。From Tokyo to Secretary of State, April 17,

そこで岸はまず，現在の日米関係が軍事的側面を前面に出しすぎており，それが日本人に日米関係についての誤解を招いていると切り出す。そして軍事問題以外にも，我々には協力できる領域が多くあるとし，それは経済問題で特に当てはまると岸は言う。続けて日本自身の開発のための，道路建設基金などに関する援助の要望を述べると共に，東南アジア開発のペーパーをマッカーサー大使に手交するのである。そのトーキング・ペーパーでは，おおよそ以下のことが提示されていた。少し長くなるが，「開発基金」構想の原型が現れているので，列挙しておく。

(1) 東南アジア諸国の経済開発と政治的安定を確保しなければ，それは共産主義の恰好の餌食となるだろう。また日本には米国や欧州のような共同市場がなく，近隣地域に安定したマーケットもない。欧州共同市場のような，世界の経済発展のために，日本は東南アジア諸国との経済的結びつきを強める必要に迫られるだろう。

(2) 東南アジアの経済開発のためには，一次産品の生産力の強化，天然資源開発を行う必要があるが，これらの諸国には十分な資本と技術がない。日本はこれらの諸国と地理的にも人種的にも近似しており，またそこでの経済開発の幅広い経験を有している。つまり，日本はこれら諸国の経済開発を支援するのに最もふさわしい国の一つである。

(3) しかしながら，日本には財政的余裕がないので，アメリカの援助が必要である。そのような開発のための資本は長期・低利で商業的利益をあげないものに対して供給されるべきだ。日本はこの地域に対する米国の経済的諸施策に重大な関心と期待を寄せており，米国の資金協力を得て，日本の技術と工業生産力を使って東南アジア開発を行うことを希望する。日米がこの分野で一層緊密な協力を行うことが強く求められる。

(4) 上記の目的を達成するために，アジア開発基金を創設することを提案する。このような地域経済組織をつくろうとする試みは，確かに困難ではあるが，最近の SUNFED（国連特別経済開発基金－引用者註）提案への東南アジア諸国の反応に見られるように，やり方次第ではそのような地域組織をつくる可能性は十分に存在する。

1957, 611.94/4-1757, *RDOS-PRUSJ, 1955-59*, Reel 4. 以下の記述はこの日米両国の文書による。

(5) アメリカがこの提案に沿った積極的かつ具体的な行動に乗り出すのなら，日本は協力を惜しまない。東南アジア諸国のこの構想にたいする支持を得るためには，その運営に当たってすべての加盟国の声を反映するような仕組みをつくることが肝要である。例えば，すべての国が代表者を送る諮問機関などをつくることが望ましい。上記のような基金設立に沿って，あるいはその前に，次のような手段が共同で行われるべきである。
(6) 東南アジア投資の安定と収益性は不確かなために，コマーシャルベースで経済協力を行うのには限界があるので，特別な投資機関を日本に設ける。しかし，賠償など国際的な支払い義務がある日本にとって，それは単独ではなし得ず，アメリカの好意的配慮を求める。
(7) インドのルールケラ地方の鉄鉱開発や，タイ，ベトナムのダム建設など，具体的なプロジェクトを日米共同で行う。
(8) 東南アジア諸国の道路，灌漑設備，電力発電所など基本的な建設作業のために，アメリカICAからの援助資金と日本の技術を利用する。そのためにICAプログラムの運営情報は日本に開かれていることが望ましい。
(9) 東南アジア諸国は技術不足という問題が深刻なので，技術センターを設立する。ICAの援助の下，技術研修生は日本に送られ，訓練を受ける。日本はそのような訓練生の数を増やすのに吝かでない。
(10) 東南アジア諸国の経済開発に重点をおき，それに貢献するため，世界銀行の支部を日本に設ける。

この提案の特徴をまとめると，以下の5点になる。

第一に指摘すべきは，前年の繊維輸出自主規制問題，1月末に起きた相馬ヶ原（ジラード）事件などで，悪化しつつあった日本人の対米感情を改善するためのはけ口として，岸がアメリカの経済援助を求めたことである。この予備会談では，安保改定，沖縄問題など，日本内でくすぶりつつあった対米不満を改善するための問題を，岸が持ち出してきたことは先に述べたが，東南アジアにおける日米協力もそのうちの一つであった。

第二に，日本と東南アジアとの経済的な結びつきに関して，欧州統合を意識していたことが挙げられる。これは経済外交懇談会の議論が，「開発基金」構想に与えた影響の大きさを示していると考えてよいだろう。

第三に，「アジアの一員」であり「先進国の一員」でもある日本が，東南ア

ジア開発に最も寄与できる，とマッカーサー大使に率直に語っていることが見て取れる。すなわち岸が採ったアプローチは，従来の諸構想と変わることのない，「アジアによるアジアのための経済開発」であった。

　第四に，既にこの時点で，「開発基金」構想がほぼその輪郭を露わにしているということが挙げられる。名称，運営方式，あるいは技術訓練センターの設置など，後の「開発基金」構想の特徴がそのままここで提示されているのである[83]。アジア地域経済機構創設の可能性として岸は，SUNFED構想への東南アジア諸国の積極的態度を挙げている。SUNFEDは，1949年に国連の経済開発分科会委員会が，途上国に対する援助機関の設置を提案したことに端を発する構想であり，この年（1957年）の1月から2月にかけて，国連総会の第二委員会によってその設置が討議されていた[84]。東南アジア諸国はこのような国連の中立的な基金に賛成していたが，援助政策は安全保障と不可分であったアメリカは，それへの出資に難色を示していた[85]。「やり方次第」と岸が言ったのはおそらく，アメリカが前面に出ると東南アジアの反発を買うため，「アジアの一員」の日本が行うならば，東南アジア諸国はSUNFEDと同じく安心してまとまるだろうという意味だろう。

　第五に，この基金と日本の賠償とは区別されている点である。基金の出所はアメリカICAの援助資金を想定しており，その資金投入先は，インドの鉄鉱石開発が中心であった[86]。

　マッカーサー大使はこの計画について，2月19日に行われた岸との初会談に触れ，東南アジアに関する日本の考えをアメリカが知りたいと要請したのは，「日本側の見解を知れば，米国としてこれにいかにすれば助力することが

83　ちなみにこの当初案では，技術センターは日本に設立することを考えていたようであるが，最終案では各国に建設するということになっている。これは東南アジア諸国歴訪の学習効果と言えるだろう。

84　外務省国際協力局国連書記官室「国連第十一総会における『SUNFED』設置問題」1957年3月1日，2006-00614。

85　David A. Baldwin, *Economic Development and American Foreign Policy*, Chicago and London: The University of Chicago Press, 1966, pp. 136-141.

86　ちなみに，岸は鉄鋼業界との結びつきが強く，インドの開発に特に意欲を示していた。保城，前掲「岸外交」，63-64頁。

第4章 「対米自主外交」という神話：1957　149

できるかを知りうる」からであると述べる[87]。そして日本が自らの考えを「全面的に開陳されたことを歓迎する」と評価している。地域的機関の創設よりも各国ごと，あるいはプロジェクトごとに援助を行う方式の方が「相当の長所がある」とマッカーサーは個人的意見を述べたが，それは「自分一個の考えにすぎない」として，日本の構想を本省へ伝え，研究することを約束した。実はマッカーサーは，岸との初会談後，アメリカの想像を遙かに超える東南アジア諸国に残る対日不信の根強さを知り，4月4日にロバートソンに送った電文で，地域協力の可能性については悲観的な見解を述べていた[88]。マッカーサー（MacArthur, Douglas）将軍を叔父に持つ大使は，その後吉田茂をして「あれ（マッカーサー大使－引用者註）は米国大使ではなく日本の大使だよ[89]」と言わしめ，よく日本の意を酌んだことで知られている。「開発基金」構想を検討するよう委託されたヤング委員会に，6月に参考人として出席した時もマッカーサー大使は，日本を中立主義に向かわせてはならないと訴え，「岸構想は日本と東南アジア諸国双方ともに利益となるものである」と同構想を擁護することになる[90]。しかし実はすでにこの時点で，大使自身は新たに多国間機構をつくる可能性を悲観視していたのであった。

本章のはじめに述べたように，岸自身は回想録において，この構想は日本の世界政策の一環であると述べ，まずは東南アジア諸国をまわって各国の考えを聴取し，「アジア代表」としてアメリカに提示したことを示唆していた。これが一つの根拠となって，「開発基金」構想は岸の「対米自主」の現れとして考えられてきた。しかしながら本節で明らかにしたように，「開発基金」構想は，岸が東南アジアを訪問する前に，既にその姿を現していた。そしてそれは，真っ先にアメリカに伝えられていたのである。なぜなら，アメリカがまず初めに，日本に協力を持ちかけていたからであった。

87　文書課長「岸総理，マッカーサー米大使会談要旨（訪米予備会談第三回）」1957年4月17日，2001-01806。
88　From MacArthur to Robertson, April 4, 1957, FEPR-PPS, Box 11, DDEL.
89　朝日新聞社編『日本とアメリカ』朝日新聞社，1971年，203頁。
90　"Committee on Asian Regional Economic Development and Cooperation: Notes on Ninth Meeting," June 24, 1957, FEPOC-SSS, Box 3, DDEL.

6 東南アジアと「開発基金」構想

　1957年2月4日,岸は肺炎で倒れた石橋の代読と,外相として自らの外交方針演説を行った。すでに1月末に開かれたアジア・太平洋地域公館長会議で,総理あるいは外相が東南アジアの国々を訪問して,各国首脳と直接会談するべきであるという,公館長側からの勧告を受け入れる意向を示していた岸だったが[91],この施政方針演説で「(東南アジアー引用者註)諸国との相互理解を深め,かつ友好協力関係を増進する政府の熱意を具体的に表明するため,相互の都合のつく適当な機会に,これら諸国を歴訪したいと考えております」と正式に表明する[92]。当初の考えでは石橋は米国,岸は東南アジアを,役割分担があったようであるが[93],石橋が政権を投げ出さざるを得なくなったため,岸は首相兼外相として双方を訪問することになった。4月9日の記者会見で,訪米前に懸案のある2,3の国を回りたいとし,岸はインドネシアへの賠償について触れた[94]。つまり,この時点では南アジア諸国ではなく,賠償国である狭義の東南アジアを回る心積もりであったようである。しかしながら,先に決まっていた訪米と,国会のはざまで時間がなく,訪問は原則として既に副大統領,総理等の来訪があった国に限り,賠償の「責任国は遺憾ながら論外とする」という外務省の方針により[95],インドを中心とする南アジアへ向かうことが決定された。つまり今回の訪問国とその日程は,岸が後に回想するように,アメリカに対して自国の交渉ポジションを高めようという意図で,戦略的に決定されたわけではなかったのである。岸が羽田を発っ

91　外務省アジア局総務参事官室「第5回アジア・太平洋地域公館長会議記録」1957年1月,2004-01194。

92　岸信介外相外交方針演説,1957年2月4日。

93　岸他,前掲「渡米を前にして」。「反米」というレッテルを貼られている誤解を正すためにも,石橋は是非とも訪米するべきだとの考えを岸は持っていた。Memorandum of Conversation, February 7, 1957, enclosed with "Memorandum of Conversation with Acting Prime Minister Kishi," February 13, 1957, 611.94/2-1357, *RDOS-PRUSJ, 1955-59*, Reel 4.

94　『毎日新聞』1957年4月10日朝刊。

95　外務大臣発ヴェトナム大使宛「大臣東南ア歴訪の件」1957年4月16日『岸アジア訪問』A'0152。訪問国が確定したのは4月の中旬頃だと考えられる。

たのは1957年の5月20日,第26回国会が閉会した翌日であった。朝から大雨に見舞われたが夜に入ってようやくおさまり,羽田に詰めかけた大勢の人波が見守る中,岸は飛び立った[96]。まず香港に立ち寄った後,ビルマ,インド,パキスタンと歴訪し,折り返してセイロン,タイ,そして最後に台湾を訪問して6月4日の夜に帰国している。「開発基金」構想と技術研修センター設置提案を手に,岸は意気揚々と日本を後にしたのであった。

難色を示す南アジア諸国

しかし最初の訪問先ビルマで岸は出鼻をくじかれたかたちになった。岸の持ち出した「開発基金」構想にウ・ヌー(U Nu)首相,ウ・チョウ・ニエン(U Kyaw Nyein)副首相ともに否定的な反応を示したからである。ウ・ヌーは「原則として結構と思う」と前置きしながらも,基金の加盟国はいかなる国からも援助を受ける自由をもつと考えるとし,ビルマはソ連に米などの余剰物資を売る必要があり,これができないとなればビルマとしては参加困難であると述べる[97]。ウ・ヌー首相の懸念は明らかにソ連への配慮から出たものであった。翌日のウ・チョウ・ニエン副首相との会談では,さらなる消極的な理由が付け加えられる。その理由として第一に,この種の国際金融機関は,世銀に対して米英両国が最大の発言権を持っているように,とかく2,3の少数の国が牛耳るおそれがあり,「本件基金にたいし Biggest shareholder である日本がこれをコントロールするというようなものでは困る」と,同基金が日本の意向に左右される可能性に対して,率直な不満を吐露する。また,米国や日本が援助を出し得るならば,このような多国間を通じてではなく,二国間で直接に資金を貸してもらいたい,というのがビルマの基本的な考え方であり,この理由により「2年前シムラ会議にはインド政府の招請にも拘わらず参加しなかった」と語っている。第二に,その利用について,この基金から得た金により,日本からのみ物資や役務を買い得るというようなものでは困ると,日本の技術,アメリカの資金を結びつけた「開発基金」

---

96 『朝日新聞』1957年5月21日朝刊。
97 アジア局「岸総理大臣とウ・ヌ・ビルマ総理大臣及びサオ・クン・キオ・ビルマ外務大臣との会談録」1957年5月(会談が行われたのは5月21日―引用者註)『岸会談録』。

構想そのものを真っ向から否定してしまう。そして消極的な理由の最後として,前日にウ・ヌー首相が示したものと同じ点が指摘されている。副首相は,他のルートからの援助が封じられるのは困る,「ビルマは必要に応じ共産圏から機械を買う必要がある」と,中立主義国ビルマの基本方針を改めて確認させるのである。これに対して岸は,この「構想は決して他のルートよりの援助を封じたり,又一国がこれをコントロールしたりするような趣旨のものではない」と弁解する。また,同行した中川アジア局長は,この構想は一応コロンボ・プランの構成国を考えているが,金を出すか否かは自由であり,出資するしないに拘わらずアジア諸国は諮問委員会での発言権を有する,「即ち世界銀行の場合と異なり,基金は出資額に応じて発言権を与えるのでなく,民主的に運用されていく」。また,この基金は「なんら排他的なものではなく」,この基金から金を借りたから他のソースからは借りられないというものではなく,またこの基金から借りた金は別に「特定の国の物しか買えないというものではない」と説明する。ウ・チョウ・ニエン副首相は「そうであれば全く話は違う (It is entirely different story)。一つも悪いところはない」と安心したが,さらに構成国を制限する必要性に疑問を提起し,西ドイツのような国も入れてはどうかと問うている。中川は「構成国の範囲を別にまだはっきりきめている訳ではない。一応,コロンボ・プラン諸国を考えているが,これ等の国が全部賛成もすれば……西独の如きを入れて差し支えないと思う」とその場を取り繕った。中川が言うには,「未だこの構想は骨組みだけであって,具体的なものはアジア各国の意見を聞いた上で段々に固めて行きたい考え」であった[98]。

　最初の訪問先であるビルマ政府首脳との会談において,岸の抱いていた「開発基金」構想は,ビルマの立場とは相容れないことが明らかになった。まず,最も重要なことはビルマ首脳が,「アジアの連帯」意識を全く持っていなかったことである。構成国に西ドイツを入れてはどうかという提案はその表れであったし,基金運営を牛耳る国としてアメリカとイギリス,日本を同列に扱っている。ビルマの必要なものは援助そのものであって,同じアジアの国である日本であっても,そうでないアメリカであっても,自国の経済運営

---

[98] 中川アジア局長報告「岸総理とウ・チョウ・ニエン・ビルマ副総理との会談録」1957年5月25日『岸会談録』。

に容喙されることには警戒心を隠さなかった。

そのような態度は首脳だけではなく，一般大衆の間にも共有されていた。岸の訪問は先に来訪した周恩来，ウォロシーロフ（Voroshilov, Kliment Efremovich），ブルガーニンやフルシチョフなど中ソ首脳の時の空気と比べると，市民の関心に大きな違いがあった。岸来訪に関して一般市民はほとんど無関心であり，新聞の取り扱いも小さく，一度もトップにのせたことはなかったのである[99]。

次に訪れたのはインドである。岸は5月24日にクリシュナマチャリ（Krishnamachari, Tiruvallur Thattai）大蔵大臣，デサイ（Desai, Morarji）商工大臣らと会談を行う。ここでも岸は「開発基金」構想，技術センターの構想を述べたのであるが，まずルールケラの鉄鉱石開発計画についてインド側が協力を求めたのに対し，岸は「アジア開発基金によるルールケラ鉄鋼開発計画実現が望ましい」と答えた。これは岸が「開発基金」構想を具体的な計画と関連づけて答えた唯一の発言であり，インドの鉄鉱石開発に意欲的であったことを示している。クリシュナマチャリは「技術センターの構想はまことに結構」と歓迎の意を表明し，「西ベンガル州に設置されることが望ましい」と構想実現に向けて具体的な地名を挙げる[100]。しかし，「開発基金」構想については「インドは資金を必要としており，アジア開発基金のお考えには賛成である」と基本的に賛意を示しながらも，ビルマと同じく1955年のシムラ会議で，各国の反対で同じような構想が流産になったことを想起し，米国・英連邦諸国等の出資参加がなければ実現性はないと，冷めた指摘をしている[101]。後にセイロンがインドに同構想についての見解を求めたところ，「この構想は米国の援助計画が姿を変えたものに他ならない」という返答が来たらしい[102]。インドの懸念は，日本によって資金運営を牛耳られることよりも，アメ

---

99 『日本経済新聞』1957年5月23日夕刊。
100 岸は，技術センターは日本に設置する構想を立てていたはずである。ここでも両国の思惑にずれがあることがうかがえる。
101 中川アジア局長報告「岸総理大臣とインド・クリシュナマチャリ大蔵大臣及びデサイ商工大臣等との会談要旨」1957年5月28日（会談が行われたのは5月24日－引用者註）『岸会談録』。
102 コロンボ結城大使発石井大臣臨時代理宛「岸総理『グ』セイロン総督と

リカが背後で糸を引いていることにあったようである。つまり、日本がいくら「アジアの連帯」を口にしようとも、インドから見ると日米は一枚岩に他ならなかった。SEATOの創設に猛烈に反対していたネール首相だが、このような多国間構想はアメリカの安全保障戦略の一環であると見てとったのだろう。さらに推論を進めるならば、アメリカがランドール提案を受けて、各国大使に秘密裡にアジアにおける地域経済統合の可能性を探っていたことを、既にインド側が知っていた可能性がある。勿論、「開発基金」構想はアメリカの動きに触発されたとはいえ、日本の独自案であったが、2つの動きがこのように符合しては、やはり裏に申し合わせがあったのではないかという懸念を、ネールが持ったとしてもおかしくなかった。

　次に岸が訪問した先はパキスタンであった。スラワルディ（Suhrawardy, Huseyn Shaheed）首相は去る4月に日本に訪れており、岸とは約1ヶ月ぶりの再会であった。そのスラワルディ来日時の会談（23日）は、前節で述べたように、既に「開発基金」構想をマッカーサー大使に打ち明けていた（17日）後だったのだが、この時点で岸がパキスタンに同構想を伝えた記録はない[103]。今回の訪問で岸は同構想を初めてパキスタンに伝えたのである。SEATO加盟国、アメリカの同盟国であるパキスタンにとって、ソ連への配慮を行う必要性はなかったが、この国の首相は前2国よりさらに否定的な回答をしている。岸との会談でスラワルディは、経済開発協力についての研究の必要性を説いた後、自分としては「ヨーロッパの国々よりも、日本が来てこれが開発を行うことを好むものである」と述べた。しかし「ただ自分は"アジア諸国"と称することを好まない。われわれは結局、同じ人類に属するからである」と、またしてもアジア意識が稀薄であることを示したのである。ただ、「貴国はアジアの国々に対していかに産業の発展を行うかのよき例を示されたのであり、又、独立を勝ち取るための道義的な勇気をアジアの国々に与えたのである」と岸の自尊心を満足させることは忘れなかった。次に、漁業、農業、林業、工場建設など具体的な自国の経済開発についての日本の出資を求め、

　　会談の件」1957年6月1日『岸アジア訪問』A'0152。
　103　文書課長「岸総理、スラワルディ・パキスタン総理会談要旨」1957年4月24日『パキスタン要人』A'0145。

「以上のような（具体的，二国間の－引用者註）アプローチがアジア開発基金を設置する案よりよいと思う」と進言する。さらに同構想に関して，日本の考えでは米国やコロンボ諸国が出資するということであり，その場合は米国が大きな発言権を持つことになろうが，「アメリカはバイラテラルを欲している」と出資面での実現可能性に疑問を呈し，「貴総理はアジアと言われるけども，この様な基金においては，資金の分配をめぐって互いに競争が起こるだろう」と，アジア諸国も岸の考えているように単純な一枚岩ではないことを示唆している。これはインドとカシミール問題でもめていたパキスタンにとって，当然とも言える懸念だった。また，その参加国についても共産国，中東諸国が除かれている点を指摘し，「中東諸国は自分たちはアジアの国であると考えており，又，ソ連をどうするかの問題もある。われわれは米国や日本との二国間の話し合いで開発に必要な資金をうることが好ましい様に思う」と，ビルマと同じく共産ブロックに対する考慮を示唆し，再び自らは二国間での援助を好むことを表明したのである[104]。

　セイロンにおいて，当初「開発基金」構想は好感を得たと言ってもいいだろう。グーネティレッケ（Goonetilleke, Sir Oliver）総督との会談では，岸が構想を打ち明ける前から総督はこの話に「関心を有している」と切り出し，岸の説明を傾聴した後も「貴総理のお考えは，長年にわたる不景気に悩んだわれわれが希望することを具体化するものである」と率直にその援助への期待を表明する。総督は，過去に中国と貿易した際にアメリカから制裁措置をとられたことに言及し，政治的考慮を離れて純粋に経済を目的とする援助機関ができるのは喜ばしいことだと，「開発基金」構想を額面通りに受け取り歓迎したのである[105]。また，セナナヤケ（Senanayake, Richard G）貿易大臣との会談でも，「開発基金」構想に賛意が得られた。セナナヤケは米国の政治的意図に対して警戒し，この基金のメンバーになることが，他の国または機関からの援助を排除するものではないことを岸に確認した。岸は「経済の発展

104　竹内文書課長報告「岸総理・スラワルディ・パキスタン首相会談要旨」1957年5月26日『岸会談録』。
105　竹内文書課長報告「岸総理大臣とグーネティレッケ・セイロン総督との会談要旨」1957年5月29日『岸会談録』。

を政治的考慮に結びつけることは適当ではない」と述べ，アジア各国が自ら基本金運用を決定する仕組みになると説明し，中立主義国セイロンの懸念を払拭するよう努めた106。翌日のパンダラナヤケ（Bandaranaike, Solomon West Ridgeway Dias）首相との会談でも，「極めて重要な構想と思う」と首相は賛意を表し，さらに深く研究したいと述べている107。しかし，この時は快く「開発基金」構想を受け入れたように見えたセイロンだったが，その後6月12日，方針を180度転換する。駐セイロン大使である結城司郎次に伝えたところではセイロン政府は，(1)米，英から多額の出資が期待されない限り意味がない。むしろこの構想が実現すれば，現在東南アジア諸国が直接受け入れている米国からの援助が減少するおそれがあるのではないか，(2)シムラ会議で確認されたように，アジア各国は二国間の援助を希望するだろう，という考えであった108。その後もセイロンは上記の立場を崩すことはなく，消極的な態度に終始したのである。

次に岸が向かったのはタイである。パキスタンと同じくタイもSEATO加盟国であり，この国とはいわゆる特別円問題が残っていたものの，戦争の負債は背負っておらず，「開発基金」構想が積極的に受け入れられる素地は十分あったはずである。しかしながら，タイの反応はあまりにも冷めていた。この半年後に日本経由で米国に亡命することになるピブーン（Phibun, Songkhram）首相との会談においても，岸はこの構想について語った。ピブーンは，この構想は結構であり，タイも協力する用意があると言明しながらも109，タイ自身は現在国連，世銀，米国の援助，コロンボ・プラン等を通じて各種の経済援助を受けていると，間接的にこの構想は不必要であることを仄めかしている110。最終的には，タイ政府の正式な回答はないまま，「開発基金」構

---

106 竹内文書課長報告「岸総理大臣とセナナヤケ・セイロン貿易大臣等との会談要旨」1957年5月30日『岸会談録』。
107 竹内文書課長報告「岸総理大臣とパンダラナヤケ・セイロン首相との第二次会談要旨」1957年5月31日『岸会談録』。
108 外務省「アジア経済開発基金構想に対する各国の反響」1958年1月，2003-00590。
109 竹内文書課長報告「岸総理ピブン・タイ国総理会談要旨」1957年6月1日『岸会談録』。

想は自然消滅するのであった。

　最後に訪問したのは台湾である。葉公超外交部長との会談において，この訪問中初めて「開発基金」構想は留保なしの全面的な賛同を得た。葉は，現在米国議会で対外経済援助資金削減の動きがあるが，この基金に支出する分は米国のアジア経済開発のための大統領特別基金より支出され得ると，楽観的な見解を示した[111]。また，技術者養成も極めて必要なことであるので，米側をこの問題に引き込むのが得策であると，技術センター設置に対してアメリカの支援を積極的に求めていく旨，岸に伝えたのである[112]。おそらくこの台湾の賛成には，経済的な理由よりも政治的な考慮が働いていたのであり，米国を引き込んで反共経済圏を創設するなら賛成するという意味があったのだろう。したがって，日本が想定していた参加国は，むしろ中立主義国が含まれている点で台湾にとって不満であった。蔣介石は記者会見で，中立主義国を含めた東南アジアとの経済協力は，そのまま共産主義国との経済協力になるのできわめて危険であると断定したのである[113]。

　このようにして，第一次東南アジア訪問は終了した。今回の外遊は，「開発基金」構想にとっては，失敗だったと結論付けることができるだろう。「開発基金」構想についての東南アジア諸国の反応は，セイロンと台湾をのぞいて否定的，あるいはほとんど無反応だったからである（ただしセイロンはその後に方針を転換）。その理由は国ごとに異なるが，(1)ソ連，中国という共産国への配慮，(2)多国間より二国間を好む（一国が資金運用を牛耳る可能性，アジア諸国内での資金配分競争に対する懸念より）の２つが共通したものであった。指摘すべきは，日本は岸の訪問以前に，在外公館を通じて東南アジア諸国にこの構想を伝えてすらいなかった，という事実である。岸との首脳会

110　バンコック渋沢大使発石井大臣臨時代理宛「岸総理・ピブン首相会談の件」『岸アジア訪問』A'0152。

111　台北堀内大使発石井大臣臨時代理宛「岸総理と葉外交部長会談の件」『岸アジア訪問』A'0152。

112　アジア局第二課白築事務官報告「岸総理大臣と葉・中華民国外交部長との会談要旨」1957年6月3日『岸会談録』。

113　『日本経済新聞』1957年6月3日朝刊。

談において，初めてアジア各国は「開発基金」構想を聞かされることになる。すでにマッカーサー大使との予備会談においてアメリカには同構想の内容を伝えていた日本だったが，一方の主役である東南アジア諸国には，事前に打診するという配慮すらなされていなかったのである。このような無配慮は，次章以降で分析する1960年代の2つの地域主義外交では見られないことである。

大来佐武郎の代案と池田勇人の反対

　以上のように，この外遊で全く手ごたえのなかった「開発基金」構想の打診であったが，それにも拘わらず岸は帰国後，外務省経済局に具体的な「開発基金」構想を作成させている[114]。経済局によれば，岸の構想は「各国の首脳に極めて簡単な要項だけを提示したに過ぎなかった」ので，東南アジア諸国からは正式な回答をもらったわけではなく，少なくとも「日本側の構想には反対をしていなかった」からである[115]。経済局が試案というかたちで具体案を作成し，その後，大蔵・通産・経企・農林各省に諮った上で最終案が確定する[116]。基本的に各省庁ともに，外務省案に反対はしなかったが，指摘すべきは，経企庁の大来が開発基金の代案を提出していた事実である。経企庁は，開発基金を中心に進めることには賛成だが，「それが直ちに実現できないときは，それまでの間，各プロジェクトの調査及びその具体化を進めるため」に，「アジア開発プロジェクト・コンサルティング・センター（Asian Development Project Consulting Center）」を設置するという提案を行っていたのである[117]。この機関は，「低開発諸国の経済開発事業の基礎的条件とくにプロ

114　より正確に言えば，具体案がアメリカに渡された6月6日以前に成案に至っていたという事実から，すでに岸の外遊中（5月20から6月4日）から作業は進められていたと考えられる。

115　経済局「アジア経済開発基金構想に関する経緯」1957年7月22日，2003-00590。

116　経済局長「アジア開発基金問題に関する関係各省局長会議報告」1957年6月7日，2006-00611。この会議には，大蔵省から石田正為替局長，通産省からは，松村敬一企業局次長，経企庁からは大来佐武郎計画部長が参加している（農林省からの参加者名は不明）。

117　同上，経済企画庁「アジア・デヴェロプメント・プロジェクト・コンサ

ジェクト毎の技術的経済的実現可能性を総合的に調査し」，また「米国の開発借款基金や，世界銀行その他の国際融資機関の融資を仲介斡旋」する業務も想定されていた。「開発基金」構想という大風呂敷を広げたものではなく，まずはプロジェクト毎といった現実的な経済開発の方法を探ったものと考えて良いだろう。大来にとって，岸や外務省の構想は，地域協力に消極的なアジアの実情を無視するものであり，このままでは成功する見込みはないと判断したのかもしれない。

では国内には他に反対がなかったのだろうか。もちろんあった。当時大蔵大臣であった池田勇人は，「開発基金」構想のような多国間機構の創設には反対である旨を明らかにしていた[118]。日本も出資を迫られる可能性があるこの種の地域基金設置に対して，大蔵省の事務当局は反対しなかったが（その理由は明らかではない。その態度は，次章で取り上げるOAEC構想や，第7章で論じる東南アジア開発閣僚会議に対するものとは著しく異なっている），大蔵大臣は公然と反対を表明したのである。ただしおそらく池田の反対は，国家財政を預かる大蔵大臣であったからと言うよりも，岸の政敵として，その外交的成功を望まなかったことに起因すると思われる。ただし池田の反対も，「開発基金」構想には何の影響も及ぼさなかった。

6月6日，マッカーサー大使との最後の予備会談で岸は，成案となった「開発基金」構想を手交する[119]。岸はマッカーサーに対して，アジア各国は国ごとに事情や考え方が異なるため，それら諸国への援助は，かつて大使が述べたように，プロジェクトごとに行った方が望ましいという意見に「同感である」と言う。しかし「それと並べてアジア地域を対象とした開発金融機関を設置することの必要を感じた」とも述べる。既に大使から，日本の構想についてワシントンで研究するとの言質を得ていた岸にとって，アジア諸国が賛成しようが反対しようが，自らの構想をアメリカに提出する方針には，何ら変更はなかったのであった。

　　ルティング・センター」（作成日不明），2006-00611。
118　『日本経済新聞』1957年5月27日朝刊。From Tokyo to Secretary of State, June 25, 1958 611.94/6-2558, *RDOS-PRUSJ, 1955-59*, Reel 5.
119　文書課長「岸総理，マッカーサー米大使会談要旨（訪米予備会談第9回）」1957年6月6日，2001-01806。

7 「開発基金」構想とアメリカ

　6月16日夕方, 岸はアメリカへと飛び立った。いわゆる「日米新時代」の幕開けである。この訪米では在日米軍基地を含む日米安保問題, 沖縄や小笠原の領土問題などが主な協議事項であったが, もちろん「開発基金」構想の打診も岸にとって重要な目的のひとつであった。

　この訪米の直前に岸は自らの構想について次のように語っている[120]。

> 「(東南アジアの経済開発のための－引用者註) 民族資本がないでしょう。よそに求めなきゃならない。よそから求める場合に, アメリカからの資本とか, ソ連とか, 中共とか, いろいろあるが, その背後に政策的な意味があるということを考えざるをえない。そういう政治から離れて, 純粋な産業資金をつくる必要がある。それがわたしのいう開発基金なんだ。そんなかねをどこがもっているかというと, アメリカがいちばんよけいにもってる。しかし, アメリカだけじゃだめだ。われわれも出そうし, 民族資本がじゅうぶんでないとはいえ, あるだけはみんなが出すことにする。その運営も, かねをよけい出したところが発言権が大きいというんじゃなしに, かねを出さなくとも, アジアの国である以上, みんなが代表者を出して, このかねをどうつかうかを協議する。こういう構想にしたらどうか。これがわたしの考え方なんです。こんど訪問した国々で, そういうことを話してきました」。

　岸は訪米直前にも, 再び自身の構想が政治的意図からは離れた,「アジアによるアジアのための経済開発」というアプローチを採っていることを強調したのであった。

米政府首脳との会談

　19日の正午前, 岸とアイゼンハワーは初めて顔を合わせ, 1時間ほど話し合った[121]。岸は東南アジア諸国を歴訪したことを報告し, その経済開発問題

120　「徳川夢声連載対談：問答有用」『週刊朝日』1957年6月10日号, 岸他, 前掲『岸信介の回想』, 166－167頁から再引用。

に言及する。その際のアイゼンハワーの返答は、アメリカの金は無限ではなく、東南アジアに対する経済援助は、支持するに値するような実現可能性を持っていなければならないというものだった。5月にDLFが創設されたとき、思い切って予算を削減したにも拘わらず、議会にさらに減額されるという憂き目を見た大統領にとって[122]、当然とも言える反応だった。前日に大統領がホワイトハウスで行ったダレス、マッカーサー大使らとのブリーフィングにおいて、ダレスがこの問題に関しては目下ランドールとディロン（Dillon, Douglas C.）経済問題担当国務次官代理が研究中だと述べていることからもわかるように[123]、アイゼンハワーはこの問題に直接関与してはおらず、またその後も関わることはなかった。ただし少なくとも大統領自身は「開発基金」構想に否定的だったことがうかがえよう。

翌20日のダレスらとの会談で、岸はより詳しく東南アジアの経済開発基金について語った[124]。岸はまず自らの歴訪でアジア諸国における生活水準が非常に低いことを感じとったと述べ、それにつけ込む共産主義浸透の危険性を指摘した。それを防ぐためには、東南アジアへの技術援助を早急に行わなければならないと、注意を喚起したのである。これに対しては、一時中座したダレスに代わりディロンがコメントを行った。彼は、アメリカはそのような経済開発の必要性について日本と同意見であり、現在議会に、そのために利用できる基金を要求している最中である、2年後にはそのような基金は再び増額されると思うと語り、岸を喜ばせたのである。この会談の終わりに再度岸は「開発基金」構想に触れ、未だこの構想は漠然としか固まっておらず、さらなる詰めが必要であるとし、アメリカの研究を期待すると述べた。ダレスはこれに対して、この構想を実現させるのは困難であろうが、アメリカは

121　Memorandum of Conversation, June 19, 1957, *FRUS, 1955-1957, vol. 23*, pp. 369-375.「日米会談記録（その2）第一回岸、アイゼンハウアー会談要旨」1957年6月19日、2001−01807。

122　Rostow, *op. cit.*, p. 133.

123　Memorandum of Conference with the President, June 18, 1957, *FRUS, 1955-1957, vol. 23*, p. 360.

124　Memorandum of Conversation Between Secretary of State Dulles and Prime Minister Kishi, June 20, 1957, *ibid.*, pp. 397-403.「日米会談記録（その6）第四回岸、ダレス会談要旨（経済問題）」1957年6月20日、2001−01807。

その構想が基本的に支持できるものであり、追求すべきであるので、「その目的に共感をもって（with "sympathy as to its purpose"）」研究することを約束したのである。このように、ランドール提言を受けて自らが日本にアプローチするようマッカーサー大使に要請したこともあり、ダレスはこの時点ではまだ「開発基金」構想に対して好意的だったと言える[125]。アメリカ側では、日本からの新しい詳細な提案を、実現可能かどうか、そして米国は支援するべきなのかを、再び熟考する必要性を認めている[126]。そしてそれはヤング委員会で慎重に検討するよう、委託されたのであった[127]。岸が自身の構想をアメリカに手交した後、9月になるまで日本側では、この構想実現についての具

---

[125] 多くの先行研究は、ダレスが「開発基金」構想に否定的であり、岸訪米の前からマッカーサー大使に対し、同構想が岸訪米の際の交渉の枠組みとならないことを日本側に伝えるよう命じた、と主張している。樋渡、前掲論文、224頁、清水、前掲論文、195頁、黒崎、前掲論文、105頁。その根拠となった国務省文書（From Dulles to Tokyo, April 18, 1957, 611.94/4-1857, *FRUS, 1955-1957, vol. 23*, p. 280）では、「電文2304から2307。岸の最初のトーキング・ペーパーは、日本の立場と要求が書かれている。……岸はワシントン訪問の目的を見失っているのではないか……ワシントンでは相互の意見を交換し議論をするが、交渉は行わない。岸に、訪問中は交渉の土台となる話はするつもりはないと伝えてほしい……」という記述がみえるが、同構想を直接指摘する言及はみられない。確かに第5節で触れたように、この電文の前日（4月17日）に行われた岸・マッカーサー予備会談において、岸は「開発基金」構想を披露してアメリカの援助を求めるよう要請している。しかしここでのダレスの懸念は、岸が持ち出してきた「電文2304から2307における最初の」トーキング・ペーパーに書かれた要求、つまり4月13日に提出された安保、領土問題などについてであった（*FRUS, 1955-1957, vol. 23*, p. 277, Footnote 参照）。それは次の日マッカーサー大使が国務省に宛てた電文でも確認できることであり、ダレスが懸念していた日米の交渉とは、「開発基金」構想ではなく、主に安保改定、領土問題についてである。From Tokyo to Secretary of State, April 19, 1957, 611.94/4-1957, *RDOS-PRUSJ, 1955-59*, Reel 4. ダレスはこの構想を受け取った時点では、アジア地域経済協力で日本が果たす役割に肯定的であり、「開発基金」構想にもとより反対であったという証拠はない。

[126] "Kishi Visit June 19-21, 1957, Asian Development Fund and Other Regional Institutions," RG59, Lot Files, 60D330, Microfilm C-0044, Reel 14, NAII.

[127] *Ibid*.

体的な動きは何ら見られなくなる。つまり「開発基金」構想はこれ以降，完全にアメリカの手に委ねられることになる。

　約2年半前に吉田が行ったように，6月21日ナショナル・プレス・クラブの壇上に立った岸は，アジアへの援助を声高に訴えた[128]。澎湃として起こりつつある反植民地主義と一体となった民族主義，社会不安などがアジアの現実であり，西欧に対する不信と反感が現れ，ここに国際共産主義の付け入る隙があると岸は言う。もしわれわれが，アジアを援助し，アジアの自由を獲得しようと欲するならば，アジアの現実を充分に考慮に入れ，それに応じてわれわれの政策なり態度なりを調整しなければならない。このような配慮をもって政策を立てない限り，この重要な地域に希望と進歩をもたらさんとする企図は，すべて失敗に終わるだろう，と。つまり岸によれば，従来のようなアプローチではアジアの現実に不適切であり，新たな政策が必要なのであった。自らの構想こそがまさにそれであり，日本はアジアの代弁者だという矜持があったことは論を俟たない。

ヤング委員会

　「開発基金」構想を慎重に研究することを任ぜられたヤング委員会は，第2節で述べたように，5月末に第一回会合を開いている[129]。そしてすでにその前の3月に，ランドール提案を受けて日本政府の見解を米大使館が聞き出した後，国務省は日本を中心としたアジアにおける地域経済協力が望ましいかどうか，アジア各国大使に訓令を出し，意見を聴取していた[130]。これらの

---

128 「ナショナル・プレス・クラブにおける総理大臣の演説　1957年6月21日」細谷千博・有賀貞・石井修・佐々木卓也編『日米関係資料集1945-97』東京大学出版会，1999年，403-407頁。

129 "Committee on Asian Regional Economic Development, Agenda for 1st Meeting," May 27, 1957, FEPOC-SSS, Box 3, DDEL. ちなみに岸が東南アジアを訪問する以前から，米国務省高官を通じて，日本の構想がこの省際委員会で討議される予定であるという情報を，日本側は掴んでいた。ワシントン下田臨時代理大使岸大臣着「東南アジア開発に関するパーソンズ局長内話の件」1957年5月17日，2006-00612。

130 "Summaries of Letters From Chiefs of Missions in Reply to Assistant Secretary Robertson's Letters of February 19, 1957, Concerning the Proposal on Asian Regional Economic Integration," March 20, 1957, FEPR-PPS, Box 11,

報告によると，反日感情が強いフィリピン，韓国は当然反対するだろうという見解が示され，その他の国々も日本の経済的侵略に対するおそれが強いことから，アメリカが日本の後ろ盾になることは，むしろ各国の反発を招来して逆効果であるという意見が多かった[131]。新しく独立したこれらの国々は，現段階では自国の経済開発に精一杯であり，多国間機構を新たにつくりそれを通じて経済開発を行えば，より進んだ日本のような国のための，単なる原料供給源として従属を強いられることになりかねない，というのがその理由であった。日本のこの地域への経済的参加は反対されないものの，それが恒久的な日本の経済的支配を意味するのならば，誰も賛成する国はないだろう。また，途上国はまさに発展途上にあり，お互いに経済的補完をなす段階に達していないことも指摘された。それゆえ，東南アジアの経済開発は現段階では各国の意志を尊重して，二国間で行ったほうが好ましいというのが，ほぼ一致した意見だったのである。

　これら各国大使の報告は，岸が東南アジア諸国首脳と行った会談内容と照らし合わせると，かなり正確に東南アジアの実状を捉えたものだったと言えよう。ただし付け加えるべきは，東南アジア諸国がおしなべて反日感情を有しており，日本の経済進出に対する危惧の念は当然大きい，という先入観が報告書の中に散見できることである。プノンペンからの報告で，「カンボジアは日本に対して何ら憤慨も，経済進出にたいする懸念も感じていないのは驚くべき事である[132]」と述べているのは，その典型例であろう。その表紙に岸の写真を採用した『ニューズウィーク』紙もまた，「かつて大東亜共栄圏を実現しようとした日本に対する各国の敵対感情を，アメリカとの協力という

　　DDEL.

　131　To Secretary of State from...Bangkok, March 22, Kuala Lumpur, March 22, Djakarta, March 25, Phnom Penh, March 25, Manila, March 27, Singapore, March 26, Kabul, March 28, Colombo, March 30, Vientiane, April 1, Karachi, April 12, Hong Kong, April 12, New Delhi, April 13, Saigon, April 20, 1957, FEPR-PPS, Box 11, "A Summary of Field Comments on the Proposal for Asian Regional Economic Development," date unknown, FEPOC-SSS, Box 3, DDEL. 以下の内容はこれらの報告による。

　132　From Phnom Penh to Secretary of State, March 25, 1957, FEPR-PPS, Box 11, DDEL.

ことで解決したいのだ」という論評を掲載している[133]。岸との会談における，インドやビルマ首脳の発言内容から忖度すれば，中立主義国は日本よりもアメリカの意図に対する警戒の念の方が大きかったはずである。これらの国々の反米感情には鈍感であり，逆に反日感情が強いという先入観をアメリカが持っていたからこそ，岸の説得はなんら力を持たなかったどころか，その意図がまったくアメリカには通じていなかったのではないだろうか[134]。これらの各国大使の報告や，1955年のシムラ会議，ECAFEやコロンボ・プラン，あるいは1954年の夏に「アジア経済ワーキング・グループ」が提出した報告書などが，ヤング委員会での考察の対象となった。

それら一連の報告書，シムラ会議における東南アジア諸国の反応に鑑みて，委員から以下のような意見が出されている[135]。アジア諸国には自らの国家経済目標を超えた地域協力をする可能性はなく，そこには地域といった認識が稀薄なこと。ほとんどのアジア諸国は，アジア内での競争を避けるために，欧米と二国間の関係を好んでいること。適切な二国間の経済協力を行えば，多国間のそれと同じ経済効果をもたらすだろうということ。

ヤング委員会の最終報告は9月11日に提出された[136]。報告書全体を貫いているのは，この地域における経済協力は望ましく，アジアにおける地域協力を発展させるために，アメリカが支援することは利益にかなっているという見解であり，地域経済統合それ自体には賛意を示している。しかしながら，東南アジア諸国の経済的後進性，国内にはびこる中立主義やナショナリズム，そして域内での相互不信により，相互補完的に経済協力を行うための新た

---

133 *Newsweek*, June 24, 1957, p. 50.
134 誤解を招くおそれがあるので付言しておくが，筆者はここで，東南アジア諸国が反日感情を持っていなかったと主張しているわけではない。そうではなく，米国も日本もお互いに，自らに対する非難や警戒心を軽く見積もり（あるいは無視して），相手側にそれを転嫁する傾向がある事実を指摘したまでである。
135 "Committee on Asian Regional Economic Development and Cooperation, Notes on Thirteenth Meeting," July 2, 1957, FEPOC-SSS, Box 3, DDEL.
136 "Report of the Committee on Asian Regional Economic Development and Co-operation," September 20, 1957, *ibid*. 断りのない限り，以下の内容はこの文書からの引用。

多国間機関の創設は現状では困難であると結論付けている。それゆえ現時点では，アメリカは現在地域経済協力のために，ドラマティックで大規模な措置をとるよりは，むしろ二国間で，あるいは少数のグループで厳選されたプロジェクトや，コロンボ・プランなどの既存の組織を通じて経済開発を行うのが好ましい，という提言がなされている。このような協力を継続していくことが，将来における地域協力を醸成するために最善の捷径である，というのがこの報告書で繰り返し述べられている主張である。

　注目されるのは，「汎アジア主義（Pan-Asianism）」は自由主義国側に対して敵愾心を持ちかねず，共産主義に付け入られる恐れがあるので注意が必要であり，西側との協調が利益をもたらすという考えを，弱めさせてはならないと述べられている点である。岸の持ち出した「アジアによるアジアのための経済開発」というアプローチが，ここで退けられていることがうかがえる。そしてその理由は，日本によってアジアで新たな勢力圏がつくり出されることをおそれたわけではなく，共産主義に利用されることに深い畏怖を抱いていたからに他ならない。

　日本についてこの報告書は，共産圏を除くアジアにおける経済的リーダーであり続けるだろうし，地域経済協力のために日本が果たす役割は特に重要であることを認めている。また，提言として，日本にとって有益な資源供給源となるように，米国が途上国に対して援助することも考えるべきだとも記されている。しかしながら，日本がこの地域でリーダーシップをとるためにアメリカが直截公然と協力する姿勢を示すことは，アメリカの利益にもならずに，いたずらに地域協力を複雑にさせるだろうという結論を下している。日本が東南アジア経済開発に参画したとしても，それは中国との貿易を減らすことを意味しない。日本はソ連を含むあらゆる地域と経済交流の拡大を目論んでおり，東南アジアとの経済協力が増大しようとも，その趨勢は変わらないだろうと委員会は断言するのである。すなわち，日本は米国の安全保障政策に協力するかたちで反共経済圏をつくろうという意図はそもそもなく，日本の経済目的のために東南アジア進出に意欲を見せているに過ぎないと，委員会は判断していたのであった。この報告書は9月にCFEP会議で討議され，翌年1月にCFEP562／1（「アジアの地域的経済開発および協力」）として正式に承認されることとなった[137]。

ヤング委員会が「開発基金」構想を退けた理由は、これで明らかになっただろう。それは、東南アジア諸国が地域経済協力を望んでいないという一点に尽きる。東南アジア諸国は自国の経済発展を最も優先しており、多国間機構創設の可能性など現段階ではありえないこと、加えて、東南アジア諸国の反日感情から、日本がリーダーシップをとることにアメリカが後ろ盾となることは逆効果だということが、この委員会の判断であった。

8 繰り返される徒労

前節で述べたように、ヤング委員会の最終報告は9月11日に提出された。そして本節で見るように、9月後半に訪米する藤山外相、一万田蔵相に対するダレスらの対応から考えて、もう既にこの時点において、国務省はこの結論を受け入れていたと考えられる[138]。しかし、ヤング委員会が最終結論を下した後も、そのことを知る由もない日本は、しばらく無駄な努力を続けることとなる。ただし、元の「開発基金」構想の原案そのままを推進しようというわけではなく、アメリカ側のけんもほろろの反応から、もう少し現実的なアプローチを探るようになるのであるが。

9月に藤山と一万田がアメリカを訪問する。藤山は23日にダレスと会見を行ったが、その前から藤山は「開発基金」構想を修正することを公言していた。それはまず米国の援助を待つという他力本願をやめ、日本自らが1億ドル程度を出資して開発のための共同基金を設け、その上に技術センターの設置計画や、二国間の開発計画実施のための協力など、具体的なプロジェクトを積み重ねて、最終的に「開発基金」構想を実現させようというものだった[139]。藤山はダレスに、自分は「開発基金」構想をそのまま推し進めようとは思わないと語り、どんなものであれアメリカからの意見を聞きたいと求めた。それに対しダレスは、日本と東南アジア諸国との経済協力構想それ自体には

137　"Council on Foreign Economic Policy, 68th Meeting," January 15, 1958, WHO-CS, Box 8, DDEL.

138　翌年3月にロバートソンがダレスに送った電文では、この報告書により日本案を拒絶する決定に至ったことが述べられている。To Secretary from Robertson, March 28, 1958, 611.94/3-2858, *RDOS-PRUSJ, 1955-59*, Reel 4.

139　『毎日新聞』1957年9月6日朝刊、『日本経済新聞』1957年9月8日夕刊。

全く賛成だが，我々には既に世銀，（米国の）輸出入銀行，DLF などがあり，新しい地域機構をつくるのは現実的だとも，またその必要があるとも思わないと言う。もし日本が東南アジア諸国とビジネスをする見込みがあり，アメリカの援助が必要ならば，我々は資本を供給するのに吝かではない。しかし，まず必要なのは，他の国からの反応が得られることだと否定的な返答をした。同席したディロンが言葉を継いで，過去東南アジア諸国がそのような地域機構創設に対する意欲を見せたことはなく，今回の日本のアプローチに対して，それら諸国からどのような返答が戻ってきたのかを知りたいと藤山に尋ねた。これに対し藤山は，まだ何の反応もないと，正直に認めざるを得なかった[140]。その3日後に行われたダレス・一万田会談において資金援助を要請した一万田に対しても，ダレスは同じ回答を繰り返すだけだった[141]。この一連の会談において，アメリカがこの構想に賛成できない理由として挙げたのは，具体的なプロジェクトがなく現実的ではないこと，東南アジア諸国の賛意が得られていないことの2点に集約できる。まさしくそれは，ヤング委員会報告が結論付けたことであった。

　藤山はその足で大西洋を越え，日本が基金の出資国と想定していたイギリスにも「開発基金」構想への協力を求めたが，何ら実質的な約束を取り付けるには至らなかった。イギリス外務省は当初，「開発基金」構想について，それが日本の大陸中国に対する関心を逸らせる可能性があることから，アメリカの支持を得る可能性が高いと見ており[142]，その具体的内容についても関心を示していた[143]。ただしその関心は，むしろ否定的な態度からくるものだったようである。英外務省が作成した，藤山訪英のためのブリーフィング・ペーパーには，この構想を「玉石混淆（curate's egg）」と評し，以下の3点に注意を喚起している[144]。一つは，英国は日本の貿易増進を支援するのに吝か

140　Memorandum of Conversation, September 23, 1957, *FRUS, 1955-1957, vol. 23*, pp. 488-504.

141　Memorandum of Conversation, September 26, 1957, 611.94/9-2657, *RDOS-PRUSJ, 1955-59*, Reel 4.

142　From Coulson to Lloyd, "Mr. Kishi's Visit of the United States," July 15, 1957, FJ1022/11, FO371, 127529, PRO, NAUK.

143　"South-East Asian Development plan, Mr. Kishi's plan for S.E. Asia," June 14, 1957, FJ1022/12, FO371, 127529, PRO, NAUK.

ではないものの，日本が東南アジアへ進出することによって，英国自身のこの地域への輸出に負の影響が及ぶという事実，二つ目に，英国からの出資を迫られるおそれのある提案を支持することはできないという点，さらに三点目に，この種の多国間枠組みができることによって，世銀や IMF など既存の組織にも悪影響を与える恐れがあるという点である．それゆえ，現状では日本に冷水を浴びせることはしないまでも，その実現を奨励することもできないという結論が下されている．したがって英国外務省としては，この構想が未だ草稿段階に過ぎないことを認め，更なる研究調査を経た後に，自らの意見を開陳することを日本に約束するに留めておくことが提言されている[145]．概ねこの路線に沿ったかたちで，英国の考えは藤山に伝えられた．9月28日に藤山と会談したロイド（Lloyd, John Selwyn Brooke）外相は，日本側構想には深い関心を有し，討議の申し出は歓迎すると述べたものの，英国としては資金の面では約束できない，「日本はここに使用できる大量の金があると勘違いすべきではない」と突っぱねたのである[146]．

また，10月に訪日したインドのネール首相に対しても，円借款を取り決めると共に，藤山は「開発基金」構想についてねばり強い説得を試みる[147]．藤山は，日本が基金を独占する気は毛頭なく，また二国間援助を減額するものではないと，インドの懸念を払拭するよう努めた．ネールはこの構想を否定も肯定もせず，他の国と同じく「いろいろな角度から研究をいたしたい」と答えただけだった．松本滝蔵外務政務次官の話によれば，ネールはのちに「アジア開発基金計画はまとまるようにやりたい」と松本に語ったということだったが，その後インドが構想実現に向けて積極的に動いた事実はない．

---

144 Brief for the Secretary of State for meetings with the Japanese Foreign Minister, September 17, 1957, FJ1022/53, FO371, 127531, PRO, NAUK.

145 *Ibid*.

146 「藤山外相ロイド外相会談記録」1957年9月28日『藤山外務大臣英国訪問関係一件』A'0154．Record of Conversation between the Secretary of State and the Japanese Foreign Minister, September 28, 1957, FJ1022/78, FO371, 127533, PRO, NAUK.

147 竹内文書室長記「藤山外務大臣・ネール首相会談要旨」1957年10月12日『インド要人本邦訪問関係　ネール首相関係』A'0143．

藤山，一万田の失敗を受け，1ヶ月後に河野一郎経済企画庁長官が，GATT（関税と貿易に関する一般協定）のジュネーブ会議に出席する途上米国に立ち寄り，同様な要請を繰り返している。河野は，日米の共同委員会をつくって東南アジア開発のための具体的なプランを研究しようという，いわゆる「河野構想」を携行するのである[148]。10月21日にダレス，ロバートソンとそれぞれ会談を行い，河野が自らの計画を提示し，アメリカの援助を要請したのに対し，あらゆるプロジェクトを考慮に入れるような新しい機構をつくるのは現実的ではなく，アメリカはそのような機構に金を出すつもりはない，日本が具体的な構想を持ち，その際アメリカの資金が必要なときは喜んで考慮しようと，2人とも藤山・一万田の時と何ら変わらぬ返答を行う[149]。翌22日に河野と会談したディロンも，東南アジア諸国は新たな機構を創設するよりは二国間の援助を望んでいること，アメリカにはそのような漠然とした構想に出す資金はないことを述べ，「東南アジアとの経済協力は2，3の具体的なプロジェクトを通してするのが最善の方法だ」と何度も繰り返した。河野は自らの構想に触れ，それだからこそ，具体的なプロジェクトを考案する委員会をつくることを提案しているのだと迫るが，ディロンは先に述べたことを反復するばかりで全く相手にしなかった[150]。河野はここアメリカで自らの目的が全く達成できなかったことに「極度に狼狽し」[151]，失意のうちにアメリカを後にしたのである。

9　「開発基金」構想の末路

　このように，米国からは「開発基金」構想に対する賛意を得られないまま，11月18日，岸は再び東南アジアへと旅立った。今回は南ベトナム，カンボジア，ラオス，マラヤ，インドネシア，フィリピンといった狭義の東南アジア

148　（作成者，作成日不明）「河野大臣の東南アジア開発構想」，2006−00611。

149　Memorandum of Conversation, October 18, 1957 *FRUS, 1955-1957, vol. 23*, pp. 524-527; Memorandum of Conversation, October 21, 1957, 611.94/10-2157, *RDOS-PRUSJ, 1955-59*, Reel 4.

150　Memorandum of Conversation, October 22, 1957, RG59, Lot Files, 59D19, Box 2, NAII.

151　Memorandum of Conversation, October 31, 1957, *FRUS, 1955-1957, vol. 23*, p. 532.

諸国に加え，オーストラリア，ニュージーランドをまわっている。東南アジア諸国の積極的な支持を得ることができれば，まだアメリカの参加を得る可能性はあるだろうという一縷の望みを捨てなかった岸は，一応この訪問でも自らの構想を東南アジア諸国に伝えて回ったのだが，その意欲は明らかにトーンダウンしていた。また，今回の訪問は戦中日本が占領した国々が対象であり，反日感情が強く残存していた地域であった。その意味で「開発基金」構想が受け入れられる素地は，第一次東南アジア訪問と比べても，遙かに小さかったと言わねばならない。実際，どの国においてもこの構想について突っ込んだ話は行われず，岸は通り一遍の説明に終始しただけだった。例えば南ベトナムやインドネシアでの会談では，主要案件が賠償問題であって，構想実現を積極的に説く余裕はなかった。事実，インドネシア政府からは，岸との会談内容も賠償にしぼり，「軍縮，核実験および国際情勢については討議の用意はない」という意向が事前に伝えられていたのである[152]。また，カンボジアからもすでに10月5日付口上書をもって，「国内上の理由により，当分の間アジア経済開発基金に参画する考えを有せぬ」という通報があった[153]。マラヤの政府首脳陣が，開発基金について何らかのコメントを与えたという事実は，少なくとも外務省の会談録には見あたらない[154]。日本側が出資国と想定していたオーストラリアも，構想に原則賛成はしたものの，コロンボ・プランに対する「援助について，手を拡げすぎたかの感さえある程」であると述べ，自らが出資することには難色を示したのである[155]。

今回の訪問で，「開発基金」構想に積極姿勢を示したのは，唯一ラオスのみであった。ラオスのプーマ（Phouma, Souvanna）首相は，岸が構想の説明をする前に「われわれは日本のアジア開発基金構想には，全面的に賛意を表す

152　ジャカルタ高木公使発藤山大臣宛「岸総理との会談内容及び共同声明案に関する件」『岸大洋州訪問』A'0150。実際，岸とインドネシア首脳らとの会談録では，岸が「開発基金」構想を説明した事実は確認できない。

153　外務省「アジア経済開発基金構想に対する各国の反響」1958年1月，2003-00590。

154　アジア局第三課長記「岸総理大臣とラーマン・マラヤ首相との会談録」1957年11月24日『岸大洋州訪問』A'0151。

155　宇山参事官記「岸内閣総理大臣のケーシー外務大臣との会談録」1957年12月4日『岸大洋州訪問』A'0151。

ものである」と歓迎する意を表明したのである。岸はそれに対し、ラオスから具体的な要望があれば協力したい旨述べている[156]。

そして日本の各国への打診は、第二次東南アジア訪問を機に終了する。岸が自らの構想にアメリカが参加する可能性を示唆する発言を続け、報道機関がそれを取り上げていたことに憂慮したダレスは11月半ば、「さらなる誤解を避けるために（To avoid further misunderstanding）」その予定はないことを公表する声明案を作成することを提案、外務省に伝えている[157]。後述するように、日本輸出入銀行の「東南アジア開発協力基金」50億円を国会で拒否されることを恐れた日本側の懇願により、この声明案の公表は取りやめになったものの[158]、結局日本政府は「開発基金」構想の実現を諦めざるを得なかった。1958年3月に出版された『わが外交の近況』で外務省は、この構想は「次第に各国の理解を深めてはきているものの、現在のところ、まだ早急に実現する段階にいたつていない[159]」と述べるに至る。「東南アジア開発基金」構想は、アメリカから冷ややかな反応しか得ることができず、アジアにおいても、台湾とラオス以外に賛意を示す国はなかったのである。

50億円の置きみやげ

ただしこの構想には若干の話の続きがある。石橋政権の閣僚をそのまま受け継いだ第一次岸内閣だったが、1957年7月に内閣改造を行い、独自の内閣をつくる機会が訪れる。河野一郎か池田勇人かの選択を迫られ、「河野氏をとった形となった[160]」岸は、池田をおろして河野に近い一万田を蔵相に据えた。この派閥人事が「開発基金」構想とその将来について微妙な影響を与え

156　山下事務官記「岸総理大臣とスヴァナ・プーマ・ラオス首相殿下との会談録」1957年11月23日『岸大洋州訪問』A'0151。

157　From Dulles to Tokyo, November 19, 1957, 890.0094/11-1957, *Confidential US State Department Central Files: The Far East, 1955-59*, Microfilm C-0047, Reel 25, NAII.

158　From Tokyo to Secretary of State, December 17, 1957, 890.0094/12-1757, *ibid.*（作成者，作成日不明）「東南アジア経済開発基金計画に関する件」、2006－00611。

159　外務省『わが外交の近況』第2号、1958年、18頁。

160　岸、前掲『回顧録』、354頁。

ることとなる。

 1958（昭和33）年度予算は，池田蔵相の下「千億減税千億施策」と称せられた前年度予算の反省に基づいて編成された。政府の積極的な財政施策が輸入を急増させ，外貨の激減を招いたからである。1956年末に約10億ドルあった外貨保有高は，1957年6月末には8億7900万ドルまでに落ち込んでいた（図4-1参照）[161]。一万田は就任早々，執行中の1957（昭和32）年度予算について「32年度予算には行き過ぎがあった。33年度予算もこの調子で進んだら，腸カタルにかかっている日本経済は胃潰瘍になってしまう」と発言し，緊縮予算の方針を表明したのである[162]。しかしながら，7月末に新規余剰金が1956年度の好況を反映して1002億円にも達することが明らかになると，歳出を抑制すると公言していた大蔵省はジレンマに陥ることになる[163]。結

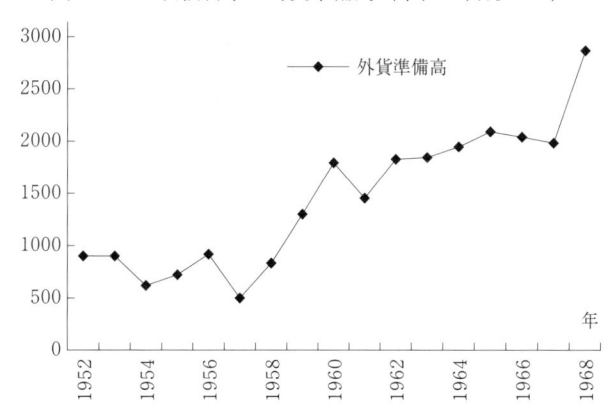

図4-1　戦後日本の外貨準備高（単位：百万ドル）

出所：総務庁統計局『日本長期統計総覧』第3巻，109頁。
注1：政府および日本銀行が保有する金および外国為替（外国通貨，海外銀行預金，外国証券を含む）の公式保有高。ただし1963年末まではIMFゴールド・トランシュ・ポジションを算入しない。1964年以降は金・外貨・SDR・IMFリザーブ・トランシュ・ポジションを含む。
　2：1952-55年は3月末現在，それ以降は12月末現在。

161　大蔵省財政史室編『昭和財政史：昭和27-48年度　第3巻　予算（1）』東洋経済新報社，1994年，353-354頁。
162　大蔵省財政史室編『昭和財政史：昭和27-48年度　第2巻　財政-政策及び制度』東洋経済新報社，1998年，121-126頁。

局,この余剰金は,棚上げすることを目的として,一般歳出財源に充当することを避ける方針がとられることとなった。まず554億円が国債償還財源などに繰り入れられることになり,残りのうちの半分は経済基盤強化資金としてリザーブし,もう半分は補正予算を組まずに使用できる5つの基金として計上することになる。そのうち50億円が「東南アジア開発協力のための国際的機構に対する出資および当該機構が設置されるまでの間において,将来当該機構の出資に振り替えることができる性質の国際的協力による投資の財源にあてるため[164]」,日本輸出入銀行に,東南アジア開発協力基金として計上された。おそらくこの決定の裏には,一万田蔵相の意向も働いていたのであろう。結局この基金は資金運用部に預託管理されることになり,「経済に対する刺激要因」とならないような配慮が加えられた[165]。さらにこの基金を運用するには,二国間以上の国際的協力による投資であることが必要とされ,基金から出資または投資する場合にはまず,内閣においてその方針を決定し,大蔵大臣がその方針に従わなければならない,という方式が採られたのである[166]。このように厳重に施錠され,その利用を制限された「東南アジア開発協力基金」は,いわば余剰金の恩恵とでも言うべきものであったが,「海外経済協力基金法」により1961年海外経済協力基金に振り替えられるまでは,何ら活用されないまま眠ることになった[167]。

かくして,50億円の置きみやげを残して,「東南アジア開発基金」構想は構想のまま,その役目を終えるのである。

---

163 同上。

164 「経済基盤強化のための資金及び特別の法人の基金に関する法律(経済基盤強化法)」(昭和33年7月11日法律第169号)第11条。

165 この辺の経緯について詳しくは,大蔵省財政史室編『昭和財政史:昭和27-48年度 第3巻 予算(1)』東洋経済新報社,1994年,第7章。

166 財政調査会編『国の予算』同友書房,1958年,446頁。

167 「東南アジア開発協力基金」が海外経済協力基金に引き継がれる経緯は,海外経済協力基金『海外経済協力基金二十年史』大日本印刷,1982年,序章-第2章。ちなみに,この基金を活用させるために,自民党の対外経済協力特別委員会が「基金の設置についての基本構想」を1959年に打ち出したが,この委員会の委員長を務めたのは一万田だった。

10 「対米自主外交」という神話

　本章での分析を通じて明らかになったのは、以下の３点である。

　第一に指摘すべきは、従来の日本外交史研究で通説とされていた岸外交の「対米自主」的性格が、「東南アジア開発基金」構想に関しては、誤ったイメージだったという事実である。アメリカの援助と日本の技術を利用して東南アジア経済開発を促進するという構想は、前章までに検証したように、敗戦直後から一貫して存在していたのであり、「開発基金」構想はその流れの一つに位置しているに過ぎなかった。さらに論を進めれば、岸を動かしたのはまずマッカーサー大使の打診であり、欧州統合に脅威認識を抱いた財界や通産省の意向であり、そしてアメリカの対東南アジア援助政策の転換に対する、岸や外務省の期待だったのである。アメリカの影響を抑え、多国間機構を新設するというこの構想の性格を決定した根底には、アメリカが直接東南アジア援助を行えばアジアの反発を招くだろうという、岸が当時の財界人と共有していたアジア認識、本書で言う「戦後アジア主義」が存在していた。その認識ゆえに、彼らはアメリカが現在反省期に入っており、日本に協力を求めてきたと考えていたのであり、この構想が東南アジア諸国に受け入れられることを信じて疑わなかったのである。1954年から56年にかけて米国に拒否され続けてきたものと同様な構想を、再び岸内閣が提唱した理由が、これで明らかになっただろう。その違いを敢えて言うならば、「開発基金」構想は、米政府によって熟考された初めての日本の構想であった。なぜならば、この構想の直接的原因となったアメリカの援助政策の転換は、前章までに見たスタッセンやジョンストンという少数派が唱えていたものとは異なり、「政治経済戦争」を勝ち抜くための、アイゼンハワー政権をあげての政策方針だったからである。多くの時間を割いて慎重に検討された岸の構想は幸せだった。あるいは、過度な期待を日本政府に抱かせしめ、蹉跌時の失望が大きかった分、むしろ不幸であったと言うべきか。

　第二に、岸や財界のアジア主義的認識が、実在のアジアとはかけ離れていたことが、この構想が挫折した理由の一つとして挙げられる。岸は自らの構想を金看板に、意気揚々と東南アジア諸国を歴訪する。しかしそこで岸が直面したのは、各国首脳の「開発基金」構想に対する消極的な姿勢だった。台湾とラオスをのぞいて、援助をしてもらうなら二国間で個別に行った方が

良いというのが各国の一致した意見だった。まずは自国の経済発展に邁進していたこれらの国々は、日本という域内先進国が大きな発言権を持ち、自らは従属する恐れがある、多国間機構創設には反対だった。その総意は、1955年に開かれたコロンボ・プランのシムラ会議でも確認されたことであり、2年という短い歳月で変わるはずはなかったのである。

そして第三に、そのような東南アジア諸国の思惑を、ある程度正確に理解していたのがアメリカだったと言えよう。この地域において多国間で経済協力を行う可能性を慎重に研究したヤング委員会の最終報告は、将来的にはこのようなアジア地域協力はアメリカの利益に適っていると肯定している。しかし現状では、それは極めて困難であるという結論を下しているのである。さらに日本にとって悪いことに、アメリカ内には東南アジア諸国（南アジアであれ、狭義の東南アジアであれ）が日本に対して第二次大戦の体験から悪感情を持ち続けているという先入観があった。それゆえここアメリカにおいても、日本の訴えた「アジアによるアジアのための経済開発」というアプローチは全く理解されずに無視され、その構想はあえなく退けられるのである。

1957年岸信介首相の「東南アジア開発基金」構想は蹉跌する。東南アジア諸国からも、アメリカからもこの構想の意図は理解されず、共感も得られなかったばかりか、「対米自主外交」という神話のみを残して。

第5章

池田政権期のアジア地域主義外交論再考：1961-62

1950年代と60年代

　1950年代半ばから始まった神武景気と，池田政権の所得倍増政策によって，日本経済は劇的な成長を見せる。1960年から65年までの実質経済成長率は年間約10％，1968年には国民総生産（GNP）が7年前の2倍になり，アメリカ，ソ連に次ぐ世界第三位にまで上り詰める。また1958年を境に対米輸出の割合はアジア輸出を追い越し，1965年には日米の貿易構造が逆転し，初めて日本の出超となるのである（図5-1）。アメリカが日本に対して，対アジア援助の増額を要求し始めるのもこの時期であった。

　前章までに分析対象としたのは，敗戦の荒廃から立ち直るために日本が必死にあがき，苦慮している時代であった。それゆえ日本の為政者の多くは東南アジアを，自らの復興のために利用する対象として，すなわち原料供給地と商品市場として認識していた。第1章第2節で紹介した藤山愛一郎らの言葉を借りれば，「アジアを忘れ去って」いたのである。つまり1950年代に提唱されたアジア地域協力構想は，日本の経済発展のための一つの手段として掲げられた側面が強かったと言える。それに対して，本章以降で扱う60年代は，すでにその必要性が薄れていた時代であった。すなわち，前章までに扱った諸構想が出現した主要な理由の一つが，日本経済の復興を目的にするものであったならば，60年代にはもはやその必要がなくなったはずである。それにも拘わらず，日本は池田政権期の1963年に「西太平洋友好帯」構想を，佐藤政権期の1965年に「東南アジア開発閣僚会議」構想を提唱している。なぜか。果たして両構想が，前章までに分析した諸構想と異なり，別の論理を必要とするのか，或いは共通性が存在するならば，それは何なのか。以上の諸点を

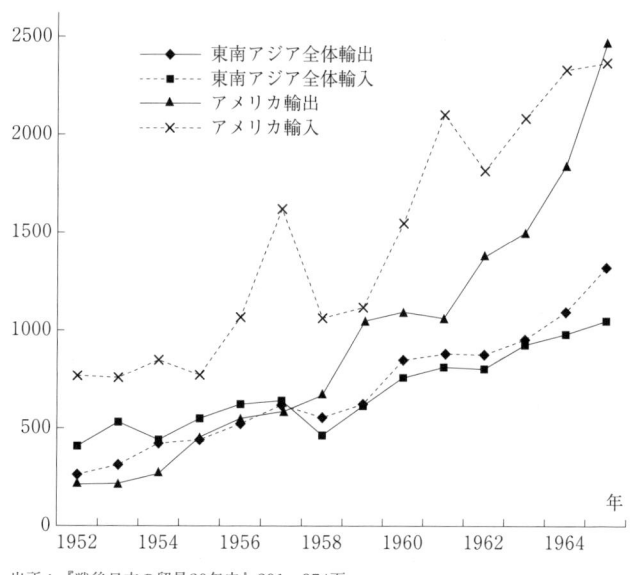

図5-1　戦後日本と東南アジア・アメリカとの貿易額（単位：百万ドル）

出所：『戦後日本の貿易20年史』291, 374頁。

明確にすることが，本章以降の課題となる。

1　池田政権期のアジア地域主義

　時は池田勇人政権期に移る。次章で池田政権の「西太平洋友好帯」構想の分析に移る前に，本章では，池田政権の対アジア外交の姿勢について考察を行いたい。岸前政権による日米安保改定という熱い政治の季節が過ぎ去ったこの時期，日本は低姿勢による経済中心・「対米協調」志向へと舵を取ったため，前政権の岸，あるいは次の佐藤政権に比較して，アジアに対する関心は低かったとするのが，池田政権に対する従来の一般的な理解である。例えば末廣は，池田政権が高度経済成長の達成という国内経済重視の立場をとったため，東南アジアへの関心が全体的に希薄だったという評価を下しているし[1]，樋渡も同様に，「対米協調」路線を進んだ池田政権は，アメリカに対する

1　末廣昭「経済再進出への道：日本の対東南アジア政策と開発体制」中村政則他編『戦後日本　占領と戦後改革6　戦後改革とその遺産』岩波書店，1995

挑戦と受け取られかねない態度を示すことは極力避け，アジアにおいて自主的な役割を追求することはなかったと主張する[2]。池田政権の地域主義政策を分析した高橋も同様に，池田によるアジア太平洋政策は，欧米諸国との経済外交に対してあくまでも副次的な位置付けしか与えられなかったとして，その「熱意」の欠如を指摘している[3]。

池田政権がアジア地域主義に対して，それほど確固とした意思と関心を持っていなかった，とする理解に先行研究が行き着いた根拠は，次の2点に集約できる。すなわち，一方で所得倍増による高度経済成長，GATT第35条援用の撤回，OECD（経済協力開発機構）加盟とIMF 8条国への移行（ともに1964年）といった池田政権が実際に達成した成果と，他方で経済主義と「対米協調」を金科玉条とした「吉田学校」の優等生であり，「寛容と忍耐」をその政治スローガンに掲げた池田の政策姿勢とである。しかし上記のような先行研究の理解は，視点をより広げて反論を展開すれば，必ずしも説得的な主張ではないことが明らかになる。

第一に，池田政権がアジアへの関心が希薄であったという主張は，LT貿易によって前内閣で中断されていた日中貿易が再開，順調な伸びを示したという事実や[4]，いわゆる請求権問題で合意に至り，韓国との国交回復がほぼ実現されるまでに至ったという事実によって，容易に反証され得る[5]。

　　年，247頁。
　2　樋渡由美『戦後政治と日米関係』東京大学出版会，1990年，189－190頁。
　3　高橋和宏「アジア経済統合問題と池田外交：OAEC構想・西太平洋五ヵ国首脳会談構想をめぐって」筑波大学国際政治経済学研究科『国際政治経済学研究』第11号（2003年），85頁。
　4　LT貿易を含む池田政権の中国政策に対しては，多くの研究が概ね高い評価を与えている。添谷芳秀『日本外交と中国1945－1972』慶應通信，1995年，第4－5章，田麗萍「池田内閣の中国政策：封じ込め戦略と対中積極論の狭間で（1, 2）」『法学論叢』第137巻2号（1995年），第139巻1号（1996年），池田直隆『日米関係と「二つの中国」：池田・佐藤・田中内閣期』木鐸社，2004年，第2－4章，神田豊隆「池田政権の対中積極政策：『自由陣営の一員』と『国連』」『国際政治』第152号（2008年）。
　5　李元徳『日本の戦後処理外交の一研究：日韓国交正常化交渉（1951－65）を中心に』東京大学大学院総合文化研究科博士論文，1994年，第4－5章，金斗昇『池田勇人政権の対外政策と日韓交渉：内政外交における「政治経済

第二に，結果として具体的なアジア地域主義政策を遂行することがなかったから，アジアへの関心が希薄であったという説明は，トートロジーに過ぎない。なぜ遂行することがなかったのかという問いに対して，具体的な要因を提示しない限り，それを説明したことにはならないだろう。

第三に，上記の先行研究が前提とする，「対米協調」か「対米自主」か，といった歴代首相のアメリカに対する姿勢は，アジア地域主義外交を規定する主要因ではないという点である。先行研究が論じるのは，岸信介というA級戦犯でありアジア主義者でもあった首相に代わり，吉田直系であり経済中心・「対米協調」主義を貫いたとされる池田勇人が後を襲ったことで，前政権との連続性は途絶え，全く異なったアジア政策が採用された（あるいは政策そのものが試みられなかった）という主張である。しかし前章までに明らかにしたように，アジア地域主義外交に関して，吉田や鳩山・岸政権間に大きな差異はなかったのである。そして本章や次章で論じるように，池田もまた，アジアで何らかの地域枠組みを形成することを望んでいたのである。したがって，ある時代の対外政策を首相のリーダーシップに還元するような上記先行研究の理解は，再検討を行う必要がある[6]。

以上の欠陥を補うかたちで本章では，池田政権期のアジア地域主義は，他の政権におけるそれと比較して，どのような状況や条件が異なっていたのか，という問題に答えることを試みる。具体的には，米国ケネディ（Kennedy, John F.）政権のアジア政策が，なぜ池田政権のアジア地域主義外交に影響を与えなかったのかという点と，ECAFEが中心となって創設を試みた地域枠組みに対して，なぜ日本が積極的に参加しようとはしなかったのか，という疑問点に対して説明を行う。

　　一体路線』』明石書店，2008年。ただし，池田政権が日韓国交回復交渉に力を注いだために，東南アジアへの関心は相対的に低かったという主張は，主官庁が重なることから，妥当性を持ち得るかもしれない。実際に第7章で論じるように，東南アジア閣僚会議の開催は，日韓国交回復という大きな外交目標を犠牲にしない程度において，推進されたからである。

6　保城広至「『対米協調』／『対米自主』外交論再考」『レヴァイアサン』40号（2007年）。次も参照。鈴木宏尚「池田外交の構図：対『自由陣営』外交に見る内政と外交の連関」『国際政治』第151号（2008年）。

2　ケネディ政権の「新太平洋共同体」構想と日本

　前章まで論じてきたように，戦後日本のアジア地域主義外交を出現せしめた直接的契機は，アメリカによる対東南アジア援助政策の転換に対する期待であった。北米で大きな影響力を持つ政治学方法論の教科書によれば，分析事例の選択は，バイアスを回避するために従属変数ではなく，独立変数から選ぶのが望ましいとされている[7]。仮にその提言を本研究で採用するならば，分析対象事例は，実際に提唱された地域主義構想ではなく（つまり結果ではなく），その原因となったアメリカの対アジア援助政策に積極姿勢へ転ずる変化があったかどうか，という点が問題とされなければならないだろう。そこで注目されるのは，ケネディ政権のアジア太平洋政策である。

　マガの研究によれば，ケネディ政権はその発足当初から，グァムや太平洋の信託統治諸島，インドネシア，オーストラリア，日本，沖縄，そしてフィリピンを包含する緩やかな地域統合，いわゆる「新太平洋共同体（New Pacific Community）」を構想しており，1961年の6月に渡米した池田に対して，ケネディ大統領は「新太平洋共同体」の概略を打ち明け，打診したという[8]。仮にこの主張が正しければ，池田がこの打診に乗らなかった事実を説明するためには，本書で主張した以外の，何らかの説得的な論理が必要とされるだろう[9]。しかしながら実際のところ，ケネディ・池田会談の会談録，共同声明

7　ゲリー・キング，R・O・コヘイン，S・バーバー，真渕勝監訳『社会科学のリサーチデザイン：定性的研究における科学的推論』勁草書房，2004年。

8　Timothy P. Maga, *John F. Kennedy and the New Pacific Community, 1961-63*, Basingstoke, Macmillan, 1990, pp. 90-91. 李鐘元「東アジアにおける冷戦と地域主義」鴨武彦編『講座・世紀間の世界政治　3』日本評論社，1993年，216-217頁。

9　またこれは，反証可能性の問題でもある。本書の主張は繰り返し述べているように，1950・60年代における日本のアジア地域主義外交を規定した要因を，アメリカの対外援助政策に求めるものであるが，この命題に反する証拠——アメリカの援助政策が転換しても日本が反応しなかった事例，あるいはアメリカの援助政策と独立で日本がアジア地域主義外交を展開した事実——が本書で分析している事例よりも多く発見され，それを説明するためのより説得的な論理が提示された場合，本書の主張はその命題にとって代わらなければならないだろう。

には，そのような証拠は存在しないのである[10]。池田との会談中，日本のOECD加盟に関してケネディは，OECDと同様の組織を非ヨーロッパ地域につくることが望ましいかどうかを，慎重に検討するだろうと示唆したことがあった[11]。しかしこのようなコメントを行ったのは2日に及ぶ会談のうち一度のみであり，しかも大統領がその実現に意欲的であったと思わせる発言は見当たらない。マガの上記の主張は，資料の改竄とは言わないまでも，牽強付会であると言わざるを得ない。

池田の望んだアジア地域協力

実際のところ池田個人は，「アジア共同体」の形成に意欲を見せていたのである。1961年の11月に，インドやタイといったアジア諸国を歴訪した池田は，インドのネールに，「アジア諸国では単に2国間の経済協力以上に全体として共同体に進むことを考える時期にきているのではないだろうか」と語り，ネールも欧州の地域組織に「対応するようなものをECAFE諸国の間に持つべき」だとの原則的な賛意を示している[12]。また，翌1962年2月5日に行われたケネディ（Kennedy, Robert F.）司法長官との会談においても池田は，従来アジアで広範な経済枠組みに取り組むのは時期尚早だと思っていたが状況は変わったと述べ，「先般アジア諸国を訪問した結果，共同体を成立させる可能性が大部出て来たと思う」と司法長官に打ち明け，東南アジア開発で日本は米国と具体的な協力を行う必要があると訴えるのである[13]。池田が岸内閣の「開発基金」構想に反対していたことは，前章で紹介した通りであるが，自ら

---

10 Memorandum of Conversation, June 20-21, 1961, NSF, Box 125, "Joint Communique Issued by the President and Prime Minister Ikeda of Japan, Following Discussions Held in Washington, D.C., June 20-21, 1961," June 22, 1961, POF, Box 120, JFKL.

11 Memorandum of Conversation, "International Economic Grouping and US-Japan Economic Relationship," June 21, 1961, NSF, Box 125, JFKL.

12 ニューデリー松平大使発川島代理総理宛「池田，ネルー会談に関する件」1961年11月23日『池田総理アジア諸国訪問関係一件』A'0358。

13 アメリカ局北米課「池田総理，ロバートケネディ司法長官会談の件」1962年3月5日（会談が行われたのは2月5日－引用者註）『米国要人訪日』A'0401。Memorandum of Conversation, February 5, 1962, *FRUS, 1961-1963, vol. 22*, pp. 717-718.

が首相となっていたこの時には，その方針を転換していたことがわかる。池田の考えを変えたのは，この時期に見られた世界の趨勢，1950年代末から60年代の初めにかけての，いわゆる「第一の」地域主義の高まりであったと思われる。1958年のEEC, EURATOMの設立に加えて，1959年にはIDB（米州開発銀行）が，1960年にはEFTA（欧州自由貿易連合），1961年はLAFTA（中南米自由貿易連合）とCACM（中央アメリカ共同市場）など，多くの地域協力機構の創設がこの時期に盛り上がりを見せていた。周囲の状況を敏感に嗅ぎ取って，自らの政治的資源とすることに長けていた池田が，このような動きに無関心であったはずはない。特に池田が強調したのは，ビルマとインドへの援助を増大させる必要性であった。つまり池田が実現させたかった「アジア共同体」とは，日米が協力して，特に南アジアに焦点を当てて開発を行う援助枠組みだったのである。これが前章までに検証した諸構想と酷似していることは明らかであろう。したがって，池田政権においても米国の協力という条件があれば，アジア地域主義外交を推進していただろう，というのが本章の主張である。

ただし，米国はこれに乗ってこなかった。池田と会談したケネディ司法長官は，基本的に池田の考えに賛意を示し，「大統領とAID（国際開発局-引用者註）のハミルトン（Hamilton, Fowler-引用者註）にその考えを伝えておく」と約束したが[14]，池田の提案が米国内で協議された形跡はない。言うまでもなく，先の「新太平洋共同体」とも地域の範囲が大きく異なっており，米政府が池田提案を真剣に取り上げる必要性はなかった。さらに言えば，ケネディ政権の対アジア経済援助の割合は，前政権から大幅に減少しており，逆に急増したラテン・アメリカ諸国と比較すると，その重要性の低下は明らかであった[15]。むしろ次節以降で論じるOAEC構想に対する態度から判断するに，ケネディ政権としては，東南アジアと日本を包含する地域枠組みの形成に関しては，米国が疎外される恐れから，消極的だったと考えられる。そして注目すべきは，外務省が池田の考えに対して批判的で，それを打ち消していた可能性である。例えば先の池田・ネール会談の会談記録において，イン

14　*Ibid.*
15　川口融『アメリカの対外援助政策：その理念と政策形成』アジア経済研究所，1980年，74-75頁。

ド大使から本省への電文には記されていた「共同体」形成への積極発言が，後に清書された会談要旨では出てこない[16]。速記録的な要素が強い前者に見られ，後者には残ってないとすれば，恐らく意図的に消去された可能性が高い[17]。外務省の武内龍次次官は，米国大使館員に対して池田の東南アジア訪問に関する報告を行い，ネールが「アジア共同市場」の可能性をほのめかしたが，池田は「まだその時期ではない」と指摘したと，会談記録とは異なる内容を披露している[18]。しかし池田が司法長官に対して，「共同体」という言葉を使用したという点に鑑みても，ネールに対してもそれを持ちかけたと考えるのが妥当であろう。おそらく外務省は，米国が協力姿勢を示さない地域枠組みの創設に尽力する必要性を認めないどころか，むしろ推進することには消極的であり，池田発言の火消しに努めたと考えられる。

すなわち，1960年代の初頭に米国ケネディ政権が，アジアにおける地域枠組み形成に意欲を示したことはなく，日本に対して「新太平洋共同体」を持ちかけた事実もなかった，というのが本書の主張である。また，首相個人が南アジアを中心とした地域主義構想を抱いていたとしても，米国の資本援助がなければ，その実現は不可能であった。つまり日本のアジア地域主義は，米国の協力があって初めて成り立つものであることが，改めて確認される。

3　OAEC構想の浮上[19]

次に取り上げるのは，アジア側から盛り上がりを見せた地域主義の動きである。1962年3月，ECAFE の第18回総会が東京で開催されたが，この総会は15年という ECAFE の歴史のなかで，ひとつの「転機」になるかもしれないものと注目された[20]。なぜなら ECAFE が提案した，OAEC（アジア経済協力

16　ア西（アジア局南西アジア課の略－引用者註）「池田総理東南アジア諸国訪問の際の各国首脳との会談内容（インド）」1961年12月1日『池田総理アジア諸国訪問関係一件』A'0358。

17　高橋，前掲論文，77頁も同様の推論を行っている。

18　From Tokyo to Secretary of State, December 5, 1961, NSF, Box 123, JFKL.

19　本節以降の分析は，保城広至「1962年の『アジア共同体』：OAEC 構想と日本」『アジア研究』第53巻第1号（2007年）に基づいている。本書への転載を許可してくれたアジア政経学会に感謝したい。

20　『毎日新聞』1962年2月25日朝刊。

機構）の設立が，この総会で決定されるとの観測があったからである。

OAEC構想の直接的起源は，ECAFE東京総会の2年前に遡る。1960年前後に英国がEECに加入するという可能性が浮上したことが，英国との経済的な紐帯が強かったアジア諸国の懸念を呼び起こす転機となった。これが「アジア諸国の域内域外に対する経済関係の全面的再検討を促して[21]」いると考えられたのである。1960年3月，バンコクで開かれていたECAFEの第16回総会で，地域経済協力促進の具体策を検討するようECAFE事務局長に要請する「地域経済協力に関する決議31」が採択される。これを受けたかたちでウ・ニュン（U Nyun）事務局長は，"アジア経済協力に関する専門家三人委員会（以後三人委）[22]"を発足させ，この地域における経済協力の具体策を研究するよう依頼する。3回の討議を経て，三人委は1961年12月に最終報告を提出するが，その報告書にはアジア経済協力機構（Organization for Asian Economic Cooperation）を創設するという提案が含まれていた。これがOAEC構想と呼ばれるものである[23]。この最終報告書は12章から成っており，その内容も多岐にわたっているためにすべてを紹介することはできないが，本章の問題意識にひきつけるならば，以下の5点が特に注目に値する（以下断りのない限り，すべて含めて「OAEC構想」と呼ぶ）。

第一に，域内での特恵関税を設けることや，現状の域内貿易に「追加割り当て（additional quotas）」を設定することによって，域内貿易の増進を図ることが提案された。第二に，このような取り決めをした結果，各国の貿易収支の不均衡が当然予想されるが，それを補填するような地域的多角決済機構を設ける必要性が唱えられた[24]。第三に，農産品，鉱産物などの一次産品は

---

21 "Report of the Consultative Group of Experts on Regional Economic Co-operation in Asia," p. 7, 1962, 2005-00633。

22 メンバーは，ラル（Lall, K. B.）インド商工次官，タヴィル（Thavil, Luang）前タイ経済省次官，大来佐武郎経済企画庁統合計画局長。

23 "Report of the Consultative Group of Experts on Regional Economic Co-operation in Asia," 1962, 2005-00633。ちなみこの報告書の全容は，当時は非公開とされていた。

24 後述するように，この案は当初（第1次から第3次ドラフトにかけて），アジア貿易勘定（Asian Trade Account）あるいはアジア清算勘定（Asian Clearing Account）といった具体的な多角的決済機構が想定されていたが，最終案では

ECAFE 域内国にとって最大の外貨の稼ぎ手であるので、日本などの域内先進国と長期契約を結ぶなどして地域協力を図ることが期待された。第四に、複数の域内諸国に便宜が及ぶような計画を作成し、国際機関か域外の援助供与国から必要な技術的・財政的援助を受けるために努力することが望ましいとされた。そして最後に、上記の目的を達成するために、OAEC を設立することが提案された。その最高機関は閣僚会議であり、その決議は加盟国を拘束する。執行機関は参加国の高級官吏をもって構成し、下部機関として専門委員会を設ける。また、小規模の事務局を設け、その所在地はバンコクとし、ECAFE 事務局と十分な協力を図るとされた。

OAEC 構想は、ECAFE 総会が開かれる前に検討されるよう各国に送付され、共同宣言に署名した国でもって OAEC が発足されるとされていた。しかしながら実際にはそれは総会の公式の議題としては取り上げられず、事実上の廃案となる。そして OAEC 設立に難色を示し、構想を廃案に追いやった張本人が、開催国の日本であったと言われてきた[25]。前章までに分析したように日本政府は、アジアにおける地域枠組みの創設を模索し続けていた。そして次章以降で明らかにするように、それ以後も日本は、少なくとも1960年代においては、積極的に地域主義外交を展開していくのである。先行研究が主張するように、この時に日本が反対したのであれば、それは従来の日本の外交政策から逸脱していたと言えるだろう。しかしながら本章の分析によって、1962年に日本のとった行動は、決して常軌を逸したものではなく、従来の政策の継続であったことが明らかになるだろう。

日本の決定事項とその理由

日本政府の決定は、ECAFE が求めていた OAEC 設立の共同宣言案に署名することは拒否するが、その代案として「アジア各国による閣僚会議や事務レベルの準備的会合を開催し、OAEC 設立の是非を含めて経済協力のための

その具体性は消え、「何らかの地域的な支払い、補填の仕組み (some regional payments and compensation mechanism)」を専門家で検討してつくりあげる、といったより穏健なものとなった。

25 Prasad Singh Lalita, *The Politics of Economic Cooperation in Asia: a Study of Asian International Organizations*, Columbia: University of Missouri Press, 1966, pp. 158-161. 高橋、前掲論文。

協議を行なう」ことを逆に ECAFE に提案し，その成功のためには協力を惜しまない，というものであった。つまり日本の態度は ECAFE の構想から一歩後退してはいたものの，真っ向から反対を唱えていたわけではなかったのである。そしてこの賛成でもなく反対でもない，やや煮え切らない印象を受ける最終決定は，一方で OAEC を長期的には域外先進国も含めた，いわゆる開かれた「アジア共同体」に持っていこうとした外務省と，他方「アジア共同体」そのものに対して反対していた大蔵省・農林省との妥協の産物であった。上述したように OAEC 構想は，多くの内容を含むものであったが，その中でも特に，アジア域内諸国間のみで貿易の促進を図るという目的が，大蔵・農林両省の反対を招来した。大蔵省はアジアに際限なく信用供与することによって日本の負担が増大することを憂慮し，農林省は OAEC が設立されることによって国内の農業が打撃を受けることを懸念したのである。言うまでもなくこれは池田政権に固有と言うよりは，現在まで続く普遍的な問題である。すなわち，FTA（自由貿易協定）や関税同盟といった，「貿易枠組み」の創設に対して日本は，国内的な理由から極めて消極的だったのである。加えて，米国をはじめとする先進諸国の資本参加が得られない地域枠組みの可能性に対しても，この時代の日本は否定的であった。日本政府の動向を注視していた ECAFE やアジア各国は，共同宣言に署名することを拒否した日本政府の姿勢を OAEC に対する反対と受け取り，結局この構想の実現に向けて努力を傾注することはなかった。OAEC 設立の構想はこれによって潰え，歴史の一つのエピソードとして残されるに留まったのである。

以上の主張を，次節以降で実証していきたい。

4 OAEC 構想と日本外務省

1961年6月，ウ・ニュンの招請によって三人委は発足した。日本の大来へはウ・ニュンが直接に手紙でその参加を打診している事実に鑑みて，他の2人も自国の代表として政府によって派遣されたのではなく，直接に招請されたものと思われる。この手紙の中でウ・ニュンは，各人が「個人的資格」で参加し，「何ら自国政府に拘束されることなく意見・助言を行う[26]」というこ

26　From U Nnyn to Okita, "Personal & Confidential," June 19, 1961, 2005−00632。この手紙は経企庁から外務省へ6月28日に送付された。

とを強調している。

　三人委がバンコクで初会合を開いたのは同年の9月であった。9月17日から4日間の討議を経て作成した三人委「第1次ドラフト[27]」を持ち帰った大来は、さっそく9月26日と29日の2回にわたって、関守三郎経済局長を中心とする外務省関係者と懇談する。そこで出された技術的な問題点は「第2ドラフト」入手後の議論と重複するので詳細は後述するが、注目すべきは、OAECに内在する「大アジア主義」という考えに対する懸念が表明された点である。このような「政治的スローガン」の面、精神面のみに注目して歓迎する傾向が政界上層部にあるということが指摘され、掛け声倒れの結果にならないように、しばらくの間OAEC構想は「一切口外しない」ということが決定された（大来は池田首相と藤山愛一郎経企庁長官のみに報告するとされた）。つまりこの懇談会では、OAECの設立は最終的な目標としては考慮する価値があるが、しばらくはその内容については公表せず、純粋な経済問題として外務省を中心に研究、検討を進めるという了解に達したのである[28]。

　10月の後半に日本政府は「第2ドラフト[29]」を入手する。それは外務省によれば、「第1ドラフト」よりも「体裁は整って」いるが「両者は内容的に大きな差異はない」ものであった[30]。しかしこの「第2ドラフト」が、そのままECAFEの提案になることに外務省は難色を示す。そこで大来を通じて、その内容に修正を加えるために各国の非公式協議を行うことを提案すると共に、「第2次ドラフト」に沿った報告があくまで最終案とならず、暫定的なものであることを大来に確認するよう要請した上で、日本が試案を添付することなどが考えられた。これに成功しない場合は、日本政府がこの内容に反対

27　"Report of the Group of Experts on Regional Trade Co-Operation," First Draft, 1961, 2005−00633。

28　国連局経済社会課「ECAFE域内協力に関する専門家3人委員会（ECAFE主催）の成果」1961年9月26日、国連局経済社会課・経済局総務参事官室「ECAFE域内協力に関する専門家3人委員会（ECAFE主催）の成果と問題点」1961年9月29日、2005−00632。

29　"Report of the Group of Experts on Regional Trade Co-Operation in Asia," Second Draft, Oct 23, 1961, 2005−00633。

30　国連局経済社会課・経済局総務参事官室「アジア経済協力に関する専門家3人委員会について」1961年11月6日、2005−00632。

であることをウ・ニュンに伝え，十分な細目を検討する機会を各国に与えるべきであると通報することが想定されたのである[31]。

外務省にとっての難点とその解決策

なぜ外務省は，この「第2ドラフト」に難色を示したのであろうか。外務省が最も問題としたのは，特恵関税と多角決済機構（「第2ドラフト」ではアジア清算勘定基金となっている）であった。やや煩雑になるが詳細を述べると，以下の諸点が問題とされた[32]。特恵関税に関しては第一に，それがGATTの自由貿易主義ルールに抵触するという点が挙げられる。たとえばECSC（欧州石炭鉄鋼共同体）は，GATT第1，13，17条の無差別待遇の例外につき，GATT第25条で認められている一般的ウェーバー条項に基づいて，例外的扱いを得ている。三人委はこれを根拠として，GATT諸国がアジアでも例外を認めてくれるという希望的観測を持っているが，特定の商品に限定されない特恵の取り決めが，果たしてウェーバー条項の対象に成り得るのか。また成り得たとしても，その条件とされる加盟国投票総数の3分の2の賛成を得ることができるのか，という点に疑問が出された。これが自由貿易地域の創出ということになれば，地域貿易取り決めを認めたGATT第24条に基づいて考慮されるだろうが，そうでないという点に問題があり，説得が困難なのではないかと外務省は懸念を隠さない。第二に指摘すべきは，これが自由化に逆行するという点である。前年6月に前内閣のもとで発表された「貿易為替自由化計画大綱」を繰り上げ実施することがこの年の7月1日に閣議了承されたが[33]，三人委提案は日本が推進しているこのような方向に逆らうことにな

---

31 国連局経済社会課「エカフェ3人委員会報告（草案）の取扱い手続きについて」1961年11月14日，2005-00632。

32 経-328-H「特恵関税および多角決済機構を中心とする草案に対する問題点」(作成日不明)，2005-00632。以下の記述は本文書による。この文書は作成者，作成日とも記述はないが，「経-328-H」と最初の頁に記載されていることから，経済局が作成したものと思われる。また，「第2次ドラフト」の内容を問題にしているので，1961年11月中旬に作成されたと考えるのが妥当であろう。

33 大蔵省財政史室編『昭和財政史：昭和27-48年度 第11巻 国際金融・対外関係事項（1）』東洋経済新報社，1999年，36頁。

るかもしれなかった。第三に挙げられたのは，品目の問題である。三人委の構想では，鉄鉱石，米，とうもろこしなどの重要品目を除いた品目が対象にされているが[34]，これでは仮に特恵を設けても貿易拡大は見込み薄ではないかと思われた。またこれが工業製品に適用された場合，日本にとっては有利であるが，欧米諸国の激しい反発を招くことは容易に予想できた。

次に多角決済機構の問題点として，第一にIMFとの関係が指摘された。日本は近い将来，IMFの8条国へと移行することが想定されていたが（実現は1964年4月），このような決済機構を設けることにIMF当局が反対する可能性があったからである。そして第二に，この構想実現には相当な資金が必要となる点が問題とされた。果たしてIMFがこのような地域的決済機構に出資するかどうか，日本等の出超国の負担になるのではないか，といった危惧は当然ながら存在した（後に大蔵省が問題としたのも，この点であった）。そして第三に，技術的に困難である点が挙げられた。すなわち貿易の基幹部分はキャッシュ・ベースで，追加分は清算方式といった異なる決済方式をとった場合，煩雑な為替管理を併用せざるを得ず，それも自由化の方向に逆行するのではないかという点に懸念が表明された。

ただし外務省は，問題点を列挙することに終始してこの構想を挫折させようとしたわけではない。むしろ日本の外交方針と抵触しないかたちで，より現実的なアプローチを提案することによって，構想を活かそうと試みている[35]。具体的には，鉄鋼石や砂糖などの特定の品目を選出して，その品目についてECSCのような「根本からの」特恵制度を創設し，貿易拡大の道を検討することが考案された。また多角決済に関しては，特恵関税を前提にせず，域内貿易と切り離して決済手段を新たにつくることが考えられた。その際，アジアの多様性を考慮に入れて，域内をいくつかの同質のサブ・リージョンに分割し，その中で多角的決済を行う方法も一案であるとされた。このような複数のサブ・リージョナルな集団が，その内部での結合の進展に伴い，次第に一つになるというのである。実際に三人委の最終報告は，外務省の期待

---

34 ただし「第1ドラフト」「第2ドラフト」を見る限り，外務省の指摘するような産品を除外するという明示的な文言を読み取ることはできない。

35 経-329-H「特恵関税および多角決済機構を中心とする草案に関し出された日本側問題点と提案」（作成日不明），2005-00632。

通りに「第2ドラフト」よりも穏健なものとなり，サブ・リージョナル協力や品目別協力といった，日本の提案がECAFEの「共同宣言案」（後述）に盛り込まれることになる[36]。上記のような外務省の意向が，大来を通じてECAFEの構想に反映されたと考えるのは妥当だろう。例えば大来は，11月22日にOAEC構想について話し合うために招集された関係各省会議において，追加割り当て方式では自由化を志向している日本のような国が難色を示す可能性に触れ，上述したような「『品目別方式』を盛り込むことにする[37]」と述べている。この発言からもうかがえるように，大来は「個人の資格」で参加してはいるものの，日本政府（外務省）の影響を排除できなかったのである。

ウ・ニュンと日本外務省

また外務省は，直接ECAFEの事務局長にも接近している。11月30日，ECAFEのアジア統計家会議に出席するために訪日していたウ・ニュンに対して，外務省はOAEC構想に対する見解を直接問い合わせる。そこでウ・ニュンが明らかにしたのは，具体的な問題はとりあえず棚上げにするという考えであった[38]。すなわち事務局長は，「技術的に難点のある内容をはじめから各国に押し付けることは毛頭考えておらず」，OAECの設立について合意に達したあと初めて実際に営むべき機能や細目を討議すれば良く，まずOAECを設立させるという「政治的合意」を先行させる必要があるという考えを持っていた。そのために採用されたのは，まず「共同宣言案」を域内諸国に送付し，これを受託した国をもってOAECを発足させるという手続きだった。そして送付された「共同宣言案」にできるだけ多くの国の受託同意を確保する

---

36 "Joint Declaration on Regional Economic Co-Operation in Asia," 2005-00633。
37 （作成者不明）「各省会議」1961年11月22日，2005-00636。ちなみにこの会議では，通産省が「共同宣言案」は手段としては少し早いとしながら，「前向きで対処しても良い」と積極姿勢を示したのに対し，大蔵省が「追加輸入方式はダメ」と断じ，まずは調査研究機関で十分検討する必要性を訴えている。ちなみに農林省の発言は記録されていない。各省庁の見解は，第6節で検討を加える。
38 国連局経済社会課「『エカフェ専門家3人委員会』の作業と『アジア経済協力機構』設立の構想をめぐるウ・ニュンECAFE事務局長の見解に関する件」1961年11月30日，2005-00632。

ために，その内容は修正可能にし，またなるべく簡略で各国（特に日本）の意向に沿ったものとしたいと，ウ・ニュンは述べる。日本の協力参加は「不可欠」であり，「日本が同意出来ないものを推進するつもりは」なかったのである。もちろんリップ・サービスの面もあるだろうが，事務局長はこのように日本の動向を注視していた。

その直前の11月末に三人委は会合を開き，「第3ドラフト[39]」を作成する（外務省は12月1日に入手）。この草案は，従来の内容にはほとんど変更はなかったが，域外の援助を求めるといった章が新たに追加されている。その後，3人が手分けしてアジア諸国をまわり，各国政府に打診した後，再び12月14日から18日まで協議して「最終報告」を纏め上げる。翌1962年1月2日，ウ・ニュンは外務大臣宛書簡として，「アジア地域経済協力に関する共同宣言（案）」と「アジア地域経済協力に関するECAFE専門家グループ報告書（いわゆる三人委報告書－引用者註）」を正式に各国政府へ送付した。その際，各国政府が共同宣言の案文を検討してそれに参加する意向であれば，その旨を2月19日までに回答するよう要請した。この宣言は，三人委が勧告している具体的な構想を含むアジア経済協力上の問題を討議するためにOAECを設立し，この宣言を受諾する諸国のみをもってとりあえずOAECを発足させようという内容だった。すなわち1ヶ月前にウ・ニュンが打ち明けたように，共同宣言方式を採ったECAFEの意図は，まずOAECを設立することに絞り，その他一切の具体的な問題はOAECの発足を待って検討する，というものだったのである。三人委の報告書は，そのための参考資料とされた。

外務省の最終見解

外務省内の意見を集約するために，外務省国連局経済社会課は1月末，OAEC構想についての見解を纏めた[40]。

それによると第一に，OAECの設立を性急に決定しようとする点は問題が

---

39 "Report of the Group of Experts on Regional Trade Co-Operation," Third Draft, 1961, 2005-00633。

40 国連局経済社会課「(幹部会資料) アジア経済協力に関するエカフェ事務局長提案に対するわが国政府対処方針（案）の件」1962年1月23日，外務省「アジア経済協力機構設立に関する共同宣言案に対するわが国政府対処方針（案）の件」1962年1月29日，2005-00636。以下の記述は本文書による。

あるものの、アジア経済協力の促進を図るという考え自体には賛成であり、そのために「何らかの具体的措置を講ずべき段階にあることは、地域内外諸般の情勢にかんがみても否定し得ざるところ」であった。少なくとも、日本の反対によってOAEC構想が挫折したという印象を与えないような外交的考慮を行う必要があるとされた。すなわちこの時点で主管庁である国連局は、ECAFE事務局長の構想に問題を認めつつも、賛成する立場を示したのである。

また第二に、事前に米国に対してこのような日本の考えを詳しく伝え、その支持を得ておくことが強調されている。米国との親密な関係と先進国と協力する必要性に鑑みて、これは当然な配慮であった。

このように国連局はECAFEの構想に原則支持を与える立場を示してはいたものの、しかし第三に、OAEC設立やその機構の組織などを共同宣言案に盛り込むことは「時期尚早」として、OAEC設立を謳う部分を削除することが考えられた。そして日本側の修正案として、「アジア経済協力の促進とその成功を期するために必要な条件と機構を整備すべく域内諸国は緊急に協議を進めるべきであ」り、「このため閣僚会議を早急に召集する」旨を宣言するに留めることが提案されている。その結果、「『共同宣言案』の成立時期は多少おくれざるを得」ないものと予想された。そして第四に、この修正案が採用されるかどうかに拘わらず、閣僚会議の中心議題がOAEC構想になることは容易に予想ができたため、日本としては「今から、OAECのあり方、地域協力の向かうべき方向に対する考えを確定しておかねば」ならなかった。アジアの現実に鑑みて、それは「関税同盟や自由貿易地域の如き域内特恵を伴わないもの」として発足するのが望ましいとされた。この国連局の見解は、1月23日に開かれた外務省の幹部会で了承される[41]。つまりここにおいて、共同宣言には署名するもののOAECの即時発足は回避し、まずは閣僚会議を開催して協議を行うことが、外務省の正式見解として了承されたのである。

5　OAECをめぐる国際関係

前節でみたように、外務省は必ずしもECAFEの構想に反対ではなかった。少なくとも1月23日時点では、共同宣言案に修正を施し、各国の閣僚会議を

41　経済局「経済局特別情報第342号」1962年2月12日『経済局特別情報』E'0036。

早急に開催するという日本政府の態度を公式に表明する意向であった。しかしながら結局日本政府としては，その共同宣言案に回答することを拒否する，という方針に変更することになる。閣僚レベルの懇談会でこのような決定がなされるのは2月15日であり，閣議了承を受けるのが翌日であったが，その1ヶ月足らずのうちにどのような動きが展開されたのであろうか。この短期間における変化を示し，その背景を明らかにして初めて，日本の態度を決定した要因を総合的に解き明かすことができるだろう。本節では，日本政府の決定に影響を与えた要因が，米国やアジア諸国といった国外に求められるのかどうかを検証する。結論を先に述べれば，国外要因は日本の決定の説明変数ではなかったことが明らかにされる。

アメリカの消極的態度

外務省が「了解をとりつけておく必要」があるとした米国は，OAEC構想についてどのような見解を持っていたのだろうか。共同宣言案と三人委の報告書が送付された先は域内国に限られていたのだが，実は外務省は内密に（confidentially）米国にそのコピーを提供し，意見を求めていた[42]。そのコピーを検討した結果，国務省極東局は以下の結論に達した。すなわちOAECの設立は「不適当（unfortunate）であり，可能なら阻止するべきである」。なぜならそのようなアジアの動きは，EECへの対抗手段（countermove）だという誤解が生じて欧州が内向きになるかも知れず，米国が努力を傾注してきた「開かれた大西洋」政策の障害となる危険性があるからだった[43]。国務省政策企画委員長のロストウ（Rostow, Walt W.）もまた，ECAFEの提案がEECに対する防衛手段であると解釈し，このような性急なアウタルキーな取り決めは避けるべきであるとして，より現実的なアプローチが必要であると国務次官のボール（Ball, George）に提言している[44]。

このような見解を持っていた米国側はまず，駐日大使館のドハティー（Do-

---

42 From Harriman to Ball, "ECAFE Secretariat Proposal for an Organization for Asian Economic Cooperation (OAEC)," February 16, 1962, RG59, Lot Files, BFEA-SPNC, 1960-63, Box 12, NAII.

43 *Ibid*.

44 From Rostow to Ball, "Asian Economic Organization," February 16, 1962, RG59, Lot Files, BFEA-SPNC, 1960-63, Box 11, NAII.

herty, Edward W.)参事官を通じて，2月14日に日本政府の考えを問いただした[45]。ドハティーは外務省経済局長の関に対して，以下の諸点を指摘する。第一に，OAEC設立の動きは欧州の経済統合に対する"counter-move"であり，排他的なものを目指すと受け取られる可能性があって，これを口実として日本のOECD加入の障害となることもあり得ると言う。第二に，OAECに域外メンバーを加えてはどうかと提案する。そして第三に，共産主義国のモンゴルが加入する可能性があるという理由で，米国は「つよい懸念」を抱いていると伝える。

これに対して関は，OAECの発足までにはまだ相当の期間を必要とし，早くても5月頃に域内諸国の閣僚会議を開いて，その内容や機能を検討する趣旨の決議を行うに留まるだろう，という観測を披露した後，以下のように答えている。第一の点に関しては，米国の「疑いは杞憂」に過ぎず，域内諸国だけの協力には大きな限界があって，大した成果は挙がらないと考える。第二点については，日本はOAECから期待できるものはあまりなく，むしろこれに真剣に取り組めば日本の負担になるだろう。したがって，金と技術を有している域外諸国を導き入れることは必要不可欠であり，それは日本の"global interests"に合致することも承知している。しかしながら，アジア域内のみで経済協力を促進したいという強い希望があるうちは，域外メンバーのことを日本が言い出すのは得策ではないという判断がある。まずは域内国だけで機構をつくってみて，1，2年経過した後に，域内国が独力では何もできないという限界を悟ったときに初めて，域外国の加入を提案することが考えられる。第三点に関しては，仮にモンゴルが加入しても「たいしたこと」はできないし，「中共」については加入条件を厳しくすることによって参加を阻止できるとし，「わが方を信頼して事態を静観するよう」伝えた。この会談内容からも，外務省がどのような形態のOAEC像を描いていたのかがわかる。すぐにOAECが実現するとは考えておらず（また望ましくもなく），あくまでもその設立は長期的な課題であった。そして設立される前から，米国を中心とする域外先進国の加入を日本が問題とすることは，アジア諸国との関係上都合が悪いが，自らの負担を軽減するためにもそれは必要であると考えて

---

45 経済局「経済局特別情報第344号」1962年2月27日『経済局特別情報』E'0036，小坂大臣発朝海大使宛「OAECに関する件」1962年2月15日，2005-00634。

いた。すなわち外務省の抱く OAEC とは，長期的には域外先進国の資本を導入し，GATT・IMF ルールとも抵触しない，開かれた地域主義へと導かなければならない枠組みであった。

以上のように，2月14日の会談において米国側は日本にその懸念を伝えたのではあるが，日本外務省はドハティーの「見解は米国政府の正式な見解と解すべきか否か[46]」判断がつかなかった。そこで翌15日，2日後にボール国務次官と会談することになっていた朝海浩一郎駐米大使に，米国政府の真意を問いただすよう要請する[47]。他方米国務省極東局は，前述した OAEC を阻止するという結論を，同じく朝海に直接伝えるようボールに依頼した。ただしその際，日本の反発を招かないように強い圧力はかけず，日本側に米国の見解を明確に知らしめるが，控えめに（in low key）行うように決定されている[48]。その提言を受けたかたちでボールは，17日の会談で OAEC 構想について日本が慎重に検討することは「当然のこと」と述べたのち，米国側はこれが「特恵的な制度となることには反対」する，といった「控えめ」な言い回しで，朝海に米国の反対を伝えたのである[49]。米国の賛意が得られなければ，外務省による開かれた地域枠組みの形成を目的とする OAEC 構想は，長期・短期に関係なく実現することはあり得ず，したがって外務省が OAEC 設立に反対する立場にまわるのは当然予想される行動である。しかしながら次節で述べるように，最終的な日本の決定となる案はすでに2月10日に外務省によって提出されており，日本が米国の態度を知ったのはその後のことであった。それ以前に米国の見解が日本政府に伝えられた形跡はないことからも，米国は OAEC 構想に対する日本の最終決定の要因ではなかった，と判断することができる。

日本の動向を見守るアジア

---

46 経済局「経済局特別情報第344号」1962年2月27日『経済局特別情報』E'0036。
47 小坂大臣発朝海大使宛「OAEC に関する件」1962年2月15日，2005-00634。
48 From Harriman to Ball, "ECAFE Secretariat Proposal for an Organization for Asian Economic Cooperation (OAEC)," February 16, 1962, RG59, Lot Files, BFEA-SPNC, 1960-63, Box 12, NAII.
49 ワシントン朝海大使発本省着「OAEC に関する件」1962年2月17日，2005-00634。

次に ECAFE 域内国の態度を見ていこう。外務省本省は2月2日，日本の閣僚レベルでの「対策を決定するさいの参考[50]」とするために，ECAFE 域内の日本大使館に対し，OAEC 構想についての各国の姿勢を問い合わせるべく電文を発した。この電文で注目すべきは，2月1日に行われた各省庁間会議（後述）で検討の結果，OAEC の設立を今回の共同宣言でもって決定するのは「時期尚早」であり，まず閣僚会議を開いて十分に協議すべきであるという見解に達しているということを「先方に洩しおいてさし支えない」と述べている点である。この共通「見解」は後述するように，1月23日に幹部会で了承された外務省案そのものであった。そして ECAFE 域内の諸国政府に打診する際，閣僚会議案を各国へ提示しても良いという判断があったという点が認められる。

アジア各国の態度はしかし，日本政府の対策を決定する上での実質的な参考にはならなかった。なぜなら在外公館を通じた情報蒐集の結果，2月前半の時点では，すべての国が未だ正式な決定に至っていないという状況だったからである。ECAFE に回答を行っていた国は，2月8日時点では1つもなく，回答期限1週間前の2月13日の時点ではイランのみだった[51]。ただし，その中でも「私見」や「現在までの検討の結果」は非公式ながら伝えられていた。それらを総合すると，表5－1になる。

まず，2月8日時点で「原則賛成」の国は8カ国（台湾，南ベトナム，タイ，ラオス，イラン，フィリピン，マラヤ，カンボジア），「消極的」なのは2カ国（パキスタン，セイロン），「関心が薄い」のは2カ国（ビルマ，インドネシア）であった。そして「原則賛成」のなかでも，共同宣言をもってOAEC を即時設立するのは「時期尚早」であると考えていた国は台湾，マラヤ，カンボジアの3カ国である（これは1月23日の外務省案と同じであると言える）。つまり，在外公館の最初の情報蒐集によれば，情報が集まった12カ国の過半数が，ECAFE の構想を「原則支持」していたのである。それが13日になると，日本政府の最終決定である「閣僚会議を開催して OAEC 設立の

---

50 小坂外務大臣発在アジア大使宛「アジア地域経済協力に関する共同宣言の件」1962年2月2日，2005-00633。
51 外務省「アジア地域経済協力に関する共同宣言（案）に対する域内各国の態度」1962年2月13日，外務省「アジア地域経済協力に関する共同宣言（案）に対する域内各国の非公式見解」1962年2月28日，2005-00634。

表5－1：ECAFE諸国のOAEC構想に対する態度

	原則支持	原則支持だが即時設立には難色（1月時点の外務省見解）	閣僚会議を開催してOAEC設立の是非を協議（日本政府の最終決定）	消極的あるいは無関心	態度不明
ビルマ				△□◎	
カンボジア		△◎			□
セイロン	◎			△	□
台湾		△	□◎		
マラヤ連邦		△	□◎		
インド		◎			△□
インドネシア			□◎	△	
イラン	△		□◎		
日本			◎		
韓国		□◎			△
ラオス	△		□◎		
パキスタン			□	△◎	
フィリピン	△□	◎			
タイ	△	◎	□		
南ベトナム	△□		◎		

出所：外務省「アジア地域経済協力に関する共同宣言（案）に対する域内各国の態度」1962年2月13日，外務省「共同宣言案に対する域内各国の態度一覧表（2月26日午後6時現在）」1962年2月26日，外務省「アジア地域経済協力に関する共同宣言（案）に対する域内各国の非公式見解」1962年2月28日，2005-00634を基に筆者作成。
＊表記について
2月8日時点の各国の非公式見解は△で，2月13日時点での各国の非公式見解（イランのみ正式回答）は□で，そして2月26日時点での各国の見解を◎，○で表している（◎は正式回答，○は非公式態度を示す）。アフガニスタン，ネパール，モンゴルは情報がないため省いてある。

是非を協議」するという案が14カ国中7カ国に達し，最も多い国の支持を得ることになる。

　このような結果が意味していることは明らかであろう。すなわち，日本政府の決定はアジア諸国の態度によって左右されたのではなかった，という事実である。むしろ逆に，日本の打診が各国の態度に影響を与えた可能性がある。例えばタイのタナット（Thanat Kohman）外相は，「日本の参加しない協力機構は意味がない」として「日本の態度が決定したら是非速やかに知らせて欲しい[52]」と述べていたが，この発言はアジア諸国が日本の動向を注視していた一例である。そして実際，日本側が閣僚会議案を提示した際に台湾，ラ

52　バンコック大江大使発小坂大臣宛「アジア地域経済協力に関する共同宣言の件」1962年2月5日，2005-00633。

オスはそれに同調する姿勢をみせていた[53]。さらに、ウ・ニュンが日本の動向を最も重視していたことは先に述べた通りである。日本政府もその点は十分認識していたようである。2月7日にOAEC構想に関する記者会見を行った大平正芳官房長官は、ECAFE域内国の結論は未だ出ていないことを紹介し、「日本およびインドの出方を見きわめた上態度をきめるとの方向にあるようだ[54]」という観測を行っていたのである。

以上から、米国とアジア諸国という国外要因は、日本政府の決定に影響を与えてはいなかったと結論することができる。すなわち、1月末の時点において外務省が共同宣言案に修正を施すことを条件としてそれを受け入れる方針だったものが、最終的にそれを拒否することになった理由は外部要因ではなく、国内要因に求められなければならない。果たしてこの1ヶ月間にどのような展開があったのだろうか。節を改めて日本国内の政策決定過程を検証することにしよう。

6　OAECをめぐる国内政治

1962年2月1日の午後、外務・通産・大蔵・農林・経企の各省庁関係局長がOAEC構想に対する政府方針を検討するために集められた[55]。ウ・ニュンが共同宣言案と三人委報告書を送付して以来、ようやく他省庁も政策決定のプレイヤーとして参入することになったと言える。外務省の報告書によるとこの会議では、共同宣言案に修正を施して閣僚会議を開催するという外務省案に、大蔵省を除いた全省庁が賛成の意向を示していたようである[56]。特に

53　台北井口大使発小坂大臣宛「アジア地域経済協力に関する共同宣言の件」1962年2月10日、ヴィエンチャン吉川臨時大使発小坂大臣宛「アジア地域経済協力に関する共同宣言の件」1962年2月12日、2005-00634。

54　『読売新聞』1962年2月7日夕刊。

55　参加者は、外務省から高橋覚国連局長ほか7名、通産省は今井善衛通商局長、大蔵省の大島寛一財務参事官ほか1名、農林省の山下貢官房参事官、経企庁の大来総合計画局長。

56　国連局経済社会課「幹部会資料　アジア経済協力機構設立に関する共同宣言案に対する関係各省庁との協議結果報告の件」1962年2月1日、2005-00636。以下の引用はこの文書による。保城、前掲「1962年」、11頁では、本資料の引用が抜け落ちてしまっていました。この場を借りてお詫びいたします。

通産と経企はOAEC構想に積極的であった。通産の今井は，OAECがオーストラリアやニュージーランド，あるいはアジアの英連邦諸国を他のアジアへ惹きつける役割を果たせる可能性にふれ，「日本にとってもこれは有利であり，個人的には本構想に前向き」であると語っている。ただし今井は，米国やEECが反対するような地域枠組みになることには難色を示しており，この点では外務省と同意見であった。経企の大来は自らが三人委のメンバーということもあり，外務省案がECAFEの構想から一歩後退することには不満な様子で，共同宣言案のOAEC設立部分が削除されることには反対した。しかし最終的には，「政府の立場としては外務省案位が妥当」と述べ，それに異を唱えることはなかった。大蔵省は事務当局で意見調整を行っていないという理由で態度を留保した。また，農林省の山下は「受身の立場で対処することなく，日本は自らの体制と政策をととのえる必要あり。とくに農業についていえる」という発言しか記されておらず，それ以外にどのような考えを持っていたかは不明である。ただし新聞報道によれば，農林省は「河野農相の意向として」「かなり慎重な態度を表明」したらしい[57]。なぜならば，OAECが設立されれば米をはじめとする一次産品買い付けの増加から，農業に深刻な影響を与えると危惧されたからである[58]。結局のところ，事務レベルで結論を出すには問題が大きいとして，翌週7日に閣僚レベルの懇談会を開いて，この問題が検討されることになった。そしてその懇談会の際に，1月23日に決定された外務省案が，事務当局の案として提出されることが了承された[59]。

7日に開かれた閣僚懇談会において[60]，慎重論を唱えたのは水田蔵相と河野農相であった[61]。佐藤通産相と藤山経企庁長官は，「この程度のところまでは踏み切っても良いのではないか」と外務省案に同調したが，水田は「日本

---

57 『読売新聞』『毎日新聞』1962年2月2日朝刊。
58 『読売新聞』1962年2月2日朝刊。
59 経済局「経済局特別情報第342号」1962年2月12日『経済局特別情報』E'0036。
60 出席者は池田首相，小坂善太郎外相，水田三喜男蔵相，佐藤榮作通産相，河野農相，藤山経企庁長官，大平官房長官，田中角栄自民党政調会長。
61 伊藤隆監修『佐藤榮作日記』第1巻，朝日新聞社，1998年，1962年2月7日の条，(作成者不明)「閣僚会議」1962年2月7日，国社（国連局経済社会課の略－引用者註）「アジア地域経済協力に関する共同宣言（案）に関する関係閣僚懇談会の概要」1962年2月12日，2005－00636。

だけでアジア開発にのり出せない事情を考慮すべきである」として,「閣僚会議も時期尚早」と外務省案に真っ向から反対を唱えている。河野は閣僚会議を開くこと自体には異を唱えなかったが,「OAECの如き機構の設立が議題となっているのであれば事は時期的にみて重大」であり,米国をはじめとする先進諸国の反応を十分勘案し,「農業を含めた日本の経済体制の調整に努め」ることが先決であると訴えた。ただしこのような消極論にも拘わらず,池田首相は「エカフェ域内諸国の閣僚会議を開催する位は良しと判断」した62。したがってこの会議では,「共同宣言に署名するが,その後閣僚会議を開催して討議を行なう」という外務省案を支持する首相・通産相・経企庁長官と,それにも消極的であった蔵相・農相という立場が明らかになり,結局結論は持ち越されることになった。各国の動向,あるいは今後予想される問題点を各省が出し,再度閣僚懇談会で検討することが決められた。佐藤の言葉を借りると,「今日は第一回のヒヤーリングとし且前向きの姿勢で更に検討すること63」になったのである。

その後2月10日に,再び5省庁局長会議が開かれた。ここで外務省は「2月7日の閣僚懇談会の結果に基づいて」,ECAFE諸国の閣僚会議を開くという案を「宣言案の形で提案するよりも,わが方の基本的態度をウ・ニュン宛返簡の形で回答することとする」方針に変更する64。すなわちここに来て,共同宣言案そのものには回答を行わないことが,外務省の結論となったのである。この方針変更は言うまでもなく,大蔵・農林の消極姿勢に促された結果であった。そしてこの外務省提案に対して経企・通産は異論を唱えなかったが,大蔵・農林はこの妥協案に対してすら難色を示した。両省はそのような提案の前に日本が何をすべきか,あるいは予想される問題点等の整理が先行すべきであると,閣僚会議の開催も時期尚早という態度を崩さなかったのである65。このように各省のコンセンサスが得られないまま,15日に第2回目の閣僚懇談会が開かれ,OAEC構想に対する最終的な日本政府の態度が決定された66。繰り返しになるがその決定とは,直ちにOAEC設立宣言を行うこ

---

62 経済局「経済局特別情報第342号」1962年2月12日『経済局特別情報』E'0036。
63 『佐藤榮作日記』第1巻,1962年2月7日の条。
64 経済局「経済局特別情報第342号」1962年2月12日『経済局特別情報』E'0036。
65 同上。
66 参加者は小坂,佐藤,水田,河野,大平。池田はコリアン工業振興社社長

とは時期尚早であって、日本は現段階では支持できない。まずはOAECを設立するかの是非を問うことも含めて、協議を行うために閣僚会議や事務レベルの準備的会合を開催することを提案する。そしてそれら会合の実現に向けて日本は協力を惜しまないという旨を、ウ・ニュン宛返簡のかたちで送付することだった[67]。すなわち、2月10日に外務省が提案した方針が採用されたのである。

以上のような政策形成が展開される中、各政策担当者はどのような視点でOAEC構想を捉え、そして自らの意見を表明したのであろうか。資料の制約により状況証拠に頼らざるを得ないという限界があるが、以下ではできる限り各プレイヤーの背景を探り、その態度を浮き彫りにすることを試みる。

支持勢力

首相の池田は、基本的に外務省案を支持、あるいはそれよりもややOAEC構想に好意的だったと考えられる。本章第2節で先述したように、池田自身は、東南アジア開発で日本は米国と具体的な協力をする必要があると考えており、その結果つくられる援助枠組みを「共同体」と呼んでいた。OAEC構想の中に含まれていた、域外先進国の援助がアジアの開発に寄与するという考えは、池田の想い描く「アジア共同体」と軌を一にしており、共感するところがあったと思われる。それはまた、米国の資本をアジアへ導入するという点で、外務省が望ましいと考えた、開かれた「アジア共同体」とも抵触するものではなかった。米国との協調と自由化という問題が解決できるならば、OAECは池田にとって推し進めるべきものであったのである。したがって、2月7日の閣僚懇談会で外務省案に支持を与えたのは、当然であったと言える。

次に通産省の考えを検討してみよう。通産省内では、来るべき自由化に対する2つの異なる動きが存在した。日本産業の競争力を高めるための保護統制志向と、その反対に貿易自由化を推進した立場とである。前者においては、

の湯川康平と首相の私邸にて会談していたため、懇談会には出席していない。『日本経済新聞』1962年2月15日夕刊。

67　外務省「アジア経済協力に関するエカフェ事務局長書簡に対する返簡の件」1962年2月19日、2005-00631。

官民協調方式を実現するべく,「民族派」と呼ばれた佐橋滋企業局長を中心として, 特定産業振興臨時措置法 (特振法) が検討されていた。そして後者は,「国際派」と呼ばれ, 5省庁会議における通産省の代表でもあった今井通商局長がその代表格であり, 池田の信頼を得ていたのは後者であった[68]。前者の立場は, OAEC構想と齟齬を来さないものであることは容易に推測される。佐橋が恐れたのは, 貿易の自由化によって欧米の製品が流入し, 日本の重化学工業が打撃を受けることであって, 一次産品が主体であるアジアとの貿易拡大を懸念する必要はなかったからである。むしろ自由貿易主義者の今井が, OAEC構想に「個人的に」前向きだったことは興味深い。今井の積極姿勢は, 貿易の自由化とアジア地域協力が必ずしも二律背反として捉えられていなかったことを示しているからである。前章で論じたように通産省は元来, アジア域内で何らかの貿易枠組みをつくることには積極的な傾向があり, 日本の工業製品がアジアで優先的に購入されれば欧米の反発を招くという「外交的」な考慮も行う必要はなかっただろう。ただしその今井も外務省と同様, OAEC構想が域外諸国の助力なしに推進すべきものではないということは認識しており, この点で外務省案に反対する誘因もなかったのである。

次に経企庁であるが, 三人委のメンバーであったにも拘わらず, 大来の姿勢は一貫して抑制的であった事実が指摘できる。外務省の内部資料を見る限り, 大来が外務省の検討作業に容喙したという証拠はないし, 2月1日の5省庁局長会議では不満を表明しつつも外務省案に賛成している。また2月10日においても, 後退した外務省案に (農林・大蔵と逆の立場で) 反対した形跡もない。経企庁が庁としてどのような方針を決定していたのかは不明であるが, 長官の藤山が外務省案に異を唱えていないことに加えて, 上記のような大来の行動から浮かび上がってくるのは, 自らはあまり主張せずに政府 (外務省) の決定に従うという姿勢である。大来がアジアにおける地域協力を楽観視してはいなかったことは, 前章の岸政権時における「開発基金」構想

---

68 Chalmers Johnson, *MITI and the Japanese Miracle: The Growth of Industrial Policy, 1925-1975*, California: Stanford University Press, 1982, chap. 7, Appendix C. 大山耕輔「現代日本における行政指導の政治構造:新産業体制論と特振法案に焦点をあてて」東京大学社会科学研究所『社会科学研究』第40巻6号, 1989年, 1-134頁。前者には訳書があるが, 付録は省かれているため, 原書を参照した。

に対する態度で明らかにした通りである。この時期に書かれた大来の論考にも，1955年のシムラ会議に触れ，アジア諸国内の意見相違や猜疑心というものを目の当たりにしたことで，未だ地域協力の機は熟していないという印象を持ち，自身はしばらくの間はアジア域内の経済協力に懐疑的だったと語っている[69]。大来がいかにシムラ会議で受けた傷を引きずっていたかがうかがえる。加えて大来は，OAECという「はっきりした機構をいう」ことに対しても批判的で，積極的だったインドのラルとの妥協案として「アン・オーガニゼイションという，不定冠詞」をつけることで，OAECがどのような形態にもなり得る「ずいぶんフレキシブル」な意味合いを持たせようとしたことを打ち明けている[70]。このように，三人委の一人でありながら大来は，OAECという地域協力機構の行き過ぎを認めており，政府決定に従うという立場を崩すことはなかったのである。

抵抗勢力

次に反対した2省の検討に移ろう。大蔵省の反対は，日本の財政的負担に対して極めて慎重な従来の立場と，外貨準備が未だ乏しかった当時の日本の財政事情から，ある程度説明できる。当時大臣官房財務調査官の職にあった柏木雄介は，「1950年代末」にECAFEでアジア決済同盟（APU: Asian Payment Union）の構想が持ち上がった際に日本は反対したことを明らかにし，「そうした仕組みができると，日本は定期的に，際限なくアジア諸国に信用供与させられることになると恐れた……インドネシアの例など，個別のオープン勘定で貸越し残が滞って苦労するケースがあったから，そうした状態がアジア全域に広がったのではたまらないと考えた」からだと回想する[71]。高度経済

---

69 大来佐武郎「アジア経済協力機構と日本」『昭和同人』1962年4月号，26-27頁。

70 大来佐武郎他「エカフェ第18回東京総会に出席して」『エカフェ通信』第296号，1962年，33-35頁。

71 本田敬吉・奏忠夫編『柏木雄介の証言　戦後日本の国際金融史』有斐閣，1998年，28頁。ただし柏木の回想は若干時間に不正確な点が見られる。ECAFEでは1940年代末から50年代前半にかけて，EPU（ヨーロッパ決済同盟）に触発されたかたちで，アジアにおいても決済同盟結成の可能性が一時期検討されたことがあったが，1950年代末にはそのような動きはなかった。

成長が軌道に乗り始めたこの時期の日本は，実は深刻な外貨不足の状況下にあった。1959年から61年にかけての大型好景気，いわゆる岩戸景気における輸入の急増により，1961年4月に20億ドルを超えていた外貨準備は，同年12月には14億8600万ドルに減少していた（前章図4－1，173頁参照）[72]。蔵相の水田も当時を回想して「少なくとも十二億ドルの外貨保有を死守する必要が絶対的となった[73]」と，IMFや米国輸銀に借款を申し込んだ経緯を説明している。すなわち大蔵省は，OAEC構想に含まれていた多角的な決済機構を問題視し，未決済勘定の返済が滞りがちだったアジア諸国の中で，日本のみがさらなる外貨流出を招くような負担を背負うことを憂慮したのであった。外務省や池田の描いていたシナリオ通りに，米国を中心とする先進国の資金協力が得られれば，日本の負担はある程度は軽減されるはずである。ただしそれはあくまで長期的な展望であるのに加えて，仮にそれが実現しようとも日本の負担は避けられないのであって，大蔵省の懸念は決して解消できるものではなかったのである[74]。

デービッド・ワイトマン，日本エカフェ協会訳『アジア経済協力の展開：エカフェ活動の評価と展望』東洋経済新報社，1965年，265－267頁。むしろ前章までの分析で明らかにしたように，米国の資金を導入した決済同盟の形成に最も積極的だったのは，日本であった。その意味で，柏木の言う「1950年代末にECAFEで持ち上がったアジア決済同盟」が実際には何を指すのかは不明である。おそらく「1950年代末」は1962年の記憶違いであると考えられるが，仮に柏木の発言がOAEC構想を直接指していないとしても，同様の恐れは当時大蔵省内に存在していたはずである。ちなみにインドネシアとのオープン勘定は1957年6月に廃止されており，この点も時代認識に混乱が見られる。また緒田原は，1960年代末から70年代にかけて自らアジア決済同盟の計画に関与した経験から，柏木の言う大蔵省の反対は，1970年代の誤りだと主張している。緒田原涓一『アジアにおける国際金融協力：アジア決済同盟の理論と現実』国立出版，2002年，2－3，11頁。

72 大蔵省財政史室編『昭和財政史：昭和27－48年度　第12巻　国際金融・対外関係事項』東洋経済新報社，1992年，11－12頁。
73 水田三喜男「私の履歴書」『私の履歴書　第39集』日本経済新聞社，1970年，290－291頁。
74 外相の小坂は後にイギリス高官に対して，資本のないアジアだけで閉じられた地域枠組みをつくってもアジアにとって好ましくない上に，日本が「低開発国」に対して資本協力や経済援助を求められるだろうと，OAECに消極

最後に農林省の見解を検討しよう。農相の河野は1月初旬の閣議ですでに「東南アジア共同体につき発言[75]」しており、個人的にOAEC構想に対する関心を示していた[76]。2月2日の記者会見で河野は、「OAEC参加の方向がきまれば農林省としても全力をあげて協力する」と語り、そうなれば一次産品、特に米の買い付けが要求されることを問題とし、「日本の農業がこれらと競合しないように抜本的な農業構造の改造を行わなければならない」と述べている[77]。ただし河野は、それはしばらくの間は無理であろうと考えていた。農相は同時期に、以下のような演説をしてまわっていたからである。「やれアジア共同体だ……やろうじゃないかと景気をつけるのは簡単です。……アジア共同体ということは、日本と東南アジアが関税をお互いにはずし自由に物の売り買いをやろうじゃないか、ということなのです。自由にすれば、台湾、タイ、ビルマの農産物が自由に入ってきます。そうなったらどうしますか。……（農業の構造改革が－引用者註）でき上がるまでは、断じて保護農業でいくべきだ。……農業政策に関する限りこれまでの保護農政をできるだけ続けていくべきだ[78]」。

河野の意図するところを忖度すれば、以下のようになるだろう。前年の1961年に農業基本法が公布施行され、当時は農業の構造改革論議が盛んに行われている時期であり[79]、構造改革が不可避であることは農相の持論でもあった。しかし改革が達成されてある程度競争力がつくまでは、日本の農業は保護すべき対象であった。したがって、アジア各国から安価な農産物、特に米が大量に流入することが予想されるOAEC構想が、近い将来に実現するこ

的だった理由を語っている。小坂の懸念は、大蔵省のそれを代弁したものと考えて良いだろう。"Anglo/Japanese Trade: Discussion between Laud Lansdowne and Mr. Kosaka on O.A.E.C., E.E.C., Commercial Treaty and Trade Missions," March 19, 1962, FJ1152/29, FO371/164996, PRO, NAUK.

75 『佐藤榮作日記』第1巻、1962年1月9日の条。
76 ただし佐藤によればそのとき河野の発言は「論旨不徹底なので黙殺」されたらしい。同上。
77 『毎日新聞』1962年2月2日夕刊。
78 春秋会編『ゆたかな農村めざして：河野一郎講演集』弘文堂、1962年、第1章。
79 農林水産省百年史編纂委員会編『農林水産省百年史』下巻、農林水産省百年史刊行会、1981年、218-240、291-308頁。

とは阻止しなければならない。つまり農相としては，そもそも自由貿易が回避すべき政策だったのである。すでにこの時期，農林漁業従事者の自民党支持率はその数全体のほぼ半数に達し[80]，自民党にとって大きな票田であったことも無視することはできない。

今まで検討してきた日本の国内政治過程を簡単に整理してみよう。OAECを将来的には GATT・IMF ルールと抵触しない枠組みにするために，ECAFE域内の閣僚会議開催案を提案，支持する外務・通産・経企と，最後までそれに難色を示していた大蔵・農林に分かれ，結局のところ統一見解を纏め上げることはできなかった。そして最終的には，閣僚会議開催案は認められたものの，共同宣言に修正を施すという外務省の初期方針は見送られ，ウ・ニュンに対する書簡というかたちで，日本が閣僚会議案を提案するということに落ち着いたのである。このように外務省案が後退したのは，日本にのしかかる負担を懸念する大蔵省と，米を中心とする一次産品の輸入問題を懸念する農林省が難色を示したからであった。そして翌月に東京で開かれたECAFE総会では「わが国から OAEC 設立提案に明示的に触れる公式発言は一切行わない[81]」ことも決定されたのである。

アジア開発銀行の起源

以上明らかにしたように，外務省としては，閣僚会議を開催してOAEC設立の是非について議論を交わすつもりであった。しかし日本が慎重姿勢を示したことによって，ウ・ニュンとアジア各国は OAEC の実現に見切りを付け，それ以後は開発援助の機能に絞られたかたちで，ADB 設立に向けての動きへと発展していく（実現は1966年）[82]。OAEC 構想には反対していた大蔵省であったが，1960年代の高度経済成長の結果，ADB に対する2億ドル拠出を許

---

80 時事通信社編『戦後日本の政党政治と内閣：世論調査による分析』時事通信社，1981年，344頁。
81 国連局経済社会課「国際連合アジア極東経済委員会（エカフェ）第18回総会代表に対する訓令に関する件（経済局，経済協力部および関係各省と協議済）」1962年2月28日，2005－00631。
82 Dennis T. Yasutomo, *Japan and the Asian Development Bank*, New York: Praeger, 1983, chaps. 2-4.

容するまで財布の紐をゆるめるに至っていたのである。そしてADBは，最終的には米国など域外国の出資を得た援助機関という点で，まさに池田首相が望んだかたちの「アジア共同体」であった。つまりOAEC構想は，日本の政策関係者に最も受け入れやすい地域協力枠組みを我々に残して，その役割を終えたのである。

7　中間的な結論

　以上の分析によって，日本の地域主義外交に関する次の事実が明らかにされた。

　第一に，吉田政権から始まった戦後日本によるアジア地域主義構想は，「開発援助枠組み」と「貿易決済枠組み」であって，決して「貿易枠組み」ではなかったという点である。東南アジア諸国の開発を対象とした援助枠組みの創設は，米国の資本が得られる見込みがあるならば，日本国内において強い反対は生じず，むしろ積極的に推進するべき政策目標となる。しかしながら特恵関税取り決めなどを含む貿易枠組みの形成となると，自らの利益が損なわれる可能性がある農業従事者などは，それを阻む大きな抵抗勢力となって浮上してくるのである。OAEC構想をめぐる国内政治は，それを明らかにしてくれる格好の事例であったと言えよう。後の時代においても，例えばマニラ・スピーチ（いわゆる「福田ドクトリン」）で，日本は経済援助の増額を表明したにも拘わらず，ASEAN諸国が望んだ貿易増進の取り決めを拒んでいた事実は，複数の研究者によって指摘されている[83]。さらに時代を進めるならば，2000年にようやく日本はシンガポールとEPA（経済連携協定）を締結したが，その他の国々とは農業問題によって遅々として交渉が進まない事実は，40年という歳月をもってしても，貿易取り決めに対する日本の態度が基本的に変化しなかったことを，我々に教えてくれるのである。この時代の日本にとって，国内利益と抵触する貿易枠組みを，アジア諸国との間に形成す

---

[83] Sueo Sudo, *The Fukuda Doctrine and ASEAN: New Dimensions in Japanese Foreign Policy*, Singapore: Institute of Southeast Asian Studies, 1992, p. 160. 曹良鉉「1977年福田赳夫首相東南アジア歴訪と日本の東南アジア政策形成：『福田ドクトリン』をめぐる通説の批判的検討」『国際関係論研究』第22号（2004年），70-73頁，若月秀和『「全方位外交」の時代：冷戦変容期の日本とアジア1971-80』日本経済評論社，2006年，160-166頁。

第二に,「開発援助枠組み」と「貿易決済枠組み」が池田政権期に外交政策として提唱されなかった理由もまた, 明らかになった。それは端的に言えば, 米国が協力する可能性がなかったからである。ケネディ政権がこの種の地域枠組みに対して積極姿勢を示し, それを池田に伝えていたという事実は, (先行研究の見解に反して) 現段階では確認されていない。池田個人が同様の構想を抱いていたとしても, 最大の出資国と想定される米国が参加しない地域枠組みは, 画餅に過ぎないからである。その点で, 外務省が池田発言の火消しに努めたのは, むしろ正当な行動であったかもしれない。したがって, 池田政権が従来に見られたような地域主義外交を展開しなかった理由を, 経済中心・「対米協調」志向といった, この政権に固有の性格に還元する主張は誤りであると言えよう。仮に米国が, 池田の望むような地域枠組みの形成に協力する姿勢を示していたとすれば, おそらく日本政府は, 前政権と同様な「開発援助枠組み」を核とする地域主義構想を打ち出していただろう, というのが本書の立場である。

　　ただし池田は1963年, 従来の政権になかった地域主義外交を展開することになる。それは, 米国の対アジア政策とは独立に形成されたという点, その目的が経済ではなく安全保障であったという点, 総理大臣である池田個人が, 外務官僚とは何ら協議もせずに考案したという点で, 極めてユニークなものであった。池田が展開したアジア地域主義外交,「西太平洋友好帯」構想が, 次章の分析対象となる。

第6章

西太平洋友好帯構想の浮上と挫折：1963

1 覆い隠されてきた池田政権のアジア地域主義

　前章で紹介したように，池田内閣は岸や佐藤と比較して，アジアに対する外交的な関心は希薄であった，という考えが通説的な位置を占めてきた。その代表的な論者の樋渡が例として挙げるのが，1963年に池田が東南アジア・大洋州へ訪問した際に，想い描いていた地域主義である。当時池田の秘書官であり，今なお輝きを失わない優れた池田の評伝を記した伊藤昌哉によれば，1962年11月に訪欧した池田は，EECの発展を目に焼き付けて以来，アジアにも同様の共同体を形成するべきだという思いを強くしたという。

　　……高度成長は，もちつもたれつでなければ十分に実現しない。アジア各国が資源と労働力をたがいに交換し，成長政策が成功すれば，大きな繁栄地帯をつくることができるだろう。そういう地帯ができれば，これは中共にたいする大きな力となりうる。日本が約1億，韓国が4000万，台湾が1000万，これだけで約1億5000万の人口がある。これに後背地としての，インドネシア，フィリピン，オーストラリア，ニュージーランド，さらにはタイ，マレーシアを加え，道路と船と鉄道でむすびつければ，中共の7億に十分匹敵し，アメリカの国民所得の半分をもつ繁栄地帯ができあがる。新しいアジアのEEC（アジア経済共同体）だ[1]。

---

[1] 伊藤昌哉『池田勇人とその時代』朝日文庫，1985年（初公刊は『池田勇人　その生と死』至誠堂，1966年），243-244頁。

伊藤の記述に従えば，インドネシアのマレーシア対決政策，いわゆる「コンフロンタシ」による緊張が高まりつつあった東南アジアへ1963年9月に歴訪した池田が，上記の構想をフィリピン大統領であるマカパガル (Macapagal, Diosdado) に打診したというのである。しかし，このような伊藤の記述を引用しつつも樋渡は，具体的な構想は何も練られていないことを理由として，「池田政権の主たる目標は，OECDに代表される欧米先進諸国との協調関係の樹立であり，アジア外交は二次的なものに過ぎなかった[2]」と断じている。本章では，池田による地域主義構想の政策形成過程分析を通じて，上記のような通説的理解に対して再検討を迫りたい。

「西太平洋友好帯」構想

　1963年9月の東南アジア・大洋州訪問時点で池田が抱いていた構想は，「西太平洋友好帯 (West Pacific Organization)」構想と呼ばれるものであった[3]。そこでは，1964年に日本，フィリピン，インドネシア，オーストラリア，ニュージーランドの首脳が東京で「五カ国首脳会談」を開催し，経済・文化・教育その他さまざまな問題を話し合うことによって，5カ国の「交流の気分を高める」ことが目的として掲げられた。また，決して排他的なものではなく，タイやマレーシアといった他国の首脳が参加を希望するならば，初期メンバーの5カ国で相談して新規参加の有無を決定できるとした。つまり会議は一回限りのものではなく，継続して開催されることが想定されていたのである[4]。1963年の9月に上記4カ国を訪問する予定であった池田は，各国首脳に

---

[2] 樋渡由美『戦後政治と日米関係』東京大学出版会，1990年，261頁。

[3] この構想は当時，「特秘」とされており，新聞その他においてその存在はほのめかされてはいたが，その内容は全く不明であった。また，「具体的な構想は何も練られていない」と樋渡が論じたように，この構想は十分な時間と労力を費やして練られたものではなく，悪く言えば曖昧で拙速，良く言えば柔軟性と可塑性を備えており，例えば「開発基金」構想のようなフォーマルな機構が想定されていたわけではなかった。米国務省の文書では，Organizationという単語が充てられているが，必ずしも組織化を図ったものではなく，協議体 (council) という言葉が最も良く当てはまると思われる。

[4] 以上からわかるように，1964年に東京で開催しようとした「五カ国首脳会

自らの構想を打診して,すべての首脳から賛同を得たならば,最後の訪問国であるニュージーランドで,これを発表することを意図していた。しかし実際には発表は行われず,池田の構想はついに陽の目を見ることなく終わることになる。伊藤の評伝によってその一端が知られるのみで,以後は忘れられた存在となっていたのである。

本章の目的は,池田政権がどのような政策意図をもって上記のアジア地域主義を想い描き,そしてなぜ結局は実を結ぶことがなかったのか,という問題を解くことによって,池田政権がアジア地域主義に対して消極的だったという通説に,再考を迫ることにある。近年の実証研究により,ようやく本構想の内実が明らかになりつつあるが,それは未だ少数に留まっており,その全貌を明らかにしている研究はないと言って良いだろう。情報公開法を利用して「西太平洋」構想を扱った研究において高橋は,この構想の主要目的は,オーストラリアとの経済協力を促進することにあったと論じる[5]。日豪の連携を軸に,地域の不安定要因であったインドネシアを加えて,アジアの安定と繁栄を達成することがその主旨であったという。そしてインドネシア・マレーシア紛争問題が決定打となって,池田は自らの構想が時機に合わないことを認識,これを撤回したという結論を下している。これに対して,「西太平洋」構想はインドネシア・マレーシア紛争に池田自身が仲介に乗り出した,「和平工作」であったという見解が近年提出された[6]。宮城の研究によればこ

談」構想と,それ以後のタイやマレーシアを含めた「西太平洋友好帯」構想とは元来別のものである。しかし外務省の内部文書のほとんどは,両者を同一のものとして扱っている(特に「五カ国首脳会談」実現の見込みが消えた,池田外遊後にそれが顕著となる)。本書でも,両者を同じものと考えても問題はないと思われるため,両者をまとめて「西太平洋」構想と呼ぶことにし,区別する際には各固有の名前を使用する。

5 高橋和宏「アジア経済統合問題と池田外交:OAEC構想・西太平洋五カ国首脳会談構想をめぐって」筑波大学国際政治経済学研究科『国際政治経済学研究』第11号(2003年)。また,波多野澄雄・佐藤晋『現代日本の東南アジア政策:1950-2005』早稲田大学出版部,2007年,93-96頁も,この構想は「インドネシア・マレーシア紛争発生以前に,アジア太平洋の経済協力の促進という観点から計画されていたもの」であると主張している。

6 宮城大蔵『戦後アジア秩序の模索と日本:「海のアジア」の戦後史1957-1966』,創文社,2004年,55-76頁。James Llewelyn, "Japan's Diplomatic Re-

の構想は，長期政権を維持することに意欲を燃やしていた池田と，外相の大平が中心になって主導したものであり，紛争の仲介は日本独自のアジア外交によって地域での影響力を高め，国内的にも求心力を高める絶好の機会であったという。ただしこの構想はあくまで政治家主導で行われ，他国の賛意が得られないばかりか，日本外務省の反対に逢着した。特にフィリピンのマカパガルの反対に直面したために，池田はその推進を諦めたと宮城は論じている。このように，「西太平洋」構想についての先行研究の解釈は，大きく異なっていることが見て取れる。一方はインドネシア・マレーシア紛争がこの構想を取り下げる原因となったと論じ，他方はむしろこの構想の目的が紛争解決にあったと述べている。つまり全く正反対の結論に達しているのである。それにも拘わらず，両者の議論はかみ合っていないばかりか，むしろ互いに正面からの論争を避けているような印象を受ける[7]。

信頼醸成措置

本章では，新たな情報を追加した上で，上記の研究のどちらとも異なった見解を提出する。実際のところ，「西太平洋」構想の全貌とその意図は資料の制約から依然として不明な点が多く，決して本章の分析によって本構想がすべて解き明かされたと言えるわけではない。ただしさまざまな傍証とその分析から浮かび上がってくるのは，上記の先行研究はいずれも，全く誤りではないとしても，正確さに欠けるという事実である。先行研究の見解を修正するかたちで本章の分析では，以下の3点が明らかにされる。

第一に，この構想の主要目的は，オーストラリアとの経済協力ではなく，インドネシアと近隣諸国との信頼を醸成することにあった。日本の斡旋によって，インドネシアと地理的に近接している3カ国首脳との定期的協議を行い，それを通じて互いの信頼を醸成し，国内・国際的な立場が悪化しつつあったスカルノ（Sukarno, Achmad）を，自由主義陣営に繋ぎとめておくことに主眼が置かれていたのである。

第二に，本構想にはインドネシア・マレーシア紛争を直接的に仲介しよう

---

sponse to Indonesia's Policy of Confronting Malaysia (Konfrontasi) 1963-1966, *Kobe University Law Review*, No. 39, 2006.

7 髙橋，前掲論文，79頁，宮城，前掲『戦後アジア』，255頁。

という意図は込められていなかった。確かに上に挙げた目的を達成することができれば，インドネシアが穏健化して，結果として紛争が収束する可能性はあった。この構想によってインドネシア・マレーシア間の関係を良好にすることも，池田は一時期待していたようである。ただしそれはあくまで間接的かつ一時的なものに過ぎず，この構想が一貫して，紛争解決への仲介手段として考えられたことはなかった。そもそも，当事者の一方（マレーシア）を疎外した枠組みによって，紛争の仲介をすることなど不可能である[8]。

それゆえ第三に，この構想が各国に打診された直後に起こった，マレーシアの成立とインドネシアの猛反発，ジャカルタでの暴動は，本構想を取り下げざるを得ない最も大きな要因となった。池田がこの構想を取り下げた直接的な要因は，マレーシアの反発を予想して「西太平洋」構想に否定的態度を示した米国と，その意見を受け入れた外務省高官による池田への説得であった。つまり日本外務省が池田の説得に乗り出したのは，米国が反対したからであった。それらの要因に加えて，構想の成否がかかっていたフィリピンの消極姿勢もまた，池田がこの構想の推進を諦めた理由でもあった。

以上の諸点を明らかにするために，次節では，まずは池田が東南アジアへ訪問する前の国際環境，特にインドネシア・マレーシア関係から話を進めていこう。

2　コンフロンタシ

池田が「西太平洋」構想を携行して4カ国を訪問しようとしていた時期の国際状況，特にインドネシアの対マレーシア対決政策，いわゆる「コンフロンタシ」に至った経緯について簡単に述べておく[9]。

8　波多野・佐藤，前掲書，95頁も（実証はしていないが）同様の指摘を行っている。

9　コンフロンタシについては多くの研究の蓄積がある。本節の記述のほとんどはそれらの研究に拠っており，何ら新しい事実を提供するものではない。より詳細な説明については，以下に挙げる先行研究を参照のこと。J. A. C. Mackie, *Konfrontasi: The Indonesia-Malaysia Dispute 1963-1966*, Kuala Lumpur, Oxford University Press, 1974. 山影進『ASEAN：シンボルからシステムへ』東京大学出版会，1991年，第2章。John Subritzky, *Confronting Sukarno: British, American, Australian and New Zealand Diplomacy in the Malaysian-Indone-*

インドネシアとマレーシアは共にマレー民族の国家であるが,前者はオランダ領,後者はイギリス領と,異なる宗主国の統治下にあった。日本の侵攻によって一旦宗主国の統治を離れた両地域は,日本の敗戦後,異なる経路を辿ることになる。すなわち前者は1950年,オランダからの独立を戦争によって勝ち取ることに成功し,インドネシア共和国を樹立する。そして後者はイギリスの統治が復活した後,1957年8月31日に,シンガポールを除く11州から成るマラヤ連邦が平和裏にイギリスから独立するのである。その後1961年5月に,マラヤのラーマン(Rahman, Tunku Abdul, Putra alHaj)首相が,連邦に組み込まれていなかったイギリス領東南アジアであるシンガポールとサバ(北ボルネオ),サラワクを含めたマレーシア連邦構想を発表する。この発表は,マラヤ連邦と合同することで経済・政治的な恩恵を享受することを期待していたシンガポールのリー・クァンユー(Lee Kuan Yew)首相や,自らの影響力を残したかたちで脱植民地化を進めていたイギリスに促された結果であったとされている[10]。この連邦構想は実現へ向けての地歩を着実に固めて行き,1962年の8月,マラヤ・英両国は,翌年8月31日までにマレーシア連邦を発足させることに同意するのである。マラヤ・インドネシア両国間の関係は元来それほど良好ではなかったが[11],ラーマンがマレーシア構想を発表したとき,西イリアン問題の解決に力を傾注していたインドネシアは,これに反対することはなかった[12]。スカルノの態度が豹変したのは,国連や米国の仲介によって西イリアン紛争が解決される見込みが立った後のことであ

---

sian Confrontation, 1961-5, New York: St. Martin's Press, 2000; Matthew Jones, *Conflict and Confrontation in South East Asia, 1961-65*, Cambridge University Press, 2002.

10 Subritzky, *op. cit.*, chap. 1. 鈴木陽一「マレーシア構想の起源」『上智アジア学』第16号(1998年),リー・クアンユー『リー・クアンユー回顧録』上巻,日本経済新聞社,2000年。

11 1958年のインドネシア内乱の際,マラヤがスマトラの叛徒に支持を与えたことが,両国関係悪化の大きな原因であった。また,スカルノとラーマンは個人的にも馬が合わなかったらしい。

12 Mackie, *op. cit.*, pp. 103-107. 西イリアン問題とは,オランダが手放さなかったオランダ領ニューギニア(西イリアン)の返還をインドネシアが求め続けていた問題で,1962年にオランダとの和解を達成,1969年に正式にイリアン・ジャヤとしてインドネシアへ帰属することになる。

る。きっかけとなった事件は1962年12月,ブルネイにおいて,アザハリ(Azahari, A. M.)を党首とする左翼民族主義政党のPRB(ブルネイ人民党)が起こした反乱であった。PRBはブルネイのマレーシア連邦加盟に反対するとともに,住民の意思が政治に反映されないブルネイの政治構造の改善を求めて過激化して行き,12月8日に武装蜂起を決行したのである[13]。反乱そのものはイギリス軍によって一週間足らずで鎮圧されたが,アザハリはインドネシアへの傾斜を深めていく。そしてインドネシアはこの反乱を重要視し,マレーシア構想とはイギリスの新植民地主義の現れであるとして,マレーシア連邦構想に対する非難を行う。他方,マラヤ側もまた,ブルネイ反乱の背後にインドネシアの存在があることをほのめかし,両国首脳は互いに相手を敵視する発言を繰り返すという,「言葉による戦争(War of Words)[14]」が開始されるのである。そして年が明けた翌1月に,インドネシアのスバンドリオ(Subandrio)外相は,マラヤに対する「対決政策(confrontation)」を初めて表明し,インドネシア政府は公然とマレーシア連邦に反対する姿勢を明確にする[15]。また,マラヤ連邦の側もマレーシア連邦計画に関して譲歩するつもりはなく,事態はますます悪化していった。このようなインドネシアの行動に対する国際社会の対応は,懲罰的であった。9月24日(後述するように,これは池田がインドネシアへ訪問した2日後である),アメリカはインドネシア復興のために予定していた3〜4億ドルの経済援助を留保することを表明し,IMFはジュアンダ(Djuanda Kartawidjaja)副首相がとりつけていた5000万ドルの緊急融資を中止する[16]。

13　Mackie, *op. cit.*, pp. 112-122.

14　*Ibid.*, p. 122.

15　駐インドネシア大使であった古内広雄がヤニ(Yani, Ahmad)陸軍参謀総長から聞いたところによれば,「あれ(コンフロンタシ―引用者註)はスバンドリオが一人でさわいでいるだけだ」と述べていたらしい。古内はこの発言から,スカルノの意向というよりもスバンドリオが先走っていたという考えを披露しているが,これは後の研究者の見解とも符合するものである。アジア局総務参事官室「第12回アジア・太平洋地域公館長会議議事要録(未定稿)」1963年8月(会議が開かれたのは6月11日から14日―引用者註),2002-00399。

16　Mackie, *op. cit.*, p. 193. 永井重信『インドネシア現代政治史』勁草書房,1986年,297-298頁。

スカルノがコンフロンタシを叫んだ背景の一つに、国内にはびこる政府への不満を外へ逸らせるという狙いがあったとされている[17]。ブルネイで反乱が起こった1962年12月という時期は、西イリアン問題が解決され、スカルノが自国の経済回復のために痛みを伴う方策を施行する必要に迫られ始めた時期と重なり合うのである。1962年のインドネシア財政は、歳入748億ルピア、歳出が1221億ルピアと、472億ルピアの赤字を記録していた[18]。政府はこの財政赤字を中央銀行からの借入金で処理したが、これが当然のことながら通貨の増発からくるインフレを招き、国民の生活が脅かされる結果となっていた。また、内乱に伴う輸出不振によって、外貨準備も激減した。アメリカ政府はこのような事態を重く受け取り、ハンフリー（Humphrey, D.D.）教授を団長とするミッションを1961年に派遣する。ハンフリー・ミッションは、インドネシア再建案を1962年の半ばに提出するが、これによれば米国と日本などの西側諸国が協力して8年間で3〜4億ドルを拠出することが提案されていた。また、IMFやOECDなどもインドネシアに対する援助を表明していた[19]。ただし、これらの援助は当然ながら条件付きであった。インドネシア政府は、均衡財政、増税、為替レートの見直しなどを迫られていたのである。スカルノが困難な舵取りを強いられていたインドネシアの2大勢力である軍部とPKI（インドネシア共産党）は、このような痛みの伴う経済安定化政策を望ましいものとは見ていなかった。例えば軍部にとって、インフレ圧力を抑えるための均衡財政は、それが軍事関係予算を減額させることから賛成できるものではなかったし、PKIにとって、欧米からの資本援助は忌避すべきものであった。したがって双方にとって、基本的にコンフロンタシは歓迎すべき政策だったのである[20]。そして上記の援助計画はその後、マレーシア問題によって中止されたのは前述した通りである。

好転、悪化、そして混乱へ

このような危機的な状況から抜け出る可能性が現れたのは、1963年5月31

---

17 Mackie, *op. cit.*, pp. 132-139.
18 永井、前掲書、344頁。
19 Mackie, *op. cit.*, p. 135.
20 *Ibid.*, pp. 132-139.

日に，スカルノ・ラーマン両首脳の東京会談が実現したことに端を発する[21]。この会談では，インドネシアとマラヤ，フィリピン3カ国の外相会議を開催し，その後の地域協力をめざすということで合意に達する。また，マレーシア連邦の設立とその期日（8月31日）を変更しないことについてスカルノは了承したが，その顔をつぶさないように，しばらくはインドネシアがマレーシアに反対してその延期を要求し続けることをラーマンが了解する，という密約もなされた[22]。3カ国外相会議は6月7日にマニラで開催される。その結果，「マニラ協定」と呼ばれるようになる16項目からなる報告書が起草され，7月末までに開催されることが決められた3カ国首脳会談で，それが承認されることになった。しかし，このように事態が改善されるという希望の光が射し込んだのはほんの一時だった。首脳会談が開催される前の7月9日，マラヤ政府がマラヤ連邦，シンガポール，サバ，サラワクを包含する新連邦国家である「マレーシア」を発足させるという発表を行い，設立は8月31日と高らかに宣言したのである。「マニラ協定」に，サバでの民意調査が実施されることが決められていると考えていたスカルノは，この一方的な発表に激怒し，ラーマンへの批判を再び開始する。ただしマラヤにしてみれば，民意調査がマレーシアの発足の必要条件とする明確な規定は「マニラ協定」にはないのであって，したがってマレーシア発足の発表も，協定違反にはならないのであった[23]。このように両国の思惑が不一致のまま，しかしながら首脳会談は実現する。7月30日から5日間という比較的長期にわたってマニラで行われた会談では，次の2点で合意を見た。一つは，フィリピンのマカパガル大統領が前年に提唱していた「大マレー国家連合」案が，原則的に同意されたことであった。この構想は，当初はフィリピン，マラヤ，サラワク，ブルネイ，シンガポールに北ボルネオを加えた新しい国家連合の形成を目指すも

---

21 ラーマンは会談の場所にカンボジアを指定したが，スカルノはカンボジアがすでにマレーシア支持を明らかにしているという理由でこれを断り，結局東京に落ち着いたらしい。アジア局南東アジア課「池田総理大臣のスカルノ・インドネシア大統領表敬訪問に関する件」1963年5月30日，アジア局「スカルノ，ラーマン東京会談について」1963年6月10日，2004-00482。

22 同上。

23 多くの研究者がマニラ協定の曖昧さを指摘している。全文は，Mackie, *op. cit.*, pp. 336-340 に掲載されている。

のであったが，インドネシアのマラヤ連邦対決姿勢が明らかになった後に，インドネシアをも含めたマレー系民族の大同団結をマカパガルが提唱したものである[24]。この国家連合案が，「マフィリンド」という名称で実現することで合意をみた。第二に，マレーシア問題については，住民の民意を尊重するために，北ボルネオの住民がマレーシアに編入されるのを望んでいることが国連の関与の下で調査・確認されることなどを条件として，インドネシア・フィリピン両国がその連邦結成に反対しないことが合意された。つまり，8月31日に予定されていたマレーシアの発足が，国連調査団による住民投票のために延期されることが決定されたのである。

このように，マニラでの首脳会談で上記2点が妥協されたものの，再び事態は悪化することになる。ボルネオ入りした国連による民意調査は9月14日に発表される予定であったが，その前の8月29日にマラヤ政府は，9月16日にマレーシアを発足させると発表したからである。この発表の裏には，イギリスの働きかけがあったと言われているが[25]，当然ながらマレーシアのこの行動は住民投票の結果を尊重するものではなかった。スバンドリオに言わせれば，「人を馬鹿にするにも程がある」ものであった[26]。インドネシア・フィリピン両国はこの発表に対してマラヤを激しく非難することになる。このように再び3カ国の関係が悪化しつつあった9月14日，国連はサバ・サラワクでの調査を発表，両地域の住民の多数がマレーシアへの参加を望んでいるとの判断を示した。そしてその2日後，予定通り新国家マレーシアが発足するのである。インドネシアとフィリピンはマレーシアを承認せず，マレーシアはその報復措置として両国との国交を断絶してしまう。インドネシアでは18日に，押し寄せた群衆によってイギリス大使館が焼き討ちにあい，その後イギリス系企業は接収され，政府もマレーシアとの貿易を禁止する措置を採るに至る。いわゆるジャカルタ暴動の勃発である。インドネシアはこれ以後，「マレーシア粉砕」をスローガンとして，対決政策を強めていくのである。

日本の池田勇人首相が東南アジア・大洋州へ歴訪した1963年9月後半は，

24　山影，前掲『ASEAN』，60–62, 69頁。
25　Subritzky, *op. cit.*, p. 66.
26　外務省「マレイシア紛争に関する池田総理・大平大臣とスカルノ大統領・ケネディ司法長官との会談要旨」1964年1月，2005–00025。

このように東南アジア情勢がまさに混乱の淵に突入した時期であった。

3　池田外遊前夜

　インドネシア・マラヤ両国間の関係が悪化しつつあった1963年当時，日本政府はマレーシアを支持する立場を固めていたものの，両国の紛争には立ち入らず，これに傍観を貫く態度を決めていた。1963年の２月にジャカルタから日本に対して，両国の「友好関係に鑑み」日本のマレーシア支持を「外に向かって発表するようなことは出来れば避けて戴きた」いとの要請があり[27]，日本政府としても，「インドネシア側よりの要請を待つまでもなく」，関係国を刺激しないようにマレーシア「支持表明を積極的には行わないことが得策」という判断があったからである[28]。池田や大平もまたラーマンとの会談で，マレーシアの結成を支持することが日本政府の立場であることをラーマンに伝えており，政府方針として公表していないものの，マレーシアに対する日本の態度はすでに決まっていた[29]。

　そして傍観を貫くという態度を裏付けるように，1963年の５月末に東京で行われたスカルノ・ラーマン首脳会談では，外務省はお座敷を貸したものの，一切の介入を控えている。６月に開かれた第12回アジア・太平洋地域公館長会議では，日本がこの問題に立ち入らない経緯が次のように語られている。島重信事務次官は，「マレーシア構想については……（日本は－引用者註）この地域の繁栄のためこれを支持するという考え方は屢々表明している。インドネシア側からは日本が外に対してこの言明は差控えるよう，またこの紛争に介入しないという原則を守って欲しいといっており，日本としてもこの紛争の仲介の労をとることはしたくない[30]」と述べている。マラヤの大隈渉大

　27　ジャカルタ発本省着「マレイシア連邦に関するスウィット外務次官の要請方に関する件」1963年２月23日，2004−01236。

　28　亜東（アジア局南東アジア課の略−引用者註）「マレーシア連邦構想に対するわが国の態度表明方法に関する件」1963年３月１日，2004−01236。

　29　ア西（アジア局南西アジア課の略−引用者註）「池田首相・ラーマン首相会談に関する件」1963年５月31日，ア西「ラーマン首相と大平大臣の会談に関する件」1963年５月31日，2004−00482。

　30　アジア局総務参事官室「第12回アジア・太平洋地域公館長会議議事要録（未定稿）」1963年８月（会議が開かれたのは６月11日から14日−引用者註），

使もまた、「マラヤはマレーシア問題について日本はあまり騒がないで呉れといっている」と発言し、島は「マラヤがそっとしておいて呉れというのは結構なこと」と答えている。つまり、これらの発言や日本政府の行動からうかがい知ることができる点は、日本はマレーシア構想に賛成であるものの、インドネシアの要請によりそれを公言しないということであり、マラヤもまた、日本が仲介の労をとることには消極的であった。日本はそれゆえ「わが国のマレイシア態度は公開」しておらず、中立の立場を守っていたのである。

池田が東南アジアの2国とオーストラリア、ニュージーランドへ訪問する意思を固めたのは、8月10日前後であった。きっかけは、日豪通商協定改正の最終的な手続きのために同月1日から来日していたマッキュアン（McEwen, John）オーストラリア副首相兼貿易相に、訪豪を招待されたことである[31]。この時にオーストラリア政府は正式にGATTの対日35条の援用を撤回する旨の書簡を手交し、日豪関係を緊密にしていく態度を示しており、池田としてはこのようなオーストラリアの好意に応える意味でも、「是非行きたい」と招きに応じることに意欲を見せていた[32]。つまり最終的には、後に起こったインドネシア・マレーシア間の紛争によって影が薄くなってしまうことになるが、池田の当初の主要な外遊目的は、日豪通商協定改正とGATT第35条援用撤回後の、オーストラリアへの親善訪問（goodwill mission）であった[33]。池田はこのときのマッキュアンとの会談で、「豪州はもちろんニュージーランド、フィリピン、インドネシア、シンガポール等にもいったことがないので是非行きたい」と述べており、東南アジア島嶼諸国の訪問が最初から念頭にあったようである[34]。はじめに池田が外遊を言い出したときは、国内スケジュールの関係上難しいと、黒金泰美官房長官や前尾繁三郎幹事長といった池田側近は難色を示していたが[35]、結局は池田の強い意志に押し切られたか

2002−00399。以下の外務省高官の発言は本議事録による。

31 経済局スターリング地域課「池田総理・マッキュアン豪州副総理会見録」1963年8月2日『マッキュアン訪問』A'0412。

32 同上。

33 From Canberra to Department of State, "Japanese Prime Minister Visits Australia," October 4, 1963, RG59, CFPF, 1963, Box 3956, NAII.

34 経済局スターリング地域課「池田総理・マッキュアン豪州副総理会見録」1963年8月2日『マッキュアン訪問』A'0412。

たちで20日，自民党の役員会で正式に決定される[36]。そしてその前後から池田と外務省は，4カ国を訪問する具体的準備に入っている。訪問国からマラヤ（とシンガポール）を除いたのは，マレーシアの成立直後であり「時期として適当でない」と判断されたからである。ただしその埋め合わせとして，マレーシア祝典にはなるべく閣僚級の大物を派遣することが想定されている[37]。訪問期間が2週間弱とタイトなスケジュールであったのに加え，日本が公式に承認していない国に首相が訪問することは，政治的に好ましくないという判断があったのだろう。

「西太平洋」構想出現の起源

「西太平洋」構想がつくられた時期はいつだったのだろうか。後述するように，日本政府が各国大使館を通じて，この構想を訪問4カ国に事前に打診したのは，9月中旬頃であると考えられるから，それ以前に考案されていたことは間違いない。ただし池田が訪問した4カ国は「西太平洋」構想の参加国と重なり合うが，オーストラリアへの親善訪問が当初の目的であったという事実に鑑みれば，「西太平洋」構想の打診が初めから想定されていたとは考えにくい。つまり池田が外遊する意向を固め始めた8月10日には，まだこの構想は存在しなかったと推察される[38]。加えて後に述べるように，外務審議官

---

35 『読売新聞』1963年8月10日夕刊，『毎日新聞』1963年8月17日朝刊。
36 『毎日新聞』1963年8月20日朝・夕刊。
37 大平大臣発マラヤ大公大使宛「池田総理の東南アジア訪問に関する件」1963年8月17日，2004-01236。実際に，9月17日に行われたマレーシア発足の祝典には，日本から運輸大臣の綾部健太郎が出席した。『日本経済新聞』1963年9月18日朝刊。
38 ちなみに池田は，4月初旬に訪日した英国のヒューム外相（Home, Alexander Frederick Douglas）に対して，「インドネシアは西イリアンで味をしめて図に乗っている」「マレーシアは東南アジアの安定に貢献するものとして支持する」「インドネシアを正面から相手にせず，アジアの安定のために台湾，フィリピン，タイ，マラヤ，ビルマ，インド，パキスタンといった国々を固めていく外はない」「そのために日本政府は将来的に経済援助を増額できればと考えている」という発言を行っている。つまりこの発言からは，日本がインドネシアを善導するという「西太平洋」構想の核であった考えは読み取ることができない。欧亜局英連邦課「池田総理とヒューム英外相との会談要旨」

の黄田多喜夫が駐日大使ライシャワー（Reischauer, Edwin O.）に語ったところでは，「西太平洋」構想は外相の大平が発案したものであって，池田がそれに熱意をもって賛同したという[39]。つまりこの構想は，大平と池田という2人の政治家主導で作られたものであり，外務省官僚の立案によるものではなかった。そうなると，この構想が誕生した時期が自ずと絞られてくるのである。なぜなら大平外相がこの時期在日していた日数は，極めて少ないからである。まず大平は7月31日から，米国のドル防衛策が日本に及ぼす影響とその対策を話し合うために訪米し，8月8日に帰国，その後8月25日から9月10日まで欧州を訪問している。その後日本で息を継ぐ暇もないまま，再び15日から22日まで，国連総会出席のために米国へと旅立つ（池田の外遊は大平帰国の翌日）。つまり，大平が池田に自らの考えを打ち明ける可能性があったのは，8月8日から25日，および9月10日から15日の間に限られるのである（国際電話や電文で連絡を取り合うことも可能であるが，日本にとってそれほど緊急性のない問題だけに，その可能性は低いと思われる）。確かな証拠はないために仮説の域を出ないが，この構想が生まれたのはこのうちの後者，特に外交案件についての首相・外相協議が行われた9月12日であると筆者は考えている[40]。

その根拠の一つが，大平外相の欧州訪問とその後の言動である。前述したように大平は8月25日から9月10日まで欧州へ出かけ，ノルウェー・スウェーデン・デンマークの北欧3カ国，そしてイギリス・フランスを訪問してい

1963年4月2日『英国要人本邦訪問関係雑件　ヒューム外相関係』A'0411. Draft Record of a Conversation between the Foreign Secretary and the Japanese Prime Minister on April 2, 1963, at the Prime Minister's Office, FJ1052/27, FO371/170759, PRO, NAUK. ちなみにその翌日に行われた大平・ヒューム会談において，上記アジア諸国の安定のために，シンガポールと香港に連絡機構（liaison agency）を設置する案を池田が持っていると，大平は語っている。Draft Record of a Conversation between the Foreign Secretary and the Japanese Foreign Minister on April 3, 1963, in the Ministry of Foreign Affairs, FJ1052/28, *ibid*.

39　From Tokyo to Secretary of State, September 23, 1963, RG59, CFPF, 1963, Box 3956, NAII.

40　『読売新聞』1963年9月12日，13日朝刊。この協議の議事録を開示請求したが，回答は「不開示（不存在）」であった。

る。そこで大平はマレーシア問題について，ほとんど自己の見解を打ち出さなかった。一例を挙げると，スウェーデンのニルソン（Nilsson, Torsten）外相に対して大平は，マレーシア問題の関係3国が話し合いを行い，問題解決に向かっていることは進歩であると評価したものの，日本の政策を明らかにはしていない[41]。特にインドネシアの安定は重要視するべきで，最近インドネシアが新しい路線を打ち出そうとしていることを歓迎する，と述べるに留まっている。また，イギリスのヒューム外相との会談において，インドネシアが従来外国からの援助は二国間のもののみを受けていたのに対し，最近では「コンソーシアムの形式」も考え始めており，米国も大きな関心を持っているらしいと述べたのみであった[42]。そしてこのような大平のアジア問題についての消極的態度は，「期待はずれ」という批判を浴びたのである[43]。

　大平もこの点は痛感していたようである。パリから東京への帰途，機上において，アジア問題に対して明確な考えを示さなかった，という新聞記者の批判的質問に答えるかたちで，大平は以下のように自らの見解を打ち明けている[44]。まず大平は，日本がアジア問題について従来は積極的ではなかったことを素直に認めるかたちで，日本がもっとアジア問題に本腰を入れなければならないと話し始める。大平の所感では，欧米のアジアに対するアプローチは，「アジア的停滞性」を残している東南アジア諸国の安定と発展にとって，マイナスの効果しか及ぼさない。その点，日本はアジアの一員として，東南アジア諸国の特性を理解できる立場にいるため，日本は先進諸国をリードできると言う。そして日本が採り得る外交によって，東南アジアの「安定と発展」及び，欧米諸国との緊密な関係の構築という双方の達成が可能であると大平は述べる。ただし，「それはアジア政策などという大ぶろしきを広げようというのではな」く，「日本の立場からいってまだそんなことはできない」と慎重な態度も見せている。

　つまり欧州訪問の際に，アジア問題に無関心であるという批判を浴びた大

41　欧亜局西欧課「大平外務大臣訪欧会談録」（1963年8月25－9月10日）『大平訪欧』A'0365。
42　ロンドン発本省着「大平・ヒューム会談に関する件（東南ア問題）」1963年9月5日『日本・英国間外交，日英定期協議関係　第1回関係』A'0427。
43　『毎日新聞』1963年9月11日朝刊。
44　同上。

平は，帰国途上で何らかの積極策を打ち出すことを考えていた。それが「インドネシアを西側陣営に引き込む」ことを目的とした西太平洋諸国の信頼醸成であり，日本がその役割を買って出るのが最も相応しいと考えたのではないだろうか。ただしそれはあくまで水面下で，慎重に打診される必要があった。「大ぶろしきを広げ」るのは回避することが求められたのである。その結果考案されたのが，外には漏らさないように厳重に情報の管理がなされ，4カ国に対しては水面下で打診された，「西太平洋」構想だったのではないだろうか。周知のように，大平は15年後に首相に就任した際，政策研究会「環太平洋連帯研究グループ」を設置し，その議長に大来佐武郎を据え，アジア太平洋の地域協力に重要な役割を果たすことになる[45]。環太平洋連帯といった構想は，この時期に芽生えつつあったのかも知れない。

池田勇人の「戦後アジア主義」

東南アジアの安定と発展のためには欧米ではなく，「アジアの一員」の日本が積極的なアプローチを打ち出すに相応しいという大平の考えは，首相の池田とも共鳴するものであった。周知のように，池田は喉頭癌により1964年に退陣した後，翌年に完全燃焼したかのように死去している。つまり吉田や岸とは異なり，池田には回顧録などを執筆する時間は残されておらず，また現役の政治家時代にも自分の政見を纏めたこともないため，池田がどのようなアジア認識を抱いていたのかは明瞭ではない。したがって当時の言説から導き出すしかないが，この点で注目されるのが，5月29日（スカルノ・ラーマン東京会談の2日前）に「アジアと日本」と銘打ったテレビ番組に出演した池田の発言である[46]。池田はそこで，日本は先進国と途上国との架け橋となるべく，物心両面で積極的な援助を行う必要を説いている。その際問題としたのは，米ソの援助は額こそ多いものの，アジアの立場を理解しない「頭ごなしの援助方法」であることだった[47]。日本はその点，「生活方式，顔色など

45　大庭三枝『アジア太平洋地域形成への道程：境界国家日豪のアイデンティティ模索と地域主義』ミネルヴァ書房，2004年，第5章，渡邉昭夫編『アジア太平洋連帯構想』NTT出版，2005年。

46　『読売新聞』1963年5月30日朝刊。

47　イギリスのヒューム外相に対しても，池田はアメリカの援助政策が「根本的に不健全（fundamentally unsound）」であると，不満を隠さなかった。Re-

が似ているので親近感があり，アジア人も日本に期待している」と述べ，東南アジア諸国の首脳部の会談が東京で行われるようになったのは，日本への親近感が深まったことを示しているとして，日本の援助増額に意欲を見せていたのである[48]。また池田は，東南アジア・大洋州への外遊から帰国した後に寄稿した文章において，「アジア人の気持はアジア人でないと分らない」という持論の解説を行っている[49]。アジア人には特有の心理があって，それは非アジア人には分りにくいという点，日本は同じアジア人としてアジア諸国と話し易く手を握り易い立場にある点，日本の役割はアジアにあって，今後ますます関心を深めていかなければならない点などを，池田は強調するのであった。このような考えが，前章までに見てきた主要な政策関係者のそれと似通っていることは，改めて指摘するまでもないだろう。

「西太平洋」構想の打診とジャカルタ暴動

9月10日に大平は帰国し，12日に首相・外相協議が行われる。この際に大平は東南アジアへ訪問する予定の池田に自らの考えを開陳し，池田がこれを容れたのではないかと推測される。そして具体案はまだ固まっていないまま，4カ国に対して「西太平洋」構想を検討するよう打診されるのである[50]。大

---

cord of Conversation between the Foreign Secretary and the Japanese Prime Minister after Dinner at the British Embassy Tokyo on Wednesday, April 3, 1963, FJ1052/29, FO371/170759, PRO, NAUK.

48　ただし池田は，オーストラリア，インド，日本が中心となって「東南ア経済圏」をつくるという考えは「時期尚早」として，否定的コメントを行っている。『読売新聞』1963年5月30日朝刊。これは前年のOAEC構想が挫折したことによる影響かも知れない。

49　池田勇人「『外交づいた』ということ」『国際問題』1963年11月号。

50　「西太平洋」構想の打診が，各国の在外公館を通じて行われていたことは，後の会談録などで確かめることができるが，打診電文自体は現在のところ見つかっていない（開示請求でも，「不開示（不存在）」という回答を得ている）。後述するように，池田・スカルノ会談において，打診が行われた後にマレーシア問題が起こったと池田が語っている事実から，おそらく16, 17日頃には電文が送付されていたと推測される。また，9月20日に行われた島重信外務事務次官と駐日オーストラリア大使との会談では，すでにインドネシアやニュージーランドから好意的な反応があったと伝えられている。ちなみに大田

平が池田に自分の考えを伝えたと考えられる12日は，マニラ会談後のマラヤによる一方的なマレーシア発足宣言がなされ，スカルノの非難が高まりを見せつつあった頃であるが，事態はまだ決定的なほど悪化してはいなかった。しかし池田と「西太平洋」構想にとって不幸なことに，ジャカルタ暴動はその直後（18日）に起こったのである。

現在確認できる限りでは，日本から送付した電文において，初めて「西太平洋」構想が言及されるのは9月19日である。この日，日本外務省は英国の日本大使館に，ヒューム外相に対する池田のメッセージを伝えている。そこでは，「本年春お会いしたときに申し上げた私の基本的考え方に従って，事態の収拾に努力するつもりである」と記されてあり，五カ国政府首脳会談の構想によって，西太平洋の平和と繁栄を達成することを話合いたいと説明されている[51]。実はこの電文は非常に曖昧な点が多く，多くの解釈の余地を残す記述がなされているが，少なくともこの時点では，池田はマレーシア問題を「西太平洋」構想によって解決したいと考えていたようである。また，池田の言う「私の基本的考え方」とは何を指すのかも不明である[52]。

翌日，大野勝巳駐英大使がヒューム外相と会談して池田の構想を伝える[53]。

　三郎オーストラリア大使が豪州政府にこの構想を伝えたのは19日になってからである。Inward Cablegram from Tokyo, "Ikeda Visit," September 20, 1963, Outward Cablegram to Tokyo, September 21, 1963, A1838/280, 3103/10/1 part 9, NAA.

51　宮沢代理大臣発在英大野大使宛「池田総理よりヒューム外相へのメッセージの件」1963年9月19日，2006-00695。

52　前述したように，池田はヒュームに対して，アジアの安定のために台湾，フィリピン，タイ，マラヤ，ビルマ，インド，パキスタンといった国々を強化する必要性を説き，そのためにシンガポールと香港に連絡機構を設置する考えを持っていた。ただしこれが池田の「基本的考え方」であるか否か，またそれがどのようにインドネシアを含んだ「西太平洋」構想へと繋がるのかは定かではない。この「連絡機構」設置案に対しては，ヒュームは賛同しなかった。Record of Conversation between the Foreign Secretary and the Japanese Prime Minister after Dinner at the British Embassy Tokyo on Wednesday, April 3, 1963, FJ1052/29, FO371/170759, PRO, NAUK.

53　ロンドン発本省着「池田首相よりヒューム外相へのメッセイジの件」1963年9月20日，2004-01236。From Foreign Office to Tokyo, September 20, 1963,

ヒューム外相は，イギリスからの正式な回答は熟考の上連絡するとしながらも，「自分の見解としては有意義な企てでありその成功を望む」と好意的な反応を示している。ただしヒュームは，「5カ国以外にマレーシア等をも招請されるご意向と承知する」と，「西太平洋」構想を誤って解釈するのである[54]。そのため，インドネシアとマレーシアとが同じテーブルに着いて，会談することに対しては懐疑的であった。それでもヒュームは，「（池田が－引用者註）この有意義な企てを発案された事情もわかるような気がするので，その成功を希望する」と奨励している。後にロンドンから米国務省へ送られてきた電文にも，日本はマレーシアとタイの参加を拒まないと語ったと記されており，英国がこの構想を誤解して受け取ったことが確認できる[55]。つまり日本としては，まず翌年に5カ国で首脳会談を開催した後に，両国の参加を考慮すると考えていたのに対し，イギリス側は首脳会談そのものが排他的なものではないと解釈していたのである[56]。そしてその誤解が解けた後に米国務省関係者に伝えたところでは，イギリスはインドネシアを含みマレーシアを排除するような会合には賛成できないし，イギリスは現在マレーシア問題を解決することが最優先であって，日本にも同様な姿勢をとって欲しい，という考えを持つに至っていた[57]。

また日本政府は，直接マレーシアに対しての配慮も怠らなかった。9月21日，池田の外遊についての説明電文が，外務省から駐マラヤ大使に送られている[58]。それによると第一に，池田の「西太平洋」構想は排他的なものではなく，マレーシアやタイの希望があればその参加の途を開いていることが説明されている。そして第二に，池田がマフィリンド3国の和解のために努力

　　FJ1022/14(A), FO371, 170749, PRO, NAUK.

54　上記9月19日付け電文の曖昧さが，そのような誤解をもたらしたと言える。
55　From London to Secretary of State, September 25, 1963, RG59, CFPF, 1963, Box 3956, NAII.
56　From Foreign Office to Tokyo, September 25, 1963, FJ1022/15, FO371, 170749, PRO, NAUK.
57　From London to Secretary of State, September 25, 1963, RG59, CFPF, 1963, Box 3956, NAII.
58　宮沢代理大臣発マラヤ大隈大使宛「池田総理東南ア訪問の件」1963年9月21日，2004－01236。

を惜しまない意向であって，今回の旅行中に関係国の意向を聴取する予定であると述べられている[59]。

ライシャワーとの会談

　9月21日，旅立つ2日前に池田は米国大使ライシャワーとの会談を求め，「決して外部に漏らしてはならない（strict confidence）」自らの構想を打ち明ける[60]。このライシャワー大使の国務省への報告が，現在見つかっている文書の中では最も詳細に「西太平洋」構想を説明しているので，若干長くなるが電文内容を紹介しよう。ライシャワーによれば，池田は「西太平洋機構（West Pacific Organization）」を創設するために話し合いをすることを各国に提案することを考えていたという。彼の計画の主目的は，インドネシアを西側陣営へ現在よりも引き寄せ，より責任のある立場へと就けることにあった。タイとマレーシアをとりあえず初期メンバーから除いているのは，両国を含めると台湾の参加問題が生じるかも知れず，そうなるとインドネシアの参加は望まれないからだと池田は言う。そしてつい最近起こったマフィリンド諸国の決裂（rupture）は，たとえ更なる困難を引き起こそうが，池田にとっては「自らの提案をより一層重要なものにする（makes his proposal all the more important）」事件であった。すなわち池田がライシャワーに語ったことをそのまま受け取れば，マレーシアの成立とジャカルタ暴動という事件は，「西太平洋」構想を取り下げる原因とはならず，むしろ逆に池田をして自らの構想の重要性を確認せしめるものだったのである。もしこの提案が受け入れられたら，今回最後の訪問国であるニュージーランドで発表することを望んでいると池田は続ける。ただし現在のマレーシア・インドネシア間の緊張状態のため，ラーマンがこの構想を聞くと激怒するかもしれないことを池田は恐れ

59　この電文ではまず本文で，マフィリンド諸国の仲裁努力を「西太平洋」構想の「枠組みで行いたい考えである」と記しているところに，訂正線が引かれており，その後に「五カ国首脳会談及三国の紛争の調停」と，両者を別のものとして加筆されている。つまり21日にマラヤへ送付された電文の最終的な内容では，「西太平洋」構想がマフィリンド諸国の調停案ではなくなっていたことが確認できる。

60　From Tokyo to Secretary of State, September 21, 1963, RG59, CFPF, 1963, Box 3956, NAII. 以下断りのない限り，本会談内容はこの文書による。

ていた。それゆえ英国に対して，なぜこの構想がすべての関係者にとって利益になるかを説明するよう依頼しているところであり[61]，米国の後押しも拒むものではないと池田は言う。前もって行った打診の印象では，スカルノはこの構想に共感しており，オーストラリア・ニュージーランド両国の説得もそれほど困難ではなさそうであった。しかし成功するためには「絶対に必要不可欠（absolutely crucial）」であるフィリピンの態度が不確実であり，そのため，米国の助力を池田は希望している。ライシャワーは池田構想の成功がこの年末にある選挙の成功に繋がると考えているかもしれないと推測しているが，それは池田にとって副次的なものであるという所感を述べている。ライシャワーの印象では，池田は自らの計画に熱中している様子であったが，5日前に起こったマレーシアの成立とジャカルタの暴動という事件は，この計画にとって不吉なものと映り，反対が出ることも考えられた。ただしライシャワーは，米国がこれに支持と助力を与えるべきであると本省へ報告している。なぜならこの提案は，日本が国際問題の解決のためにイニシャティブをとり，東南アジア諸国に対しても責任ある行動を遂行するための最初で重要なステップだと考えられたからである。日本がアジアにおいてリーダーシップを発揮することは，駐日米国大使ライシャワーの持論でもあった。特にライシャワーは，日本が経済援助を増額することによって，地域の安定に貢献する役割を担うことを望んでいた。例えばこの年の7月，日本の途上国援助を増大させるために，11月に行われる予定であった第三回日米貿易経済合同委員会に，米国の援助担当者を招聘すべきであるとワシントンに提案している[62]。また次章で見るように，東南アジア開発閣僚会議開催のイニシャティブをとる日本へのライシャワーの期待は，極めて大きなものであった。

ただし，このようなライシャワーの考えは，米国務省とは異なっていた。駐日大使の報告を受け取った国務省は，すぐに否定的な電文をよこしてきた[63]。国務省の見解は，スカルノがマレーシアを含まない池田の構想がインド

---

61 ただしイギリスはこの依頼を受けてはいないとして，ラーマンの説得にも乗り出してはいないと駐英米国大使に語っている。From London to Secretary of State, September 25, 1963, RG59, CFPF, 1963, Box 3956, NAII.

62 From Tokyo to Secretary of State, July 8, 1963, RG59, Lot Files, Bureau of East Asian and Pacific Affairs, Office of Japanese Affairs, Subject Files, 1960-1975, Box 18, NAII.

ネシアを支持したものとみなし，問題解決に向けた話し合いを回避する可能性が大きいというものであった。また，マレーシアが日本に対して敵意を抱く可能性が懸念された。加えて，マフィリンドという地域連帯構想を提唱するフィリピンのマカパガル大統領が「横取り」されたくないと考えることが予想されるため，アメリカとしては，「西太平洋」構想は支持できないという結論に達している。そして池田の構想がメンバーを定めない，よりあいまいな会合となるよう，ライシャワーに対して働きかけることを要請したのである。

　9月23日，当日の外遊準備で忙しい池田に代わって，外務審議官の黄田にライシャワーは面会を求め，上記のような本省の否定的見解を伝える[64]。マフィリンドの分裂を招く恐れのある池田の提案は極力回避することが望ましいという米国の見解に，黄田は「全く同感（full sympathy）」であるという。そして本構想の発表は，10月にある特別国会開始後まで待つように池田を説得することを考えているという（he .....was now planning to urge Ikeda to withhold announcement...[65]）。それに対してライシャワーは，インドネシア・マレーシア間の紛争が収束する見込みがついた後まで待つように要請し，黄田はそれに同意する（池田自身は，12月に行われる選挙前に発表することを望んでいたようである）。ただし本節で明らかにしたように，この構想はライシャワーが池田から聞いて理解していたよりも進展しており，すでに4カ国に対して構想の打診が行われていた。そしてその打診は前述したように，ジャカルタの暴動が起こる直前という最悪のタイミングだったのである。黄田はこれを重く見て，池田の許可なく打診の訓令を取り下げるよう尽力したが，すでに時は遅かったという（これがいつのことかは不明である）。好意的な反応を示したのはインドネシアとニュージーランドで，オーストラリアはメンジス（Menzies, Robert Gordon）首相の考えは不明ではあるが外務省は好

　63　宮城，前掲『戦後アジア』，62-63頁。以下の電文内容は本書による。次の米国の見解はオーストラリアへも伝わっている。Inward Cablegram from Australian Embassy, Washington, September 26, 1963, A1209/119, 1963/6674, NAA.

　64　From Tokyo to Secretary of State, September 23, 1963, RG59, CFPF, 1963, Box 3956, NAII.

　65　つまり黄田は，まだ実際に池田を説得していたわけではなかった。

意的であり，フィリピンの反応が良くわからないということであった。黄田によれば，この構想は大平の発案によるものであり，池田が熱意をもって採用したという。

ただし黄田自身は米国が懸念するマレーシアよりも，むしろ台湾の反応を心配している様子だったと，ライシャワーは記している。これについては若干の説明が必要だろう。1962年11月に「日中総合貿易に関する覚書」が調印され，日中間のLT貿易が開始されたが，台湾は当然ながらこれに不満を募らせていた。例えば，池田外遊の直前である8月24日に台湾の高官は，日中貿易が拡大すれば対抗措置をとる用意があると語っていた[66]。そして9月19日に池田が「大陸反攻は望みがない」「ばかげた考え」と発言したという報道が台湾でなされ，強い非難を引き起こしたのである。日本政府はこれを誤報であると否定したが[67]，蔣介石が「中華民国にたいする内政干渉であり，侮辱[68]」であると，その回顧録で憤慨しているほど，台湾の怒りは大きなものであった。黄田はこのような台湾の動向に神経を尖らせていたのである。したがって，台湾が含まれない地域枠組み構想に対する反発を，黄田は懸念していたと考えられる。

以上のプロセスを整理するかたちで，「西太平洋」構想の内容をまとめよう。

第一に，この構想は，インドネシアを対象とした「信頼醸成枠組み」であった。本節で明らかになった日本政府による各国大使館宛の訓令や，池田，黄田の発言に加えて，池田の出発前に作成されたと考えられるブリーフィング・ペーパーにも，それを裏づける記述がなされている。例えばインドネシアに対しては，インドネシアは豊富な資源と活力溢れる大きな人口を有しており，両者を結びつけることによって「偉大な世界の雄国に建設でき」，それには隣接地域との良好な関係をつくることが大切であると記されている。そ

---

66 『毎日新聞』1963年8月26日朝刊。
67 『朝日新聞』1963年9月21日朝刊，『朝日新聞』『読売新聞』『毎日新聞』1963年9月22日。ちなみに『朝日新聞』の9月21日付け記事では，池田発言を「9月17日」としているが，他紙や朝日のその後の記事から判断して，これは19日の誤りであろう。
68 『改定新装版　蔣介石秘録：日中関係80年の証言』下巻，サンケイ出版，1985年，502頁。

してその後に,「西太平洋」構想は「西イリアン闘争を成功裡に終結され, 経済建設と民生向上への歩みを進められんとしており, かつ, 先日来『東京－ジャカルタ枢軸』を標榜しておられる貴大統領の原則的賛同を得られるアイデア」であると, インドネシアの内政に関連付けられていることが見て取れる[69]。そしてその他の3カ国に対してはこのような記述は見られない代わりに, 例えばフィリピンに対しては,「東南アジア西太平洋地域の将来は, スカルノ大統領を国際的暴れ者としないことにかかっている」として, 日本が他の3カ国と協力して「インドネシアを含む西太平洋の横断的友好帯を構想すべき時期が到来した[70], オーストラリアに対しては,「インドネシアをわれわれの陣営に抱き込むために」,「西太平洋」構想を考えていることが表明されているのである[71]。

第二に, 参加国はインドネシアと地理的に隣接している国々が想定されたが, マレーシアとタイ, そして台湾は初期メンバーからははずされていた。なぜならスカルノはかつて,「マレーシア結成はSEATOと共にインドネシアを包囲」するものだと述べたという報告がされていたが[72], 反共という性格が強くなれば, インドネシアが乗ってこないという判断があったからである。

第三に,「西太平洋」構想は外務省官僚が時間と労力をかけて立案に関与した形跡はなく, 池田と大平という二人の政治家によって計画されたことは確かであると思われる。そして多くの研究が指摘するように「西太平洋」構想は, 具体的なものは何一つ固まっていない稚拙なものであった。なぜならこの構想は, 各国に打診が行くわずか数日前に考案されたものだったからである[73]。ただし黄田が訓令の取り消しを試みた理由は, マレーシア紛争が悪化

---

69 外務省「池田総理のスカルノ大統領に対する発言振り」(作成日不明), 2002－01186。

70 外務省「池田総理のフィリピン・マカパガル大統領に対する発言振り」(作成日不明), 2002－01186。

71 外務省「池田総理のメンジース豪首相に対する発言振り(案)」(作成日不明), 2002－01186。

72 亜西(アジア局南西アジア課の略－引用者註)「マレーシア連邦に関する考察」1963年5月12日, 2004－01236。

73 繰り返しになるが, 考案された時期は筆者の仮説に過ぎない。これを確定するためには, 裏付けとなるような資料の発見が必要である。

したからであって，外務省は決して最初からこの構想に反対していたわけではない。また，この時点では黄田は池田に対してこの構想をやめるように働きかけていたわけではなく，それを行うのはライシャワーの要請を受けた後のことになる。つまり池田外遊直前に，外務省官僚の黄田が首相である池田を説得するという，アメリカの要請を受け入れたのであった。

このような前途多難な「西太平洋」構想を携え，1963年9月23日，池田は日本を後にする。

4　池田東南アジア訪問と「西太平洋」構想

9月23日の夕方，小雨降るマニラへ降り立った池田は，翌24，25日に大統領官邸でマカパガルと会談を行う。第一回目の会談は，フィリピンの開発計画とそれについての日比経済協力や，中小企業の振興策といった国内の経済問題が話し合われ，東南アジア地域問題については翌日に話し合われることが合意された[74]。池田が「西太平洋」構想を切り出したのは，翌日の第二回会談であった[75]。池田は，マカパガルが提唱したマフィリンドを「卓越した構想」と持ち上げた後，マレーシア紛争についての大統領の見解を求めた。マカパガルによれば，現在の紛争は英国が「故意に国連による調査活動を妨げ」，ラーマンがこれに追従したために生じたもの，つまり「外部」に原因があるという。またマカパガルは，フィリピンがマレーシアと「断交」したという言葉は不適切であり，未だ新国家マレーシアを承認していないので領事関係のみがあり，国交がない状態に過ぎないと述べる。マカパガルの考えでは，近隣国の間で協議し協力する精神は死んではおらず，3国の関係が改善することには楽観的であった。池田はフィリピンがインドネシアとは異なり，冷静に事態の沈静化に努めようとしていることを賞賛し，「日本の新聞は私が調停に出るかのように報道しているが事実ではない」と述べる。池田は，現在のところは3当事国が平和的に問題を解決することが肝要であり，そのために努力することを希望すると続けている。このように，翌日からのジャカ

74　（作成者不明）「池田総理とマカパガル大統領との第一回会談要旨」1963年9月24日，2002-01037。

75　（作成者不明）「池田総理とマカパガル大統領との第二回会談要旨」1963年9月25日，2002-01037。以下の会談内容は，断りのない限り本文書による。

ルタ訪問にあたり、スカルノにフィリピンとよく話し合うように伝えておくことを約束したものの、池田自身が紛争の仲介に乗り出す姿勢は見せなかったのである。それは25日に行われた非公式の車中会談においても、「日本が仲裁に乗出す段階ではない[76]」と繰り返し述べていることからもうかがい知れることであり、その点は次のインドネシアやオーストラリア首脳との会談でも一貫している。

　そしてマレーシア紛争についての話を一旦打ち切ったのち、池田は「自分が考えているもう一つの問題がある」と話を切り出す。池田はこの構想はまだ具体化しているものではないと前置きした後、日本が米国、カナダ、英国、ドイツと定期協議をしてきた事実を述べ、「自分は西太平洋の諸国の間でこそより緊密に協議することにすべきだと思っている」と、自分の考えを打ち明ける。ただし、「まだそのやり方、場所などについてもよく考えた訳ではな」く、それは午後の会談で話し合いたいと言う。これに対するマカパガルの返答は、そっけないものであった。曰く、究極的にはこの域内諸国の間で緊密に相談し合うことは最も望ましいが、そこへ行く前に日比間でお互いの考えを十分に理解し合うことが大切である。また、フィリピンの外交政策は「中共対策が最も重要」であるので、午後はその問題を話し合いたいと、池田の構想に対しては乗る気配を見せなかったのである[77]。この会談が終わったのは午前10時10分であり、午後の会談は午後5時半から始まったが、その約7時間という間に、池田の考えは変化を見せる。午後の会談において池田は、「自分は9月16日以前には西太平洋諸国の首脳会談を行うことについて考えたが、今ではこの考えは実現困難と思うので将来の問題として考えて行くことにしたい」と、自らの構想を取り下げる旨を表明するのである[78]。ただし、「自分はインドネシアを自由陣営の側に引付けておくことが極めて肝要だと考えている所以」であると、自らの構想の目的を強調することは忘れなかっ

76　(作成者不明)「池田総理とマカパガル大統領との非公式車中会談要旨」1963年9月26日、2002-01037。

77　(作成者不明)「池田総理とマカパガル大統領との第二回会談要旨」1963年9月25日、2002-01037、マニラ発本省着「池田総理マ大統領会談に関する件」1963年9月26日、2004-00858。

78　(作成者不明)「池田総理とマカパガル大統領との第三回会談要旨」1963年9月25日、2002-01037。

た。つまり朝の会談では打診するつもりであった「西太平洋」構想だったが、午後の会談の直前になって、池田は翻意したのであった。

しかしながら、このように実際には取り下げられた提案が、カイコ（Cayco, Librado D.）外相代理によってリークされてしまう。その結果、日本において夕刊の紙面にこの構想が華々しく飾られた。例えばその日の読売新聞夕刊の一面では、「五カ国首脳会談を池田首相が提唱」という見出しで、日比首脳会談の様子が掲載された[79]。このカイコによる情報の提供は、黄田によれば誤解に基づく「不用意」なものであった[80]。池田訪問前に日本が事前に打診したものの実際には「将来の問題」として池田が触れたに過ぎない構想を、カイコが「早合点して」漏らしたものであると、黄田は不満を隠さない。この不用意な情報のリークのために外務省は対応に追われ、また池田は25日午後の記者会見で、構想そのものを否定する必要に迫られたのである[81]。

翻意の理由

午前中には打ち明けるつもりであった自らの構想を、池田が取り下げるに至った原因は何だったのだろうか。

第一に考えられるのは、外務省、特に池田に随行していた黄田の説得を、首相が受け入れた可能性である。前述したように池田個人としては、マレーシア紛争は「西太平洋」構想の価値をより一層高めるものだと考えていたが、外務審議官である黄田の意見はむしろ逆であった。18日のジャカルタ暴動以降、事態がますます紛糾の度を高めるにつれ、マレーシアを含めない地域枠組みは、国際的な反響を考慮すると決して好ましいものではなかったからである（また前述したように、黄田自身は台湾の反応も心配していた）。したがって、池田訪問前に打診したときと現在では大きく状況が異なっているのであり、事前の打診をそのまま漏らしてしまったカイコの行動は、黄田にとって「不用意」なものと映った。そしてまた、米国の反対が黄田の消極姿勢に

---

79 『読売新聞』1963年9月25日夕刊。
80 マニラ発本省着「5カ国首脳会談提案に関する件」1963年9月26日、2004-00858。
81 同上、『読売新聞』1963年9月26日朝刊。ただし、「西太平洋」構想を提案しなかったことは確かであるが、構想そのものを否定した池田の記者会見の答弁は割り引いて見る必要がある。

拍車をかけたことも容易に推測される。上記の報道がなされた後，黄田は駐マニラ米国大使に事の経緯を説明して弁解に努めている。ライシャワーによって伝えられた国務省の見解を我々は認識していると黄田は言い，「国務省に誤解なきよう電報方依頼」するのであった[82]。この念の入れようからも，黄田がどれほどアメリカに配慮していたかがうかがえるだろう。また，日本では黒金官房長官が対応に追われていたが[83]，黄田はこのような日本国内の政治的影響も心配していたようである[84]。

　池田が提案を取り下げた理由として二つ目に考えられるのは，マカパガルの消極的態度である。両首脳会談録の中からは，マカパガルが池田の構想をきっぱりと否定したという発言はないが，上述したようにその片言隻句からは，あまり乗り気ではなかったという解釈が可能である[85]。反日感情がなお根強く存在していたフィリピンで，日本に迎合することは自身の不人気に繋がりかねなかったのであろう。池田はフィリピンの賛成が自らの構想の実現に「絶対に必要不可欠」と述べていたが，マカパガルが乗り気でない以上，これは取り下げざるを得なかったのである。

　しかしそれでもなお池田は，個人的に「西太平洋」構想に未練があった。翌日，空港へ向かう車の中で再びこの問題を，マカパガルに持ち出したからである[86]。黄田が同席していない車の中で池田は，「日，米，加，豪，ニュージーランドの五カ国によって太平洋共同機構の構想もあるが」と前置きし，日本はアジアの一員であるので，フィリピンとインドネシア，オーストラリアとニュージーランドを含め，「いずれは台湾をも含んだ親善友好関係を増進するための協力体制を作ることが，東南アジア，西太平洋の安全，安定，平

82　From Manila to Secretary of State, September 26, 1963, RG59, CFPF, 1963, Box 3956, NAII. マニラ発本省着「5カ国首脳会談提案に関する件」1963年9月26日，2004−00858。

83　『読売新聞』1963年9月25日夕刊。

84　From Manila to Secretary of State, September 26, 1963, RG59, CFPF, 1963, Box 3956, NAII.

85　伊藤による池田の評伝にも，マカパガルは「乗ってこなかった」と記されている。伊藤，前掲書，244頁。

86　(作成者不明)「池田総理とマカパガル大統領との非公式車中会談要旨」1963年9月26日，2002−01037。

和と繁栄を図るゆえん」であると考えていたと述べる。ただし,「マレイシアの問題が発生したのでこの構想を進める時期ではな」く,問題が円満に解決したらこの構想について大統領と話し合いたい旨明らかにした。「従っていまのところ本件をお互の宿題にしておきたい」と述べている。このように,最後まで自らの構想の有用性を語ったものの,マニラでは結局打診せずに終わり,池田はジャカルタへと飛び発つのであった。

「心と心のふれあい」

9月26日の正午にジャカルタ入りした池田は,翌27日と28日にスカルノと会談を行う。この会談内容を記したジャカルタからの電文には,「本会談の内容については絶対外部に出ないよう」といった念の入った記述がなされており,フィリピンでの情報漏れに懲りた外務省の慎重な姿勢がうかがえる[87]。第一回目の会談で両者はまず,石油等の天然資源の開発などの日・インドネシア経済協力問題について協議し,その後政治問題について40分ほど話し合いを行った[88]。この後半の会談は別室で行われ,通訳以外は入れずに2人のみで会話が進められた[89]。池田はまず,「5カ国連繋強化の構想」について言及し,これが西太平洋の平和と繁栄を一層増進するという考えから,自分の訪問に先立って古内大使を通じて打診したのだとスカルノに説明する[90]。しかしながら「その後マレイシアの問題が起こ」ったために,今「進めることは賢明ではな」く,「目下の急務は先ずマフィリンド3国が協議し事態を平常に戻すことである」と,マカパガルにしたものと同様の発言を行っている。スカルノは個人的に「西太平洋」構想に「全く同感である」,「自分は貴総理

---

87 ジャカルタ発本省着「池田総理,スカルノ大統領第一回会談に関する件」1963年9月28日,2003-00601。
88 外務省「池田総理とスカルノ大統領との第一回会談要旨(経済関係)(政治関係)」1963年9月28日,2002-01038。
89 ジャカルタ発本省着「池田総理,スカルノ大統領第一回会談に関する件」1963年9月28日,2003-00601。
90 ちなみにこの際に池田は,5カ国の中にシンガポールを含めた発言を行っている。すでにシンガポールはマレーシアの一部であったことを考えると,これはあまりにも不可解であり,数も合わなくなる。意図的なものではなかったとすると,やや思慮に欠けた発言であったと思われる。

が5カ国首脳会談を出来れば東京で開き協議の場を作って頂きたい。貴総理がこの首脳会談を開けばインドネシアの代表として参加することをここでお約束する」と賛意を示した。またスカルノは，マレーシア問題の原因がラーマンにあると不満を述べ，問題解決のためにマフィリンド3国の第二回首脳会談にも参加する意思を表明した。これに対して池田は，現時点において日本が仲裁の労をとるつもりはなく，3国の努力によってまずは事態を沈静化して欲しいと述べ，その後に五カ国首脳会談に乗り出す予定であることを，スカルノに伝えている[91]。

　この会談は，池田・スカルノ双方にとって満足のいくものだったようである。スカルノは，以前は「率直に言えば池田総理は従来自分に対し何かしら冷たいという感じ」であったが，今回の会談で池田の人柄を知り，「本当にここに友ありとの印象を強くした」と言う[92]。池田も次のオーストラリア訪問でメンジス首相に打ち明けたように，スカルノを「最初はあまり信用していなかった」が，今回数度にわたって率直な話し合いを行った結果，「案外善人のところもあり単純なところ」もあるという印象を受けたと語っている。池田はこのジャカルタでの会談で，日本の追加借款などの経済協力を約束し，またスカルノは，イギリス大使館にインドネシアの国旗が掲げられていたのを，降ろすことを約束する。この会談によって，池田がスカルノの信頼を得たことは間違いないだろう。そしてスカルノに肩入れする池田の態度は，ある日本外務省の職員が漏らしたように，外務省の人間とかなりの温度差があったようである[93]。

91　ちなみにルウェリンの研究では，池田がスカルノに自らの「多国間」構想を打診したとされているが，どうやら「マフィリンドの協議」と「西太平洋」構想を混同しているように思われる。インドネシアの後にフィリピンへ向かったとしている点など，いくつかの事実誤認が見受けられる。Llewelyn, *op. cit*., pp. 45-47.

92　ジャカルタ発本省着「古内大使とス大統領との会談に関する件」1963年10月1日『池田総理大洋州諸国訪問関係』A'0432。

93　その結果，日本とインドネシアとの共同声明は，当初外務省が起草したものが「徹底的に（extensively）」池田によって修正されたと，この職員は述べている。From Djakarta to Department of State, "Japanese Embassy Officers Feel Prime Minister Ikeda Went Too Far While in Djakarta," October 9, 1963, RG59, CFPF, 1963, Box 3939.

9月27日に池田は米国のジョーンズ駐インドネシア大使と会談を行っている。そこで池田はマレーシア問題については3カ国間で話し合いをすることが最も適当であり、日・米・英は、今は静観するのが良いという持論を繰り返すとともに、2日前に米国がインドネシアへの援助を凍結したことを批判する。このような行動はインドネシアを刺激するので望ましくなく、日本としてはコミットした経済協力はあくまでも実施する予定であると、米国の政策に不満を隠さない。また、「西太平洋」構想についても池田は、マレーシア問題が解決するまではその時期を延ばすのが適当である、という考えになっていることを明らかにしている[94]。

ちなみに余談ではあるが、第一回会談の前夜に開催された池田首相歓迎の夕食会で、スカルノの口から興味深いフレーズが発せられたことを紹介しておこう。スカルノは「（翌日の―引用者註）会談で、首相と私は率直な、友人対友人、心と心の話し合いをしてほしい」と述べ、池田も「大統領は心と心の話し合いを望むといわれたが、これこそ私が希望していたもの」とそれに応えている[95]。そしてこの夕食会の模様を記した新聞には、「心のふれあい強調」という見出しが掲載されてある。この「心と心のふれあい」という言葉は言うまでもなく、14年後に福田赳夫首相がマニラで発表した演説、いわゆる「福田ドクトリン」の最も有名なフレーズである。もちろんマニラ・スピーチの立案に関与した関係者が、このスカルノの発したフレーズをそのまま借用したという証拠はなく、それを証明することはほぼ不可能に近いだろう。それでも仮に、「わが国が戦後初めて示した積極的外交姿勢[96]」と評価される福田ドクトリンの最も有名なフレーズが、池田との会談でスカルノが使用したものからの盗用であり、その目的が日本との親密さを強調することで国際的・国内的な立場を改善したいという、スカルノの政治的な意図にあったとするならば、日本外交史において、興味深い逸話の一つとなるだろう。

話を本筋へ戻そう。次の訪問地はオーストラリアであった。繰り返しにな

94　ジャカルタ発本省着「総理、ジョーンズ米大使会談の件」1963年9月29日、2004－00858。From Djakarta to Secretary of State, September 27, 1963, RG59, CFPF, 1963, Box 3321.
95　『読売新聞』1963年9月27日。
96　外務省『わが外交の近況』第22号、1978年、44頁。

るが，池田外遊の当初の目的は，オーストラリアへの表敬訪問であった。しかしマレーシア問題が起こったために，それは後景へと追いやられてしまった[97]。池田とメンジス首相の会談内容は，マレーシア問題がその大半を占めたのである。9月30日に両国首相は第一回目の会談を行う[98]。マレーシアに軍事的脅威が生じれば，軍事的に援助を行うというオーストラリアの方針をメンジスは述べ，インドネシアの脅迫的な動きに「我々は譲歩することなく毅然として」立ち向かう必要性を訴える。池田はこれに対して，英連邦の一員であるオーストラリアの立場は理解できるとするものの，「豪州が西太平洋の国として考えて見ることも期待したい」と注文をつけ，日豪両国とも「寛容の精神」でインドネシアに対処することを求めた。次に池田がマレーシア紛争によって「西太平洋」構想を取り下げた経緯を語り，「当分の間宿題として置きたい」と述べると，メンジスは「西太平洋諸国の集まりについては慎重に考えて行くことにしたい」と，消極的な態度を示している。メンジスによれば，多国間による会合は，前もって十分に喧伝されている必要があり，しっかりした準備と会議成功の見込みがなければ，危ういものになりかねないと言う。メンジスは「スカルノは武力対決を呼号しており，なにをしでかすかわからない」と，スカルノに対する不信感を隠さなかったが，このようなスカルノへの否定的な態度が，インドネシアを対象とした「西太平洋」構想に冷淡だった原因であると思われる。駐オーストラリア米国大使によると，オーストラリアは現時点において「西太平洋」構想の有効性(usefulness)について「極めて懐疑的(highly dubious)」だったのである[99]。

このように，スカルノに対する猜疑心を顕著に示すオーストラリア首相のメンジスに対して，第二回会談で池田は，英米を中心とする西側諸国のインドネシアへの対応は「厳しすぎる」と不満を述べ，「アジア人の心理を十分把

---

97 "Visit of Japanese Prime Minister, Mr. Ikeda," October 3, 1963, A1838/280, 3103/10/1, part9, NAA.

98 オーストラリア発外務大臣着「池田総理・メンジス総理等会談の件」1963年10月2日, 2003-00601. "Ministerial Meeting with Prime Minister of Japan," September 30, 1963, A4940/1, C3865, NAA. 断りのない限り，以下の会談内容はこの日豪両国の会談録による。

99 From Canberra to Department of State, "Japanese Prime Minister Visits Australia," October 4, 1963, RG59, CFPF, 1963, Box 3956, NAII.

握し同情をもって対処すべきである」と続ける[100]。そして蒋介石が中国大陸から追い出された原因，または朝鮮戦争が勃発した原因は，米国が蒋や李承晩を見放すような態度をとったためであると述べ，「スカルノが悪いからといって彼を責めればその結果は彼を共産主義陣営に追いやることになり自由世界にとって大きな損失」になるという。そのため池田は，スカルノを「1種の患者とみて親切に介抱する態度でこれを善導（傍点原文－引用者註）すべき」で，スカルノという「不良」を，「われわれの民主主義学校」に入学させて指導することが「西太平洋地域に位するわれわれの民主主義国家としての任務」であると説くのである。このような考えが，「インドネシアを西側陣営に引き寄せる」ことを目的とした「西太平洋」構想の核を成していたことは論を俟たない。このように，両者の間にはどのようにインドネシア・マレーシア問題を扱っていくかについて，「実質的な相違（substantial differences）」が存在していたのである[101]。ただし，その相違にも拘わらず，オーストラリアは決して日本のイニシャティブを否定していたわけではなかった。オーストラリア内閣府や外務省の文書にも，日本がアジアの安定のためにその影響力を行使することは賞賛すべきであるという見解が記されているし[102]，実際に池田との会談において「この情勢の下で日本の太平洋地域における役割は極めて重大である」とメンジスは述べ，特にインドネシアを抑制する役割を日本に求めていたからである[103]。スカルノに対するオーストラリアの影響力は，日本のそれに比べて「100分の1」もないだろうと池田を持ち上げ，インドネシアに「国際的礼儀を守るよう」説得する役目を担うのは日本が最適であると述べ，それがマレーシア問題解決への捷径であると訴えている。

---

100 オーストラリア大使発外務大臣着「池田・メンジス第二回会談の件」1963年10月2日，2003−00601。

101 "Record of Conversation with Mr. Oda, Deputy Vice-Minister of Foreign Affairs," September 30, 1963, A1838/280, 3103/10/1, part. 9, NAA.

102 From Barwick to Menzies, September 25, 1963, From Guggite to Bunting, September 27, 1963, A1209/119, 1963/6674, NAA.

103 オーストラリア大使発外務大臣着「池田・メンジス第二回会談の件」1963年10月2日，2003−00601。

最後の訪問地，ニュージーランドでの「西太平洋」構想の反応は，インドネシアに次いで好意的であった[104]。池田は他の訪問地と同じように，マレーシア問題で紛糾が起こったために構想を取り下げたという経緯を説明する。訪問前に行った打診ではニュージーランドから基本的な賛同を得ており[105]，ホリオーク（Holyoake, Keith）首相は「貴総理の構想を熱心に支持する自分の気持は変わっていない。適当な時期がくれば是非その実現を図るべきだ」と前向きな姿勢を示している。メンジス首相と対照的なこのようなホリオークの態度は，スカルノに対して抱いている両国の思惑の違いからくるもの，と推論することが可能かもしれない。ホリオークは，スカルノを嫌悪する「メンジスの立場はよく解る」としながらも，スカルノを西側陣営に留めておく必要を説く池田に「全面的に賛成」であって，インドネシアを刺激することは避けるようにしていると述べている。実際のところニュージーランドは，マレーシア防衛を要請するイギリスの意向に反して，インドネシアとの紛争に巻き込まれることを避けようとしていたのである[106]。

　こうして，約2週間の訪問を終え，池田は10月6日の午前に再び羽田へ降り立った。出発前に池田が興奮気味にライシャワーに打ち明けた「西太平洋」構想は，一度も陽の目を見ることなく，東南アジアの地に埋もれたのであった。池田は空港において，この訪問で「各国首脳者との隔意ない意見の交換」を通じて「これら諸国との友好関係が一段と増進」したという声明を発表したが[107]，それは全く正確で正当な自己評価であった。若干皮肉な方向で換言するならば，友好関係が深まったという抽象的なもの以上の成果は，何もなかったのである。

5　「西太平洋」構想とは何だったのか

　本章の分析によって，「西太平洋」構想について明らかにした諸点を挙げて

104　ニュージーランド大使発外務大臣着「池田・ホリオーク会談の件」1963年10月4日，2003-00601。

105　Inward Cablegram from Tokyo, "Ikeda Visit," September 20, 1963, A1838/-280, 3103/10/1, part. 9, NAA.

106　Subritzky, *op. cit.*, pp. 63-65, 70.

107　『朝日新聞』1963年10月6日夕刊。

おこう。

　第一に挙げられるのは，この構想の焦点が，インドネシアにあったという点である。その主たる目的は，経済のみならず，教育や文化まで含めた幅広いテーマを，5カ国で定期的に協議することによって，インドネシアとその近隣諸国の信頼を醸成することにあった。池田にとって（そしてこの構想の発案者である大平にとってもまた），西側先進国のアプローチではアジアを惹き付けることはできないと考えていた。そこで考案されたのが，アジアの日本とフィリピン，そして西側先進国であるがインドネシアと地理的に近いオーストラリアとニュージーランドがインドネシアを囲んで，定期的に協議を継続するという構想であった。スカルノが近隣国との関係を悪化させて共産国への接近を強めていく事態をこの協議を通じて防ぎ，自由主義国との協調と国家建設という，西側陣営にとって健全な方向へ持っていこうとしたのである。結局のところ，この構想そのものは黄田外務審議官の反対に遭ったが，以上のような考え方は決して池田や大平に特有なものではなく，外務省もある程度同様な見解を示していたことを指摘しておく。例えば古内インドネシア大使は，東京へ向かう飛行機の中でジョーンズ米国大使と同伴し，次のように述べている。古内は，ソ連がインドネシアに基地を建設することを迫ったがスカルノはこれを断ったエピソードを紹介し，「スカルノが自暴自棄（desperate）に陥らないようにすることが重要」であり，これが自分と池田の意向であると語っている。古内によれば，スカルノを好もうが好むまいが，彼に援助をし続ける必要があり，援助を中止した米国の政策は有害であるという。スカルノを西側陣営に留めておくために，日米が協調する必要性を古内は説くのであった[108]。またアジア局は，10月の後半にインドネシア情勢に対して検討を行い，ソ連への基地提供という話しは，スカルノの「ブラッフに過ぎない」と断じるが，これが現実のものとなる可能性も決してゼロではないとする[109]。「スカルノの面子を徹底的に潰し，インドネシアを完全に逃げ道もなく封じ込めることは，あまりにも大きな危険を冒すことになる」だろう。日本はインドネシアを自由陣営に留めておくために，スカルノに対して，「軟らかいアプローチを担当するのが適当」であると述べられてい

　108　From Singapore to Secretary of State, October 10, 1963, NSF, Box 14, JFKL.
　109　アジア局「インドネシアの動向に関する件」1963年10月22日, 2005-00347。

る。「西太平洋」構想のような，国際関係を徒に複雑化する計画は避けるとしても，インドネシアを共産主義側へと向かわせないために，何らかの措置を採る必要性は，外務省内においても広く共有されていたのである。

　第二に，インドネシア・マレーシア紛争を直接的に仲介するという意図は，この構想には込められていなかった点が指摘できる。仮にこの構想が成功してインドネシアが穏健化すれば，マレーシア紛争も収束に向かうだろう。その意味で，「西太平洋」構想は紛争解決へ向けて間接的な貢献はするかもしれないし，当初は池田もマレーシア問題の解決案として考えていたようである。しかし少なくとも日本を後にした池田には，そのような意図はなかったのである。池田とマカパガルの第一回会談が，その事実を示している。池田はマレーシア紛争については，現在のところ当事国が問題を解決することが必要で，自分は調停に出るつもりはないと語る一方で，「西太平洋」構想を打診しようとした。つまりこの時の池田の頭の中では，両者は完全に別物であった[110]。日本がインドネシア・マレーシア紛争の調停工作に本格的に乗り出していくのは，この池田外遊以降のことである[111]。

　そして第三に，この構想が挫折した最も大きな理由は，マレーシアの成立とそれに対するインドネシアの反発，そしてその直後に起こったジャカルタ暴動による国際環境の悪化に求められる。池田自身は，このような事態は自

---

[110] ちなみに宮城は，東南アジア・大洋州へ外遊する前の池田が1963年5月に訪米し，国務長官のラスクに対して「スカルノを導く役割を自らが担う決意を表明」したことから，「西太平洋」構想はマレーシア紛争の仲介に乗り出す池田の「公約」を果たす意味があったことを示唆している。宮城，前掲『戦後アジア』，59頁。しかしながら，池田が1963年5月に訪米し，ラスクと会談したという事実はない。池田が渡米したのは11月，暗殺されたケネディ大統領の葬儀出席のためであって，宮城の引用する池田・ラスク会談はこの時のもの，すなわち池田の東南アジア外遊以後である。From Department of State to Tokyo, November 26, 1963, RG59, CFPF, 1963, Box 3956, NAII.

[111] 黄田外務審議官「バンコック・クァラランプール出張報告」1963年11月20日，2005−00347。日本の調停努力について，本書ではこれ以上論じない。詳しくは，Masashi Nishihara, *The Japanese and Sukarno's Indonesia Tokyo-Jakarta Relations, 1951-1966*, Honolulu: University Press of Hawaii, 1976, chap. 6. 宮城，前掲『戦後アジア』。Llewelyn, *op. cit.* 波多野・佐藤，前掲書，95−103頁などを参照のこと。

らの構想の障害とはならず,むしろより一層,その意義を高めるものであると考えていた。ただし米国や日本外務省の見解は,池田のそれと対立するものであった。マレーシアを含まない多国間枠組みの創設は,インドネシアとマレーシアの関係が劇的に悪化した後に推進するべき構想ではなかったのである。米国はライシャワーを通じてこの構想を取り下げることを要請し,外務審議官の黄田がこれに同意,最終的に外遊先のフィリピンで,おそらく池田は説得された。そして池田が自らの構想を取り下げたもう一つの理由は,フィリピンのマカパガルの消極姿勢を目の当たりにしたためであった。フィリピンの参加が必要不可欠であると考えられていた限り,このようなマカパガルの態度は,「西太平洋」構想を断念する大きな要因となったのである。

　第四に,「西太平洋」構想が,1950年代に提唱された諸構想,あるいは次章で分析する東南アジア開発閣僚会議とは,全く異質なものであるという点が挙げられる。加えて,池田が経済中心主義で「対米協調」路線の本流であったために,アジア地域主義を掲げることがなかった,という通説が誤りであることも明らかになったと考える。確かに「西太平洋」構想は,極めて短期間のうちにつくられた,拙速で曖昧なものであった。本章の仮説が正しければ,この構想が大平の口を離れてから,4日後には各国へ打診されたということになる。ただし具体的な案が練られていないという理由をもって,池田政権がアジア地域主義に消極的だったと結論付けることはできない。第4章で分析したように,「開発基金」構想もアジア諸国へ打診したときは,まだ具体案など固まっていなかったし,曖昧さに関して言えば,次章で論じる東南アジア開発閣僚会議とそれほど変わりはないのである。むしろ「西太平洋」構想は,「信頼醸成枠組み」であったという点で,歴代政権の地域主義構想の中では最も政治的なものであった。政治的であったために,「西太平洋」構想の打診は水面下で行われる必要があったのである。そして米国の対アジア政策から全く独立して立案されたという点でも,他の諸構想とは一線を画す。すなわち,第2章から4章で分析した諸構想,あるいは次章の東南アジア開発閣僚会議の誕生は,米国の対アジア政策と密接に結びついていた。それに対して「西太平洋」構想は,米国の協力は当初から想定されておらず,それゆえ直前になるまで駐日大使に打ち明けられることはなかったのである。つまり池田の構想は,1950年代,60年代を通じて,最も政治的で,かつ米国から独立して形成されたと言うことができよう。

ただし第五に、「西太平洋」構想が頓挫したのは、過去の構想を挫折に追いやったものと同様の理由に求められる。池田や大平は、英米を中心とする西側諸国のインドネシア政策が行き詰っていると感じ、「アジア人の心理を十分把握」することを訴える。そして日本は「アジアの一員」として、インドネシアを懐柔することが可能であるという自負があった。つまり彼らもまた、日本が欧米とアジアの架け橋たらんと考えたのである。しかし結局「西太平洋」構想は、国際社会で孤立しつつあったスカルノからは好意的な反応を得たものの、同じアジアのフィリピンには受け入れられることができなかった。加えてアメリカの反対と、それに促された外務省の説得に遭い、池田は自らの構想を取り下げざるを得なかったのである。つまり過去の構想と同じく、米国とアジアから賛同を得られなかったことが、池田政権のアジア地域主義構想を挫折させた原因だったのである。

これまでに分析してきたように、日本が訴えたアジア地域主義構想は、悉く構想倒れの結果に終わってしまった。それが1966年になって、東南アジア開発閣僚会議の開催として初めて実を結ぶことになる。しかしながらその成功は、極めて短期間のうちにあだ花となって散る。果たして、再び日本が地域主義外交を展開したのはなぜだろうか。初めての成功の原因は何だったのだろうか。そして、なぜ、最終的には自然消滅に至ったのであろうか。それらの疑問点を解くことが、次章の焦点となる。

第7章

東南アジア開発閣僚会議のイニシアティブと
その限界：1965－66[1]

1 日本主催による戦後初の国際会議

　1966年4月6日，東京は芝のプリンスホテルにおいて，東南アジア開発閣僚会議が開催された[2]。この会議は，戦後日本が初めて主催した国際会議であり，23年後に実現したAPECの起源として位置付ける研究があることからもわかるように[3]，戦後の日本外交にとって決して無視できない重要性を有していると言える。当時米国の駐日大使だった歴史家ライシャワーは，この会議を「すばらしい成功だった」と絶賛し，「歴史の目から見れば」ベトナム戦争よりも重要だと評した[4]。

　第一回会議が開催されて40年以上が過ぎ去ったが，日本政府が閣僚会議を

1　本章の前半は，保城広至「東南アジア開発閣僚会議の開催と日本外交：1960年代における日本のイニシアティブとその限界」『国際政治』第144号（2006年）に，後半はHiroyuki Hoshiro, "A Japanese Diplomatic Victory ?: Japan's Regionalism and the Politics between Japan, the United States and Southeast Asia, 1965-1966,"『東洋文化研究所紀要』第151冊（2007年）に基づいている。

2　以後，閣僚会議と略す。参加国はタイ，マレーシア，シンガポール，南ベトナム，フィリピン，ラオスで，カンボジアとインドネシアがオブザーバーとして出席した。ビルマは招待されたが参加しなかった。

3　菊池努『APEC：アジア太平洋新秩序の模索』国際問題研究所，1995年，第2章。

4　エドワード・O・ライシャワー，ハル・ライシャワー，入江昭監修『ライシャワー大使日録』講談社学術文庫，2003年（初公刊は講談社，1995年），275頁。

開いた理由について,依然として先行研究に大きな見解の開きが見られる。本章の目的は,閣僚会議を主催した日本政府の意図を実証的に明らかにし,このような開きを解消することにある。日本が会議の開催を発表した当時は,米国のベトナム介入が本格化していた時期であり,それを経済的に支援するのかとイデオロギー的な立場からの批判を浴びたが[5],多くの研究が同様の見解をとっている。すなわち閣僚会議は,米国ジョンソン（Johnson, Lyndon B.）大統領の地域主義アプローチ――ジョンソン・ドクトリン――に対する,日本政府の経済的な協力表明であったという説である[6]。そのような見解に対して,日本（特に外務省）の自律性,米国からの独立性を強調する研究が,近年提出されている。ベトナムの泥沼にはまり込んだ米国がこの地域における影響力を減退させるなか,経済大国になりつつある日本がアジアでの活動の機会を強めたとする主張,或いは米国のベトナム政策から脱し,日本独自のアジア地域経済秩序の模索が閣僚会議であったとの説がそれである[7]。外

---

5 例えば共産党の川上貫一は,外務委員会で閣僚会議を「アメリカの指図」あるいは「アメリカの献立」によるものではないかと椎名悦三郎外相に詰問している。1966年4月15日衆議院外務委員会。

6 山本剛士『戦後日本外交史6 南北問題と日本』三省堂,1984年,88－93頁,末廣昭「経済再進出への道：日本の対東南アジア政策と開発体制」中村政則他編『戦後日本 占領と戦後改革6 戦後改革とその遺産』岩波書店,1995年,249頁,菅英輝「ベトナム戦争と日米安保体制」『国際政治』第115号（1997年）,81頁,鄭敬娥「60年代における日本の東南アジア開発」『国際政治』第126号（2001年）,120頁。

7 Yoshihide Soeya, "Japan's Policy Toward Southeast Asia: Anatomy of 'Autonomous Diplomacy' and the American Factor," in Chandran Jeshurun ed., *China, India, Japan, and the Security of Southeast Asia*, Singapore: Institute of Southeast Asian Studies, 1993. 玉木一徳「日本主導の東南アジア開発閣僚会議：経済外交の挫折」『国士舘大学教養論集』第52号（2002年）,高橋和宏「『南北問題』と東南アジア経済外交」波多野澄雄編『池田・佐藤政権期の日本外交』ミネルヴァ書房,2004年,高橋和宏「『東南アジア経済開発』とヴェトナム戦争をめぐる日米関係（1）（2）」『筑波法政』第36号,第37号（2004年）,曺良鉉『アジア地域主義とアメリカ外交：1960年代地域機構設立の相互作用における多様性の分析』東京大学大学院総合文化研究科博士論文,2006年。曺の研究は高橋のそれを批判しているものの,結局はほぼ同一の結論――閣僚会議における日本の自主性の強調と,対東南アジア援助の積極化――に行き着

務省はこの会議の構想発表当初から米国との関係を否定し続けており、また閣僚会議を「戦後わが国がアジアに対してとったもっとも重要なイニシアチブの一つ[8]」と自賛していたが、後者の説はそれを裏打ちする研究だと言えるだろう。その他にも、日本が太平洋戦争の贖罪意識から援助増大を画策したという見解も、主に米国の研究者の間に根強く存在する[9]。

援助増大の機会？

以上のように、閣僚会議を開いた日本政府の政策意図について、先行研究の理解は統一されておらず、むしろ正反対とも言える見解すらある。ただしこれらの研究の間にも公約数的な理解の一致がある。それは米国との協調を主張するにせよ、そこから離れた日本のアジア志向を強調するにせよ、閣僚会議を日本の援助増大の機会、受け皿であったと捉えている点である[10]。事実、会議冒頭の挨拶で佐藤榮作首相は近い将来、開発援助を大幅に拡充することを表明[11]、藤山愛一郎経企庁長官と福田赳夫蔵相も、できるだけ早く途上国向け援助がGNPの1％に到達するよう努力し、特に東南アジアに重点を置くことを誓っている[12]。しかしながら日本政府の説明によると、閣僚会議が設けられた目的は、援助増大そのものではなく、東南アジア諸国の閣僚級の代表が「率直で腹蔵のない意見の交換を行い、もってこれらの諸国の経済開発とそのための域内諸国間の協力の気運を促進するための機会[13]」を提供することであった。日本としては性急に具体的な成果を出すことを考えて

いている。

8 下田武三著、永野信利編『戦後日本外交の証言：日本はこうして再生した』下巻、行政問題研究所出版局、1985年、138頁。下田は当時の外務次官。

9 Walt W. Rostow, *The United States and the Regional Organization of Asia and the Pacific, 1965-1985*, Austin: University of Texas Press, 1986, p. 25; Michael Haas, *The Asian way to peace: a story of regional cooperation*, New York: Praeger, 1989, p. 91. 菅、前掲「ベトナム戦争」、81頁。

10 日本の政策意図を明言していないものの、山影進「アジア・太平洋と日本」渡邉昭夫編『戦後日本の対外政策』有斐閣、1985年、145頁も同様の見解である。

11 『読売新聞』1966年4月6日夕刊。

12 同上、『朝日新聞』1966年4月8日朝刊。

13 外務省『わが外交の近況』第10号、1966年、50頁。

いたわけではなく,「今後長い期間にわたって解決していかなければならない東南アジア開発問題ととりくんでいく一つの手段」とされたに過ぎないのである[14]。閣僚会議開催の実現に尽力した吉野文六(当時外務省経済協力局参事官)も,会議は「別にこっちは,彼等(東南アジア諸国のこと－引用者註)に大盤振舞いをするということではなくて,ともかく共通の問題を膝を交えて話そうということだった」,「いろいろ餌を付けては駄目だということ」だったと回想している[15]。先行研究の言うように,閣僚会議が日本の援助増大の機会として位置づけられていたのなら,具体的な出資計画(「餌」)もなく,「意見交換」をして経済開発の「気運を促進」する,といった曖昧な形態などとることはなかったはずである。そして会議開催のイニシャティブをとった日本政府だったが,その後の会議では不誠実な対応に終始し,東南アジア側からの不満が高まっていくことになる[16]。実際のところ,表7－1から図7－3を見る限り,日本が閣僚会議を手段として東南アジアへの援助を大幅に増額させたという事実はなく,GNP1％表明もリップ・サービスに終わってしまった観がある[17]。上記の先行研究は,この疑問に対して説得的な見解を提示していない。なぜなら,日本政府が閣僚会議を開催するに至った外務省の政策過程を十分に追跡している研究は少なく,会議を主催した日本政府の意図を明らかにしていないからである[18]。

14　外務省「東南アジア開発閣僚会議について」1965年10月12日,2003-00633。
15　C. O. E. オーラル・政策研究プロジェクト『吉野文六(元駐ドイツ大使)オーラルヒストリー』政策研究大学院大学 C. O. E. オーラル・政策研究プロジェクト,2003年,96頁。ただし本章で明らかにするように,この吉野の述懐は必ずしも正確なものではない。
16　9年後に閣僚会議は自然消滅することになる。その後の展開については,本章7節および山影,前掲「アジア・太平洋」,157-158頁参照。
17　政府開発援助額(ODA)とその他政府資金(OOF),民間資金(PF)の総額が GNP の1％を初めて超えるのは,民間の直接投資が激増した1973年になってからである(表7－2及び図7－1参照)。GNP1％の援助表明は閣僚会議が初めてというわけではなく,すでに1964年の第一回 UNCTAD(国連貿易開発会議)で問題になっており,佐藤は1965年5月に,援助が GNP の1％を超えるよう努力する旨の演説を行っている。『朝日新聞』1965年5月10日夕刊。
18　閣僚会議を開催するに至った,外務省の政策過程を追跡している例外的な

表7－1　東南アジア開発閣僚会議で決まった新規プロジェクトと日本の拠出

年度（回）	プロジェクト名	日本の出資
1966年（第1回）	東南アジア農業開発基金 東南アジア漁業開発センター（1967年12月）	2000万ドル（1968年12月） 75万ドル
1967年（第2回）	東南アジア運輸通信地域協力 東南アジア港湾開発セミナー（1967年5月）	経済協力開発機構関係分担金190万ドルから（明細不明）
1968年（第3回）	－	
1969年（第4回）	1970年代の東南アジア経済分析 東南アジア経済開発促進センター（1972年1月） 公衆衛生・殺虫剤規制地域協力	国連開発計画拠出金を除く国際分担拠出金260万ドルから（明細不明）
1970年（第5回）	アジア租税行政調査・研究 東南アジア家族人口計画地域協力 経営教育協力のフィージビリティ調査	国連開発計画拠出金を除く国際分担拠出金293万ドルから（明細不明）
1971年（第6回）	－	
1972年（第7回）	東南アジア医療保健機構（未成立）	
1973年（第8回）	－	
1974年（第9回）	－	
1975年（第10回）	未開催	

出所：山影進「アジア・太平洋と日本」渡邉昭夫編『戦後日本の対外政策』有斐閣，1985年，146頁，財政調査会編『国の予算』，各年度版。

　本章が試みるのは，閣僚会議構想が形成され，実現する過程を実証的に分析することによって，先行研究が論じなかったかたちで，日本政府の政策意図を描き出すことである。閣僚会議が開催されたのは1966年の4月であるが，すでに前年，日本政府が東南アジア各国にその参加の打診を始める1965年7月には，その骨子は決まっていた。この期間を含めて分析しない限り，日本政府が閣僚会議を主催した理由を明らかにすることはできない。したがって本章は，この素案が形成されていく過程から分析を始める。すなわち，会議の開催を決定付けたジョンソン大統領演説が行われた1965年4月から，閣僚会議が開催された翌年4月までの約1年間が，分析対象の期間となる。この期間において，主要な政策決定者を特定し，彼らの言動とそれを取り巻く環境を時系列に追うことで，閣僚会議の構想が形成され，実現に至る過程を描

　　研究は，高橋，前掲「東南アジア」（1）と曹，前掲『アジア地域主義』であるが，両研究は外務省の米国からの独立性を強調し過ぎているために，本章とは異なった結論が導き出されている。

表7－2　1960・70年代の日本の経済援助額（単位：百万ドル）

区分			1961年	1962年	1963年
政府ベース	政府開発援助（ODA）	贈与	67.8	74.6	76.7
		（うち賠償）	(65.0)	(67.0)	(62.0)
		直接借款	27.7	5.0	51.5
		国際機関拠出等	11.4	7.2	12.1
		計	106.9	86.8	140.3
		（うち狭義の東南アジア：%）	64.8	87.4	49.3
	その他政府資金（OOF）	輸出信用	—	—	—
		直接投資金融	—	—	—
		国際機関融資等	—	—	—
		計	—	—	—
	合計		106.9	86.8	140.3
民間ベース（PF）		輸出信用	180.7	130.3	50.6
		直接投資	98.4	68.4	76.7
		国際機関融資参加等	−4.6	0.7	—
		民間非営利団体贈与等	—	—	—
		計	274.5	199.4	127.3
総計			381.4	286.2	267.6
資金の流れ総額の対国民総生産比（%）			0.71	0.49	0.40
政府開発援助の対国民総生産比（%）			0.20	0.15	0.21
国民総生産（億ドル）			531.3	588.9	679.6

区分			1971年	1972年	1973年
政府ベース	政府開発援助（ODA）	贈与	125.4	170.6	220.1
		（うち賠償）	(21.8)	(34.6)	(66.9)
		直接借款	306.7	307.2	545.1
		国際機関拠出等	78.7	133.3	245.8
		計	510.7	611.1	1011.0
		（うち狭義の東南アジア：%）	43.3	48.4	40.7
	その他政府資金（OOF）	輸出信用	271.7	266.3	254.0
		直接投資金融	136.3	264.7	569.8
		国際機関融資等	243.0	325.4	355.1
		計	651.1	856.4	1178.9
	合計		1161.8	1467.5	2189.9
民間ベース（PF）		輸出信用	494.0	190.6	440.1
		直接投資	356.2	844.3	3072.1
		国際機関融資参加等	125.4	217.4	135.3
		民間非営利団体贈与等	3.1	5.6	6.8
		計	978.7	1257.9	3654.3
総計			2140.5	2725.4	5844.2
資金の流れ総額の対国民総生産比（%）			0.95	0.93	1.44
政府開発援助の対国民総生産比（%）			0.23	0.21	0.25
国民総生産（億ドル）			2253.0	2932.5	4070.6

注　1：上表中，マイナスは回収超過
　　2：民間非営利団体による贈与は1970年から新たに設けられた項目
　　3：1966年以降DAC統計フォーム変更
　　4：ドル・円換算率は以下の通り
　　　　1971年まで　1ドル＝360.00円, 72年　308.00円, 73年　272.84円, 74年　291.49円,
　　　　75年　297.04円, 76年　296.50円, 77年　268.51円, 78年　210.47円, 79年　219.17円,
　　　　80年　226.79円

1964年	1965年	1966年	1967年	1968年	1969年	1970年
68.7	82.2	104.7	138.4	117.0	123.4	121.2
(57.8)	(62.8)	(55.6)	(81.7)	(46.4)	(41.3)	(18.2)
37.5	144.1	130.0	202.2	190.5	216.2	250.3
9.7	17.5	50.6	44.7	48.8	95.9	86.5
115.9	243.8	285.3	385.3	356.2	435.6	458.0
55.3	30.0	34.4	49.2	37.0	37.8	42.0
―	―	171.4	190.1	290.3	309.9	349.5
―	―	28.6	35.7	31.8	55.9	143.1
―	―	―	―	―	10.0	201.0
―	―	200.0	225.8	322.1	375.8	693.6
115.9	243.8	485.3	611.1	678.3	811.4	1151.6
135.7	154.7	71.7	137.6	280.2	299.6	386.9
39.3	87.4	68.5	48.9	90.8	144.1	265.0
0.3	―	−0.4	−0.1	―	8.0	17.5
―	―	―	―	―	―	2.9
175.3	242.1	139.8	186.4	371.0	451.7	672.3
291.2	485.9	625.1	797.5	1049.3	1263.1	1824.0
0.36	0.55	0.62	0.67	0.74	0.76	0.93
0.15	0.28	0.28	0.32	0.25	0.26	0.23
801.1	883.1	1015.1	1197.1	1418.8	1664.0	1971.8

1974年	1975年	1976年	1977年	1978年	1979年	1980年
198.6	201.7	184.9	236.7	383.4	560.2	652.6
(27.5)	(29.1)	(20.0)	―	―	―	―
681.8	648.7	568.1	662.6	1147.6	1361.0	1308.2
245.8	297.3	352.0	525.2	684.4	716.3	1342.9
1126.2	1147.7	1104.9	1424.4	2215.4	2637.5	3303.7
42.6	37.1	38.5	21.6	26.6	30.0	26.1
8.3	339.0	471.0	1081.6	1286.5	−235.1	822.9
798.5	1015.5	776.8	417.4	703.8	675.4	767.0
−17.9	14.9	85.6	123.6	162.4	−230.2	−111.9
788.9	1369.5	1333.4	1622.6	2152.6	210.1	1478.0
1915.1	2517.2	2438.3	3047.0	4368.2	2847.6	4781.7
148.7	82.7	319.0	913.8	412.1	642.5	73.7
874.8	273.3	1184.1	1223.6	5014.5	3405.8	1566.3
15.1	6.9	45.0	332.2	890.1	640.7	317.8
8.7	10.1	16.2	18.3	18.9	19.0	26.4
1047.2	372.9	1564.3	2487.9	6335.6	4708.0	1984.2
2962.3	2890.1	4002.6	5534.9	10703.5	7555.6	6765.9
0.65	0.59	0.71	0.80	1.11	0.75	0.65
0.25	0.23	0.20	0.21	0.23	0.26	0.32
4536.5	4903.5	5641.4	6940.2	9631.2	10007.6	10396.7

図7−1　1960・70年代の日本の対外援助の対国民総生産比

・・・◆・・・　資金の流れ総額の対国民総生産比（％）
―■―　政府開発援助の対国民総生産比（％）

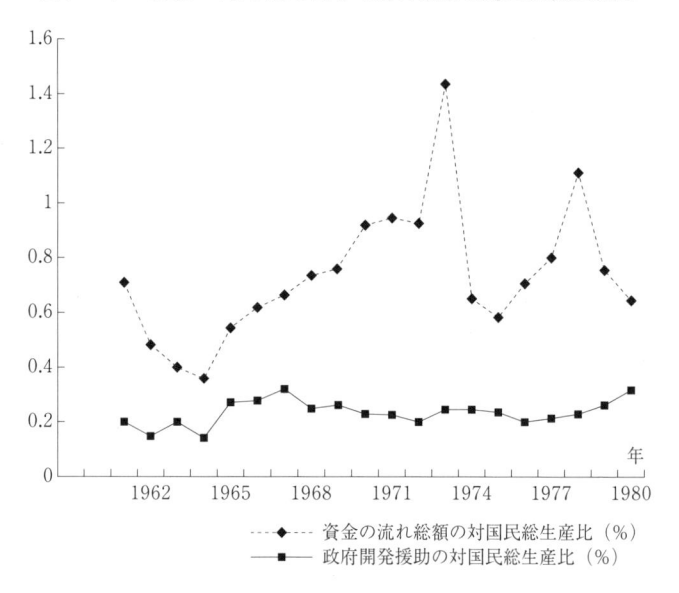

図7−2　1960・70年代の東南アジア向け
日本の二国間ODA絶対額（単位：百万ドル）

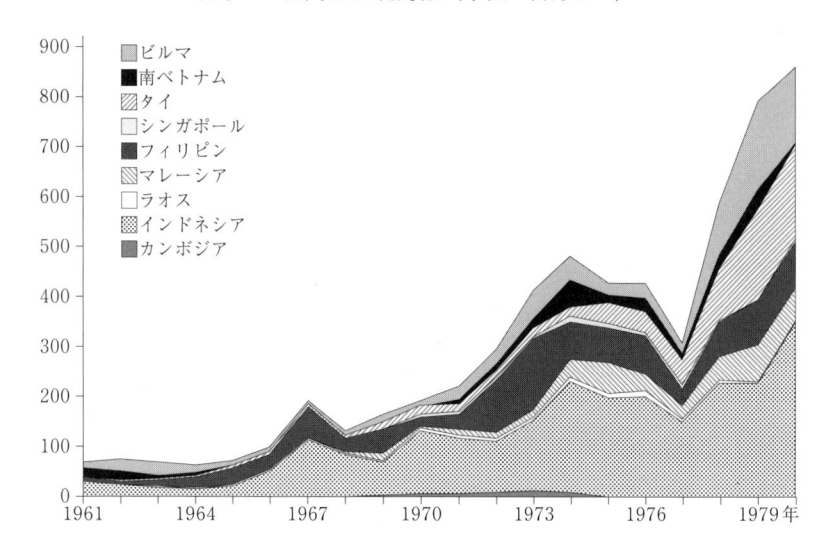

ビルマ
南ベトナム
タイ
シンガポール
フィリピン
マレーシア
ラオス
インドネシア
カンボジア

図7-3　1960・70年代の東南アジア向け
日本の二国間ODA相対額（世界全体に占める割合：％）

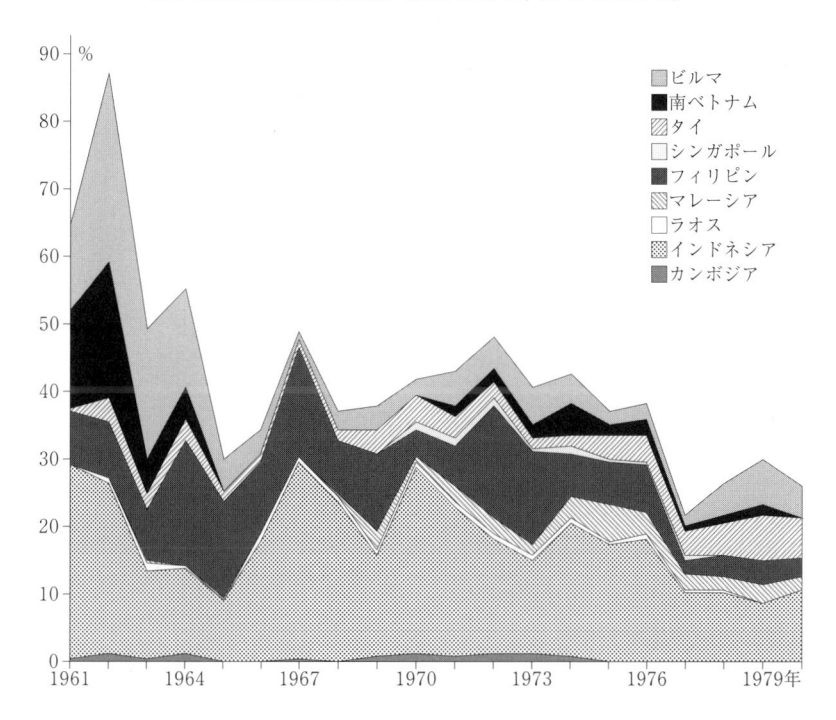

凡例：ビルマ、南ベトナム、タイ、シンガポール、フィリピン、マレーシア、ラオス、インドネシア、カンボジア

表7-2から図7-3までの出所：『経済協力の現状と問題点』各年度版, 海外経済協力基金『海外経済協力基金20年史』

き出す。その作業によって，以下の諸点を明らかにする。

　第一に，最も重要な点は，閣僚会議は先行研究の理解とは異なり，経済大国化しつつある日本の援助増大の機会として開催されたのではなかった，という事実である。この時期の日本政府に，東南アジア諸国の経済開発を一身に背負い込むような力量と意思は，未だ備わっていなかった。もちろん日本も援助国として想定されたが，それは副次的なものに過ぎず，あくまで出資の中心となるべきは，米国であった。財政的な制約を受けていた外務省は，その方針で会議を推進したのである。閣僚会議における日本の第一の役割は，東南アジア諸国のまとめ役を担って，経済開発の「気運を促進し」，先進諸国の援助を期待するための討議の場を設けることであって，実質的な貢献は米

国が行うと想定されていた点に、日本のイニシャティブの限界があった。

そして逆説的ながら第二に、米国の資金を想定していながら、閣僚会議を成功させるためには、米国との関係を否定することが必要不可欠だった。ベトナム問題にコミットしつつある米国に公然と協力姿勢を示すことは、中立アジア諸国と国内からの反発を招く。彼らの賛意を得るためには、米国色・反共色をでき得る限り薄めなければならなかった。その参加への説得過程で外務省は、閣僚会議とジョンソン構想とは直接的な関係がないこと、閣僚会議は純粋に経済的なものであることを、くどいほど公言する必要があったのである。

しかしながら第三に、そのような日本の戦術は、アジア諸国とアメリカ双方（と後の研究者）の誤解を招来してしまう。東南アジアの参加国は、日本の大幅な援助増大に期待をかけて会議に参加する。しかしそこで見たものは、援助増大に消極的な日本政府の姿であった。ジョンソン・ドクトリンに対する日本の実質的な貢献を望んでいたアメリカもまた、日本のアプローチに対しては期待を外されてしまう。そしてベトナム政局の悪化によって、米国自体、対東南アジア援助の増大には消極的になっていくのである。このような各者の認識の相違が、後に閣僚会議を自然消滅へと追いやる原因となるのであった。

2　ジョンソン構想と「アジア平和計画」

1965年4月7日、米国ジョンズ・ホプキンス大学においてジョンソン大統領はベトナム戦争終結のために無条件で討議に応ずる用意、そしてアジアの経済開発のために10億ドルを議会に要請する用意があるとの演説を行う[19]。この年の2月より開始された北爆により、ベトナム戦争のアメリカ化が本格的に始まっていた。国務省のウィリアム・バンディ（Bundy, William P.）極東問題担当国務次官補を中心とする作業グループや、その実弟、マクジョージ・バンディ（Bundy, McGeorge）国家安全保障問題担当大統領特別補佐官は、北爆に代表されるベトナム政策を、大統領が方針転換する旨演説で明らかに

19　"Address at Johns Hopkins University: "Peace Without Conquest"," April 7, 1965, *Public Paper of the Presidents of the United States Lyndon B. Johnson 1965, vol. 1*, Washington D.C.: USGPO, 1966, pp. 394-399.

するよう勧告を行っていたが，それが容れられた。そして東南アジア開発と，そのために「10億ドル」を要請する用意がある，という文言を演説中に盛り込むことが決定されたのである[20]。

大統領の演説に，日本政府はすぐさま反応する。佐藤首相はこの構想を評して「具体的で，大いにこの声明を歓迎する」と日記に書き[21]，個人的にライシャワー大使に直接電話をして歓迎の意を伝えている[22]。彼はベトナムでの米国の行動，特にこの年の2月より開始された北爆に憂慮し，懸念を深めつつあったが，ジョンソン演説によりそれは解消されたと言う。軍事的手段によらず，経済的手段によってアジアの平和と安定を保つというジョンソン演説の主意は，日記に書き留めるほどに佐藤を満足させるものだった。佐藤は10日，大統領宛に書簡を送り，東南アジア開発構想を支持すると表明する[23]。そして外務省に対し，ジョンソン構想への日本の協力計画をとりまとめるように指示するのである[24]。多くの先行研究が指摘するように，閣僚会議の開催はこのジョンソン構想に対する日本政府の協力案であった。さらに言えば，閣僚会議構想の内容が造形されていく過程は，ジョンソン構想に対する日本政府の解釈と，その実現に向けた努力の過程であった。

ジョンソン演説の一週間後に，外務省アメリカ局北米課がまとめた報告によれば，この構想は「受け入れ国である東南アジア諸国が，なんらかの共同行動を通じて積極的な反応を示すことが先決」であり，「具体的なプランは未

---

20 ジョンソン構想の立案過程とその影響に関する研究として，曺，前掲『アジア地域主義』，第2章。Nguyen Thi Dieu, *The Mekong River and the Struggle for Indochina; Water, War, and Peace*, Westport, Conn.: Praeger, 1999, chap. 3.

21 伊藤隆監修『佐藤榮作日記』第2巻，朝日新聞社，1998年，1965年4月8日の条。

22 From Tokyo to Secretary of State, April 7, 1965, NSF, CF, Box 250, LBJL.

23 Memorandum to President Lyndon B. Johnson from Prime Minister Eisaku Sato, April 10, 1965, NSF, CF, Box 250, LBJL. 河野康子「日本外交と地域主義」日本政治学会編『危機の日本外交：70年代』岩波書店，1997年，123頁も参照。ただし佐藤は，4月12日にライシャワーと会談を行い，大統領の提案に対しては歓迎するものの，日本の協力には尻込みしていたようである。曺，前掲『アジア地域主義』，171頁。

24 Summary of Discussions, Second Japan-U.S. Policy Planning Consultations, April 24-27, 1965, *CF-JIFA, 1963-1966*, Reel 44.

だなく，かつてのマーシャル・プランのように援助受入国側が進んでこの構想の具体化に着手することを期待している」。米国に向けた実際の援助申請は，「関係国間で事前に調整がなされた上で，米側に働きかけることが期待」されており，対象地域については，「メコン河流域に限らず，ビルマ以東の各国を中心に，フィリピン，インドネシアを含む地域」が念頭に置かれている。そして米国はこの構想に対する日本の「果す役割りを重視」していると報告されている[25]。

　佐藤の指示を受けて，ジョンソン構想に協力するための計画を立案する推進母体となったのは，外務省経済協力局である。特に局長の西山昭，参事官の吉野文六，5月からは国際協力課長に就いた御巫清尚が加わり，彼らが中心となって構想をつくりあげていく。ジョンソン演説が行われてから2週間後の4月21日，外務省は日米合同出資の多国間枠組みである，「アジア平和計画」を策定するに至る[26]。この計画の目的は，「アジアに平和を齎すためにはまず経済の安定が必要である」ことから，今後10年間で民生の安定のために長期低利借款や技術援助などを通じて，国際協力を共同して行うことにあった。具体的には，戦災地域の病院，学校，道路，住宅，工場等の再建や拡充，また第一次産品の開発や価格安定のための資金供与と技術援助なども盛り込まれていた。最初の5年間の主目標として掲げられたのは，第一次産品を主対象とする短期貿易金融であり，次の5年間では，工鉱業，農業，インフラ部門の飛躍的発展をはかり，アジア諸国の有機的協力体制を確立することが目標とされた。活動主体としては，関係国の大臣級代表よりなる年1回の定期会議を開く総会と，東京に設ける事務局が考案された。総会の代行機関として，各国政府により任命された代表者よりなる常設委員会を設け，その下部機関の地域別協議会，第一次産品協議会，技術協力協議会などが計画の運営を図るとされた。参加国は「日本，台湾，フィリピン，南ベトナム，カンボジア，マレーシア，インドネシア，タイ，ビルマ」とし，北ベトナムには「特に強く参加を求め」，「中国，北鮮」にたいしても「将来門戸を開く方向で検

25　アメリカ局北米課「ヴィエトナムに関するジョンソン大統領の演説をめぐる動き」1965年4月15日，2002−01242。

26　「アジア平和計画の構想について」1965年4月21日（作成局は明記されていないが，それ前後の状況から経済協力局であると断定できる），2002−01242。

討する」とされた。つまり共産諸国を含む，狭義の東南アジアと東アジアのメンバーが想定されていたのである。域外の援助国としては「米，ソ，豪州，ニュージーランド」といった先進諸国に広く参加をもとめ，また IMF や世銀，ECAFE，メコン委員会等の国際機関とも密接な協力を保つとされた。

「アジア平和計画」の熱情と失望

この計画で最も注目すべき点は，第一回の拠出金として，米国の10億ドルの他に，日本が5億ドルを計上することが考えられていたことである（その他の域外国5億ドル，日本を除く域内国2億ドル）。前年1964年日本による対外援助の総額が約3億ドルである事実を考量すると（表7－2参照），この構想の大胆さが良くわかるであろう。経済協力局が自負するに，この計画は「アジアにおける緊張を緩和し，平和と繁栄を確保するための画期的構想」であり，日本の「熱意の証左」とするためには，「先ず自ら相当額の拠出を行う[27]」必要があった。また，計画名に「経済」という単語を使わないのは，「政治的」意志の表れであるという[28]。外務省の意気込みがうかがえよう。この構想は外務省の決裁と椎名悦三郎外相の「熱烈な」支持を得た[29]。対象範囲は米国が想定していたビルマ以東に限られ[30]，米国の拠出額はジョンソン構想の10億ドルが想定されていた。経済協力局はその10億ドルを「インド・パキスタンが影響力を持つアジア開発銀行とは切り離し，全額『アジア平和計画』に供与することが望ましい」と考えていたのである[31]。

27　経済協力局「アジア平和計画に対するわが国の拠出の意義（局長用プライベートメモ）」1965年4月15日，2002－01242。

28　From Tokyo to Secretary of State, April 24, 1965, NSF, CF, Box 250, LBJL.

29　*Ibid.*

30　本書の前半部で検証したように，「開発援助枠組み」を想定した日本のアジア地域主義構想のほとんどが，広義の東南アジアを対象としていた。それが閣僚会議では，狭義の東南アジアに収斂するのである。ジョンソン構想はその対象範囲から南アジアを明確に切り離しており，日本政府もそれと歩調を合わせ，閣僚会議の参加国を「ビルマ以東」と限定することとなる。本書はジョンソン構想が日本の「東南アジア」地域概念を変化させた主原因と主張するものではないが，少なくとも相関関係はあると思われる。

31　経済協力局「ロッジ特使訪日の際問題となる経済協力案件（アジア開発銀行）」1965年4月23日『ADB』B'0148。

外務省の構想は，佐藤の賛意を得てしかるべきものだった。なぜなら「アジア平和計画」は，佐藤の意向に沿うものであったからである。佐藤は前年の自民党総裁選挙の際，経済力とともに日本の国際的地位は上がったが，「真に自主性のある外交は展開されなかった」と，池田政権の消極的な外交姿勢を批判していた[32]。首相就任直後も佐藤は，従来の東南アジア援助が「日本のマーケットとして」のみ捉えられていると非難し，「単に経済的観点から援助するだけでは十分でな」く，「自由を守り，平和を確立するという高い見地に立ち，東南アジア諸国に対するわが国の発言権を確保すべきだ」と外務省を「激励」していた[33]。佐藤が叱咤したように日本のアジア外交が「停滞気味」[34]であるのなら，外務省はそれを挽回する必要があったのである。加えて，1964年4月に開かれた第一回UNCTADでは，GNPの1％を援助に振り向けることが勧告され，日本政府は援助の増額を国際的に迫られていた。また，戦後賠償もすでにこの年1965年にビルマ，南ベトナム，ラオス（ラオスについては「準賠償」）3国で完済することでピークは越え，日本の援助額は徐々に先細りしていく傾向にあった。つまりこの時期は，日本政府が途上国援助の増額について，何らかの新政策を模索していた時と重なり合うのである[35]。ただしジョンソン演説とそれを受けた佐藤の指示がなければ，「アジア平和計画」という気宇壮大な構想はつくられなかっただろうし，その後の閣僚会議構想へと繋がっていくこともなかったであろう。すなわちジョンソン演説は，閣僚会議開催の直接的な原因だったのである。そしてこの時点では，北爆を続行しつつも経済援助を行う用意があるという米国の自家撞着した行動に対しては，佐藤や外務省は無批判であった。しかしながら後に見るように，このような米国の二面性のために外務省は大きな問題を抱え，それが閣僚会議の性格と進め方を決定付ける要因となるのである。

　この平和計画は，椎名外相の説得にも拘わらず，4月23日に佐藤首相によ

32　『読売新聞』1964年6月27日朝刊。
33　『読売新聞』1964年11月19日朝刊。
34　同上。
35　例えば，計画倒れに終わったものの，外務省はすでに池田政権時の1964年10月，椎名外相らの指示によりアジア援助を強化するために「総理大臣基金（仮称）」を新設する構想を発表していた。『朝日新聞』『日本経済新聞』1964年10月18日朝刊。

ってすげなく一蹴される。佐藤が問題としたのは，5億ドルという資金規模であった。佐藤は台湾・韓国に対するコミットメントを指摘し，5億ドルという膨大な額を東南アジアに振り向ける余裕はないと言い放つ。橋やダム，道路建設などの小規模で具体的な貢献をすることで米国との協力は可能であると佐藤自身は考えていた[36]。この年の4月16日，日本は台湾に対して540億円（1億5000万ドル）の円借款を5年間にわたって供与する交換公文に調印している。また，韓国とは2月に日韓基本条約に仮調印，6月に本調印して，日本は韓国に無償3億ドル，年利3.5％の有償2億ドルという経済協力を10年間分与することが決まっていた。佐藤の発言はこれらを踏まえてのものであった。米国の資金と日本の技術を結びつけた東南アジア開発という考え方は，本書の前半で論じたように1950年代の日本政府が米国に訴えてきた政策であったが，佐藤の念頭にあった日本の対米協力はそれに近かったと思われる。佐藤はそれ以降も，日本の拠出増大に対して一貫して否定的態度をとり続ける。2ヶ月後にライシャワー大使との会談で東南アジア開発における日本の役割を求められた際にも，池田政権の誤った政策のために現在日本は深刻な経済的再調整（readjustment）を迫られているのであって，海外での役割を増大する立場にはないと答えている[37]。また，7月に閣僚会議の素案がまとまり，それを了承した時点においても，佐藤は日本の大規模な資金援助には反対している[38]。

ライシャワーによれば，佐藤に計画を拒否された「吉野は明らかに落胆し，苦慮していた」。大使は吉野に，この計画を捨て去らずに何とか生かす方法を見つけるよう力説する。それに対して吉野は，翌日に佐藤と会談するロジ（Lodge, Henry Cabot, Jr.）を通じて首相を説得してくれないかと，逆に懇願するのである[39]。

36　From Tokyo to Secretary of State, April 24, 1965, NSF, CF, Box 250, LBJL.

37　From Tokyo to Secretary of State, June 15, 1965, NSF, CF, Box 250, LBJL. この年1965年は昭和40年不況が深刻化していた年であり，前年に池田の後を襲った佐藤政権は均衡財政政策を強いられていた。

38　From Tokyo to Secretary of State, July 9, 1965, NSF, CF, Box 250, LBJL.

39　From Tokyo to Secretary of State, April 24, 1965, NSF, CF, Box 250, LBJL. ロッジは駐南ベトナム大使として再赴任する途次，日本に立ち寄っていた。ロッジと佐藤の会談は，そのほとんどの時間が米国のベトナム政策の是非に費

4月27日、東京で行われた第二回日米政策企画会議の場で、ロストウ国務省政策企画委員長に対し、西山と吉野は外務省の「アジア平和計画」が首相に拒絶されたことを打ち明ける。ロストウはその草案を披見した後、多くの東南アジア諸国の実情は日本の構想に合わないと指摘し、「アジアにおける進歩同盟全米委員会（CIAP）的なアプローチ」をとることを勧める[40]。すなわちそれはアジア諸国の開発計画や必要資金について総合的立場から検討を加え、各種地域協力機関に対して様々な勧告を行う委員会をつくれば良いのではないかという示唆であり、その発想は素晴らしい考えだとの吉野の賛同を得ている。そしてロストウは、アジア諸国から何らかの反応が得られるならば、すぐに我々はジョンソン構想を進めるつもりであるが、それがなければ例えばメコン委員会を通じて、二国間で行うことになるだろうと言う。ロストウが繰り返し強調したのは、アジアからの提案に良いプロジェクトがあれば資金は拠出される、しかしそれには計画とスタッフが必要であり、CIAPでやっているような、国ごとの調査（reviews）が必要であるという点であった[41]。後に見るように、この一連のロストウ発言は、西山や吉野にとって重要な響きを持つようになる。

3　外務省のジレンマ

佐藤は「アジア平和計画」における日本の多額の拠出には反対したものの、ジョンソン構想の協力案を提出せよという指示が立ち消えになったわけではなかった[42]。加えて、ジョンソン構想が「アジア諸国等が米国の呼びかけに応

やされ、外務省の構想が取り上げられる余地はなかったらしい。曹、前掲『アジア地域主義』、178－179頁。

40　ロストウとCIAP構想については、Kimber Charles Pearce, *Rostow, Kennedy, and the Rhetoric of Foreign Aid*, East Lansing: Michigan State University Press, 2001 を参照。

41　Summary of Discussions, Second Japan-U.S. Policy Planning Consultations, April 24-27, 1965, *CF-JIFA, 1963-1966*, Reel 44. 経済協力局「ジョンソン米大統領の東南アジア開発提案について」1965年5月6日、2002－01242。

42　5月の時点でも佐藤は、ジョンソンの10億ドル拠出提案には積極的に応えたいと表明している。『朝日新聞』『毎日新聞』1965年5月10日夕刊。また、6月の外務省の文書でも、ジョンソン構想の協力案を作成するという指示は生きていることが確認できる。経済協力局「東南アジア開発提案に対するわ

じ計画具体化のイニシァティヴをとることを期待するという appeal の形で提起されており，……わが国を始めアジア諸国が積極的に具体案を提出することを希望している[43]」以上，日本はそれに応える必要があった。そして「アジア平和計画」を策定したことからもうかがえるように，外務省としてもアジアにおける緊張を緩和する必要性を痛感し，日本外交の積極化を望んでいたのである。しかし次にジョンソン構想の協力案が出されるのは，6月に入るまで待たなければならなかった。その理由として，佐藤に「アジア平和計画」を拒否されたことが経済協力局のモチベーションを下げたということも考えられるが，何よりこの時期は，5月にアジア局から経済協力局へ移ってきた御巫が回想しているように，「日韓交渉に没頭して」いて[44]，十分な東南アジア経済協力政策を立案する時間的余裕がなかったことも一因だろう。さらに，北爆を続行する米国に対する非難の声が国内外から高まりつつあり，外務省はそのうねりを無視することはできなかった。加えて，外務省内部においてもアジア開発に関する統一した意見があったわけでもなく，ジョンソン構想という，曖昧模糊とした提案に対する協力案を策定しなければならない経済協力局は，相当の苦渋を強いられることになる。

外務省内の意見分裂　その1

　駐米大使の武内龍次は本省へ向けた電文で，ジョンソン構想に関して米国は自らの「押しつけ」という誤った印象を与えたくないため，「東南アジア諸国からの SPONTANEOUS かつ積極的な反応を期待している」と報告し，その実現にはカンボジアの支持を得ることが必要であると力説する[45]。米国政府はジョンソン構想に対する日本の寄与に「深い関心と強い期待」を有して

　　が国の態度（案）」1965年6月9日，2002-01242。ちなみに5月の佐藤演説の草稿を書いたのは吉野であり，彼自身はこれがリップ・サービスに終わらないように望んでいることを，ライシャワーに打ち明けている。From Tokyo to Secretary of State, May 11, 1965, *CF-JIFA, 1963-1966*, Reel 3.
43　経済協力局「ジョンソン米大統領の東南アジア開発提案について」1965年5月6日，2002-01242。
44　御巫清尚『東の風，西の風』国際開発ジャーナル社，1991年，42頁。
45　ワシントン武内大使発外務大臣着「米の対東南アジア開発援助構想について」1965年4月23日，2002-01242。

おり，速やかに日本がその具体化を促進することは，「アジアにおける日本の地位を高め」，「米国に対する発言権の強化の点からも極めて望ましい」と，やや戦略的な見地から米国と協力する必要性を説く。米国の資金と日本の技術を結びつけて東南アジアの開発を行うといった「あまい考えはとうてい通用しない」ので，日本も相当の金額の拠出を覚悟する必要がある，と献策している[46]。外務次官を経て，1963年から駐米大使としての地位にあった武内は，直接ラスク国務長官と会談する機会を何度も持ち，対米協力に最も積極的な外務官僚の一人であった。7月に開催された第四回日米貿易経済合同委員会（以後日米合同委）でもラスクに対し武内は，閣僚会議を開けば日本の拠出は避けられないとし，会議開催の「最低限の目標は」，日本の拠出を増大させるために外務省が日本人を「教育するよう試みる」ことだと発言しており，終始一貫して東南アジア開発に対する対米協力と日本の積極的関与を主張するのである[47]。第2章で論じたように，武内は吉田茂首相訪米の先発隊，いわゆる「愛知ミッション」の一員であり，ボールドウィンに「調査」資料を手交した人物である。あれから10年の歳月が過ぎ去っていた。武内の胸裏によぎったのは，日本がここまでの経済大国に成長したという，誇りであったかも知れない。

しかしアジア各国大使の意見は，武内のそれとは異なっていた。武内がジョンソン構想実現の必要条件としたカンボジアの，田村幸久大使からの電信では，米国とカンボジアとの関係悪化が指摘され，米国と協力することは「特別慎重な配慮を必要とする」と述べられている。そしてカンボジア政府の支持を獲得するためには「彼らの意向を十分聴取しつつ，……適切な示唆を吹き込みその INITIATIVE を育てる以外にはない」と進言されている。現状では米，英が自ら開発援助を行うことは「無用の摩擦のみ多く」，「結局他の西側の国がこの役を果さなければならない」と言う。そして日本こそが「重要な役割りを果し得る」と田村は「確信する」のである[48]。ベトナム戦争にの

46　ワシントン武内大使発外務大臣着「米大統領の対東南ア10億ドル援助構想に関する具申」1965年4月23日，2002-01242．ただしこの電文が本省へ送られたのは，佐藤が「アジア平和計画」を拒否した日である。

47　Memorandum of Conversation, July 12, 1965, RG59, Lot Files, Conference Files, 1964-1966, Box 381, NAII.

48　プノンペン田村大使発外務大臣着「米の対東南アジア開発援助構想（カン

めり込みつつある米国と直截公然と協力を行うことは,カンボジアのような中立アジア諸国の反発を招くことは必至であり,そのような政策は慎重に避けなければならなかったのである。

　田村のこのような考えは,アジア各国に駐在している他の大使にも共有されていた。例えば,ジョンソン構想にからむ米国の衣料援助案に対する日本の協力について意見を求められたラオスの和田周作大使は,「ヴィエトナムを主とする米国の政策に対し,共産側の反応が先鋭化している昨今の情勢下において」,広くラオスの民衆に「日米の密接な協力をあからさまにみせつけることは賛成致しかねる」と厳しい意見具申を行っている[49]。5月18日から開かれていた第14回アジア・太平洋地域公館長会議の場でタイの粕谷孝夫大使は,ジョンソン構想の10億ドルの使途を日本が決定・実施するにしても,「アメリカの尻馬に乗るような印象を与えないように」する必要性を訴える[50]。インドの板垣修大使も同じく,「他の先進国も参加し,米国色を薄めるよう努力しなければ効果がない」と発言している[51]。アジア各国大使が共有していた深い懸念は,米国に駐在していた武内にはそれほど感じられなかったのかもしれない。

反戦運動の高まりと「対米協調」

　そして国内的にもこの時期,ベトナム反戦運動は無視できないほどの盛り上がりを見せていた。例えばロストウ来日の際に予定されていた東大,京大,早大3大学の講演は,左翼学生が騒動を起こす恐れがあるという理由で,すべて中止になっている[52]。4月24日には小田実,開高健らの呼びかけにより「ベトナムに平和を！市民文化団体連合」(いわゆるべ平連。翌年10月に名称変更)が発足,この頃から大規模・小規模を問わず,各地で反戦デモが展開

　　ボディアについての意見具申)」1965年4月27日,2002-01242。
49　ヴィエンチャン和田大使発外務大臣着「アジアの貧困者に対する米国衣料援助について」1965年5月12日,2002-01242。
50　「第14回アジア・太平洋地域公館長会議議事要録」1965年5月,2002-00399。ただし後述するように,タイはジョンソン構想実現における日本の役割に期待していた。
51　同上。
52　『読売新聞』1965年4月17日朝刊。

されるのである。中野好夫らの呼びかけによる「ベトナム侵略反対6・9統一行動」では社共両党，総評や約50の市民・文化団体がデモを起こし，東京だけで3万7千人規模に膨れ上がった[53]。このように拡大をみせつつある反戦反米運動に対して，日本政府が無自覚であったはずはない。与党自民党としては，表面上は米国の軍事行動を擁護していた。例えば佐藤は5月7日の自民党青年部全国大会で，北爆を支持するような演説を行っているし[54]，5月18日の自民党総務会では，ベトナムでの米国の軍事行動には正当な理由があるという「統一見解」を発表している[55]。しかし先の佐藤の憂慮記述からわかるように，北爆は決して手放しで賛成できる政策ではなかったし，7月に参院選が予定されていることも絡んで，全国各地で起こっている反戦運動に政府は神経を尖らせていたはずである[56]。通産省に至っては，米軍が北爆をつづけている中で，米国のベトナム政策であるジョンソン構想に日本が追従しても逆効果を招く恐れがあるという理由で，米国に協力することに難色を示している[57]。

しかし外務省にとって，米国と協力しないという選択肢は存在しなかった。なぜならジョンソン構想のような「考え方は，従来の米国の対アジア援助政策上みられなかった注目すべき新たな動き」であり，「特に北爆続行中の現状においてわが国がこれを積極的に支持し，その具体化のイニシヤティヴをとることは得策でないとの観方もあるが，……わが国としては徒にこれを静観することなく，積極的にその具体化に協力し，あわせて，これがわが国の外交目的に合致する建設的方向に発展することを確保すべき」だからである。

---

53 『朝日新聞』1965年6月10日朝刊。

54 『朝日新聞』1965年5月8日朝刊。

55 「統一見解」に関しては，「自民党のベトナム感覚：統一見解という"党議"の意味」『朝日ジャーナル』1965年6月6日号。昇亜美子「ベトナム戦争における日本の和平外交：1965－1968年」『法学政治学論究』第59号（2003年），195－197頁も参照。

56 社会党は6月7日，ベトナム戦争協力反対を「参院選挙に当り訴える緊急政策」として発表している。『朝日新聞』1965年6月8日朝刊。

57 『読売新聞』『毎日新聞』1965年4月27日朝刊，『毎日新聞』1965年6月27日朝刊，椎名大臣発各国公館宛「東南アジア開発大臣会議」1965年7月7日，2002－00663。

米国の意図は「とりあえずヴィエトナム戦争の終結と切り離しても，東南アジアの経済開発を推進することにあると繰り返し説明している」。もし日本が「なん等の協力姿勢も示さない場合は……わが国のアジア政策や対米協調はかけ声だけにすぎないとの不信感を招くおそれが強い[58]」。そしてアジアの側でも，日本に対する期待を表明している国も存在していたのである。タイのタナット外相は5月に椎名と会談した際，「まずアジアの諸国が本件（ジョンソン構想のこと－引用者註）を討議するため集まる（assemble）ことが重要だと思う」という意見を述べ，そのために「日本が主要な役割を果たすべきである」と語っている[59]。

問題は，そのやり方であった。東南アジア開発で米国と協力すると言っても，「アジア平和計画」が財政的理由により廃案になった以上，日本は自らの大規模な資金拠出はできない。ジョンソン構想への具体案を案出すると言っても，国内外の反発を招かないためには，米国に追従していると見られないように，反共色を薄める必要がある。加えて，ジョンソン構想が具体的な政策でなく，曖昧な構想である限り，米国の資金拠出の実現可能性もまた，不安の種であった。アジア・太平洋公館長会議で行われたアジア経済協力についての議論を総括して西山局長は，「要するにこの問題（ジョンソン構想のこと－引用者註）について最も日本として頭のいたいのは，かけ声ばかりで資金的うらづけが一向に伴わないことである。メコンに限っていっても，日本が調査費程度をだすだけでリーダジップをとれといってもこれは無理である。旗をふって，いざ蓋をあけてみて各国から却って軽べつされることになるかもしれない」と嘆いてみせた[60]。このような状況下で外務省は，フォーカル

---

58 経済協力局「東南アジア開発提案に対するわが国の態度（案）」1965年6月9日，2002-01242。西山が8月の終わりに『経団連月報』に寄稿した論説にも，この文書と同様の見解が述べられている。西山昭「米国の東南アジア開発援助構想」『経団連月報』第13巻第9号（1965年）。
59 南西アジア課「椎名大臣とタナット・タイ外相との会談要旨」1965年5月18日『タイ要人本邦訪問関係雑件　タナット外相関係』A'0391。
60 「第14回アジア・太平洋地域公館長会議議事要録」1965年5月，2002-00399。経済協力について討議が行われたのは5月20日。西山は当初，日本のイニシャティブにかなり消極的だったと，吉野は回想している。C. O. E. オーラル・政策研究プロジェクト，前掲書，95頁。

4　外務省構想の形成

6月に入ると, 経済協力局は「アジア平和計画」に代わる案をいくつか出し, その検討を行うことになる。7月12日から始まる第四回日米合同委の議題の一つに「低開発国経済開発協力」が含まれており, 各省庁間の意見調整がある7月1日までに, 外務省として何らかの計画を提出する必要があったからである。この時期における外務省案の形成過程は, ジョンソン構想という二面性を有しかつ曖昧な計画に対して, アジアの平和に貢献するためには, 日本としてどのようなアプローチを採るべきか, という検討の過程であった。

メコン河流域諸国に限定された開発計画

6月11日, 経済協力局は「東南アジア拡大経済社会開発計画」を立案する[61]。この構想と「アジア平和計画」との大きな違いは, その対象を, 「米国の意向および東南アジア諸国の態度を勘案し, 当面メコン河流域4カ国に限定」した点にあった。すなわち初期の外務省の壮大な構想は, ここにおいて大きく後退するのである。実施機構に関しても, 「当面メコン委員会を活用」し, その「advisory board および事務局を強化し, 日・米・英・仏・豪等の先進国から強力な専門家を派遣する」と, 新たに多国間の枠組みをつくるよりも既存の機関を利用する案に収縮する。将来的には, 北ベトナムを含むその他の東南アジア諸国も拡大対象になると想定されてはいたものの, それはあくまで将来の展望に留まった。日本からの協力としては, 「メコン委員会事務局に次長を設け, 日本人を送り込む」他, 「advisory board に日本人を送り込む」ことや「専門家の派遣を強化する」ことで寄与するとされた。資金技術面での協力も, 当初の5億ドル案から一気に収縮したことがうかがえる。援助対象としては, 特に南ベトナム政府に対する経済援助が決して得策ではないことがここでは認識されている。南ベトナム現政権の強化を目的とする「印象を与えるおそれがあるものは一切避け, あくまでも民生安定に資することを目的とするものに限」るとされた。「現段階でわが国がヴィエトナム援

---

[61] 経済協力局「東南アジア拡大経済社会開発計画 (案)」1965年6月11日, 2002–01242。以下の内容は本文書による。

助を重点的に推進することは特に重要でないほか不要の国際的誤解を招くおそれもあるので，当面対ヴィエトナム援助は必要最小限度の範囲[62]」に留めることが望ましいとされたのである。

　日本がメコン河流域の開発協力を進めるにあたって最も重点を置くべき国は，やはりカンボジアであった。なぜならカンボジアは，「わが国に対しては米国に対するような警戒心はいだかず，むしろ極端な対日片貿易に対する不満をもつて従来からわが国に対して……経済協力を要請して」いるからである。その他，ラオスのナム・グムダム建設には「250万～500万ドル程度を贈与ないし長期低利借款の形で供与」し，タイも「カンボディア同様ジョンソン構想と全く切り離してでも経済協力を強化すべき国」なので「借款供与その他の経済技術協力」を考慮するとされた。最後に，「以上のごとき諸協力を円滑に実施するため，外務省予算にメコン河下流域協力費を新設する。その額は本年度500～1000万ドル程度」とされた。こうして，日本の構想はメコン委員会という既存の機関を活用するという案に一旦縮小した。それは，アジア各国大使の意見を取り入れた結果であると考えられる。日本の拠出がままならないことに加えて，ジョンソン構想がインドシナを対象としているという理由で，当面はメコン河流域4カ国に援助対象国を絞るのが適当だという声が，彼らから寄せられていたのである[63]。

対象地域の再拡大

　しかしながら，インドシナだけではなく，広く東南アジア諸国を包含する枠組みを新設するという構想は，経済協力局の中で燻り続け，結局は捨て去ることはできなかった。特にインドネシアに対する援助の必要性は，日本政府にとっての大きな問題だった。前章で紹介したインドネシアとマレーシア

　62　この一文には「？」が付してあるが，10日後に作成された文書でもその趣旨に変更は認められない。

　63　「第14回アジア・太平洋地域公館長会議議事要録」1965年5月，2002-00399，ヴィエンチャン和田大使発外務大臣着「東南アジア開発構想について（意見具申）」1965年5月15日，外務大臣発国連大使宛「東南アジア開発構想について」1965年5月21日，2002-01242。5月11，12両日にタイで開かれたメコン委員会で，米国はナム・グムダム第一期工事のために，1350万ドルを10億ドルから出資することを決定していた。

の紛争は，この時期にますます激化しつつあった。前年1964年の12月31日に国連からの脱退を表明し，国際社会からの孤立を深めて行ったインドネシアが共産中国に接近していく状況は，当然ながら日本にとって好ましいことではなかった[64]。特にインドネシアの「中共接近傾向が最近とみに著しくなっている」ことに懸念が示されており，「米国がメコン4カ国特にヴィエトナムに対する援助を重視するあまり，その他の東南アジア諸国に対する援助努力が相対的に低下することがないよう強く希望」すると記されている[65]。そしてこの文書が記された直後に，再び広く東南アジア諸国を包含する枠組みを新たにつくるという案が息を吹き返すことになる。

6月23日，「10億ドル構想案」と銘打った文書において，外務省はジョンソン構想についての再考を行う[66]。もし日本が何らかの受入れ体制をつくるよう努力しなければ，「10億ドルはおそらく次のような運命を辿るだろう」と2つの可能性を挙げる。一つは，「なんら積極的なアジアにおける受入れ体制ができぬ以上，米議会もその計上ないし支出に熱意を示さず削減ないし立ち消えとなる」。もう一つは「大部分はメコン委員会の計画に，その一部はアジア開銀に支出される」。しかしながら「両者が本格的に動き出すのはあと数年要し」，特にメコン委員会の計画は「極めて遠い将来の問題である」という。そしてもし「アジア人がなんらかの受入れ体制を作りうるならば，提案された10億ドルのみならず，これをてこ（傍点原文－引用者註）として米国からさらに将来資金を引き出す可能性も有望」という結論が導き出される。すなわちここにおいて，米国の資金を利用するために，メコン委員会あるいはADBとは異なった，対象地域をメコン河流域の4カ国に限定しない枠組みを設けるという案が再び浮上するのである。もちろん，そのような新たな枠組

---

64 この時期のインドネシアに対する日本政府の対応は，Masashi Nishihara, *The Japanese and Sukarno's Indonesia: Tokyo-Jakarta Relations, 1951-1966*, Honolulu: University Press of Hawaii, 1976, chap. 6. 宮城大蔵『戦後アジア秩序の模索と日本：「海のアジア」の戦後史1957－1966』，創文社，2004年，第4章を参照のこと。

65 経済協力局「東南アジア開発提案に対するわが国の態度（案）」1965年6月21日，2002－01242。

66 「10億ドル構想案」1965年6月23日，2002－01242。作成局は記載されていないが，経済協力局作成と考えてほぼ間違いはないだろう。

第7章　東南アジア開発閣僚会議のイニシャティブとその限界：1965-66　273

みをつくることの困難さは外務省も認識しており，「当分の間は……非公式，実利的に出発し，……最終的にはレッキとした国際機構（東南アジア経済協力）に仕立てること」が現実的であると考えられた。そこで考案されたのが「東南ア開発諮問委員会」の創設であった[67]。委員会はとりあえず「日本人1名，タイ人1名，フィリピン人1名，エカフェ事務局長1名，欧州人1名，計5名で発足」し，東南アジアの「開発計画の意見，策定等に努力」する。また「米国は当分の間10億ドルを支出するにあたり，諮問委員会の意向を徴するものとし，その承諾なくこれを支出」せず，委員会の「勧告に従い必要な額および条件の資金を無条件かつ速やかに支出する」。そこには米国が前面に出ることを回避することで，アジア諸国と国内の反発を引き起こさないようにする配慮が働いていた。「当分の間，米国人の委員を出すことを差控える」ことが賢明だと考えられていたのである。諮問委員会を設けるという考えは，前述のロストウの意見，すなわちアジア版のCIAPを設けるという考えが反映されていることは間違いない。そしてメコン委員会の活用案からこのような変更がなされた理由は，インドネシアを考慮に入れたことが大きかったと考えられる。

それから2日後の6月25日，経済協力局の構想にはさらに変更が加えられる[68]。既に出されていたメコン委員会の活用，諮問委員会の設立に加えて，「東南アジアに経済開発のムード」を醸成するための具体的計画として，「東南アジア諸国経済開発会議の開催」を提案するに至るのである。会議の参加者は大臣レベル，あるいは各国開発責任者とされ，参加国は「ビルマ以東の東南アジア諸国（韓国，台湾を除く）および日本」で，「先進国，世銀，エカフェ等国際機関からのオブザーバー」も想定された。開催は「今秋を目途とし，その後定期的に会合する」。そして「本件会議の結果，実施が適当と認められるプロジェクトについては米国の東南アジア資金の優先的使用を認める」とされた。

67　「ジョンソン米大統領提案の東南ア開発資金10億ドル受入れ機構試案」「『東南ア開発諮問委員会』を発足するにあたり日米間で合意すべき秘密事項」，2002-01242。この2つの文書は作成局，日付ともに記載されていないが，上記文書とセットになっていたものである。
68　経済協力局「東南アジア開発の効果的促進のための若干の方途（試案）」1965年6月25日，2002-01242。

以上の提案は，純粋に経済協力局内部で進められており，未だ正式な外務省の構想とはなっていなかった。6月30日，それに西山が椎名大臣の意見を聴取し，閣僚会議の素案となったのが，「東南アジア開発大臣会議」構想であった[69]。椎名外相の承認を得たことによって，この時点で外務省案の骨子は決まったと言えるだろう。

　以上，かなり詳細にわたって検討してきた外務省構想の変遷は，ジョンソン構想に対する協力案という中核は維持しつつも，閣僚会議構想が決して単線的に形成されたわけではなかったという事実を表している。「アジア平和計画」という壮大な構想は，資金的理由から佐藤によって拒否され廃案になった。そしてジョンソン構想の性格を考慮して，メコン委員会の活用という案へ一旦縮小するものの，おそらくインドネシアを包含する必要性から，狭義の東南アジア全域を対象とした新たな枠組みの創設が志向された。そしてその対象範囲の拡大は，おそらく意図したものであろうが，日本にとって好都合なものだった。インドシナ4カ国に限定したメコン委員会に日本が協力を行うということは，明らかに米国のベトナム政策に対する追従という印象を与えるだろう。インドネシアを含むかたちの対象範囲の拡大は，その印象を回避するのに役立ち得るのである。こうした過程を経て形成された日本の構想は，会議の開催というかたちに辿り着いた。いよいよそれを，国際政治の渦の中に放り込む時を迎えるかに見えた。

5　閣僚会議構想をめぐる国際関係

大蔵・通産・経企の反対

　しかしながらこの外務省案は，他省庁の反対に逢着することになる。7月1日に行われた日米合同委のための担当局長会議において，外務省はジョンソン10億ドル構想に対する協力案として，自らの構想を説明する。大蔵省は

---

[69] 経済協力局「『東南アジア開発大臣会議』に関する椎名大臣の構想」，「『東南アジア開発大臣会議』構想の概要及び，その開催に関し執るべき措置」1965年6月30日，2002-00663。「椎名大臣の構想」と言っても，その内容のほとんどは経済協力局の試案と同じである。

これに対し，米国はメコン，ベトナム中心過ぎるとし，もっと広くアジアの開発を考えるべきであり，ADBの中に信託基金を設けて10億ドルを運用すべしと主張した。通産省も同様に，ジョンソン構想のために新規の機構をつくることには反対であり，ADBの中に信託基金をつくるか，ADB発足前は暫定的にECAFE内に諮問委員会を設け，ADBに吸収させるという意見を述べた。経企庁も同意見だった[70]。翌日行われた合同委出席閣僚の準備会議においても，大蔵省・通産省は反対の立場を崩さなかった。大蔵省は，自らが推進したADBに2億ドル出資が決定していたこともあって，「会議の開催により日本が更に大きな拠出を迫られる結果となることを危惧」し，また通産省は前述したように「ジョンソン構想と直接の関係をもつものと解され」ることを懸念していたのである[71]。この問題は，閣僚がワシントン入りした後も，最終的な調整はつかなかった。結局のところ外務省の構想は，日本政府の統一意見として日米合同委の本会議では発言せず，個別討議で椎名がラスクに説明するということで落ち着いたのである[72]。

先走った外務省

このように，「東南アジア開発大臣会議」の開催案に対する日本政府の最終的決定もないまま，外務省はしかし，7月3日から東南アジア各国大使に日本の構想を打診するように訓令を出す[73]。当初は7月12日から始まる日米合同委で米国に対してこの構想を伝える予定だったが，その前にマスコミに報道されることで，「かえって関係諸国の参加の意思を鈍らせることもありうる」ことを外務省は恐れたのである[74]。この訓令で注目すべきは「ジョンソ

---

70 経米加（経済局米国カナダ課の略－引用者註）「各大臣冒頭発言（局長会議で問題となった点）」1965年7月1日，2003-00544。
71 椎名大臣発各国公館宛「東南アジア開発大臣会議」1965年7月7日，2002-00663。
72 『朝日新聞』1965年7月17日朝刊，経協国（経済協力局国際協力課の略－引用者註）「『東南アジア開発閣僚会議』に関する各省幹部との会議（9月20日）」1965年9月20日，2003-00639。
73 外務大臣発各公館宛「東南アジア開発大臣会議」1965年7月3日，2002-00663。
74 同上。実際，7月3日の朝日新聞の一面では「ジョンソン構想の運営に東

ン構想又はその受入れ機構等は当面の問題とせず，もっぱら会議の成行きに任せ，米国の資金を受け入れるべしとの意見が多いような場合にのみ」その受入れのための「小委員会の如きものを設置する」とされたことである。前述したように，中立アジア諸国を説得するためには，会議が米国の政策の追従であるという印象を与えないことは至上命題だった。加えて，大蔵・通産両省の反対も，会議がジョンソン構想の受け入れ案であると，日本から公式に表明することができなくなった理由として挙げられよう。実際のところ，後述するように，アジア各国と国内の説得の過程で外務省は閣僚会議とジョンソン構想との関係を否定するのに躍起であった。しかし日本が援助額を増大することもまた不可能だった。なぜなら6日に佐藤はこの構想を支持したものの，多大な資金の拠出に対しては依然として否定的だったからである[75]。つまり外務省の会議構想は，十分な国内的支持と資金的な裏づけ，具体的なプロジェクトもないまま動き始めたことになる。

この会議を開くに際して重要な点を，経済協力局は次のように説明する[76]。「上から与えられた援助によって開発を進めるよりも，真に東南アジア諸国が望む形で，これら諸国民のイニシアティヴによって，援助を受け入れる体制を作り上げることを目標とすべき」であり，日本は「このような懇談の実現と，その成功のために肝煎り役となり，各国指導者の腹蔵のない意見を引き出すために努力する」。「米国が発表した好意ある援助資金をとってみても，それが，当面戦乱のさ中にある地域にだけ限定されて使われることになると，その好意が誤解される……東南アジア諸国の経済開発についてこれら諸国の意見を明らかにし，続いて好意ある諸国の援助を正しい姿で受け入れることができれば，これは単に東南アジア諸国の利益となるのみではないことが判然とする」のであった。

親米アジア諸国の賛同

ではアジア諸国の反応は如何なるものだったのか。一回目の打診で参加の

南アジア閣僚会議を開く外務省構想」という報道がなされており，この電文はその記事に触れている。『朝日新聞』1965年7月3日朝刊。

75　From Tokyo to Secretary of State, July 9, 1965, NSF, CF, Box 250, LBJL.

76　経済協力局「(幹部会資料) 東南アジア経済開発大臣会議構想」1965年7月12日，2002−00663。

意志を伝えた東南アジア諸国は，フィリピン，タイ，マレーシア，南ベトナムといった親米諸国と，ラオスの5カ国である。これらの国々のほとんどは，日本の提案する会議をジョンソン構想の受け皿として捉えていた。例えば南ベトナムのチャン・バン・ドン（Tran Van Don）外相は，ジョンソン構想の「早期実現のために日本がイニシアティブをとられることは大変結構なこと」と述べ，参加の意向を示したし[77]，マレーシアの外務次官補は「ジョンソン構想について米側よりいまだ何らのアプローチはないが日本の試案については早速検討してみたい」と述べている[78]。タイのタナット外相も「ジョンソン構想の発表以来自分はマーシャル・プランの具体化に英国が果たした役割に比すべきイニシアティヴをとるには日本が最も格好の立場にあると考え」ており，日本の会議招集のイニシャティブは「GOOD IDEA」であると手放しで賛成している[79]。フィリピンのメンデス（Mendez, Mauro）外務長官は「参加するに吝かでない」と述べ，「ジョンソン10億ドル構想についてはアジア諸国として何等かの案を出すべきである」と語っている[80]。フィリピンはこの年の11月に大統領選が行われ，マルコス（Marcos, Ferdinand E.）が当選を果たしたが，その後も会議に参加する意向は変わらず，翌年1月に正式に参加を日本に伝えている[81]。親米国のフィリピンは，そもそもジョンソン構想に好意的であった。以前にマナハン（Manahan, Manuel）上院議員が，ジョンソン構想実現のイニシャティブを日本がとり，フィリピンがバイパスされたことは「無能で腐敗した」マカパガル大統領の責任であると，非難していたほどである[82]。これら親米諸国の参加への説得は容易であった。

---

77 サイゴン高橋大使発外務大臣宛「東南アジア開発大臣会議」1965年7月7日，2002-00663。

78 クアラルンプール甲斐大使発外務大臣宛「東南アジア開発大臣会議」1965年7月6日，2002-00663。ただし日本側は，マレーシアに対しては，日本の構想とジョンソン構想との直接的な関係を否定していた。

79 バンコック粕谷大使発外務大臣宛「東南アジア開発大臣会議」1965年7月8日，2002-00663。

80 マニラ竹内大使発外務大臣宛「東南アジア開発大臣会議」1965年7月8日，2002-00663。

81 マニラ竹内大使発外務大臣宛「東南アジア開発大臣会議開催について」1966年1月13日，2002-01244。

82 *The Manila Chronicle*, July 23, 1965. この記事は，フィリピン竹内大使発外務

立ちはだかる障害

　これら親米アジア諸国と異なり，説得が困難だったのは，インドネシア，ビルマ，カンボジア，そしてこの年の8月にマレーシアから独立を果たしたシンガポールであった。なぜならこれらの国々は中立主義を標榜しており，日本の構想の背面には米国がいるのではないかという猜疑心を拭い去ることは難しかったからである。日本はそれら諸国の参加を得るために，開発大臣会議をジョンソン構想とは「全く切り離して」考えていると説得して回ることになる[83]。すなわち，アジアの中立諸国を参加させるために，日本はアメリカの東南アジア政策に盲従しているわけではないことを，示さなければならなかったのである。そしてそれら中立諸国の参加は，「会議がたぶんに政治色をおびているとの印象を払拭[84]」するために必要不可欠であり，日本としては「事を急いで少ない参加国で会議を開催することは考えておらず」，時間をかけてできるだけ多くの国を参加させる方針だったため[85]，これらの国々に会議開催の直前まで説得の努力を続けることになる。ただし，仮に日本政府が米国との関係を払拭するのに成功しようとも，域内に存在する問題によって，これらの国の参加は困難であったと言えよう。インドネシアはマレーシアに対するコンフロンタシを続けていたし，カンボジアはタイ，南ベトナムと国境での紛争を抱えていたため，これらの諸国と同一のテーブルにつくことを躊躇するのであった。

　ビルマのソーテイン（Soe Thein）外務次官は，ジョンソン構想とベトナム戦争との関連を指摘し，それが米国の「STICK AND CARROT POLICY」だと批判する。10億ドル構想は北ベトナムも拒否しており，今現在ビルマはそれに乗るつもりはないが，ベトナム情勢が好転した際に，米国やその他の国

大臣宛「東南アジア開発構想における日本の役割に対する要人の発言振り（報告）」1965年7月29日，2002-00663で報告されている。

83　外務大臣発ビルマ大使宛「東南アジア開発大臣会議」，外務大臣発カンボジア・インドネシア大使宛「東南アジア開発大臣会議」1965年7月10日，2002-00663。

84　同上。

85　福田外務大臣臨時代理発在ビルマ，インドネシア，カンボジア大使宛「東南アジア開発大臣会議」1965年7月15日，2002-00663。

が東南アジアに開発資金を出すつもりならビルマは「喜んで討議する」と小田部謙一大使に伝えている[86]。その後,ソーテインがティハン (Thi Han) 外務大臣と協議した結論もほぼ同じであった。ビルマとしては,経済協力は国連やECAFEなどを例外として,基本的に二国間方式が望ましいと考えており,日本が提案している会議が「たとえジョンソン構想に関連した討議を目的とするものでなく」とも,特定のグループに参加することはできないと,きっぱりと拒否するのである[87]。もしこの会議に出席すれば,他日共産主義国からの同様の会議招請があった場合に出席を拒絶できないと,ビルマは中立政策の堅持を主張する。もっともソーテイン次官は,日本からの経済協力は「大いに歓迎する」ところであるので,二国間でその希望を表明すると述べている[88]。その後の度重なる日本の再説得に対しても,ビルマは頑として拒否し続ける[89]。ビルマが国連以外の多国間の枠組みに参加しないのは1950年代以来一貫していた。「すべての国と友好関係を保つが,紐付きの経済援助は拒否する[90]」という方針は,日本の説得努力に拘わらず,最後まで覆されることはなかったのである。

1961年の10月にタイと,1963年8月に南ベトナムと,そしてこの年の5月にアメリカと国交を断絶したカンボジアとの交渉も,簡単には運ばなかった[91]。カンボジアのクヌイック (Knuiq) 外務大臣は,個人的な意見としては経

---

86 ラングーン小田部大使発外務大臣宛「東南アジア開発大臣会議」1965年7月8日,2002-00663。

87 ラングーン小田部大使発外務大臣宛「東南アジア開発大臣会議」1965年7月10日,2002-00663。

88 ラングーン小田部大使発外務大臣宛「東南アジア開発大臣会議」1965年7月15日,2002-00663。

89 ラングーン小田部大使発外務大臣宛「東南アジア開発大臣会議の開催」1965年10月19日,2002-01244。

90 William C. Johnstone, *Burma's Foreign Policy: A Study in Neutralism*, Cambridge, Mass.: Harvard University Press, 1963, p. 46.

91 この当時のカンボジアと西側諸国との関係は,Michael Leifer, *Cambodia: The Search for Security*, London: Pall Mall Press, 1967, chaps. 4, 9; P. C. Pradhan, *Foreign Policy of Kampuchea*, New Delhi: Radiant, 1985, chaps. 3-4; Kenton J. Clymer, "The Perils of Neutrality: The Break in U.S.-Cambodian Relations,

済問題と政治問題とは切り離すことは不可能であり,「国交のないタイ,ヴィエトナムと同席することには問題」があると述べた。また,「片寄った政治色」を払拭したいのであれば,北ベトナムを参加させるべきだという問題を提起し,田村大使の打診に対して消極的な答えに終始した92。ただその後田村大使がソンサン(Son Sann)副総理を往訪,同様な説明をしたところ,副総理はそれに関心を示し,「前向きに検討」するという好意的態度を表明している93。その後7月23日に正式な回答を田村に渡して,カンボジアは「原則として」閣僚会議に参加する方針である旨伝えた。その際,他国の動向に関心を持っているために関連情報を日本から随時入手したい点,会議の共同主催国になることは辞退する点を伝えている。田村からの電文によれば,19日にシアヌーク(Sihanouk, Norodom)司会で開かれた会議でカンボジアの参加は決まったという。そこでは,一部閣僚の間でジョンソン構想と日本の構想との関連に疑問点が出され,またマレーシアが参加すれば当然ながらインドネシアは不参加となって,カンボジアが孤立するという懸念も加わって,参加に対する消極論もあったようである。しかし経済的利益を強調するソンサン副総理の意見をシアヌークが採択し,「ほかならぬ友邦日本からの呼びかけであるから」参加することを決定したということである94。

　ところがその後,カンボジアはその積極姿勢を一転し,参加の正式表明を躊躇することになる。その転向の原因としてカンボジアが挙げたのは,タイと南ベトナムとの関係であった。植民地統治下での国境画定という遺制によって,各国は自国の周辺地域に異民族をかかえていたために小規模な紛争が絶えず,悩みの種となっていたが,ここでもその問題が浮上したのである。会議参加に好意的だったソンサンは,田村に対し,「客観条件が最近悪化しているためタイミングに問題がある」と述べる。ソンサンは,タイ,南ベトナム国内で「罪のないカンボディア人が多数殺害されている現状」を訴え,「殺人犯と会議に同席することは」できないと断言し95,11月17日に正式に閣僚会

　　　1965," *Diplomatic History*, vol. 23, no. 4 (1999) を参照。
　92　プノンペン田村大使発外務大臣宛「東南アジア開発大臣会議について」1965年7月15日,2002−00663。
　93　同上。
　94　プノンペン田村大使発外務大臣宛「東南アジア開発大臣会議について」1965年7月23日,2002−00663。

議の不参加を通知するのである[96]。

　インドネシアでは，第一外務次官代理であるアスマゥン（Asmaun）が「この案の考え方自体はけっこうであると思う」という意見を述べたものの，現在紛争中のマレーシア問題のほか，南北ベトナムの参加問題や，タイが会議にコミットする程度に懸念を示した[97]。先述のようにインドネシアは，国際社会からの孤立を深めていく途上であり，コンフロンタシの相手国であるマレーシアや，親米国である南ベトナム，タイと同席することは立場上不可能であった。スカルノも同様の意見であり[98]，9月30日のクーデターの失敗によって大統領の権力が失墜する翌1966年3月まで，その政策に変化はなかった。例えば，8月24日に川島正次郎副総理が特使としてインドネシアを訪問し，スカルノと会談した折にその参加の打診を行った。日本の提唱する会議は米国提案の10億ドルとも，ベトナム戦争とも無関係であり，アジアの繁栄と発展のために貢献することを川島が述べたところ，スカルノは「マレイシア及びサイゴン政府とは同席できない」という理由で，その参加を拒否している。スバンドリオ外相も「われわれは日本が帝国主義の利益に奉仕しているという印象を積極的に与えないよう希望している」と，日本の構想とジョンソン構想との関係を暗に非難したのである[99]。

　シンガポールは12月の段階でその不参加を伝えている。ラジャラトナム（Rajaratnam, Sinnatamby）外相は，新国家建設に踏み出したシンガポールにとって，南ベトナム，ラオス，タイといった反共諸国のみの会議に参加するの

95　プノンペン田村大使発外務大臣宛「東南ア開発閣僚会議開催について」1965年11月5日，2002−01244。
96　プノンペン田村大使発外務大臣宛「東南アジア開発大臣会議開催について」1965年11月18日，2002−01244。
97　ジャカルタ斉藤大使発外務大臣宛「アジア閣僚会議についてインドネシア要人の見解」1965年7月19日，2002−00663。
98　ジャカルタ斉藤大使発外務大臣宛「アジア経済開発閣僚会議について」1965年7月21日，2002−00663。
99　ジャカルタ斉藤大使発外務大臣宛「川島特使スカルノ大統領会談」1965年8月24日，2002−00663。

は，独立早々特殊なグループに属するといった誤解を与えるおそれがあるとして，現在の状況では遺憾ながら参加できないと答えている。ただしラジャラトナムはその裏返しとして，カンボジアやビルマが参加するならば喜んで参加すると述べたのである[100]。

以上のように，中立諸国が閣僚会議に参加するためには，2つの障害があった。一つは日本の政治的意図に対する懸念，すなわちジョンソン構想との関係への懸念であり，もう一つは域内に内在する対立問題であった。この2つが解決されない限り，カンボジア，インドネシア，シンガポールの参加は困難と思われた。

異なる日米の認識

米国はジョンソン演説以前から，アジアにおける日本の役割の拡大，特に援助の増大に期待をかけていた[101]。すでに1961年に，OECDの開発援助委員会（DAC）にも加入し，先進諸国の仲間入りを果たした日本に対し，米国からの途上国援助増額に関する圧力は年々高まりつつあったのである。そして武内駐米大使の報告の通り，ジョンソン構想への日本の「実質的な（substantial）」支援に対する米国の期待もまた，大きなものであった。ジョンソン演説の翌日，国務長官のラスクは駐日本大使館への電文で，「もし日本が東南アジア開発を支持し，実質的な貢献を行うことを宣言するなら，大統領演説の目的実現に向けて価値のあるステップとなる」と記している[102]。また，ラスクは日米合同委の大統領へのブリーフィング・メモで，ジョンソン大統領が直接日本の閣僚達に対して東南アジア援助を増大するよう促すことが必要であると進言し[103]，大統領はその助言に従って，福田蔵相に対し日本がよりいっそうの貢献を行うように迫っている[104]。

---

100 シンガポール上田総領事発外務大臣宛「東南アジア開発閣僚会議」1965年12月29日，2002-01244。
101 菅，前掲「ベトナム戦争」，79-80頁，河野，前掲「日本外交」，122頁。
102 For Ambassador From Secretary, April 8, 1965, NSF, CF, Box 250, LBJL.
103 Memorandum for the President, July 9, 1965, *CF-JIFA, 1963-1966*, Reel 39.
104 Memorandum of Conversation, July 14, 1965, RG59, Lot Files, Conference Files, 1964-1966, Box 381, NAII.

前章で述べたように、ライシャワー大使もまた、日本のアジアにおける役割の増大を期待し、そのために尽力した一人であった。「アジア平和計画」が廃案になり、すっかり落ち込んでいた吉野を励まし、この案を生かすように助言した事実は、その一例であろう。ただし日本における反戦運動の広がりと反米感情の高まりを現地で痛感していたライシャワーは[105]、日米協力は水面下で行われる必要があり、米国は黒子に徹するべきだという考えを持っていた。加えて、東南アジア開発では、日本が米国から独立した、自律的な外交姿勢を示す必要があるとライシャワーは考えていたのである。大使は閣僚会議の開催と米国との関係を隠す必要があることを、度々本国への電文で主張していた。例えばジョンソン演説の直後に西山局長が「米国の考えを非公式に通知し続けてほしい」と訪ねてきたと報告し、日本の「自主的な（independent）」イニシャティブという重要性に鑑み、強い政治的なガイダンスは、局レベルで（すなわち水面下で）なされなければならないと本省へ献策している[106]。その一年後、閣僚会議が開催されている最中にも大使は、大統領が佐藤に祝辞を伝えるように進言するが、その際も「文書ではなく、口頭で行うのが重要であり、我々の側での公表は慎重に避けるべきだ」と注意を促している[107]。このような配慮は、まさに外務省のそれと共通するものだったが、援助の主体がどちらにあるかという点で、日米の認識に大きな違いがあったのである。

　以上のように、米国の日本への期待は大きいものだったから、日本の会議案はいささか期待はずれだったに違いない。7月12日、日米合同委のラスク国務長官との会談で椎名は日本政府の構想を披露する[108]。椎名は大統領の

105　その頃に書かれたライシャワーの備忘録からは、日々ベトナム戦争に対する批判への対応に追われ、疲れ果てていく大使の様子が生々しく伝わってくる。ライシャワー他、前掲書、1965年の章。

106　From Ambassador Tokyo to Secretary of State, April 17, 1965, *CF-JIFA, 1963-1966*, Reel 4.

107　From Ambassador Tokyo to Secretary of State, April 8, 1966, NSF, CF, Box 251, LBJL. この進言にワシントンも同意している。Action Ambassador Tokyo, April 11, 1966, NSF, CF, Box 251, LBJL.

108　Memorandum of Conversation, July 12, 1965, Lot Files, Conference Files, 1964-1966, Box 381, NAII.

10億ドル提案を想起し,「この提案に従って日本政府は自らの案を進展させてきた」と言う。経済援助を効果的に活用するには,被援助国自らがイニシャティブをとり,自主的な運営を行うべきだという大統領の考えには同感である,彼らは援助を欲しているが,援助国に憤慨(resent)しているのだと椎名は続ける。そして「佐藤の完全な支持を得た」,東南アジア経済開発大臣会議構想の内容を説明するのである。この会議の目的は,被援助国間で主体的な態度を盛り上げることであり,この会議によって「被援助国の援助国嫌い」をもたらしているような「劣等感」を克服するのだと椎名は力説する。ラスクは日本の案を「自分の印象としては,建設的な発展だ」と述べたものの,正式な返答は翌日にしたいと椎名に一日留保を請う。外務省の文書によれば,ラスクは14日の本会議で「シイナ構想は極めてよいものと思う」と日本案に賛成したとの報告がされているが[109],即答を避けたという事実は,彼の失望を表しているかもしれない[110]。この会議を主催するということは,ADB本体への出資やその特別基金に対して日本が「実質的な貢献をする」用意があることの反映なのかとラスクは訊ねる。それに対して椎名はADB本体に2億ドル出資を決めた事実を挙げたものの,特別基金に関しては明言を避けた。そして日本がGNP 1%の援助目標を達成するのは困難であることを訴え,大蔵大臣が日本の援助条件を緩和したがらないのだと打ち明けている[111]。

6　閣僚会議開催へ向けた国内政治

その後,「東南アジア開発大臣会議」は正式名称を「東南アジア開発閣僚会議」と変更され,7月28日に外務省の幹部会で,年内開催を目処に推進されることが決定[112],9月21日に閣議で了承される[113]。しかし実際は,ビルマや

109　ワシントン武内大使発外務大臣着「日米合同委員会について(東南ア閣僚会議問題)」1965年7月15日,2002-00663。
110　日本の提案たる会議構想が,米政府の期待したものと大きく異なることを認識したために,米側は日本案に対して概して冷淡で,直接の関与を控えるようになったと曺は論じている。曺,前掲『アジア地域主義』,204-206頁。
111　Memorandum of Conversation, July 12, 1965, RG59, Lot Files, Conference Files, 1964-1966, Box 381, NAII. 第3節で紹介した,武内駐米大使が日本人を「教育する」とラスクに発言したのは,この文脈においてである。

インドネシアの参加の見通しが立たないことや，日韓国交回復をめぐる批准国会などで開催は翌年の１月に延期になり，さらにイスラムのラマダン（断食）や中国の正月と重なったことから，閣僚会議は４月の開催にずれこむことになる[114]。

外務省内の意見分裂　その２

９月２日，経済協力局の提案をたたき台として，閣僚会議に関する外務省の関係各局会議が開かれた[115]。ここではほぼ経済協力局の案は是認されたが，参加国に関して外務省内で意見が分かれた。西山は，カンボジアが参加すれば開催するという方針を打ち出したが，牛場信彦外務審議官と小川平四郎国際資料部長が反対したのである。彼らは，それが「カンボディアの如き一国に，本件大方針の生殺が左右される結果となってしまいおかしい」と経済協力局の意見を疑問視し，参加回答のない３国を除外してでも，会議を実施すべきであると主張した。曽野明情報文化局長も，会議が新聞に広範囲にわたって宣伝された以上，会議を開催する他はなく，「これを潰したらわが国の面子が立たない」と，たとえ反共国家だけになっても実施すべきであると述べた[116]。これに対してアジア局の種崎巧南西アジア課長，木内昭胤南東アジア課長は，３国の参加可能性を悲観視し，「会議は開催すべきではない」と

112　『日本経済新聞』1965年７月29日朝刊。
113　『日本経済新聞』1965年９月21日夕刊。
114　外務省「東南アジア開発閣僚会議の開催日取りの延期について（大臣の説明資料）」（作成日不明），2002-01244。
115　経協国「『東南アジア開発閣僚会議』に関する牛場審議官を中心とする関係各局会議」1965年９月４日，2003-00639（筆者による異議申し立て後）。以下断りのない限り，この会議の議事録は本文書による。
116　このような曽野の意見は，経済協力局の考えとは大きく異なるものであったと言えよう。ビルマ，インドネシア，カンボジアの参加を得ないで会議を開催するのは妥当ではなく，「外務省の独走を心配している」と後に伝えてきた藤山愛一郎の発言に対し，藤山の考えでいたら「永久に会議を開くことはできない」と曽野は反論する。彼は「何故容共の国を入れなければならないのか」「反共という方向に引張っていくぐらいのつもりでいなければアジア外交はできない」と述べている。経協国「『東南アジア開発閣僚会議』に関する幹部打ち合わせ会議議事概要（10月７日）」1965年10月８日，2003-00639。

反対した。彼らの論拠の一つは、反共国家だけで集まれば、ビルマやカンボジアを「中共」に傾かせないという日本の基本的利益に合致せず、両国の立場を苦しくすること、もう一つは、両国が不参加ならば、「中共」に対して「格好の宣伝材料を提供する」ことにあった。しかしながらそれらの消極論は積極論に押され、会議の雰囲気としてはカンボジアの参加有無に拘わらず開催するべきだという方向に傾いていたらしい。翌年、閣僚会議開催前の2月に関係各省への説明会が開かれたが、この場で親米諸国の集まりと非難されるおそれはないか、という郵政省の質問に外務省は、「だからといって会議を開催すべきではないとの判断はとらない」と答えている[117]。つまり最終的には、外務省の見解としては上記「積極論」に固まっていたのである。

またこの会議では、全体として対象国に対する経済協力を積極的に推進する必要性が強調された。外務省としてはもちろん、自らのイニシャティブで会議を開く限りは、米国の資金のみを当てにするわけにはいかなかった。何らかの「お土産」を用意する必要性も認識されており、1965年9月頃からは、具体的な経済協力案の策定も進められていた。例えば日本が域内の経済開発に寄与できる分野として、開発のための資金・技術協力や農業・教育・人口問題などが挙げられており[118]、海外経済協力基金から、今後10年間に3億ドルの長期低利の借款を供与することなどが外務省内で検討されている[119]。西山が懸念したように「旗をふって、いざ蓋をあけてみて各国から却って軽べつ」されないためには、日本もそれ相応の拠出をすることを覚悟しておかなければならなかったのである。しかし結局のところ、日本からの具体的な「お土産」は、会議までに決定することはなかった。

大蔵省が投げかけた疑問

具体的な「お土産」が用意できなかったのは、大蔵省の猛反対があったからである。9月20日、閣僚会議に関する閣議を翌日に控えて、外務・大蔵・

---

117 経協国「東南アジア開発閣僚会議に関する関係各省への説明会」1966年2月10日、2003-00639。

118 経協国「『東南アジア開発閣僚会議』に関する9月10日の局内会議」1965年9月12日、2003-00639。

119 外務省「『東南アジア開発閣僚会議』要綱（案）」1965年9月17日、2003-00633。

通産・経企・農林各省会議が開かれたが、外務省の説明に対し大蔵省が反対論陣を張った[120]。大蔵省からの出席者である鈴木秀雄国際金融局長は、閣僚会議を開催すれば、日本が何らかの具体的経済協力プログラムを提出する義務が生じる点をまず指摘し、ADBに2億ドル出資を決定し、それよりも多く金を出す意向はない以上、この会議を実施するのは無意味だと主張する。そして閣僚レベルでの採決を得られない限り、大蔵省としては会議開催に反対すると表明した。佐藤首相が日本の出資を渋っている以上、この戦術は巧妙であったと言えよう。また鈴木は、(1)ジョンソン構想との関係を否定しようにも否定しきれていない、(2)ADBと閣僚会議が重複する、(3)二国間で援助を行うのではなく、なぜ東南アジア諸国を「総体」として取り上げる必要があるのか、(4)東南アジア諸国にはプロジェクト作成能力が欠けている、といった閣僚会議の問題点を、次々と指摘していく。おそらく大蔵省にとって、自らが積極的に推進したADBと同種の枠組みを認めるわけにはいかなかったのだろう。その後も、一貫して会議への出資を拒否し続けたのである。そして大蔵省側の指摘した上記の問題点は、外務省が立案に当たってまさに論理的裏付けに苦労してきた諸点であり、大蔵省の指摘は正鵠を射ていたと言える[121]。

　西山は閣僚会議開催の正当性を説明するかたちで、佐藤内閣は積極的なアジア政策を打ち出していると切り出す。アジアを背景とする日本外交の姿勢を確立すべきであるとの考えが、この会議の基礎となっており、その目的は、これら地域諸国の連帯感、親近感を醸成することであると言う。日本は今後、援助を数年間で大幅に増大していくとの政策を明らかにしているが、援助の重点は当然東南アジアに置くべきである。東南アジアをより理解し、日本と東南アジアを更に密接に関連付けていく試みが必要であるが、他方で、東南アジアの国は経済開発への志向が十分に高まっておらず、そのためのムードを醸成することが重要であると述べる。最終的には資金の問題となろうが、まずは「ムードを高める」ことが必要であると西山は強調する。大蔵省が質

120　経協国「『東南アジア開発閣僚会議』に関する各省幹部との会議（9月20日）」1965年9月20日、2003-00639。以下の議事内容は本文書による。

121　ちなみに他の省庁は積極とも消極とも立場を明らかにせず、「完全に中立的態度」をとったらしい。

したジョンソン構想との関係も,直接の関連はないと断言する。なぜならビルマ,カンボジア等を包含し,その対象地域も異なっており[122],各国へ打診した際にも,ジョンソン構想との関連の有無を訊ねた国が1,2あったが,大部分はそれを否定する日本の意向を素直に受け取り,日本で考えられているのと比較して,各国はジョンソン構想との結びつきは重視していないと言う[123]。援助は確かに二国間で行っても十分な効果を挙げることは可能だが,時にはそれらを多国間で積み上げて意識することが必要である。そして,東南アジア諸国に欠けているものがプロジェクト作成能力であるという意見には賛成だが,だからといって,日本が中心になってやっていく必要がないということにはならない。

このような西山の論理は必ずしも説得的ではなく,苦し紛れの印象を与えるものであった。そしてこの会議では,ADBに出資する以上の資金を提供するつもりはない,という大蔵省の剣幕に押されて,先の3億ドル提案は「外務省側から切り出す状況にはなかった[124]」らしい。結局,翌日の9月21日に,「金のかからぬ」会議にするという福田蔵相と佐藤首相の指示の下,閣僚会議の開催が閣議で了承されたのである[125]。

閣僚会議に対する外務省内の意見統一をはかるために,9月24日に開かれた会議では,今後の指針について,国内各方面(特に財界)に対する働きかけを行うことや,「お土産」といった具体的なものではなく,国民所得の1%

---

122 構想の段階で,意図的にこれらの国が含まれていったのは,すでに見た通りである。

123 これらの説明は,事実を反映しているとは言い難い。ジョンソン構想との結びつきについて言及した国は1,2国を除いてすべてであり,また重視しているからこそ,インドネシアやシンガポールが反対していたのである。

124 3億ドルについては,閣僚会議の開催が決定した段階で,再び牛場が大蔵省と折衝する予定になっていたようである。牛場が実際に大蔵省に打診したかどうかは不明だが,結局この基金は実現することはなかった。

125 経協局「東南アジア開発閣僚会議に関する今後の事務の進め方について」1965年9月24日,2003-00639。ちなみに閣議の場で三木と藤山は,経済協力に積極姿勢を示していたようである。経協国「『東南アジア開発閣僚会議』の今後のすすめ方についての牛場外務審議官を中心とする会議(9月24日)」1965年9月24日,2003-00639。

レベルの援助増大といった，一般的な目標を掲げるのが良いという点で意見の一致を見た。すなわちこの時点で，日本から具体的なプロジェクトに対する援助を表明する可能性は消えたと言えよう。また，通産省に対しては，三木武夫通産相が積極姿勢を示している点を考慮して，「通産省を抱き込む」ことが考えられた[126]。当初，閣僚会議は三木が提唱していた「農業基金」とは無関係で行くことになっていたが[127]，会議の成功のために関連性をもたせ，具体化するということが考慮されたのである[128]。

マニラ・ショック

このように，具体的な「お土産」なく閣僚会議を開くことを決定した日本であったが，開催までの間に，注目すべき動きがあった。12月1日，ADB本店を決定するために，マニラでアジア諸国による投票が行われたが，東京誘致を楽観していた日本政府は，最終投票の結果マニラに決定したことに大きな衝撃を受けることになる。いわゆる「マニラ・ショック」である[129]。日本政府の代表としてアジア開銀の設立会議に参加した藤山経企庁長官は，「こんど東京誘致に失敗した経緯をみると，もう少し平素からアジアの人たちと親しくしてゆかねばならないことがわかった」「今後の外交を考えるべきだが，とくに経済外交は相手国の国情に応じたものでなければならない」と述べ，日本のアジアに対する従来の姿勢を再検討する必要性を示唆したのであった[130]。

---

126 同上。三木が乗り気であったことは吉野の回想でも繰り返し述べられており，余程印象が強かったと思われる。C. O. E. オーラル・政策研究プロジェクト，前掲書，95-96頁。

127 経協国「『東南アジア開発閣僚会議』に関する牛場審議官を中心とする打ち合わせ会議（9月15日）」1965年9月15日，2003-00639。

128 経済協力局「東南アジア開発閣僚会議に関する今後の事務の進め方について」1965年9月24日，2003-00639。

129 Dennis T. Yasutomo, *Japan and the Asian Development Bank*, New York: Praeger, 1983, chap. 4. ちなみに，この投票については，日本外務省の内部資料に基づいて各国の投票状況を分析した鄭の研究が興味深い。鄭敬娥「1960年代アジアにおける地域協力と日本の外交政策：アジア開発銀行（ADB）本店所在地決定過程を中心に」『比較社会文化研究』11号（2002年）。

130 『毎日新聞』『読売新聞』1965年12月6日朝刊。この藤山の発言が，第1

ただし「マニラ・ショック」の結果は，閣僚会議の「お土産」問題については，何の影響も与えなかったようである。2月8日，閣僚会議についての事前の説明や，準備委員会等の結成のために，関係各省庁課長レベルの担当者会議が行われた[131]。ここでも大蔵省は，従来の立場を崩さず，日本の援助供与を新たにコミットするような可能性のある議題に反対したからである。これに対し，特に通産省は会議を開催するからには，日本は積極的に自己の計画を提案すべきであるという意見を述べた。つまりこの時点で通産省は，外務省を擁護する立場に回ったのである。しかしこのような通産省の支持があったにも拘わらず外務省側は，この会議を通じて何らかの具体的な資金援助を行うことは考えていないと説明している。「お土産」はどうするのか，という通産省代表の問題提起に対して外務省側は，「日本が"お土産"を出す用意ありと見られる可能性は十分ある。しかし，予算も決まったばかりであり，その与えられた枠の中でやってゆきたい」と答えた。つまり通産省の積極意見にも拘わらず，外務省としては前年の9月に決まった通り，具体的な援助のコミットメントは避ける方向で会議を行う方針だったのである。

7　東南アジア開発閣僚会議の開催

直前に進展する参加国問題

　参加国問題は，会議開催直前に急展開を見せる。まず2月にシンガポールが従来の方針を変更し，一転参加を伝えることになる。ただしシンガポールは，閣僚会議に何ら政治的意図はないという保証を書面で得られるならば参加する，という条件を付した[132]。おそらく中国に気兼ねしなければならないシンガポールとしては，政治的意図の否定，特に米国ジョンソン構想との関係の否定は，参加への必要条件であった。日本はそれに応え，椎名外務大臣からの招待状と，何ら政治的意図は有さないという書簡をシンガポールに渡

　　　章第2節で紹介した藤山自身の10年前のコメントとほとんど違わない事実は注目に値する。

131　経協国「東南アジア開発閣僚会議に関する関係各省への説明会」1966年2月10日，2003-00639。以下の議事内容はこの文書による。

132　シンガポール上田総領事発外務大臣宛「東南アジア開発閣僚会議開催」1966年2月10日，2003-00633。

第7章 東南アジア開発閣僚会議のイニシャティブとその限界：1965-66

し，ようやくその参加を得ることができたのであった[133]。

ただしその後シンガポールは，さらなる難問を吹っかけてきた。2月24日，シンガポールの上田総領事がリム（Lim Kim Sam）財務大臣を訪問し，議題について説明したが，リムは以下の2点を問題とした[134]。第一に，何らかの具体的な経済協力に対する用意が日本にはできているのか，という点である。会議を行って，「各国間の経済協力の促進」という抽象的な声明を出すだけで，何も具体的な協力を行わないという結果にならないように，リムは求める（これに対して上田は，経済協力の方策が決まれば，日本も応分の寄与を行うだろうと答えている）。第二点は，先進国として経済発展に豊富な経験を持つ日本が，予め経済協力の具体的実施方策について討議の基礎となるべきトーキング・ペーパーを作っておく必要がある，という要望であった。これらの指摘は，「開発の気運を高める」「腹蔵ない意見の交換」といった，抽象的なスローガンを掲げていた日本に対して釘をさしたものとも言える。会議冒頭のステートメントにおいてもリムは，先進国がリップ・サービスや同情を示すだけでは十分ではないとして，重要なことは，先進国が目的を持ち，自ら宣言したことを断固として実行することであると，強く具体的な行動を求めていた。このようなシンガポールの問いかけは，日本のアプローチの弱点を見事に突いていたと言えよう。しかし結局，会議に日本から具体案を提案することはなかったのである。

ただし3月24日，閣僚会議に関する会議が開かれたが，この場で佐藤総理が援助に対して積極的になっていたのは注目に値する[135]。佐藤によれば，閣僚会議は日本が招集したものであるので，ただ意見を聞くというだけでは不

---

[133] ただし，閣僚会議がジョンソン構想と無関係であって，全く日本独自のイニシャティブである旨その書面に盛り込むよう，上田常光シンガポール総領事は進言していたが，実際シンガポールに渡された書簡にはその意見は反映されず，ただ「政治的意図は有していない」ことが強調されるに留められていた。シンガポール上田総領事発外務大臣宛「東南アジア開発閣僚会議への招請」1966年2月26日，2003-00633。

[134] シンガポール上田総領事発外務大臣宛「東南ア開発閣僚会議の議題について」1966年2月24日，2003-00635。

[135] 外務省「東南アジア開発閣僚会議の討議議題に関する説明資料」1966年3月24日，2002-01244。

十分であるとして「ある程度腹づもりを作っておかなければ困るだろう」と，日本からの資金提供を示唆しているのである[136]。ちなみにこの会議では，取り上げられた議題の一つに農業問題があった。農産品の長期買付契約と，農業開発会議の開催であったが，この問題には坂田栄一農林大臣が反対していた。坂田は農産物の長期買付契約には反対し，農業開発会議も，「少なくとも日本から言い出すのはおかしい」として難色を示していたのである。池田内閣時代のOAEC構想の挫折を想起させるエピソードである[137]。

インドネシアとカンボジアのオブザーバー参加も，直前に決定した。インドネシアでは前年の9・30事件によって，スカルノ体制が大きく揺らいでいたが，3月11日，陸軍による事実上のクーデターが起こり，最終的にスカルノの権限がスハルト（Suharto）陸相に委ねられることになった。スハルトは翌日，共産党を非合法化し，18日にはスバンドリオ以下左派閣僚の15人を逮捕し，外相にアダム・マリク（Adam Malik）を据えたのである[138]。この一連の事件が，インドネシアの閣僚会議参加に大きく貢献することになる。3月22日に斉藤大使はアダム・マリクに参加を要請したところ，マリクは参加に積極姿勢を示し，オブザーバーを派遣したいと述べる[139]。その後マリク自らが，参加を渋るスカルノを説得し，会議の一週間前というまさに直前に，インドネシアのオブザーバー参加が決定するのである。このようなインドネシアの決定が，おそらくカンボジアの参加にも影響したと思われる。4月3日，会議開催の実に3日前，カンボジアの参加を説得するための「最後の試み[140]」

---

136 ただしその後，佐藤が大蔵省を説得して，閣僚会議における日本の援助を増大させたという事実はない。

137 実際の会議では，農業開発会議の開催はタイの代表が提案し，日本は賛成するものの，「関係国の意見を十分調整の上実施すべき」というかたちで決定している。経協国「東南アジア開発閣僚会議議事要録」1966年4月15日，2003－00641。

138 Harold Crauch, *The Army and Politics in Indonesia*, Cornell University Press; Ithaca and London, 1978, chap. 7. 田口三夫『アジアを変えたクーデター：インドネシア9・30事件と日本大使』時事通信社，1984年。

139 ジャカルタ斉藤大使発外務大臣宛「東南アジア開発閣僚会議にインドネシア代表派遣方要請」1966年3月22日，2003－00636。

140 外務大臣発田村大使宛「東南アジア開発大臣会議について」1966年4月

空疎な国際会議

そして1966年4月6日,奇しくもジョンソン構想が発表されたちょうど一年後に,閣僚会議は開催されたのである。本章のはじめに述べた通り,この会議で佐藤や福田,藤山らが日本の援助増額を表明する[142]。佐藤は,アジア諸国が連帯の意識を高揚し,自らのイニシャティブに基づき,アジア自身の協力による開発計画を作成して実行すれば,先進国,国際機関の共感も得られようと訴える[143]。また日本としても,近く東南アジア諸国への開発援助を大幅に拡充すると発言している[144]。このような挨拶はしかし,あまりにも抽象的に過ぎ,具体的なコミットメントはないにも等しいことは,会議開催へ至るプロセスを見てきた我々には,もはや自明のことであろう[145]。会議では,農業開発のため具体的検討を始めること[146],海洋漁業研究開発センターの設

3日,2003–00633。

141　ただし,カンボジアの参加は,インドネシアのそれとは何ら関係がないと,外務省は考えていたようである。むしろ勢力を伸張しつつあったインドネシアの軍部に対してカンボジア政府は批判的であったことが,日本大使館から報告されている。プノンペン田村大使発外務大臣宛「東南ア開発閣僚会議にカンボディア政府のオブザーバー出席について」1966年4月6日『閣僚会議1』vol.30。

142　経協国「東南アジア開発閣僚会議の要約」1966年4月13日,2003-00633。

143　外務省経済協力局「東南アジア開発閣僚会議の開会式における佐藤内閣総理大臣挨拶」1966年4月6日,2003–00635。

144　同上。

145　実際,このフレーズは,外務省の原案では「日本は東南アジア地域に対し,近く援助を2倍に増加するよう考えている」だったが,大蔵省の反対に遭って削除せざるを得なかった。経協国「(椎名大臣ブリーフ用資料)東南アジア開発閣僚会議に関する外交関係閣僚協議会について」1966年3月23日,2002–01244。

146　農業開発基金は,その後ADBの特別基金の一つとして設置され,1968年12月に初めて日本から2000万ドルの拠出を行っている(表7－1)。これは閣僚会議による最大の,かつ唯一の,評価に値する成果だったと言える。管見の限りでは,公刊されている実証研究で,農業開発基金を論じたものはまだ存在しない。さしあたり,鄭敬娥『1960年代のアジアにおける地域協力と日

置，経済開発促進センターの設立などが提案された。また，東南アジア大学の設立構想も提案され，先進国からの援助が要請された。日本としては，出来るだけ早く国民所得の1％を援助に向け，これを東南アジアに対し重点的に振り向けてゆきたい旨を表明した。しかし政府の既定路線に従ったかたちで，結局のところ日本が具体的な提案をすることはなかったのである。例えば先述のシンガポールに加えて，フィリピンのロドリゲス（Rodriguez, Filemon）代表も，日本がどのような援助計画を持っていて，どの程度までGNP1％に達する援助額を，東南アジアに向ける意向なのかを知りたいと発言した。それに対して福田蔵相は，具体的な点は二国間で話し合うべき性質のものであって，この場では「特にメンションはいたしません」と逃げ口上に終始している[147]。最初から具体的な計画が存在しない以上，明確なコミットメントの回避は当然のことだった。

討議の場でジョンソン構想に言及した代表は，一人もいなかった[148]。日本がそれとの関係を否定していた以上，各国政府代表も敢えてそれに触れることはなく，むしろ日本の援助増大に期待をかけていたと思われる。しかし外務省は，閣僚会議を主催するに至った意図を失念したわけではなかった。閣僚会議が開催された一週間後，閣僚会議の意義や今後の発展を，米国にどう説明すれば良いかという武内の問いに答えて，本省は次のように返電している[149]。まずこの電文では，閣僚会議の成果として，援助増加に関する日本の閣僚や関係省の啓蒙的・教育的効果を挙げる。会議のおかげで，タイ（3年で6000万ドル）やマレーシア（5年で5000万ドル），カンボジア（700万ドル）に対する二国間援助が内定したからである[150]。そしてジョンソン構想に関

　　　本の地域主義政策：東南アジア開発閣僚会議，ADB，「アジア太平洋圏」構想をめぐって』九州大学大学院比較社会文化研究科博士論文，2005年，174－183頁を参照。

147　経済協力局国際協力課「東南アジア開発閣僚会議記録」1966年11月，2003－00641。

148　経済協力局「東南アジア開発閣僚会議の評価」1966年4月13日，2003－00633。

149　外務大臣発武内大使宛「東南アジア開発閣僚会議」1966年4月13日，2003－00633。なおこの電文は，上記文書「東南アジア開発閣僚会議の評価」にほぼ同じ内容で掲載されている。

しては，これと閣僚会議を関連付けることは，会議の準備段階で，関係省は
イデオロギー的立場から，政府首脳部は世論の反発を恐れて，強く反対した
と続く。外務省としてもこの関係を覆い隠すことに腐心し，アジア諸国招請
のための説得の過程においても，両者は全然関係ないことを強調した。しか
しながら，外務省および政府首脳部は依然として，東南アジア開発のために
は膨大な援助資金を必要とし，これを供給する主たる「淵源」は米国以外に
はないと考えている。「日本の援助も所詮米国の大量の援助をひきだすため
の呼び水でしかない[151]」のであった。

大規模援助「呼び水」としての国際会議

このような見解は，外務省内の了解事項となっていたと考えられる。閣僚
会議開催以前の2月12日に外務省内で開かれた，会議の議題についての打ち
合わせにおいて，椎名外務大臣は，農業や医療など東南アジア諸国が重要視
している問題を議題に選び，「これをたてにして」出資に反対している大蔵省
を「せめ，米国の金も引きだしうる」ことを提案している[152]。会議開催直前
に作成されたと推測される文書にも，先進国の国際経済協力体制を樹立させ
る「呼び水」として，今回の閣僚会議を考えていくべきだと記されている[153]。
またこの文書には，米国のジョンソン構想については，その使用につき米国

---

150 実際に決まったのは，マレーシアが1966年11月，タイは1968年1月，カンボジアは1969年3月である。通産省『経済協力の現状と問題点』各年度版。おそらくこの新規借款の決定は，閣僚会議のみの成果ではなく，ADB本店誘致の失敗も影響していたと思われる。そうでなければ，前年に外務省の説得努力にも拘らず，援助増額に猛反対していた大蔵省の政策転換を説明できないだろう。Susumu Yamakage, "Will Japan Seek Regionalism?" in Steinberg, Michael S. ed., *The Technical Challenges and Opportunities of a United Europe*, London: Pinter, 1990, pp. 152-153 参照。

151 経済協力局「東南アジア開発閣僚会議の評価」1966年4月13日，外務大臣発武内大使宛「東南アジア開発閣僚会議」1966年4月13日，2003-00633。

152 （作成者不明）「2月12日　大臣との打合会（次官，審議官，経済局長，アジア局長，経済局次長）」，2003-00635。

153 「東南アジアに対する経済援助の政治的意義」2003-00636。作成日，作成局共に不明であるが，1966年3月後半に作成された文書群の中にあったので，会議開催の直前と判断した。

が日本の知恵を求めてきており、日本を含め先進各国の東南アジア援助を倍増するよう呼びかけるイニシャティブを日本がとることを、米国は期待しているると記されている。もし日本が西欧諸国に呼びかけたならば、米国、カナダ、豪州などがこれに呼応することは「確実」であり、また、日本のインドネシアの緊急援助も、各国のインドネシアに対する援助再開の呼び水になるものであるという。援助を大量に出してくれるのは米国であり、その利益は結局日本に及ぶものであるから、米国のこの地域に対する関心を維持させておくためにも、日本は自らの経済協力を積極的に進めることにより、常に米国の援助の推進に努めていくべきである、と記されているのである。

同様に、閣僚会議で決まった最も大きな成果である農業開発会議について、牛場外務審議官は、「会議の規模が大きくなるならば、資金面での援助は米国に求めざるを得ない」と言う。アメリカはこのようなアイデアがアジアから自発的に出てくるのを待っていて、日本にそれを具現する役割を果たすことを期待していたものだと、牛場は米国の拠出を楽観視していた[154]。3月の外交関係閣僚協議会において、アメリカと閣僚会議との関係を鹿島守之助外交調査会長に問われて、「関係はない」と言下に否定した牛場だったが[155]、日本が東南アジア諸国の開発を一身に背負うということは考えておらず、米国の資金が必要であると認識していたことを、上の発言は示している。結局、日本が閣僚会議を手段として、東南アジアへの援助を大幅に増額した事実はなかったことは、本章の冒頭で述べた通りである[156]。

---

154 「第15回アジア・太平洋地域大使会議議事要録（未定稿）」1966年11月（討議が行われたのは5月26日―引用者註）、2002－00399。

155 経協国「外交関係閣僚協議会議事概要」1966年3月17日、2002－01244。

156 ちなみに、1966年度の「貿易振興及び経済協力関係」予算が129億円から281億円へと増額されたが、この援助額増大は閣僚会議とは無関係であった。すなわち、増額された約150億円のうち顕著であるのは、大蔵省所管のADB36億円と海外経済協力基金の75億円であり、後者が大幅に増額されたのは、韓国に対しての直接借款が初めて承認されたためである。それに対して閣僚会議参加国への海外経済協力基金の援助は、一般案件でマレーシアの34億（前年度9億円）、インドネシアの8億円（前年度36億円）に過ぎず、東南アジア向け援助の総額は、むしろ減少していた。予算の内訳に関しては、財政調査会編『国の予算』同友書房、1966年、378－393頁、海外経済協力基金『海外経済協力基金二十年史』大日本印刷、1982年、資料編などを参照。

7月に京都で行われた第五回日米合同委で,実際に椎名外相は,米国に資金提供を訴えることになる。椎名は農業開発会議の開催が決まるなど,域内の紐帯を強めるという最初に設定していた閣僚会議の目的は達成されたと自賛する。しかしながら,と椎名は続ける。アジアの貧困が相当根深いものである限り,たとえ我々が域内で協力しようとも,当然ながら経済発展は極めてのろいものになる。域内諸国の経済発展を求める気持ちが高まれば,結果として域内外の先進国からの援助を求める要求は増大する。我々がそのような要求に応えなければ,アジアが望む経済発展への芽をむしりとってしまうことになるだろう。「米国や他の先進国はこのようなアジアの現状に満足するだけでなく,増大した責任を受け止めなければならない[157]」。すなわち,日本が主催する会議によってアジア諸国の開発気運を自発的に高め,その後に援助を米国に要請するという,当初から想定されていた閣僚会議の目的は,外相によって忠実に米国に伝えられたのである。

しかしながら結局この会議への,米国からの大規模な拠出は実現することはなかった。なぜならむしろ米国の方が,日本の援助増大に対する圧力をかけ続けていたことに加えて[158],ジョンソン構想自体,自然消滅することになるからである。1966年の3月頃から,ジョンソン自らもこの構想に対する熱意を失いつつあった。日増しに膨張しつつあるベトナム戦費と,ジョンソン政権の金科玉条であった「偉大な社会」政策を進めるためには,膨大な費用を必要とするアジア援助は回避すべしとする雰囲気が,米政府内を覆っていたのである[159]。そして米議会もまた,行政府の対外援助に対して批判的になっていく。ベトナム戦争をめぐる米国内の対立が深まるにつれて,ジョンソ

---

157 Fifth United States-Japan Joint Economic Conference, Kyoto, Japan, July 5-7, 1966, "International Situation" Foreign Minister Shiina, RG59, Lot Files, Conference Files, 1964-1966, Box 416, NAII.

158 ジョンソン政権による日本のアジア援助増大への要求は,例えば1967年に佐藤や三木が訪米した際に,ジョンソン自身をはじめとする数人の米政府高官から直接佐藤に伝えられている。ただしこの要請に対して,佐藤はかなり消極的であった。若泉敬『他策ナカリシヲ信ゼムト欲ス』文藝春秋,1994年,第4章,楠田實『楠田實日記:佐藤栄作総理首席秘書官の2000日』中央公論社,2001年,751-771頁などを参照。

159 曺,前掲『アジア地域主義』,第3章第4節。

ン構想は自然消滅へと向かい，それを当てにしていた閣僚会議も，急速にその意義を失っていくのであった。

　そして当然ながら，第二回会議以降，日本の援助を得られないことが徐々に明らかになるに連れて，東南アジア諸国の不満も高まっていくことになる。例えばマニラで開かれた第二回会議では，前回 GNP 1％の援助を表明した日本政府に対し，「その約束の実行が未だに待たれている」という不満混じりの期待が表明され[160]，マレーシアが閣僚会議を「単に討論の場ではなく，具体的成果を生み出す共同行動のための"触媒"として重視するもの」だとの意見を表明，改めて東南アジア諸国が「具体的」な援助を欲していることを確認させる。そして漁業センター問題の討議において，フィリピンが基金を直ちに設置することを主張し，米国1億，日本1億，東南アジア諸国1億ドルの計3億ドルを拠出金とすることを提案する。しかしこれに対して日本は，「出資額を決定したわけではない」として，共同コミュニケに盛り込むことには反対したのである[161]。このような，さらなる努力を日本に求める東南アジア対その場限りの言い逃れに終止する日本，という構図は，会議が自然消滅するまで続くのである。翌年シンガポールで開催された第三回会議，その次にバンコクで開かれた第四回会議，さらにジョグジャカルタの第五回会議においても，例えば南ベトナムが「日本が GNP の1％援助を達成していないことを指摘しておきたい」と述べたのをはじめとして，日本と東南アジア諸国との片貿易問題などが指摘され，日本への不満が表明されている[162]。1971

160　外務省経済協力局国際協力課「第2回東南アジア開発閣僚会議要録」1967年5月（会議が開催されたのは4月26日から28日－引用者註）『閣僚会議2』vol. 32。以下の討議内容は，この文書による。

161　日本は漁業センターの設置に貢献したものの，結局その拠出は75万ドルに留まった（表7－1参照）。

162　外務省経済協力局国際協力課「第3回東南アジア開発閣僚会議録」1968年5月（会議が開催されたのは4月9日から11日－引用者註）『閣僚会議』vol. 29，外務省経済協力局国際協力課「第4回東南アジア開発閣僚会議録」1969年5月（会議が開催されたのは4月3日から5日－引用者註），同上，外務省経済協力局国際協力課「第5回東南アジア開発閣僚会議録」1970年8月（会議が開催されたのは5月22日から25日－引用者註），同上，vol. 30。

年にクアラ・ルンプールで開かれた第六回会議では，タイが閣僚会議は「これまで十分に機能しなかった」と率直な意見を述べ，日本の貿易自由化と東南アジアへの援助増大への期待を改めて表明する[163]。ただしその意見は，そのときの日本政府の容れるものとはならなかったことは，歴史が示している通りである。タイが不満を吐露した3年後，1974年にマニラで開かれたのを最後として，閣僚会議はその短い生涯を閉じたのである。

8　日本のイニシャティブとその限界

本章の分析によって明らかにしたのは，以下の諸点である。

第一に，先行研究の理解とは異なり，閣僚会議は，経済大国化しつつある日本の援助増大の機会，受け皿として開催されたのでは・な・か・っ・た・，という点である。ADBへの出資や韓国・台湾との経済協力が決定していた日本政府に，東南アジア諸国の経済開発を一身に背負い込むような力量と意思は，未だ備わっていなかった。もちろん日本も援助国として想定されたが，それは副次的なものであり，あくまで出資の中心となるべきは米国であった。当初は日本も応分の援助負担をしなければならないと外務省は考えていたが，佐藤首相や大蔵省の頑なな反対によって，それを取り下げざるを得なくなったのである。ただし当初案においても，米国が第一の出資国と想定されていたことは不変であった。閣僚会議の開催がジョンソン構想を端緒としている限り，それは当然のことだったのである。閣僚会議における日本の第一の役割は，東南アジア諸国のまとめ役を担って，経済開発の「気運を促進し」，「好意ある」諸国の援助を期待するための討議の場を設けることであり，実質的な貢献は米国が行うと想定されていた点に，日本のイニシャティブの限界があった。

第二に指摘すべきは，米国の資金を想定していながら，閣僚会議を成功させるためには，米国との関係を否定することが必要不可欠だったという逆説である。ベトナム戦争にコミットしつつある米国に公然と協力姿勢を示すことは，中立アジア諸国と国内からの反発を招く。彼らの賛意を得るためには，米国色，反共色をでき得る限り薄めなければならなかった。その開催と参加

163　外務省経済協力局国際協力課「第6回東南アジア開発閣僚会議録」1971年5月（会議が開催されたのは5月3日から5日－引用者註），同上。

への説得過程で外務省は，閣僚会議とジョンソン構想とは直接的な関係がないこと，閣僚会議は純粋に経済的なものであることを，くどいほど公言する必要があったのである。すなわち，米国の対アジア援助政策の転換に促されたものでありながら，日本が主導して「アジアに相応しい」アプローチを採ろうとした日本外交の姿が，ここにも認められる。日本が訴えたのは，「アジアによるアジアのための経済開発」という，すでに我々には聞き慣れたスローガンであった。ただしベトナム戦争という，とてつもない影響力を持った国際情勢がこの時期に存在していたため，日本政府は従来と異なり，アメリカの資金援助をほのめかすことすら避けたのであった。この会議が日本の自主性の表れに見えたのは，そのためである。またそこには，前の戦争に対する贖罪意識の片鱗すら，見出すことはできない。例えば経済協力局長の西山が，大蔵省に対して閣僚会議の正当性を述べ立てたときですら，贖罪という論理を持ち出すことはなかったのである。

　しかしながら第三に，このような日本の方針は，アジア諸国とアメリカ双方の誤解を招来した。戦後日本の訴えてきた地域主義外交は，1966年に初めて「成功」する。その要因としては，対立していたインドとパキスタンという南アジア諸国がその地域枠組みの範囲から抜けた点，当初はジョンソン構想，後には日本からの資金的な裏付けを東南アジア諸国が期待していた点，そしてスハルトという反共的な人物が実権を握った，インドネシアの国内要因などが挙げられる。東南アジアの参加国は，日本の大幅な援助増大に期待をかけて会議に参加する。しかしそこで見たものは，援助増大に消極的な日本の姿であった。GNP 1％の援助という，漠然とした目標しか掲げることのできない日本政府の態度に，東南アジア諸国は失望したことであろう。ジョンソン構想実現に向けて日本の実質的な貢献を望んでいたアメリカもまた，日本のアプローチに対しては期待を外されてしまう。そしてベトナム政局の悪化によって，アメリカ自体，対東南アジア援助の増大には消極的になっていくのである。

　第一回会議が終了した1ヶ月後の文書において外務省は，閣僚会議が今後継続していくためには，次の2点が重要であると論じていた。一つは，日本が「どの程度まで本気に援助を行っていく用意があるか」，もう一つは「（わが国のみでこの地域の開発を引き受けることは不可能であるので）どの程度まで先進諸国および国際機関の資金，技術援助をこの地域に導入させ得る

か」，という点であった[164]。後の会議の運命を見る限り，このような外務省の判断は全く正しかったと言えよう。両者共に実現することはかなわず，それゆえ，会議は現在まで継続することもなかったのである。確かにライシャワーが言うように，第一回閣僚会議は成功裏に終了した。しかしながら，日本に東南アジア開発のための責務を積極的に引き受ける能力と意思が欠けていた以上，そして米国から資金協力を得られる見込みがなくなってしまった以上，以後の閣僚会議に対する日本政府の不誠実な対応と，東南アジア諸国の不満，9年後の会議の自然消滅は，必然的帰結だったのである。

---

164 経済協力局国際協力課「東南アジア開発閣僚会議の成果と今後の問題」1966年5月10日『閣僚会議1』vol. 31。

終章

結　論

　前章までにおいて，1950，60年代における日本のアジア地域主義外交を規定した要因，それら諸構想の内容および政策意図，そしてそれらが全て蹉跌するに至った原因を明らかにしてきた。以下では，本書の実証分析から得られた知見を改めてまとめ，結論としたい。

1　アジア地域主義外交の展開とその論理

日本外交三原則に内在するジレンマ

　1957年9月，日本外務省は初めて『外交青書』を発刊した。この公式の外交方針において政府は，(1)国際連合中心主義，(2)自由主義諸国（特に米国）との協調，そして(3)アジアの一員としての立場の堅持，という三原則を日本外交の基調として掲げることになる[1]。ただしこれら諸原則のうち後者の2つは，起草に関与した斎藤鎮男（当時総務参事官）が回想するように，日米協力を主軸におく「必然的方向」と，反植民地感情の強いアジア諸国と連帯する必要性を認めることとの「きわめて微妙なバランスの上に立つものであった[2]」。つまり当時の日本外交の関係者は，米国を中心とする西側先進国と，独立後間もないアジアの途上国との間に，対立的な緊張関係が内在しているとの認識を持っていたのである。このような，「米国かアジアか」という緊張関係に挟まれた日本，どちらかの選択を絶えず迫られた日本外交の姿は，そ

　1　外務省『わが外交の近況』第1号，1957年，7－8頁。
　2　斎藤鎮男『外交：私の体験と教訓』サイマル出版会，1991年，43頁。

の後も幾度となくなぞり描かれてきた。その結果,「米国とアジアの狭間」というフレーズは,米国との協調かそれからの脱却かという,二者択一の選択問題として定着し,現代まで引き継がれることになる。「対米協調」／「対米自主」外交という二分法は,その典型例と言えるだろう。つまり従来の研究においては,対米協調路線という「必然的方向」からの逸脱例の一つとして,戦後日本のアジア地域主義外交が把握されてきたわけである。しかしながら本書で明らかにしたのは,上記のようなジレンマを所与として受け入れることを肯んぜず,むしろそれを解消するためにアジア地域主義外交を展開した日本の姿であった。

米国の対アジア政策との有機的連動

　1950,60年代に日本の望んだ地域主義は,「開発援助枠組み」,「貿易決済枠組み」の2つが中心であった。当然のことながら,それらを形成するためには膨大な資金を必要とする。この時期の日本に,そのような多大な財源を提供する余裕はあるはずがなく,アメリカの出資見込みがなければ,どのような構想も画餅に過ぎなくなるだろう。表8－1を見れば明らかなように,発端はアメリカであった。米国の対アジア政策が地域枠組みの形成に積極的となり,その枠組みに対する援助増額の方向へ舵をとるという期待が存在して初めて,日本政府はアジア地域主義外交を推進したのである。すなわち,この時代における日本のアジア地域主義外交は,アメリカのアジア政策と有機的に連動していたのである。岸信介内閣の「開発基金」構想や佐藤榮作内閣の「閣僚会議」が日本政府によって精力的に推進され,従来の「対米協調」路線から脱線したように見えたのは,むしろこれらの構想にアメリカが協力するだろうという,確信に満ちた期待があったからである。これに対して,池田勇人政権が岸や佐藤と同様の「開発援助枠組み」あるいは「貿易決済枠組み」の創設を提唱しなかったのは,アジアで自主的な外交を行うことによって米国と対立することを池田が避けたためではなく,単に米国がそれに協力する可能性がなかったからである。実際のところ池田は,個人的には前政権が提唱したような地域枠組みの形成を望んでおり,非公式ながらインドの首相や米政府高官に対して,その考えを明らかにしていた。しかも池田政権は,それまでにはなかった地域主義外交を展開する。インドネシアを中心とする「信頼醸成枠組み」,「西太平洋友好帯」を形成することを望み,大使館

表 8 − 1　日本の地域主義構想の発端と蹉跌の理由

年	構想名	内閣	推進の発端	主要策定者	蹉跌の原因
1954〜55	東南アジア経済開発基金 アジア決済同盟	吉田 鳩山	ハロルド・スタッセンら米政府内一部の積極姿勢	外務省経済局，アジア局，欧米局 経済審議庁（大来佐武郎） 通産省企画室	米政府内での援助反対派の勝利
1955	地域開発基金 短期決済金融機構	鳩山	米国大統領特別基金の設置	外務省 経済企画庁（大来）	シムラ会議においてアジア諸国が反対
1955〜56	アジア開発金融機関	鳩山	米国大統領特別基金の設置 エリック・ジョンストンら米政府内一部の積極姿勢	日銀・大蔵省 一万田尚登	米政府内での援助反対派の勝利
1956	アジア開発基金	鳩山	エリック・ジョンストンら米政府内一部の積極姿勢	経済企画庁 高碕達之助	米政府内での援助反対派の勝利
1957	東南アジア開発基金	岸	米国対アジア援助の政策転換と日本への打診 クラレンス・ランドールらの積極姿勢	財界 岸信介 外務省経済局	東南アジア諸国の消極姿勢 米国ヤング委員会による拒絶
1963	西太平洋友好帯	池田	コンフロンタシによるインドネシアの急進化	池田勇人 大平正芳（外務省は消極的）	米国・フィリピンの反対
1965〜66 1975	東南アジア開発閣僚会議	佐藤	米国の対アジア援助増大表明（ジョンソン・ドクトリン）	外務省経済協力局（首相・大蔵省は消極的）	ジョンソン・ドクトリンの挫折 日本の援助努力不足

筆者作成

を通じて各国に打診していたのであった。このような安全保障枠組みへの志向は他の政権には見られなかったアプローチであり，戦後日本によるアジア地域主義外交のユニークな例であった。

冷戦戦略とナショナリズム

　以上のように，池田政権の唯一の例外を除いて，日本政府は，アメリカの資金援助が得られる可能性が存在するときにのみ，アジア地域主義外交を推進した。しかしながら，最大の出資者である米国を直接的に関与させることは，極力回避しようと試みている。なぜならば，米国とアジアとの間に対立的な緊張関係が存在している限り，前者が直接後者へ援助を行うことは，むしろ独立間もない東南アジア諸国のナショナリズムを刺激し，共産圏へと

向かわしめることになりかねないと考えたからである。1950年代においては，吉田茂や宮沢喜一といった，最も親米的と考えられている政治家の言説にすら認められるように，軍事に偏った米国の対アジア政策は，日本を含むアジア諸国の不満の原因ともなっていると考えられたのである。吉田から鳩山政権初期にかけて，地域主義外交の主管庁であったアジア局もまた，「アジアの心理」を考慮に入れていないアメリカ外交に対して不満を隠さなかった。さらに1957年，マッカーサー大使やフェアレスと会談した後に「アメリカは今反省期に入っている」と岸が述懐したのは，従来の米国によるアジア政策が誤っていたという認識に基づくものであった。1955年から57年にかけて，幾度の挫折にも拘わらず日本政府がアジア地域主義構想を集中して提唱し続けた理由も，これで明らかであろう。日本の政策決定者にとって，自らの構想は決して誤ってはおらず，むしろ彼らは，それまでアメリカこそが適切なアジア外交を遂行していないと考えていた。そのため，米国の政策転換に対する期待は過度に楽観的に増幅され，同様な構想を何度も躊躇うことなく打ち出したのである。彼らは，いわゆる認知的不協和に陥っていたと言える。アジア地域主義外交を推進した人々は，自らの認識を変えるよりも，米国の政策が転換期であるとの希望的観測を行うことを選んだのであった。このような態度は，ECAFEの経済分析課長としてバンコクへ約1年半の間出向し，アジアの現状を自らの眼で捉えてきた大来佐武郎とは対照的であった。帰国直後の1954年から55年にかけてアジア地域協力構想立案の中心人物であった大来は，シムラ会議に参加した後，アジア諸国が地域としてまとまって協力していく素地が未だ作られていない現実を受け入れ，地域枠組み形成には疑問を抱くようになっていく。つまり大来のアジア認識は，現実のアジアと葛藤することが明らかになった時，後者に沿ったかたちで書き換えられ，更新されていくのである。

　1960年代に入っても，「米国かアジアか」という緊張関係は消えることなく残っていた。国際社会から孤立しつつあるインドネシアに関して池田勇人は，米英が「アジア人の心理を十分把握」して対処していないという不満を，ことある毎に吐露していたことはこの事実を物語っている。さらに閣僚会議が開催される前年の1965年には，ベトナム戦争という大きな問題が厳然と存在していた。国内外のアメリカ批判が大きな盛り上がりを見せる中で，再び「アジアの主体性」を重視する考え，日本が前面に立ってアジアを取りまとめ

る構想が浮上してくるのである。

ジレンマの解消策として

　しかしながら，アメリカの対アジア政策が適切ではないからといって，その資金をアジアへ導入することを拒否するという選択肢は，日本政府には存在しなかった。「アジアの主体性」「アジアの心理」を重視する立場は，米国の資金を拒絶するのではなく，それを活用しつつも別のアプローチを採用する方向へと進むのである。それは「アジアによるアジアのための経済開発」というスローガンの下，日本を含むアジア諸国自身が，主に米国の資金を得て経済的な地域協力を行うというアプローチ，本書の言う「地域主義外交」の展開であった。池田政権の「西太平洋」構想を除いたすべてが，日本が介入することによって米国の大規模資金の政治性を希薄化し，アジア諸国の経済発展に寄与すべきとする内容を有していた。それは日本が敗戦の荒廃から立ち上がるのに必死だった1950年代においても，高度経済成長を達成した1960年代後半においても，基本的な変化はなかった。

　すなわち戦後日本は，「米国かアジアか」という二者択一の問題を，日本が仲介する地域枠組みを形成することによって解こうとしたのである。冷戦・反共という狭隘な思考に囚われた米国のアジア政策と，反植民地主義とが結びついたかたちのアジア・ナショナリズムの高まり。日本の地域主義（リージョナリズム）は，「アジアによるアジアのための経済開発」というスローガンで，これらナショナリズムを超越しようとする手段であった。そして「アジアの一員」でもあり，「西側先進国の一員」でもあるというアイデンティティを有していた日本の政策決定者にとって，両者の橋渡しの役割を担うのは日本をおいて他にあり得なかった。それを可能にしたのが，「戦後アジア主義」に他ならない。それは戦前のアジア主義のように欧米のカウンター・イデオロギーという「攻撃性」は消えた一方で，アジアの連帯意識が継続された思想であった。アメリカと協調すると同時に，アジア地域主義外交が矛盾なく推進される素地が，戦後初期の時点ですでに存在していたのである。

「戦後アジア主義」の多様性

　ただし，「戦後アジア主義」は，決して画一的なものではなかった事実は指摘しておかなければならない。その多様性は，1950年代と60年代のそれを比

較することによって浮き彫りになる。すなわち，1950年代に日本が熱望した地域枠組みは，自らの経済的な必要性もあって，東南アジアを日本の原材料供給地，商品市場として固定化させる可能性を孕んだものであった。つまり，この時代の「アジアによるアジアのための経済開発」というアプローチは，東南アジアを日本の経済的支配下に置こうとする意図が内在されていたのである。この点，戦前に満州経営に深く関与し，「大東亜共栄圏」を支えた高碕達之助と岸信介が，アジア地域主義外交の最大の推進者であったのは象徴的である。つまり彼らの「アジア」とは，日本が先頭に立ち，経済成長に向けて指導していくべき対象であった。その意味で，1950年代の「戦後アジア主義」には，戦前における「アジア主義」のもう一つの様相，すなわち日本をアジアの盟主に据え，アジアの連帯を唱えながらそれを侵略する背景となった観念が，多分に持ち越されていたのである。

そこから必然的に導き出されるのが，この時代の地域主義外交に，アジアへの「外交」努力がほとんど行われなかった，という事実である。1955年に開かれたシムラ会議において，地域枠組みの創設やコロンボ・プランに事務局を置く提案はすべて退けられた。それにも拘わらず，岸や高碕はその現実を受け入れたとは思われない。その証拠に，シムラ会議直後の1956，7年に，再び地域主義外交を展開するからである。1956年の地域協力構想は対米提案に留まったが，翌年岸はアジア諸国を訪問し，「開発基金」構想の原案を自らアジア諸国に説いてまわる。つまりわずか2年前にアジア側が提出した結論を，日本政府首脳が学習することはなかったのである。これも一つの認知的不協和の結果だったと言える。しかもアメリカ以外の国に対して，事前に日本の提案を打診する試みはなされなかった。すなわち1950年代の地域主義構想は，例外なく，アジア諸国の意向を聴取する前にまず米国に対して打診が行われていたのであった。さらには，アジア諸国の反応は好ましくなかったにも拘わらず，日本は「開発基金」構想という，具体的な地域主義構想をアメリカに手渡すのである。つまりこの当時の政策関係者は，「アジアの主体性」を訴えていたものの，アジア諸国の意見はほとんど考慮の外にあった。換言するならばそれは，「アジア不在」のアジア地域主義であった。

それに対して，高度経済成長を達成した1960年代のアジア地域主義は，日本の経済的な必要性から発したものではなかった。すなわち，経済的に支配する日本，従属する東南アジアという構造を促し，固定化させるような地域

枠組みの創設は意図されていなかったのである。池田や，閣僚会議開催の中心的役割を果たした外務省経済協力局のメンバーは，岸や高碕のように戦前期に大陸経営を行った経験はなかった。彼らが例として思い描く地域主義とは，戦前の「大東亜共栄圏」ではなく，1950年代後半から1960年代初期にかけて世界各地で盛り上がりを見せた地域統合，「第一の」地域主義であったと思われる。池田はそれを，「共同体」と呼んだのである。さらに池田は，インドネシアを孤立させて共産圏へ向かわせないために，「信頼醸成枠組み」である「西太平洋」構想を各国へ打診する。この構想が成功するかどうかは，フィリピンの賛意が「必要不可欠」であると位置づけていた点，自分が直接訪問して各首脳に披露する前に，各在外公館を通じてその考えを伝えていた点は，岸の時とは対照的である。閣僚会議においても，西山昭経済協力局長らは，会議の成功はカンボジアなどの中立主義国が参加するかどうかに依存していると考え，水面下で頻繁に，そして慎重に，その可能性を探っていた。すなわち，この時代のアジア地域主義には，アジアへの「外交」が存在していた。戦前的な様相は，かなりの程度剥げ落ちていたのである。

そしてまた，そもそも「戦後アジア主義」を共有していない政府関係者もいたのである。前述した大来はその最たる人物であったし，後のADB初代総裁である渡辺武や，戦前に「小日本主義」を唱え続けた石橋湛山もまた，日本のアジア地域主義構想には批判的であった。仮に彼らのような考えが主流となっていれば，アメリカが協力を持ちかけたとしても，日本は地域枠組みの形成を志向しなかっただろう。おそらく二国間，あるいはコロンボ・プランなどの現に存在する多国間枠組みを通じた，日米協力を行っていたと思われる。ただし彼らにしてみても，米国の協力を得る必要性を重視していたことは注意を要する。第2章で述べたように，渡辺は東南アジア開発に関する日本への協力をアメリカに要請していたし，岸の「開発基金」構想の実現に懐疑的だった大来も，米国の協力を得るかたちの代替案を提出している。すなわち，この時期の日本政府にとって，米国と協力しないアジア政策という選択肢は存在しなかったと言えよう。

2　蹉跌の理由

以上明らかにした論理によって，1950年代から60年代にかけて，日本は数多くの地域主義外交を展開した。しかしその行方は，すべてが蹉跌に終わる。

なぜこれらの構想は実を結ぶことがなかったのだろうか。

米国要因と財政制約

　第一に挙げられるのが，米国要因である。本書が繰り返し主張しているように，アメリカの資金拠出が実現しない限り，この時代における日本の地域主義外交は成功する可能性はなかった。日本の構想は，米国の対アジア政策の転換に促された結果であったが，それは日本政府の期待していたものとはかけ離れていたのである。日本が大きな期待を寄せたスタッセンやジョンストンは，米政府内で主流派を形成することはできなかった。1955年に設置された大統領特別基金も，議会によって半分に減額されるほど，アイゼンハワー政権の一期目は対アジア援助増額に消極的であった。第1章で概観したように，戦後から1950年代にかけての米国は，基本的に日本とアジアとの地域経済統合に好意的であったが，それはあくまでも貿易による地域統合であり，日本が望んだ援助枠組みとは異なっていた点には注意が必要である。日本政府は，米政府内では非主流的立場にあった援助積極派の言説を，過度に自分たちに都合良く受け取ってしまっていたのである。

　さらに，岸政権に東南アジア経済開発に関する日米協力を持ちかけたアイゼンハワー政権の二期目も同様に，日本の構想を退けるに至る。米国ヤング委員会によって出された主要な結論は，日本のような地域先進国が一方的に利益享受者となるような多国間枠組みの形成を，東南アジア諸国が望んでいない，という判断であった。それはほぼ正確な現状認識に基づいていたが，日本にとって都合の悪いことには，戦前戦中に日本が行った行為に対して，東南アジア諸国には当然ながら憎悪が残存しているだろうという，若干の偏見が米政府内に共有されていたのである。

　1960年代に入っても，米国要因は衰えを見せていない。1963年，池田の打ち出した「西太平洋」構想は，米国の反対とそれを受け入れた外務省高官によって，結局は陽の目を見ないまま頓挫する。米国が池田の構想に賛成していたならば，おそらく外務省はあれほど神経質になってまで「西太平洋」構想を覆い隠そうとはしなかったはずである。すなわち，米国のアジア政策とは全く独立に考案された池田の構想においても，その推進に関してアメリカは大きな影響力を有していたと言わなければならない。そして1966年，日本は東南アジア開発閣僚会議を主催する。従来の通説的理解では，この会議

は日本の援助増大意欲の発露として捉えられていた。しかし第7章で明らかにしたのは、あくまで日本政府としては、最大の出資元に米国を想定していたという事実であった。この会議を通じた対アジア援助の増大を引き受ける意思が日本になかった以上、ジョンソン・ドクトリンが実現しない限り、閣僚会議が成功する可能性はなかったのである。

　それに関連して蹉跌理由の第二に挙げられるのは、日本の財政制約である。1960年代半ばにおいて、初めて日本外務省は、「アジア平和計画」という、自らの大幅な額の拠出を覚悟した地域協力構想を立案する。しかしながらこの計画に対する首相と大蔵省の反対は猛烈であった。たちまちにしてこの際立って大胆な計画は、米国の大量資金の呼び水という、1950年代のものと何ら変わりのない地域主義構想へと狭隘化してしまうのである。エドウィン・ライシャワーが絶賛したように、確かに第一回閣僚会議は成功裏に終了した。1954年以来、アジア地域主義構想を訴えていた日本の努力が、1966年に初めて実を結んだのである。その成功の裏には、初めはジョンソン構想に、後に日本の経済援助に対して東南アジア諸国が大きな期待を寄せたことに加えて、日本外務省主導による粘り強い外交努力があったからである。仮にインドネシアの国内政変が起こらなかったとすれば、その参加は得られなかったと考えられるが、そもそも日本に説得努力を続ける意思がなければ、インドネシアやカンボジアは言うまでもなく、シンガポールの参加も疑わしかっただろう。その意味で、閣僚会議の成功は、「日本外交の勝利」であったとも評価できる。しかしながら、東京に集まった東南アジア諸国の代表が目の当たりにしたのは、具体的な援助増大計画を示そうとはしない日本の姿であった。「開発の気運を醸成」し、米国を中心とする西側諸国からの援助を受け入れて、アジア諸国自身で経済開発を行うという漠然としたアプローチに終始した日本政府と、日本からの具体的な援助額と計画を要求した東南アジア諸国の間には、大きな懸隔が存在していたのである。結局のところ、日本が当てにしていた米国の大規模援助計画は、ベトナム戦費の膨張とともに自然消滅へと向かい、ジョンソン政権そのものが再選を目指すことなく任期を終えてしまう。いわば生みの親に先立たれ、その後に残された遺児、東南アジア開発閣僚会議が、長く存続することは不可能であった。つまり9年後の会議の自然消滅は、既に第一回目の時点で運命付けられていたのである。仮に閣僚会議が、外務省の当初の想定通りに（そして先行研究の主張する通りに）、日本の

大幅な援助増大と政治的役割の拡大の機会として実現していたのなら，日本外交史における一つの輝かしい金字塔となっていたのではないかと想像するのは，筆者だけではないだろう。

ナショナリズムと国際構造を越えられなかったリージョナリズム

最後に，日本の地域主義外交を挫折せしめた最も大きな要因を挙げておこう。言うまでもなくそれは，アジア諸国の意向である。1955年，インドはシムラにおいて，地域経済協力に関して東南アジア諸国自身が語る初めての機会が訪れる。しかしそこで得られた結論は，日本を除いたどのアジア諸国も，援助は多国間でよりも二国間で行うのが望ましいという総意であった。それはまた，2年後に岸首相の「開発基金」構想の打診によっても再確認される。池田の「西太平洋」構想も同様に，フィリピンの消極姿勢に遭遇し，閣僚会議は最終的にはインドネシアとカンボジアの参加を得たものの，インドネシアの政変がなければ，この二国が日本の呼びかけに応じる可能性はなかっただろう。

アジアは多様であり，それゆえに欧州のような地域統合は不可能であると論じられることがしばしばある。文化・民族・宗教・言語・歴史・経済・政治体制の多様性などが，地域枠組みの形成を妨げてきた要因であるという議論である。このような主張は，一面の真理を含んでおり，それなりに首肯できるものである。ただしその主張からは逆に，同質の地域であれば地域協力が成功するというコロラリーが導き出されるが，そのような命題を支持する識者はいないだろう。さらに言えばこの論理では，アジアにおいてADBやASEANが40年以上も存続している理由が説明できないし，他の地域に眼を転じてみれば，EUやNAFTAを形成している国々がお互い同質であると言うのは，強引に過ぎるだろう。したがって，多様であることがそのまま地域協力の障害となっているという単純な論理は排し，その間を繋ぐ何らかの説明や要因が必要とされなければならない。

アジアで地域協力が進まなかった理由の第一に挙げられるのは，各国固有の事情である。日本政府をしてアジア地域主義外交を推進せしめた要因の一つに，アジアにおけるナショナリズムの高まりがあったが，同時に各国のナショナリズムが，それを挫折せしめた要因でもあった。独立後間もないこれ

ら国々にとって，まずは自国の経済発展に邁進したいという願望は当然の欲求であり，有限なパイ（経済援助）を多国間で争って分け合うような枠組み，あるいは日本に対する原材料供給・商品購入市場として組み込まれ，固定化されるおそれのある地域枠組みの形成を彼らは望んでいなかった。すなわち，アジアの新生国家にとって，まずは自国の建設を成し遂げた後でなければ，国境を越えた「地域」に眼を転ずる余裕が生じることはなかったのである。

　第二に，アジア地域内の要因である。1950年代のアジア地域主義構想が対象とする範囲は，南・東南アジアにわたっていたが，カシミール地方領有をめぐって争っていた南アジアのインドとパキスタンが，同じ枠組みの下で経済協力を行うことはあり得なかった。特にパキスタンはこの時期，地域枠組みの形成に執拗に反対するのである[3]。1960年代に入ると，日本政府による地域主義構想が想定する範囲は東南アジアに限定されたものの，ここでも域内の相互不信や紛争の種は根強いものであり，日本の構想にとっての大きな障害となっていた。インドネシアのマレーシアに対するコンフロンタシ，カンボジアとタイ・南ベトナムとの国境紛争など，アジア域内における争いは絶えることがなかった。このように紛争の種が各地に埋め込まれていた地域にとって，国家間協力を進める素地はほとんどなかったと言えよう[4]。

　第三に，反日感情である。序章で論じたように，日本の地域主義構想が対象とする国は南・東南アジアに限定されており，最も戦前の負の遺産が甚だしい中国と朝鮮半島の二国は含まれていなかった。従って，対象国の反日感情もまた，相対的に希薄化されているものと日本の政府関係者は考えていた。しかしながら，そのような認識は甘いものだった。特にフィリピンの反日姿勢は辛辣であった。第3章で論じたように，高碕が自らの構想を引き下げる原因となったのはフィリピンの対日姿勢であったし，池田に「西太平洋友好帯」という自らの構想を断念させた一因もまた，フィリピンであった。日本政府の打診を受けたディオスダド・マカパガル大統領は，日本とフィリピンとの間に信頼すら確立されていない状態で，インドネシアという不安定要因

　3　大来は，このようなパキスタンの態度を苦々しく語っている。大来佐武郎「エカフェ第18回東京総会に出席して」『エカフェ通信』No. 296，1962年，33－34頁。

　4　周知のように，ASEANの当初メンバーは西側諸国に限定されており，結成されたのは1967年，インドネシアのコンフロンタシが挫折した直後であった。

を含んだ地域枠組みの形成など，論外であるという態度を示したからである。フィリピンの参加がその成立に不可欠であった池田の構想は，このようにして結局は首脳会談では切り出されることなく，失われた歴史の一つのエピソードとして，近年になるまで誰も語ることなく埋もれていくのであった。

　最後に挙げられるのが，冷戦要因である。アジアは多様であった。政治的に多様だったのである。すなわち，共産主義国もあれば，中立主義国もあり，日本やフィリピンなどの親米諸国もある。このように異なった政治体制を包含していた地域が，一つの地域協力機構をつくり上げることは極めて困難であった。日本の地域主義構想は共産圏を除外していたものの，アメリカによる資金援助の見込みがあったのならば，インド，ビルマやカンボジアといった中立諸国が，何ら猜疑心も持たずにそれに参加するとは考え難い。日本が介入して政治性を薄めようと試みたところで，それは決して拭い去られるものではなかった。仮にソ連や中国がこの時期，同様の地域枠組みを提案したとして，日本や他の中立諸国が躊躇なくそれに参加しただろうか。答えは否であろう。この点で，国連の下部機関であるECAFEが主導したADBは，政治的な色がなく，アジア諸国にとって抵抗なく受け入れることのできた地域枠組みであったと言える。したがって，日本が冷戦という政治的イデオロギーを薄めるために，「アジアのためのアジアによる経済開発」というスローガンを唱えたとしても，その意図に対する懐疑の念は払拭することはできなかった。つまり日本の地域主義アプローチは，冷戦という国際構造も越えることはできなかったのである。

3　むすび：オリエンタリズムの桎梏を超えて

　1950・60年代における日本の地域主義外交は，米国との協調とアジア志向という2つのアプローチの融合を可能にさせた，「戦後アジア主義」がその思想的根底にあった。しかしながらそれは，日本の政策関係者の主観的なものに過ぎなかった。もうすでに古典と化した観のあるサイードの『オリエンタリズム』の主題を借りれば，日本におけるアジア地域主義構想を立案した人々の言う「アジア」とは，彼ら自身がつくりあげ，表象し，代弁し，開発を代行しなければならない対象である「アジア」であった[5]。しかしながら──

　5　エドワード・W・サイード，板垣雄三・杉田英明監修，今沢紀子訳『オリ

あるいはそれゆえに——，日本の打ち出した「アジアによるアジア開発」というスローガン，「われわれのアジア」という地域主義アプローチは，実在のアジア諸国とは共有されることはなかった。新生諸国のナショナリズムと，冷戦構造を乗り越えることはできなかったのである。実在のアジアと自己の認識するアジアとの乖離を矮小化し，あるいは完全に見落とすことによって，その懸隔を狭める努力を怠り，真の「アジアの主体性」を考慮に入れた外交を展開しなかったこの時代の日本政府にとって，地域主義外交の行方は，その蹉跌が約束された帰結であった。その意味で，このような地域枠組みの提唱には批判的であった人々の判断は正しかったと言えよう。

「どのようにしたら他者を抑圧したり操作したりするのではない自由擁護の立場に立って，異種の文化や異種の民族を研究することが可能であるか[6]」。サイードのこのような問いかけは，一国の外交政策を立案していく際の指標としても，多くの含蓄を持っている。本書の冒頭で述べたように，1990年代以降，日本と東南アジアのみならず，中国と韓国を含めたアジアにおける地域「共同体」形成への動き，「新しい」地域主義への期待は，ますます高まって行くものと思われる。今後日本がアジアへうまく融解できるか否かは，アジアの多様性を理解し，尊重し，そこから自国と関係諸国をすべて満足させるような外交政策を考案・推進できるかどうかにかかっている。

本書は，決して歴史的に導き出された解を現代にも当てはめることを意図するものではないが，ここで行った歴史分析とその知見は，アジアに対する日本外交の一つの方向性を示唆するものと言ってよいだろう。おそらく本書で示してきた事実は，繰り返される日本外交の「蹉跌」を明らかにしたという点で，我々日本人一般にとってあまり愉快なものではないはずである。しかしだからと言って，そのような失敗の事実から眼を逸らし，日本外交が成し遂げたことのみを紹介することは，事例選択の恣意性という方法論的誤謬を犯すことになるうえ，若い世代の歴史理解に悪影響を及ぼしかねない。そ

エンタリズム』平凡社，1993年（初公刊は1986年，平凡社）。この点，アジア地域主義の間主観性の歴史的変遷を追った大庭の研究は示唆的である。大庭三枝『アジア太平洋地域形成への道程：境界国家日豪のアイデンティティ模索と地域主義』ミネルヴァ書房，2004年。

6 サイード，前掲書，65頁。

して言うまでもなく,日々変化する国際関係の中で日本外交の将来を担っていくのは,若い世代なのである。我々は,過去を知識として蓄え,それを活かす英知を持っている。過去の我々が経験してきた地域主義外交の蹉跌が理解され活かされ,かつ乗り越えられることができるならば,日本のアジア外交の行方は,期待に満ちたものになるに違いない。

　心からそうなることを願いつつ,本書を閉じる。

おわりに

　本書は，2006年に東京大学大学院総合文化研究科へ提出した，筆者の博士論文『戦後日本のアジア地域主義外交の展開と挫折：1952－66』に加筆修正を施したものである。その際，(1)序章と終章を大幅に修正，(2)先行研究に対する個別批判を必要最小限に抑えるかたちで削除，(3)『アジア研究』第53巻第1号に掲載された拙稿を，第5章に編入，(4)新たに公開された資料を追加，という作業を行った。

　本書の内容は，大きな問題意識の二本柱に支えられている。一つは言うまでもなく，近年さかんに論じられている「東アジア共同体」を歴史的に再考する必要性である。特に戦前の「大東亜共栄圏」と，90年代以降の「新しい地域主義」に挟まれた研究の空白を埋めたいという願望が，1950・60年代における日本のアジア地域主義外交を分析する大きな理由となった。「アジア共同体」と一口に言っても，それに込められた各国各人の想いは同床異夢であり，その不確かな未来への一つの道しるべとするためにも，「古い地域主義」の実証分析は必要不可欠であると考えたからである。各事例に関しては，先行研究の主張に引きずられることなく，可能な限りそれを疑い，できるだけオリジナリティを出そうと努めた。

　問題意識の二つ目は，国際関係理論と外交史とをどのように結びつけるか，という問いである。もともと理論を勉強したくて東大駒場の修士課程に入学した筆者だが，修士論文執筆の過程で史的実証分析の大切さ，面白さを知り，両者を別々のものとして扱うのではなく，融合するような研究とは如何にあるべきか，という問題関心は，常に筆者の頭の片隅に陣取っていた。本書は，その問いに対する筆者なりの一つの解答である。すなわち，社会科学のリサーチ・デザインに基づいた外交史の実証研究，いわゆる編年体の「通史」と

いう体裁をとらない代わり，すべての「事例」を時代横断的・系統的に比較するという手法，さらに言えば，「仮説－検証」ではなく，あくまで政策形成過程分析をこつこつと積み上げて行く「ボトムアップ・アプローチ」の採用，である。このようなやり方は，読者によっては違和感を抱く人もいるかも知れない。よく言えば学際的であるが，悪く言えばどっち付かずだからである。果たしてこのような試みが成功し，一つの研究の型として認められるかどうかはわからないし，正直，不安でもある。今後の評価を待つしかない。

本書を上梓するにあたって，言うまでもなく多くの人々のお世話になった。指導教官の山影進先生，博士論文シーシス・コミッティを務めてくださった酒井哲哉，内山融先生，審査委員をお引き受けくださった渡邉昭夫，田中明彦先生からは，博士論文執筆過程および論文コロキアム，最後の口頭試問で多くの建設的なコメントをいただいた。特に山影先生には，修士課程入学以来（2年間のブランクを挟んで）現在まで，依然として指導教官離れできない筆者をご指導し続けてくださっており，これまでに受けた学恩は，一生大切にしていきたい貴重な宝となっている。出版が決まったことを最も喜んでくださったのも，山影先生だったような気がする。今回本書を上梓できたことで，そのうちのわずかだけでもお返しできたかもしれないと思うと，少しだけであるがほっとしている。

その他にも，多くの先生方からご指導を受けた。特に樋渡展洋（東大社研），樋渡由美（上智大），玄大松（東大東文研）の諸先生からは，ゼミでのご指導や研究会などで発表した際に，貴重なコメントをいただいた。さらには，筆者が今まで投稿したいくつかの小論文に対して，多くの有意義なコメントと加筆修正の機会を与えてくださった匿名査読者の先生方にも，感謝申し上げたい。

また，いわゆる研究仲間にも感謝したい。松尾秀哉，金暎根，岡部恭宜，多湖淳，溝口修平の諸兄とは，博士論文完成をめざして結成した研究会で，さまざまな専門的知見から意見をぶつけ合い，お互いに切磋琢磨し合った。山影先生の論文指導ゼミや科研プロジェクト「マルチエージェント・シミュレータによる社会秩序変動の研究」のメンバーからも，多くを学ばせていただいた。さらには，若手外交史家による戦後外交史研究会でも，2度発表の機会を与えていただき，厳しいが有用なコメントを頂戴した。このような研

究の仲間がいなければ，筆者の研究意欲を維持させることは難しかっただろうと思う。最後に，校正や資料蒐集などを手伝ってくれた濱田顕介，西村もも子，阪本拓人，湯川拓の各氏にも感謝申し上げたい。特に西村さんからは，ことある毎に励ましてもらった。本当にありがとう。

　筆者は2005年4月から2008年3月までの3年間，東京大学東洋文化研究所（東文研）に助手（のち助教）として奉職したが，この3年間がなければ，博士論文が完成し，さらには出版することなどあり得なかっただろうと思う。関本照夫所長，田中前所長をはじめ，筆者に自由な研究環境を与えてくださった東文研の先生・同僚・スタッフの方々にも感謝申し上げたい。特に中国仏教がご専門の丘山新先生からは個人的にかわいがっていただき，筆者の東文研における研究者生活を常に心地よいものとしてくださった。

　本書の加筆修正の大部分と英文サマリーは，オーストラリア国立大学（ANU）に客員研究員として滞在していた時に仕上げたものである。筆者を快く迎え入れてくださったJohn Ravenhill先生，Johnを紹介してくださったGregory Noble先生（東大社研）にも感謝申し上げたい。さらには，キャンベラでの学問生活を送る上で，Helen Moore, Gil Oren, Daniel Biro, Liz Drysdale, Peter Drysdale先生から受けた公私にわたる知的支援は，筆者にとってかけがえのないものになった。記して感謝したい。

　木鐸社の坂口節子さんには，一度論文を投稿しただけで顔も合わせたことのない，研究者としては無名に近い筆者の出版願いを快くお引き受けいただき，さまざまなアドバイスをいただいた。本書の出版へ至る作業過程は，短期間でインテンシブに行った分，苦しい反面，とても充実したものであった。それはひとえに坂口さんのおかげだと思う。

　本書の出版は，平成20年度日本学術振興会の研究成果公開促進費の助成によって可能になった。それ以前にも，博士論文執筆段階で，次の研究助成をいただいた。第19回環太平洋学術研究助成（大平正芳財団，2005年），日本学術振興会科学研究費補助金（若手研究スタートアップ，2006年）。これらの助成金がなければ，本書で使用した一次資料をかき集めてくることは不可能だった。また，ANU滞在に関しては，文部科学省の海外先進教育研究実践支援を受けている。現在は，日本学術振興会特別研究員PD（東京大学）として，

3年間自由に研究する機会を与えられている。その一環として，2008年8月末からは，米国コーネル大学に約1年半，客員研究員として滞在の予定である。

　このような多くの支援を受けてきた筆者は，本当に幸せだと思う。それにも拘わらず本書の至らなさが散見された場合，それはひとえに筆者の未熟さ，非才さに還元できる。今後の精進のためにも，できるだけ多くの方々が本書を手にとって下さり，そしてそれらの読者から多くのご批判やご叱正をいただくことを，切に願っています。

　　　　　　　　　　　　　　　　　　　　　　2008年6月　奈良にて
　　　　　　　　　　　　　　　　　　　　　　　　保城　広至

引用文献

本書で引用したものに限って，(1)一次資料（A　未公刊資料，B　公刊資料），(2)新聞・定期刊行物，(3)回顧録・伝記等，(4)研究書，(5)未公刊博士論文，に分類してある．各区分は英文と和文に分け，前者はアルファベット順，後者は50音順に配列した．

1　一次資料

一次資料の引用にあたっては，必要に応じて略語を用いている．それらは [ ] で示してある．

A　未公刊資料

アメリカ合衆国

Dwight D. Eisenhower Library, Abilene, Kansas　　　　　　　　　　　[DDEL]
 Dwight D. Eisenhower, Papers as President the United States, 1953-61 (Ann Whitman File):

   Administration Series　　　　　　　　　　　[AWF-AS]
   Cabinet Series　　　　　　　　　　　　　　　[AWF-CS]
   Dulles-Herter Series　　　　　　　　　　　　[AWF-DHS]
   Legislative Meetings Series　　　　　　　　　[AWF-LMS]
   NSC Series　　　　　　　　　　　　　　　　[AWF-NSCS]

 Dwight D. Eisenhower, Records as President (White House Central Files), 1953-61:
   Confidential File　　　　　　　　　　　　　　[WHCF-CF]

 U.S. Council on Foreign Economic Policy Office of the Chairman (Joseph M. Dodge and Clarence B. Randall) Records, 1954-1961:
   CFEP Papers Series　　　　　　　　　　　　[FEPOC-CPS]
   Dodge Series, Subject Subseries　　　　　　[FEPOC-DSSS]
   Special Studies Series　　　　　　　　　　　[FEPOC-SSS]

 U.S. Council on Foreign Economic Policy, Records, 1954-61:
   Policy Papers Seriesv　　　　　　　　　　　　[FEPR-PPS]

 U.S. President's Citizen Advisors on the Mutual Security Program (Fairless Committee) Records, 1956-57　　　　　　　　　　　　　　　　　[CAMSP]

John F. Kennedy Library, Boston, Massachusetts [JFKL]
  National Security Files [NSF]
  Presidents Office Files [POF]

Lyndon B. Johnson Library, Austin, Texas [LBJL]
  National Security File [NSF]
    Country File [CF]

National ArchivesII, College Park, Maryland [NAII]
  Confidential US State Department Central Files: The Far East, 1955-59 (Microfilm)

  Records of the Department of State, Record Group59 [RG59]
    Central Decimal File, 1950-54
    Central Decimal File, 1955-59
    Central Decimal File, 1960-63
    Central Foreign Policy Files, 1963 [CFPF]

  Lot Files
    Records of the Bureau of Far Eastern Affairs, Relating to Southeast Asia and the Geneva Conference, 1954, Lot File 55D480 [55D480]
    Record of the Bureau of Far Eastern Affairs, 1955, Lot File 56D679 [56D679]
    Records of the Deputy Assistant Secretary of State for Far East Economic Affairs, (Baldwin & Jones, 1951-57), Lot File 58D209 [58D209]
    Records of the Bureau of Far Eastern Affairs, 1957, Lot File 59D19 [59D19]
    Briefing Books and Reference Material Maintained by the Office of Northeastern Affairs, Lot File 60D330 [60D330]
    Bureau of East Asian and Pacific Affairs, Office of Japanese Affairs, Subject Files, 1960-1975
    Bureau of Far Eastern Affairs, Assistant Secretary for Far Eastern Affairs, Subject, Personal Name, and Country files, 1960-63 [BFEA-SPNC]
    Conference Files, 1949-1963
    Conference Files, 1964-66

イギリス
The National Archives, Kew [NAUK]
  Foreign Office[FO]371, 110496, Public Record Office [PRO]

127529
127531
127533
164996
170749
170759

オーストラリア
National Archives of Australia [NAA]
　　A1209/119
　　A1838/280
　　A4940/1

日本
外務省外交史料館，東京
『日本・米国間外交（日米外交関係）第一巻』，マイクロフィルム A'0134
『吉田総理欧米訪問関係一件　欧米訪問準備』［吉田訪問］，マイクロフィルム A'0135-A'0136.
『吉田総理欧米訪問関係一件　携行資料関係』［吉田携行］，マイクロフィルム A'0136-A'0137.
『吉田総理欧米訪問関係一件　会談資料関係』［吉田会談］，マイクロフィルム A'0137.
『本邦特派使節及び親善使節団米州諸国訪問関係，池田特使関係（1953.10. 池田・ロバートソン会談を含む）』［池田特使］，マイクロフィルム A'0137
『インド要人本邦訪問関係　ネール首相関係』マイクロフィルム A'0143
『パキスタン要人本邦訪問関係　フセイン・シヤヒード・スラワルディ首相関係』［パキスタン要人］マイクロフィルム A'0145
『岸総理東南アジア諸国，オーストラリア，ニュージーランド訪問関係一件1』［岸大洋州訪問］マイクロフィルム A'0150 -A'0151
『日米外交関係雑集　愛知通産大臣訪米（昭和29年）』［愛知訪米］，マイクロフィルム A'0152
『岸総理第一次東南アジア訪問関係一件1』［岸アジア訪問］マイクロフィルム A'0152-A'0153
『岸総理第一次東南アジア訪問関係　会談録』［岸会談録］，現物公開
『藤山外務大臣英国訪問関係一件（1957年9月）』マイクロフィルム A'0154
『米国の対外政策関係雑集　MSA関係』［MSA］マイクロフィルム A'0164
『米国の対外政策関係雑集　フェアレス委員会関係』［フェアレス］マイクロフィルム A'0166

『池田総理アジア諸国訪問関係一件』マイクロフィルム A'0358
『大平外務大臣欧州訪問関係一件』［大平訪欧］マイクロフィルム A'0365
『タイ要人本邦訪問関係雑件　タナット外相関係』マイクロフィルム A'0391
『米国要人訪日』マイクロフィルム A'0400-A'0401
『英国要人本邦訪問関係雑件　ヒューム外相関係』マイクロフィルム A'0411
『オーストラリア要人本邦訪問関係マッキュアン副首相関係』［マッキュアン訪問］マイクロフィルム A'0412
『日本・英国間外交，日英定期協議関係　第1回関係』CD-R, A'0427
『池田総理大洋州諸国訪問関係』CD-R, A'0432
『東南アジア開発閣僚会議関係一件』［閣僚会議］CD-R, vol. 29-30
『東南アジア開発閣僚会議関係一件　第一回会議関係』［閣僚会議1］CD-R, vol. 30-32
『東南アジア開発閣僚会議関係一件　第二回会議関係』［閣僚会議2］CD-R, vol. 32
『アジア開発銀行関係（ADB）』［ADB］マイクロフィルム B'0148
『経済局特別情報』マイクロフィルム E'0036

外務省情報公開開示文書
　2001-01806, 01807
　2002-00399, 00663, 01037, 01038, 01186, 01242, 01244
　2003-00636, 00539, 00544, 00580, 00590, 00601, 00633, 00635, 00636, 00639, 00641
　2004-00170, 00482, 00858, 01194, 01236
　2005-00025, 00347, 00631, 00632, 00633, 00634, 00636
　2006-00611, 00612, 00614, 00616, 00620, 00627, 00628, 00691, 00692, 00695

財務省情報公開開示文書
　大蔵省資料 Z522-178
　『鈴木源吾文書』

B　公刊資料
英文
Records of the U.S. Department of the State Relating to the Internal Affairs of Japan, 1950-1954 [RDOS-IAJ, 1950-54], Wilmington: Scholarly Resources, 1986 (Microfilm)
Records of the U.S. Department of the State Relating to the Internal Affairs of Japan, 1955-1959 [RDOS-IAJ, 1955-59], Wilmington: Scholarly Resources, n.d. (Microfilm)
Records of the U.S. Department of the State Relating to United States Political Relations with Japan, 1955-1959 [RDOS-PRUSJ, 1955-59], Wilmington: Scholarly　Resources, n.d. (Mi-

crofilm)

Confidential US State Department Central Files, Japan, Internal Affairs and Foreign Affairs, February 1963-1966 [CF-JIFA, 1963-1966], Bethesda, MD.: University Publication of America, 1997 (Microfilm)

Documents of the National Security Council, 1947-1977, Frederick, MD.: University Publications of America, 1980-2005 (Microfiche)

Public Papers of the Presidents of the United States, Dwight D. Eisenhower, 1954, Washington D.C.: U.S. Government Printing Office [USGPO], 1960

Public Paper of the Presidents of the United States, Lyndon B. Johnson, 1965, vol. 1, Washington D.C.: USGPO, 1966

U. S. Department of State. *Foreign Relations of the United States [FRUS],* Washington D.C.: USGPO.
　1952-1954, vol. 14, part. 2
　1952-1954, vol. 12, part. 1
　1955-1957, vol. 9
　1955-1957, vol. 23
　1955-1957, vol. 19
　1961-1963, vol. 22

U.S. Department of Defense. *United States-Vietnam Relations, 1945-1967,* Washington, D.C.: USGPO, 1971, vol. 8.

和文

アジア協会『アメリカの対外援助政策：フェアレス委員会報告書，ジョンストン委員会報告書』日刊工業新聞社，1957年

有沢広巳監修，中村隆英他編『資料・戦後日本の経済政策構想　第1巻　日本経済再建の基本問題』東京大学出版会，1990年

大蔵省財政史室編『昭和財政史：終戦から講和まで　第1巻』東洋経済新報社，1984年

大蔵省財政史室編『昭和財政史：終戦から講和まで　第17巻　資料（1）』東洋経済新報社，1981年

大蔵省財政史室編『昭和財政史：昭和27－48年度　第2巻　財政－政策及び制度』東洋経済新報社，1998年

大蔵省財政史室編『昭和財政史：昭和27-48年度　第3巻　予算（1）』東洋経済新報社，1994年
大蔵省財政史室編『昭和財政史：昭和27-48年度　第11巻　国際金融・対外関係事項（1）』東洋経済新報社，1999年
大蔵省財政史室編『昭和財政史：昭和27-48年度　第12巻　国際金融・対外関係事項（2）』東洋経済新報社，1992年
大蔵省財政史室編『昭和財政史：昭和27-48年度　第18巻　資料（6）国際金融・対外関係事項』東洋経済新報社，1998年
海外経済協力基金『海外経済協力基金二十年史』大日本印刷，1982年
外務省『わが外交の近況』各年度版
外務省アジア局第四課『東南アジア国際情勢の分析』（執務参考用）1953年
外務省特別調査委員会編『日本経済再建の基本問題：特別調査委員会報告』外務省調査局，1946年
財政調査会編『国の予算』同友書房，各年度版
社会経済生産性本部『生産性運動50年史』2005年
時事通信社編『戦後日本の政党政治と内閣：世論調査による分析』時事通信社，1981年
総務庁統計局『日本長期統計総覧』第3巻，日本統計協会，1988年
通商産業省『経済協力の現状と問題点』通商産業調査会，各年度版
通商産業政策史編纂委員会編『通商産業政策　第6巻：第Ⅱ期　自立基盤確立期2』通商産業調査会，1990年
通商産業調査会『戦後日本の貿易20年史』丸善，1967年
農林水産省百年史編纂委員会編『農林水産省百年史』下巻，農林水産省百年史刊行会，1981年
農林大臣官房総務課国際協力班「シムラ会議に関する報告書」東京大学経済学部図書館所蔵
細谷千博・有賀貞・石井修・佐々木卓也編『日米関係資料集1945-97』東京大学出版会，1999年
満州国史編纂刊行会『満州国史：総論』満蒙同胞援護会，1970年
吉田内閣刊行会編『吉田内閣』吉田内閣刊行会，1954年
C.O.E. オーラル・政策研究プロジェクト『吉野文六（元駐ドイツ大使）オーラルヒストリー』政策研究大学院大学 C.O.E. オーラル・政策研究プロジェクト，2003年

2　新聞・定期刊行物

英文
The New York Times
The Christian Science Monitor

The Washington Post
Newsweek

和文
朝日新聞
日本経済新聞
毎日新聞
読売新聞

3　回顧録・伝記等

一万田尚登伝記・追悼録刊行会『一万田尚登［伝記・追悼録］』徳間書店，1986年
伊藤昌哉『池田勇人とその時代』朝日文庫，1985年（初公刊は『池田勇人その生と死』至誠堂，1966年）
伊藤隆監修『佐藤榮作日記』第2巻，朝日新聞社，1998年
大塚健洋『大川周明：ある復古革新主義者の思想』中公新書，1995年
岸信介『我が青春：生い立ちの記／思いでの記』廣済堂出版，1983年
岸信介『二十世紀のリーダーたち』サンケイ出版，1982年
岸信介『岸信介回顧録：保守合同と安保改訂』廣済堂出版，1983年
岸信介・矢次一夫・伊藤隆『岸信介の回想』文芸春秋，1981年
クアンユー，リー『リー・クアンユー回顧録』上巻，日本経済新聞社，2000年
斎藤鎮男『外交：私の体験と教訓』サイマル出版会，1991年
サンケイ新聞社『改定特装版　蒋介石秘録：日中関係80年の証言』下巻，サンケイ出版，1985年
下田武三著，永野信利編『戦後日本外交の証言：日本はこうして再生した』下巻，行政問題研究所出版局，1985年
春秋会編『ゆたかな農村めざして：河野一郎講演集』弘文堂，1962年
高碕達之助『高碕達之助集』上下巻，東洋製罐，1965年
原彬久『岸信介：権勢の政治家』岩波書店，1995年
御巫清尚『東の風，西の風』国際開発ジャーナル社，1991年
水田三喜男「私の履歴書」『私の履歴書　第39集』日本経済新聞社，1970年
宮沢喜一『東京－ワシントンの密談』中公文庫，1999年（初公刊は実業之日本社，1956年）
ライシャワー，エドワード・O，ハル・ライシャワー，入江昭監修『ライシャワー大使日録』講談社学術文庫，2003年（初公刊は講談社，1995年）

4　研究書

英文

Bhagwati, Jagdish. "Regionalism and Multilateralism: An Overview," in Melo, Jaime de and A. Panagariya, eds., *New Dimensions in Regional Integration*, Cambridge: Cambridge University Press., 1993

Baldwin, David A. *Economic Development and American Foreign Policy*, Chicago and London: The University of Chicago Press, 1966

Borden, William Silvers. *The Pacific alliance: United States Foreign Economic Policy and Japanese Trade Recovery, 1947-1955*, Madison: University of Wisconsin Press, 1984

Browne, Stephen. *Foreign Aid in Practice*, London: Pinter Reference, 1990

Clymer, Kenton J. "The Perils of Neutrality: The Break in U.S.-Cambodian Relations, 1965," *Diplomatic History*, vol. 23, no. 4 (1999)

Crauch, Harold. *The Army and Politics in Indonesia*, Cornell University Press: Ithaca and London, 1978

Eckstein, Harry. "Case Study and Theory in Political Science," in Greenstein, Fred I., and Nelson W. Polsby, eds., *Handbook of Political Science, vol. 7, Strategies of Inquiry*, Reading, Mass.: Addison-Wesley, 1975

Geddes, Barbara. *Paradigms and Sand Castles: Theory Building and Research Design in Comparative Politics*, Ann Arbor, The University of Michigan Press, 2003

Gaddis, John L. *Strategies of Containment: A Critical Appraisal of American National Security Policy During the Cold War*, Revised and Expanded Edition, New York: Oxford University Press, 2005

George, Alexander L. "Case Studies and Theory Development: The Method of Structured, Focused Comparison," in Lauren, Paul Gordon, ed., *Diplomacy: New Approaches in History, Theory, and Policy*, New York: Free Press, 1979

George, Alexander L. and Andrew Bennett. *Case Studies and Theory Development in the Social Sciences*, Cambridge, MIT Press, 2005

Haas, Michael. *The Asian way to peace : a story of regional cooperation*, New York: Praeger, 1989

Hoshiro, Hiroyuki. "A Japanese Diplomatic Victory ?: Japan's Regionalism and the Politics between Japan, the United States and Southeast Asia, 1965-1966,"『東洋文化研究所紀要』第151冊（2007年）

Hurrell, Andrew. "Regionalism in Theoretical Perspective," in Fawcett, Louise and Andrew Hurrell, eds., *Regionalism in World Politics: Regional Organization and International Order*, New York: Oxford University Press, 1995

Johnson, Chalmers. *MITI and the Japanese Miracle: The Growth of Industrial Policy, 1925-1975*, California: Stanford University Press, 1982

Johnstone, William C. *Burma's Foreign Policy: A Study in Neutralism*, Cambridge, Mass.: Harvard University Press, 1963

Jones, Matthew. *Conflict and Confrontation in South East Asia, 1961-65*, Cambridge, UK: Cambridge University Press, 2002

Kaufman, Burton I. *Trade and Aid: Eisenhower's Foreign Economic Policy*, Baltimore: Johns Hopkins University Press, 1982

Leifer, Michael. *Cambodia: The Search for Security*, London: Pall Mall Press, 1967

Llewelyn, James. "Japan's Diplomatic Response to Indonesia's Policy of Confronting Malaysia (Konfrontasi) 1963-1966, *Kobe University Law Review*, No. 39, 2006

Mackie, J. A. C. *Konfrontasi: The Indonesia-Malaysia Dispute 1963-1966*, Kuala Lumpur: Oxford University Press, 1974

Maga, Timothy P. *John F. Kennedy and the New Pacific Community, 1961-63*, Basingstoke: Macmillan, 1990

Merrill, Dennis. *Bread and the Ballot: The United States and India's Economic Development, 1947-1963*, Chapel Hill and London: The University of Carolina Press, 1990

Mansfield, Edward D. and Helen V. Milner. "The New Wave of Regionalism," *International Organization*, 53, no. 3 (Summer 1999).

Nguyen Thi Dieu. *The Mekong River and the Struggle for Indochina; Water, War, and Peace*, Westport, Conn.: Praeger, 1999

Nishihara, Masashi. *The Japanese and Sukarno's Indonesia Tokyo-Jakarta Relations, 1951-1966*, Honolulu: University Press of Hawaii, 1976

Palmer, Norman D. *The New Regionalism in Asia and the Pacific*, Lexington, Ma.; Lexington Books, 1991

Pearce, Kimber Charles. *Rostow, Kennedy, and the Rhetoric of Foreign Aid*, East Lansing: Michigan State University Press, 2001

Pradhan, P. C. *Foreign Policy of Kampuchea*, New Delhi: Radiant, 1985

Rostow, Walt W. *Eisenhower, Kennedy, and Foreign Aid*, Austin: University of Texas Press, 1985

Rostow, Walt W. *The United States and the Regional Organization of Asia and the Pacific, 1965-1985*, Austin: University of Texas Press, 1986

Shimizu, Sayuri. "Clarence Randall and The Control of Sino-Japanese Trade," *The Journal of American and Canadian Studies*, no. 7, Spring, Sophia University, Institute of American and Canadian Studies, 1991

Shimizu, Sayuri. *Creating people of plenty: the United States and Japan's economic alternatives, 1950-1960*, Kent, Ohio: Kent State University Press, 2001

Singh, Lalita Prasad. *The Politics of Economic Cooperation in Asia: a Study of Asian International Organizations*, Columbia: University of Missouri Press, 1966

Soeya, Yoshihide. "Japan's Policy Toward Southeast Asia: Anatomy of 'Autonomous Diplomacy' and the American Factor," in Jeshurun, Chandran ed., *China, India, Japan, and the Security of Southeast Asia*, Singapore: Institute of Southeast Asian Studies, 1993

Subritzky, John. *Confronting Sukarno: British, American, Australian and New Zealand Diplomacy in the Malaysian-Indonesian Confrontation, 1961-5*, New York: St. Martin's Press, 2000

Sudo, Sueo. *The Fukuda Doctrine and ASEAN: New Dimensions in Japanese Foreign Policy*, Singapore: Institute of Southeast Asian Studies, 1992

Väyrynen, Raimo. "Regionalism: Old and New," *International Studies Review*, no. 5 (2003)

Yamakage, Susumu. "Will Japan Seek Regionalism?" in Steinberg, Michael S. ed., *The Technical Challenges and Opportunities of a United Europe*, London: Pinter, 1990

Yasuhara, Yoko. "Japan, Communist China, and Export Controls in Asia, 1948-52," *Diplomatic History*, vol. 10, no. 1 (1986)

Yasutomo, Dennis T. *Japan and the Asian Development Bank*, New York: Praeger, 1983

"Regional Integration: Theory and Research," *International Organization*, 24, no. 4 (Autumn, 1970)

和文

赤木完爾『ヴェトナム戦争の起源：アイゼンハワー政権と第一次インドシナ戦争』慶応通信，1991年

赤木完爾「戦後日本の東南アジア回帰とアメリカの冷戦政策」『法学研究』第68巻11号（1995年）

朝日新聞社編『日本とアメリカ』朝日新聞社，1971年

池田慎太郎「中立主義と吉田の末期外交」豊下楢彦編『安保条約の論理：その生成と展開』柏書房，1999年

池田慎太郎『日米同盟の政治史：アリソン駐日大使と「1955年体制」の成立』国際書院，2004年

池田直隆『日米関係と「二つの中国」：池田・佐藤・田中内閣期』木鐸社，2004年

池田勇人「『外交づいた』ということ」『国際問題』1963年11月号

石井修「『政治経済戦争』としての米国対外経済政策：アイゼンハワー期」『国際政治』第70号（1982年）

石井修『冷戦と日米関係：パートナーシップの形成』ジャパンタイムズ，1989年

石井修「冷戦・アメリカ・日本（三・完）：アイゼンハワー時代初期における米国の通商政策と日本」『広島法学』第9巻第2号（1985年）

井上寿一「戦後日本のアジア外交の形成」日本政治学会編『年報政治学1998：日本外交におけるアジア主義』岩波書店，1999年

植村秀樹『再軍備と55年体制』木鐸社，1995年

内山融「事例分析という方法」『レヴァイアサン』40号（2007年）

浦野起央・大隈宏・谷明良・恒川恵市・山影進『国際関係における地域主義：政治の

論理・経済の論理』有信堂高文社，1982年
大庭三枝『アジア太平洋地域形成への道程：境界国家日豪のアイデンティティ模索と地域主義』ミネルヴァ書房，2004年
大来佐武郎・原覺天『アジア経済と日本』岩波書店，1952年
大来佐武郎「経団連パンフレット No. 17　エカフェの窓から見た東南アジア経済事情」1954年4月
大来佐武郎「シムラ会議について」『日本の経済』1955年7月号（総合研究開発機構 NIRA 所蔵）
大来佐武郎「コロンボ計画と東南アジア開発の進展」『経団連パンフレット No. 29』1955年12月号
大来佐武郎「1955年におけるアジアの国際会議」『アジア問題』1955年12月号
大来佐武郎「エカフェ第18回東京総会に出席して」『エカフェ通信』No. 296, 1962年
大来佐武郎「アジア経済協力機構と日本」『昭和同人』1962年4月号
大山耕輔「現代日本における行政指導の政治構造：新産業体制論と特振法案に焦点をあてて」東京大学社会科学研究所『社会科学研究』第40巻6号（1989年）
小熊英二『＜民主＞と＜愛国＞：戦後日本のナショナリズムと公共性』新曜社，2002年
緒田原涓一『アジアにおける国際金融協力：アジア決済同盟の理論と現実』国立出版，2002年
小野善邦『わが志は千里に在り：大来佐武郎伝』日本経済新聞社，2004年
加藤洋子『アメリカの世界戦略とココム　1945－1992：転機にたつ日本の貿易政策』有信堂，1992年
鴨武彦『国際統合理論の研究』早稲田大学出版部，1985年
川口融『アメリカの対外援助政策：その理念と政策形成』アジア経済研究所，1980年
神田豊隆「池田政権の対中積極政策：『自由陣営の一員』と『国連』」『国際政治』第152号（2008年）
菅英輝『米ソ冷戦とアメリカのアジア政策』ミネルヴァ書房，1992年
菅英輝「ベトナム戦争と日米安保体制」『国際政治』第115号（1997年）
菊池努『APEC：アジア太平洋新秩序の模索』国際問題研究所，1995年
岸信介・高碕達之助「対談　アジアの経済開発とナショナリズム」『アジア問題』1954年1月号
岸信介・韮澤嘉雄「渡米を前にして」『中央公論』1957年5月号
岸信介「アジアに対する我が抱負」『アジア問題』1957年8月号
北岡伸一「戦後日本外交の形成：講和以後の吉田路線と反吉田路線」渡邉昭夫編『戦後日本の形成』日本学術振興会，1996年
姜克實『石橋湛山の思想史的研究』早稲田大学出版部，1992年
鄭敬娥「60年代における日本の東南アジア開発」『国際政治』第126号（2001年）

鄭敬娥「1960年代アジアにおける地域協力と日本の外交政策：アジア開発銀行（ADB）本店所在地決定過程を中心に」『比較社会文化研究』11号（2002年）

鄭敬娥「1950年代初頭における『日米経済協力』と東南アジア開発」九州大学法制学会『法政研究』，第70巻4号（2004年）

鄭敬娥「岸内閣の『東南アジア開発基金』構想とアジア諸国の反応」『大分大学教育福祉科学部研究紀要』第27巻第1号（2005年）

金斗昇『池田勇人政権の対外政策と日韓交渉：内政外交における「政治経済一体路線」』明石書店，2008年

キング，ゲリー，R・O・コヘイン，S・バーバー，真渕勝監訳『社会科学のリサーチデザイン：定性的研究における科学的推論』勁草書房，2004年

楠田實『楠田實日記：佐藤栄作総理首席秘書官の2000日』中央公論社，2001年

黒崎輝「東南アジア開発をめぐる日米関係の変容：1957-1960」東北大学法学会『法學』第64巻第1号（2000年）

河野康子『沖縄返還をめぐる政治と外交：日米関係史の文脈』東京大学出版会，1994年

河野康子「日本外交と地域主義」日本政治学会編『危機の日本外交：70年代』岩波書店，1997年

権容奭「岸の東南アジア歴訪と『対米自主』外交」『一橋論叢』第123巻第1号（2000年）

サイード，エドワード・W，板垣雄三・杉田英明監修，今沢紀子訳『オリエンタリズム』平凡社，1993年（初公刊は1986年，平凡社）

坂元一哉『日米同盟の絆：安保条約と相互性の模索』有斐閣，2000年

佐藤晋「戦後日本の東南アジア政策（1955-1958年）」中村隆英・宮崎正康編『岸信介政権と高度成長』東洋経済新報社，2003年

渋谷博史『20世紀アメリカ財政史1：パクス・アメリカーナと基軸国の税制』東京大学出版会，2005年

清水さゆり「ポスト占領期の日米関係」上智大学アメリカ・カナダ研究所編『アメリカと日本』彩流社，1993年

シャラー，マイケル，五味俊樹監訳『アジアにおける冷戦の起源：アメリカの対日占領』木鐸社，1996年

曹良鉉「1977年福田赳夫首相東南アジア歴訪と日本の東南アジア政策形成：『福田ドクトリン』をめぐる通説の批判的検討」『国際関係論研究』第22号（2004年）

末廣昭「経済再進出への道：日本の対東南アジア政策と開発体制」中村政則他編『戦後日本　占領と戦後改革6　戦後改革とその遺産』岩波書店，1995年

末廣昭「戦後日本のアジア研究：アジア問題調査会，アジア経済研究所，東南アジア研究センター」『社会科学研究』第48巻第4号（1997年）

鈴木宏尚「池田外交の構図：『自由陣営』外交に見る内政と外交の連関」『国際政治』

第151号（2008年）。

鈴木陽一「マレーシア構想の起源」『上智アジア学』第16号（1998年）
添谷芳秀『日本外交と中国1945－1972』慶應通信，1995年
髙橋和宏「アジア経済統合問題と池田外交：OAEC構想・西太平洋五カ国首脳会談構想をめぐって」筑波大学国際政治経済学研究科『国際政治経済学研究』第11号（2003年）
髙橋和宏「『南北問題』と東南アジア経済外交」波多野澄雄編『池田・佐藤政権期の日本外交』ミネルヴァ書房，2004
髙橋和宏「『東南アジア経済開発』とヴェトナム戦争をめぐる日米関係（1）（2）」『筑波法政』第36号，第37号（2004年）
田口三夫『アジアを変えたクーデター：インドネシア9・30事件と日本大使』時事通信社，1984年
竹内好「アジア主義の展望」竹内編『現代日本思想体系9　アジア主義』筑摩書房，1963年
竹内好『日本とアジア』ちくま学芸文庫，1993年（初公刊は筑摩書房，1966年）
田中孝彦『日ソ国交回復の史的研究：戦後日ソ関係の起点：1945－1956』有斐閣，1993年
田中孝彦「吉田外交における自主とイギリス　1952－54年：吉田ミッションを中心に」『一橋論叢』第123巻第1号（2000年）
玉木一徳「日本主導の東南アジア開発閣僚会議：経済外交の挫折」『国士舘大学教養論集』第52号（2002年）
ダワー，ジョン，大窪愿二訳『吉田茂とその時代』中公文庫，1991年（初公刊はTBSブリタニカ，1981年）
陳肇斌『戦後日本の中国政策：1950年代東アジア国際政治の文脈』東京大学出版会，2000年
田麗萍「池田内閣の中国政策：封じ込め戦略と対中積極論の狭間で（1，2）」『法学論叢』第137巻2号（1995年），第139巻1号（1996年）
中北浩爾『1955年体制の成立』東京大学出版会，2002年
中村隆英「日米『経済協力』関係の形成」近代日本研究会編『年報近代日本研究4　太平洋戦争：開戦から講和まで』山川出版社，1982年
永井重信『インドネシア現代政治史』勁草書房，1986年
西山昭「米国の東南アジア開発援助構想」『経団連月報』第13巻第9号（1965年）
日本政治学会編『日本外交におけるアジア主義』岩波書店，1999年
昇亜美子「ベトナム戦争における日本の和平外交：1965－1968年」『法学政治学論究』第59号（2003年）
波多野澄雄「『東南アジア開発』をめぐる日・米・英関係：日本のコロンボ・プラン加入（1954年）を中心に」近代日本研究会編『年報近代日本研究16：戦後外交の形成』山川出版社，1994年

波多野澄雄「コロンボプラン加入をめぐる日米関係」『同志社アメリカ研究（別冊）』第14号（1995年）

波多野澄雄「アジア太平洋の『地域主義』と日本」波多野澄雄・クラインシュミット編『国際地域統合のフロンティア』彩流社，1997年

波多野澄雄・佐藤晋『現代日本の東南アジア政策：1950－2005』早稲田大学出版部，2007年

林信太郎「アジア共同市場論」『通商産業研究』1957年6月号

林雄二郎編『新版日本の経済計画：戦後の歴史と問題点』日本経済評論社，1997年

バラッサ，ベラ，中島正信訳『経済統合の理論』ダイヤモンド社，1963年

原彬久『日米関係の構図：安保改訂を検証する』NHKブックス，1991年

原彬久『戦後日本と国際政治：安保改定の政治力学』中央公論社，1988年

平石直昭「近代日本の『アジア主義』：明治期の諸理念を中心に」溝口雄三他編『アジアから考える5　近代化像』東京大学出版会，1994年

平石直昭「近代日本の国際秩序観と『アジア主義』」東京大学社会科学研究所編『20世紀システム1　構想と形成』東京大学出版会，1998年

樋渡由美「岸外交における東南アジアとアメリカ」近代日本研究会編『年報近代日本研究11：協調政策の限界』山川出版社，1989年

樋渡由美『戦後政治と日米関係』東京大学出版会，1990年

藤山愛一郎「機関誌『アジア問題』の発刊に際して」『アジア問題』1954年9月号

ベネット，アンドリュー，アレクサンダー・L・ジョージ，宮下明聡訳「歴史学，政治学における事例研究と過程追跡：異なる目的を持つ両学問分野の似通った方法」エルマン，コリン，ミリアム・フェンディアス・エルマン，渡邉昭夫監訳『国際関係のアプローチ：歴史学と政治学の対話』東京大学出版会，2003年

保城広至「岸外交評価の再構築：東南アジア開発基金構想の提唱と挫折」『国際関係論研究』第17号（2001年）

保城広至「東南アジア開発閣僚会議の開催と日本外交：1960年代における日本のイニシャティブとその限界」『国際政治』第144号（2006年）

保城広至「1962年の『アジア共同体』：OAEC構想と日本」『アジア研究』第53巻第1号（2007年）

保城広至「『対米協調』／『対米自主』外交論再考」『レヴァイアサン』40号（2007年）

本田敬吉・秦忠夫編『柏木雄介の証言：戦後日本の国際金融史』有斐閣，1998年

増田弘『石橋湛山研究：「小日本主義者」の国際認識』東洋経済新報社，1990年

松岡完『ダレス外交とインドシナ』同文舘，1988年

松村謙三「東南アジアを巡って」自由民主党政務調査会『政策月報』1957年，3月号

宮城大蔵『バンドン会議と日本のアジア復帰：アメリカとアジアの狭間で』草思社，2001年

宮城大蔵『戦後アジア秩序の模索と日本：「海のアジア」の戦後史1957－1966』，創文

社，2004年
安原洋子「経済援助をめぐる MSA 交渉：その虚像と実像」『アメリカ研究』第22号（1988年）
行沢健三・前田昇三『日本貿易の長期統計：貿易構造史研究の基礎作業』同朋舎，1978年
山影進「アジア・太平洋と日本」渡邉昭夫編『戦後日本の対外政策』有斐閣，1985年
山影進『ASEAN：シンボルからシステムへ』東京大学出版会，1991年
山影進『対立と共存の国際理論：国民国家体系のゆくえ』東京大学出版会，1994年
山影進「地域統合・地域主義と地域研究」坪内良博編『＜総合的地域研究＞を求めて：東南アジア像を手がかりに』京都大学学術出版会，1999年
山崎隆造「日本の対アジア経済協力の実績と問題点」『アジア問題』1957年4月号
山崎隆造「欧州共同体の調印と今後の問題」『経団連月報』1957年5月号
山室信一『思想課題としてのアジア：基軸・連鎖・投企』岩波書店，2001年
山本剛士『戦後日本外交史6　南北問題と日本』三省堂，1984年
吉川洋子『日比賠償外交交渉の研究：1949－1956』勁草書房，1991年
李鍾元「東アジアにおける冷戦と地域主義」鴨武彦編『講座・世紀間の世界政治　3』日本評論社，1993年
李鍾元『東アジア冷戦と韓米日関係』東京大学出版会，1996年
ワイトマン，デービッド，日本エカフェ協会訳『アジア経済協力の展開：エカフェ活動の評価と展望』東洋経済新報社，1965年
若泉敬『他策ナカリシヲ信ゼムト欲ス』文藝春秋，1994年
若月秀和『「全方位外交」の時代：冷戦変容期の日本とアジア1971－80』日本経済評論社，2006年
若宮啓文『戦後保守のアジア観』朝日選書，1995年
渡邉昭夫「戦後初期の日米関係と東南アジア：戦前型『三角貿易』から戦後型『半月弧』へ」細谷千博・有賀貞編『国際環境の変容と日米関係』東京大学出版会，1987年
渡邉昭夫『アジア太平洋の国際関係と日本』東京大学出版会，1992年
渡邉昭夫「吉田茂：状況思考の達人」渡邉昭夫編『戦後日本の宰相たち』中公文庫，2001年（初公刊は中央公論社，1995年）
渡邉昭夫編『アジア太平洋連帯構想』NTT出版，2005年
「自民党のベトナム感覚：統一見解という"党議"の意味」『朝日ジャーナル』1965年6月6日号

5　未公刊博士論文

鄭敬娥『1960年代のアジアにおける地域協力と日本の地域主義政策：東南アジア開発閣僚会議，ADB，「アジア太平洋圏」構想をめぐって』九州大学大学院比較社会文化研究科博士論文，2005年

佐藤晋『戦後日本外交とアジア秩序構想:「経済外交」・安全保障・ナショナリズム』
　慶應義塾大学法学研究科博士論文，2000年
曺良鉉『アジア地域主義とアメリカ外交:1960年代地域機構設立の相互作用における
　多様性の分析』東京大学大学院総合文化研究科博士論文，2006年
李元徳『日本の戦後処理外交の一研究:日韓国交正常化交渉（1951−65）を中心に』
　東京大学大学院総合文化研究科博士論文，1994年

The Rise and Fall of Japan's Regional Diplomacy : 1952-1966

Hiroyuki Hoshiro

ABSTRACT

Regionalism in the Asia-Pacific has attracted considerable attention since the late 1980s. Following APEC in 1989, we have witnessed many proposals for creating new regional institutions, such as EAEC, ARF, and ASEAN+3 (a so-called "East Asian Community"). These developments have attracted policy makers, scholars, and business leaders. This movement is often described as "New Regionalism", "Second Regionalism" or "the New Wave of Regionalism", and occurred in tandem with the expanding and deepening links within the EU and the creation of NAFTA.

Interest in the study of this "new" reality of international politics has increased even since the beginning of the 21st century. However, adjectives such as "new" and "second" indicate that contemporary regionalism in the Asia-Pacific is not unprecedented. Competition in creating regional blocks was a contributing factors leading to World War II. In the aftermath, attempts to build regional arrangements in Asia continued, especially in the 1950s and 1960s, leading to the so-called "First Regionalism" phase, which saw the creation of SEATO in 1954, ASA in 1961, and ASPAC in 1966. However, many of these arrangements never came to full fruition or, once created, soon ceased to exist. Only two regional arrangements have survived to the present: ASEAN and the ADB. And these arrangements are far less formal and institutionalized than similar ones in Western regions.

The country that pressed most consistently and eagerly for regional arrangements was Japan. Prior to the War, this interest in regional cooperation had materialized in the formation of the so-called "Greater East Asia Co-Prosperity Sphere," which collapsed with Japan's defeat. However, defeat in war did not end these regional aspirations. In the post-War era, especially in the 1950s and 1960s, Japan sought to re-create regional arrangements for economic cooperation. But these efforts also failed.

This book focuses on Japan's regional diplomacy in the 1950s and 1960s. Why did the Japanese government try to establish regional institutions on a geographically restricted basis in the 1950s and the 1960s, when economic interdependence in the region was limited? What were the main factors influencing Japan's regionalism and what were its goals? How did it seek to achieve those goals? And why did Japan's effort never bear fruit? By analyzing the policy-making process of Japan's regionalism on the one hand, and international relations in the Asia-Pacific over Japan's plan on the other, this study tries to answer these questions.

The book provides a chronologically ordered, case-by-case analysis of Japanese government attempts to initiate cooperative arrangements with South and Southeast Asian nations, which I call Japanese "regionalism" or "regional diplomacy." The book covers the period from 1952, when Japan regained its sovereignty, until 1966 and the convening of the Ministerial Conference for the Economic Development of Southeast Asia (MCEDSEA). The analysis draws from government documents in Australia, Japan, the United Kingdom, and the United States. The Freedom of Information Act in Japan has allowed access to hitherto inaccessible primary sources from relevant Japanese government ministries, which permit identification of most key policy-makers and advisors. These documents offer detailed and invaluable insights into the policy making processes of the time. Accordingly, this study accomplishes elaborate empirical research, achieving one of the highest levels on Japan's post-War diplomatic history.

The narrative in this book advances five main propositions.

First of all, the Japanese government tried to establish different regional arrangements between 1952 and 1966, six of which were economic in focus, with one of them having a security (therefore political) character. With that exception, the six economic forums were in fact designed as either *financial assistance institutions* for the development of less developed countries or/and *payment unions* for filling a deficit of intra-regional trade. Its main priority was Japan's economic recovery following the devastation of the War especially in the 1950s.

Multilateral regional institutions take various forms. For example, political integration has different goals and mechanisms from those of economic integration schemes. The former includes collective defense such as NATO and SEATO, cooperative security such as OSCE and ARF. The latter was theorized by Bela Balassa's classical work, which argues that regional economic integration can take five forms that represent varying degrees of integration: a free trade area, a customs union, a common market, an economic union, and complete economic integration. From this point of view, the type of regional arrangements Japan wished to create cannot be identified in Balassa's typology, as it was less intense than even the least institutionalized arrangement on his list, that of a free trade area. In Balassa's words, what the Japanese policy-makers had in mind would have been defined just as *economic cooperation*. Indeed, Japan never intended to create and not even to participate in regional *trade liberalization arrangements*, mainly due to opposition from agricultural sectors as it will be explained below.

Secondly, although the Japanese government aimed to create *financial assistance institutions* and *payment unions*, those arrangements required large sums of money in advance. But Japan, which owed war reparations to Burma, the Philippines, and Indonesia, did not

ABSTRACT 339

have sufficient financial power to contribute. Given these constraints, its proposals were made on the assumption that the United States would provide the necessary financial support. In fact, the necessary condition for Japan's regional diplomacy was its optimistic expectation of increased American aid for Asia. If Japan had desired simply to create closer economic ties with other Asian countries, paying its war reparations or providing bilateral loans would have been sufficient. Instead, the Japanese government took the initiative only when it appeared that the United States intended to take a regional approach in Asia. As this possibility appeared to increase, the Japanese government advanced more concrete and daring plans. Conversely, when American interest waned, so did Japanese regionalism.

Thirdly, Japanese regionalism played on growing nationalism in Asia. Despite Japanese policy makers' proposals being entirely dependent on American funding, they argued that their country should take the political lead and that the United States should avoid direct involvement. They reasoned that an overt American presence, coupled with America's strong anti-communist ideology and militaristic approach, would inflame anti-Western nationalism. This logic underpinned their slogan "economic development by Asians for Asians," which they anticipated would gain wide regional acceptance. Its implication was that Japan, with its double identity as "an Asia country" and "a developed nation," was a natural mediator between the United States and South and Southeast Asian nations.

Fourthly—and as a corollary of the points just made—the failure of Japanese regionalism in this period resulted largely from American policy in the region. Although the U.S. government supported the notion of regional integration between Japan and Southeast Asia, it was mainly trade integration, not an aid institution. Those inside the U.S. government who advocated increasing foreign aid, and on whom the Japanese government counted, never gained policy dominance. Worse (from the Japanese perspective), American policy makers held the view that regional animosity towards Japan remained strong. As a result, the U.S. government viewed Japan's regional diplomacy unfavorably.

Lastly, and somewhat ironically, although Japan played on local nationalism in regard to downplaying America's role, this same nationalism actually contributed to Japan's failure. Newly independent countries in South and Southeast Asia had their own nationalistic preoccupations and economic priorities, and had little interest in cooperating regionally while their nation-building was in progress. They saw no benefit in multilateral arrangements that would induce competition between them for American financial aid. Furthermore, the region was (and still is) widely diverse. It included communist, neutral, and pro-Western countries. Such different political regimes made it difficult, if not impossible, to establish a multilateral institution. In particular, conflicts between India and Pakistan, Indonesia and Malaysia, and Cambodia and Thailand were obstacles to cooperation. Finally, American perceptions of negative attitudes towards Japan in the region were not misplaced. This negativity meant that these countries had no interest in arrangements that would lock them into providing raw materials to Japan and markets for Japanese products. Japan's failure to take account of these realities meant its initiatives had no prospect of success.

This book has seven main chapters, plus an Introduction and Conclusion. The contents of each chapter are as follows.

Chapter 1 describes how Japan's basic approach to regional diplomacy—"economic development by Asians for Asians" but supported financially by the United States—was laid down between 1945 and 1952. It argues that Japanese policy makers' view of Asia changed if it included American factor. Although these policy makers acknowledged the split between Japan and developing countries in Asia, when they considered relations between Asia and the United States, they believed that their identity as "a member of Asia" was more salient.

Chapter 2 describes the so-called "Marshall Plan for Asia", which has been unanimously described as Japan's first attempt at regional diplomacy. It shows that, in fact, this plan did not exist. An analysis of Yoshida Shigeru's visit to the United States in 1954 reveals that the supposed plan of allocating $US4 billion to Southeast Asia for economic development was an illusion created by journalists and historians.

Japan's first attempt at regional diplomacy was an initiative of the Hatoyama government (1954-1956), not Yoshida's. Chapter 3 details Japanese regionalism under the Hatoyama government during 1955 and 1956. No cabinet was more eager to create regional arrangements than Hatoyama's. The cabinet proposed to create a regional institution four times in two years. These efforts were inspired by the expectation that U.S. foreign economic policy was about to change. In the event, both Asian countries and America rejected Japanese overtures. In fact, the U.S. government did not even consider the Japanese proposal.

Despite diplomatic failure of the previous cabinet, the Kishi government (1957-1960) proposed a similar plan in 1957. Chapter 4 traces the Kishi cabinet's decision-making process in drawing up its plan for a "Southeast Asia Development Fund." This plan, which has been thought of as a manifestation of Kishi's "autonomous diplomacy" vis-à-vis the United States, was actually quite closely related to U.S. foreign policy. The chapter shows how an American ambassador's secret consultations with Kishi on Southeast Asian economic development catalyzed this plan by raising cabinet expectations of changes in U.S. aid policy. This chapter also shows that their plan completely depended on American agreement. However, the U.S. government rejected this plan, concluding that regional cooperation was not a priority for Japan's neighbors and that anti-Japanese sentiment remained strong.

Chapters 5-7 analyze Japanese regionalism in the 1960s, when Japan's economy grew rapidly. Although it seems that Japan did not need to seek regionalism in order to improve its own economy, the government continued to try to create regional arrangements. Why? Again, the necessary condition for Japan to create *financial assistance institutions* was its optimistic expectation of increased American aid for Asia.

Chapters 5 and 6 offer a counterargument to conventional wisdom that the Ikeda cabinet (1960-64) was relatively passive in regard to regional diplomacy. After briefly describing U.S. policy on Asia and the position of the Ikeda government, Chapter 5 examines the proposed OAEC, which was advocated by ECAFE in 1961 but never created. Comparing the Ikeda cabinet's policies with its predecessors', we see that if the United States had favored a regional arrangement, similar Japanese proposals to those made earlier would have emerged. We also see that creating *trade institutions* to lower member states' tariffs was not a Japanese objective, because of cabinet's fears that increased intraregional trade would damage domestic agriculture. Japan's domestic agriculture problem was (and remains) clearly a key factor in preventing a regional *trade arrangement*.

Chapter 6 analyzes the plan for a "West Pacific Organization," which was considered by the Ikeda government in 1963. Using new data from primary sources, this chapter reveals that the plan, which was the most politically oriented of all Japan's attempts at regionalism, was first suggested by Foreign Minister Ohira and was enthusiastically taken up by Ikeda. However, its political character led the United States, the Philippines, and even officials in the Japanese Foreign Ministry to oppose the plan. It was never made public and faded from the scene.

Chapter 7 presents the book's last example of Japanese regionalism: MCEDSEA, the conference which took place in April, 1966, during the time of the Sato government (1964-1972). By this point, Japan's economy was growing rapidly. MCEDSEA is widely interpreted in the literature as allowing Japan to demonstrate its economic power by increasing its foreign aid to the region. In contrast, this chapter shows that Japan promoted the MCEDSEA mainly with a view to extracting financial resources from the United States, which had declared its intention to increase economic aid to Southeast Asia. But both the United States and Southeast Asian countries were expecting Japan to make a substantial financial contribution. These conflicting goals and expectations doomed the MCEDSEA from the beginning.

The concluding chapter provides an overview of the main insights from this study, summarizing the factors, policy intentions, and reasons for the failure of Japan's regional diplomacy during this period. The chapter indicates some of the lessons that both policy makers and researchers might draw from this period of Japanese foreign policy.

事項索引

ア行

アイゼンハワー（Eisenhower, Dwight D.）政権 61, 63, 93, 126, 175, 310
愛知ミッション 58, 66, 69, 72, 75-76, 84, 90, 266
アジア開発基金（吉田政権期） 68-70, 73
アジア開発基金（鳩山政権期） 16, 18, 30, 86, 100, 105-106, 108-110, 305
アジア開発金融機関（公社） 16, 18, 30, 86, 103, 105, 108-110, 112-113, 115-117, 133, 135, 305
アジア開発銀行（ADB） 12, 14, 54, 114, 207-208, 261, 272, 275, 284, 287-289, 293-294, 296, 299, 309, 312, 314
アジア開発銀行試案 100-101
アジア開発公社試案 104-105, 108, 111
アジア開発プロジェクト・コンサルティング・センター 158
アジア極東経済委員会（ECAFE） 14, 31, 69, 80, 91, 165, 180, 182, 184-188, 191-194, 197-201, 204-205, 207, 261, 279, 306, 314
　―東京総会 184-185, 207
アジア投資金融機関（AFC） 100-103
アジア経済協力機構（OAEC） 14, 31, 159, 183-188, 191-208, 227, 292
　―共同宣言案 186-187, 191-194, 197, 199-201, 207
アジア経済協力に関する専門家三人委員会 → 三人委
アジア経済懇談会 42
アジア決済同盟（APU） 16-17, 30, 65, 68, 70-72, 78-79, 90-92, 105, 204-205, 305
アジア経済ワーキング・グループ 64, 72, 165
アジア協会 39, 42-43, 132
アジア共同体 →東アジア共同体も参照 11, 40, 182-184, 187, 202, 206, 208, 211, 309, 315
アジア主義 26-29, 87, 131, 141-145, 175, 180, 307-308
アジア生産性機構（APO） 14
アジア蔵相会議 100-101, 117
アジア太平洋協議会（ASPAC） 12
アジア太平洋経済協力（APEC） 11, 249
アジア・太平洋地域公館長（大使）会議
　―第5回 133, 150
　―第12回 217, 221
　―第14回 267, 269, 271
　―第15回 296
アジア地域主義 11-15, 23-25, 28, 31, 33, 44, 63-64, 87, 92, 97, 118, 179-180, 184, 211, 213, 247, 250, 304, 307-309, 312, 314-315
　―外交 11, 13-15, 21, 23, 25, 29-33, 84-86, 93, 118-119, 158, 177, 180-182, 186, 208-209, 248, 300, 303-309, 312-312, 314-316
　―外交の定義 13-14
　―外交の事例 13-20
　―開放的な（開かれた） 105, 196
　―構想 14-16, 20, 25, 28-31, 43-44, 50, 62, 71, 77, 82, 84-87, 118-119, 126, 128, 181, 184, 208-209, 212, 248, 261, 305-306, 308-309, 311, 313-314
アジア通貨基金（AMF） 11
「アジアによるアジアのための経済開発」 26, 29, 84, 87, 112, 119, 125, 148, 160, 166, 176, 300, 307, 314-315
「アジアの一員」 26-28, 39-41, 43, 46, 84, 112, 119, 148, 225-226, 238, 248, 303, 307
アジアの盟主 123, 131, 308
アジア平和計画 258, 260-265, 269-270, 274, 283, 311
アジア貿易基金 122
アジア・マーシャル・プラン 30, 34-35, 45-50, 70, 73-76, 82-83, 90, 259
アジア向け中期輸出手形の再割引機関 122
芦田均政権（内閣） 51
イギリス 20, 22, 26, 40, 50, 55-58, 68, 70, 74, 78, 80, 91, 94, 109, 121, 151-152, 156, 168-169, 185, 205, 216-217, 220, 223-225, 228-229, 231, 235, 239-244, 248, 266, 270, 277, 306
池田勇人政権（内閣） 25, 31, 177-180, 187,

事項索引 343

208-209, 211-213, 246-247, 262-263, 292, 304-305, 307
池田・ロバートソン会談　44
石橋湛山政権（内閣）　22, 172
イラン　197-198
インド　34, 37-38, 40, 70, 80, 88, 91, 93-98, 101, 106, 117, 144, 147-148, 150-151, 153-155, 165, 169, 182-185, 198, 204, 223, 227-228, 261, 267, 300, 304, 312-314
インドシナ　34, 36, 60, 64-65, 70, 271, 274
インドネシア　16, 25, 34, 40, 70, 91-92, 94, 97-98, 101, 117, 150, 171, 181, 197-198, 204, 211-223, 225, 227-236, 238-249, 256-257, 260, 271-274, 278, 281-282, 285, 288, 292-293, 296, 300, 305-306, 309, 311-313
インドネシア・マレーシア紛争　→コンフロンタシも参照　213-214, 222, 232, 242, 246
A級戦犯　180
NSC48／2　36
NSC5429　64
NSC5506　88, 93
NSC5707／8　127
LT貿易　179, 233
援助GNP 1％到達　251-252, 262, 284, 294, 298, 300
欧州安全保障協力機構（OSCE）　24
欧州共同体（EC）　11
欧州経済共同体（EEC）　134, 136, 183, 185, 194, 200, 211
欧州経済協力機構（OEEC）　46, 49, 64, 68, 72, 75, 80
欧州原子力共同体（EURATOM）　134, 183
欧州石炭鉄鋼共同体（ECSC）　189-190
欧州統合　134-135, 140, 147, 175
欧州連合（EU）　11, 25, 312
大蔵省　11, 47, 81, 92, 103, 108-109, 112, 114, 158-159, 187, 190-191, 199-200, 203-207, 274-275, 286-288, 292-293, 295-296, 299-300, 305, 311
オーストラリア　20, 121, 171, 181, 200, 211-214, 222-223, 227-228, 231-232, 234-236, 238, 240-243, 261, 270, 296
オープン勘定　92, 204-205
小笠原　145, 160

沖縄　145, 147, 160, 181
オリエンタリズム　314-315

カ行

海外経済協力基金　174, 286, 296
外貨準備　37, 68, 173, 204-205, 218
開発援助委員会（DAC）　282
開発援助枠組み　16, 25, 208-209, 261, 304
開発借款基金（DLF）　126-127, 133, 161, 168
外務省
　―アジア局　40, 77, 80-81, 108, 131, 137, 139-141, 152, 245, 265, 285, 305-306
　―アメリカ局　138, 259
　―経済局　77, 81, 107, 131-132, 137, 139-141, 158, 188-189, 195, 305
　―国連局　192-193, 199
　―欧米局　61, 69, 77, 81, 131, 134, 137-138, 305
　―経済協力局　252, 260-261, 265, 270-274, 276, 285, 300, 305, 309
カシミール問題　155, 313
片山哲政権（内閣）　51
GATT・IMFルール　196, 207
カナダ　121, 236, 238, 296
ガリオア　115-116
関税と貿易に関する一般協定（GATT）　170, 179, 189, 196, 207, 222
　―第1、13、17条　189
　―第24条　189
　―第25条　189
　―第35条援用撤回　179, 222
関税同盟　24, 187, 193
完全な経済統合　25
環太平洋連帯研究グループ　226
カンボジア　40, 94-95, 164, 170-171, 197, 219, 249, 256-257, 260, 265-267, 271, 278-280, 282, 285-286, 288, 292-295, 309, 311-314
北ボルネオ　→サバ参照
岸信介政権（内閣）　30-31, 85-87, 119, 121, 123, 125, 172, 175, 178, 180, 182, 204, 304-305, 310
岸・マッカーサー予備会談　138, 145, 147, 158-159, 162
技術訓練（研修）センター　90, 95, 99, 102,

137, 147-148, 151, 153, 167
北大西洋条約機構（NATO） 24
北ベトナム 40, 260, 270, 278, 280-281
9・30事件 281, 292
共産主義 27-28, 35-36, 45-46, 55-56, 60, 65, 67, 69-70, 74, 80, 107, 132, 140-141, 143, 146, 157, 161, 163, 166, 195, 243, 246, 279, 314
経済安定本部 34-35, 39
経済外交懇談会 134, 140, 148
　―第一回 134-136
　―第二回 137-138
　―第三回 138-140
経済協力開発機構（OECD） 179, 182, 195, 212, 218, 282
経済企画（経企）庁 102-103, 105, 108, 158, 170, 185, 187-188, 199-201, 203, 207, 251, 274-275, 287, 289, 305
経済審議（経審）庁 54, 58, 69, 77-79, 84, 91, 94, 305
経済的統合 24
経済同盟 25
経済連携協定（EPA） 208
ケネディ（Kennedy John F.）政権 180-181, 183-184, 209
"構造化，焦点化された比較の方法（method of structured, focused comparison）" 22
高度経済成長 31, 178-179, 204-205, 208, 211, 307-308
河野構想 170
五ヵ国首脳会談 →西太平洋友好帯（西太平洋）も参照 212-213, 229, 237, 239
国際開発局（AID） 183
国際協力局（ICA） 102, 111, 127, 129, 132, 147-148
国際金融公社（IFC） 100, 110
国際通貨基金（IMF） 64, 100-101, 117, 169, 179, 190, 196, 205, 207, 217-218, 260
　―8条国移行 179, 190
国際連合（UN） 13, 42, 69, 147-148, 156, 216, 220, 224, 235, 272, 279, 303, 314
国連特別経済開発基金（SUNFED） 147-148
国連貿易開発会議（UNCTAD） 252, 262
ココム（COCOM） 36
「心と心のふれあい」 239, 241

コモンウェルス圏　→スターリング圏
コロンボ・プラン 30, 46, 54, 64-65, 67-68, 70-73, 78-80, 87-89, 93-96, 99, 104-105, 108-109, 121, 152, 156, 165-166, 171, 176, 308-309
　―オタワ会議 65, 78
　―シンガポール会議 94, 99, 104
コンフロンタシ 212, 215, 217-218, 278, 281, 305, 313

サ行

財界 41, 106, 125, 134-135, 137, 140, 175, 288, 305
佐藤榮作政権（内閣） 31, 178, 263, 287, 304-305
サバ（北ボルネオ） 94, 216, 219-220
サラワク 94, 216, 219-220
三人委 185, 187-190, 192, 194, 200, 203-204
　―第1次ドラフト 185, 188, 190
　―第2次ドラフト 188-191
　―第3次ドラフト 185, 192
　―報告書 185, 192, 194, 199
CFEP562／1 166
社会党 48, 51, 268
ジャカルタ暴動 215, 220, 228, 230-232, 237, 246
自由党 48, 62, 77, 85
自由貿易協定（FTA） 187
自由貿易地域 24, 189, 193
自由民主（自民）党 105, 107, 130, 138, 174, 200, 207, 223, 262, 268
準賠償 262
小日本主義 104, 309
所得倍増 177, 179
ジョンストン演説（提案）1956年 106-113, 115-119
ジョンストン委員会（報告）1957年 127, 132-133, 138
"ジョンソン構想（演説，ドクトリン）" 250, 258-262, 264-272, 274-283, 287-288, 290-291, 293-295, 297, 299-300, 305, 311
ジョンソン政権 297, 311
シムラ会議 30, 85, 93-99, 101, 104, 113, 118-119, 126, 151, 153, 156, 165, 176, 204, 305-306, 308

事項索引　345

集団的自衛権　24
事例選択　21-22, 315
シンガポール　94, 99, 104, 208, 216, 219, 222-223, 228, 239, 249, 256-257, 278, 281-282, 288, 290-291, 294, 298, 311
新太平洋共同体構想　181, 183-184
進歩同盟全米委員会（CIAP）　264, 273
神武景気　177
信頼醸成枠組み　16, 214, 226, 233, 247, 304, 309
スウェーデン　224
スカルノ・ラーマン首脳会談　219, 221, 226
「鈴木源吾文書」　47, 66, 83
"スターリング圏（ポンド圏、コモンウェルス圏）"　15, 68, 70, 78, 91, 109
政治経済戦争　127, 175
政治的統合　24
政府開発援助（ODA）　252, 254-257
セイロン（スリランカ）　34, 40, 94, 96-97, 117, 151, 153, 155-157, 197
世界銀行　38, 46, 53, 64, 67-68, 75, 100-101, 110, 116-117, 147, 151, 156, 159, 168-169, 261, 273
千億減税千億施策　173
戦後アジア主義　11, 26-29, 43, 112, 141-145, 175, 226-227, 307-309, 314
　──池田勇人の　226-227
　──一万田尚登の　112-114
　──岸信介の　141-145
　──高碕達之助の　112-114
相互安全保障法（MSA）　43-44, 53
相馬ヶ原（ジラード）事件　147
総理大臣基金（仮称）　262
ソビエト社会主義共和国連邦（ソ連）　13, 35, 57, 67, 74, 99, 106-108, 112, 124, 127, 135, 151, 153-155, 157, 160, 166, 177, 226, 245, 261, 314

タ行

タイ　34, 94, 101, 117, 147, 151, 156-157, 182, 185, 197-198, 206, 211-212, 223, 228-230, 234, 249, 256-257, 260, 267-269, 271, 273, 277-281, 292, 294-295, 299, 313
大アジア主義　104, 142-143, 145, 188

対外活動本部（FOA）　46, 59-60, 63-64, 67, 71, 74, 80, 88, 90, 93, 101, 118
対外経済協力特別委員会　174
対外経済政策委員会（CFEP）　128, 166
大韓民国（韓国）　28, 34, 88, 91-92, 101, 117, 164, 179-180, 211, 263, 273, 296, 299, 313, 315
大東亜共栄圏　13, 26, 104, 116, 135, 143, 164, 308-309
大統領（アイゼンハワー）特別基金　87-88, 93, 95, 98-103, 105, 109, 113, 118-119, 126, 128, 157, 305, 310
「対米協調」　85, 87, 123, 178-180, 209, 247, 267, 269, 304
「対米自主」　31, 85, 87, 121, 123-124, 149, 175-176, 180, 304
短期決済金融機構　16-17, 30, 86, 95, 305
地域開発基金　16-17, 30, 86, 95, 99, 305
地域主義　アジア地域主義も参照　11, 14
　──新しい（第二の、新しい波）　11
　──古い（第一の）　12, 24, 183, 309
地域統合　13, 24, 309-310, 312
中ソ離間（分断）構想（吉田茂）　57, 74
中立主義（国）　40, 107, 149, 152, 156-157, 165, 258, 267, 276, 278, 282, 299, 309, 314
チンコム（CHINCOM）　36
中華人民共和国（中国、「中共」）　28, 34, 36-37, 45, 49, 53, 57, 67-69, 81, 85, 89, 96, 112, 124, 138, 145, 155, 157, 160, 166, 168, 179, 195, 211, 236, 242, 260, 272, 285-286, 290, 313-315
中華民国（台湾）　117, 151, 157, 172, 175, 197-198, 206, 211, 223, 228, 230, 233, 237-238, 260, 263, 273, 299
朝鮮戦争　34, 36, 43, 52, 243
朝鮮民主主義人民共和国（北朝鮮）　28, 107, 260, 313
通商産業（通産）省　34, 54, 58, 71, 77, 81, 110, 125, 135-136, 138, 140, 158, 175, 191, 199-203, 207, 268, 275-276, 287, 289-290, 305
ディエンビエンフー　64
デンマーク　224
東条内閣（政権）　135
東南ア開発諮問委員会　273
東南アジア開発閣僚会議（閣僚会議）　14-16,

20, 31, 84, 119, 159, 177, 180, 247-253, 257-259, 261-263, 266, 274, 276, 280-281, 283-301, 305
　―第1回会合　293-295
　―第2～6回　298-299
東南アジア開発基金（開発基金）　16, 19, 31, 86, 119, 121-126, 129, 131, 133, 136, 138-139, 141, 145, 147-163, 167-176, 182, 204, 212, 247, 304-305, 308-309, 312
東南アジア開発協力基金　172, 174
東南アジア開発大臣会議　274-276, 280-284
東南アジア拡大経済社会開発計画　270-271
東南アジア経済開発基金　16, 30, 85, 89-90, 93, 118, 305
東南アジア経済開発計画研究会　65, 77-81
　―第1回会合　77-78
　―第2回会合　78-79
　―第3回会合　79-80
　―第4回会合　80-81
　―第5回会合　80-81
　―第6回会合　81
東南アジア諸国経済開発会議　273
東南アジア諸国連合（ASEAN）　11-12, 208, 312-313
東南アジア条約機構（SEATO）　12, 24, 71-72, 78, 89, 108, 140, 154, 156, 234
東南アジア連合（ASA）　12
東南ア調整連絡会　42, 54
特定産業振興臨時措置法（特振法）　203
統一見解（ベトナム戦争）　268
特別円問題　156
ドッジ・ライン　37, 63
トルーマン（Truman, Harry S.）政権　35
ドル防衛　224

ナ行

ナショナリズム　27-28, 38, 40-41, 81, 112-113, 140, 163, 165, 305, 307, 312, 315
二キ三スケ　142
西イリアン紛争　216, 218, 223, 234
「西側先進国の一員」　26-27, 307
西太平洋友好帯（西太平洋）　16, 19, 31, 177-178, 209, 211-215, 223-224, 226-247, 305, 307, 309-310, 312-313

日豪通商協定　222
日米安保条約　99, 145, 147, 160, 162, 178
「日米経済協力の一環としての東南アジア開発」　29, 33-34, 37, 43
日米貿易経済合同委員会（日米合同委）　231, 266, 270, 274-275, 282-283, 297
　―第3回　231
　―第4回　266, 270, 274-275, 282-284
　―第5回　297
日米政策企画会議　264
日韓国交回復　179-180, 265, 285
日本外交三原則　303
日本銀行（日銀）　34, 61, 100-101, 103, 134, 305
日本再建同盟　141
日本重視キャンペーン　59, 61
日本民主党　48, 77, 85
日本輸出入銀行　172, 174
ニュージーランド　121, 171, 200, 211-212, 222, 227, 230-232, 238, 243-244, 261
ニュールック　62
農業開発会議　292, 295-296
農業基本法　206
ノルウェー　224

ハ行

賠償　25, 35-36, 40-43, 54, 73-75, 90, 92, 106, 109-111, 115, 117, 128, 133, 147-148, 150, 171, 262
パキスタン　40, 80, 88, 91, 94-97, 117, 151, 154-156, 197-198, 223, 228, 261, 300, 313
鳩山一郎政権（内閣）　30, 50, 81-82, 84-87, 92, 100, 113, 118-119, 122, 126, 130, 133, 180, 305
「汎アジア主義」　166
反共経済圏　157, 166
反植民地感情　40-41, 84, 114, 163, 303, 307
反日感情　34, 128, 164-165, 167, 171, 238, 313
反米感情（思想）　139-140, 145, 150, 165, 283
バンドン会議　94, 97
ハンフリー・ミッション　218
東アジア共同体（ASEAN＋3）　11
東アジア経済協議体（EAEC）　11
東アジア経済グループ（EAEG）　11
ビルマ（ミャンマー）　25, 40, 94-97, 106, 117,

151-153, 155, 165, 183, 197-198, 206, 223, 228, 249, 256-257, 260-262, 273, 278-279, 281, 284-285, 288, 314
フィリピン　25, 34, 40-41, 70, 74, 88, 94, 117, 119, 128, 140, 164, 171, 181, 197-198, 211-212, 215, 219-220, 222-223, 228, 231-239, 245, 247-249, 256-257, 260, 273, 277, 294, 298, 305, 309, 312-314
フェアレス委員会，報告　127, 131-133, 140
4Hクラブ　127
「福田ドクトリン」　208, 241
フランス　22, 40, 64, 224, 270
ブルネイ　217
ブルネイ人民党（PRB）　217
米国国際開発顧問団（IDAB）　87, 106-107, 118, 127
「米国とアジアの狭間」　303, 306-307
ベトナム戦争　249-250, 258-259, 266-268, 278, 281, 283, 297, 299-300, 306, 311
ベ平連　267
ポイント・フォー　34, 68
貿易為替自由化計画大綱　189
貿易決済枠組み　16, 25, 64, 92, 102, 122, 208-209, 304
北爆　→ベトナム戦争も参照　258-259, 262, 265, 268
北米自由貿易協定（NAFTA）　11, 312
ポンド圏　→スターリング圏

マ行

マーカット声明　37
マーシャル・プラン　75, 78, 260, 277
マニラ協定　219
マニラ・ショック　289-290
マニラ・スピーチ　→福田ドクトリン

マフィリンド（大マレー国家連合）　219-220, 232, 235, 240
マラヤ連邦　34, 40, 94, 171, 197-198, 216-217, 219-223, 228-229
マレーシア　11, 211-223, 225, 227-237, 239-244, 246-247, 249, 256-257, 260, 271, 277-278, 280-281, 294, 296, 298, 313
マレーシア対決政策　→コンフロンタシ
マレーシア紛争　→コンフロンタシ
満州　33, 92, 104, 142-143, 308
南ベトナム　94, 170, 197-198, 249, 256-257, 260, 262-263, 270-271, 277-281, 298, 313
民族主義　→ナショナリズム
メコン委員会　261, 264, 270-274
モンゴル　107, 195, 198

ヤ行

ヤング委員会，報告　129, 149, 162-168, 176, 305, 310
ヨーロッパ決済同盟（EPU）　204
吉田茂政権（内閣）　33, 37, 44-45, 50-52, 59-60, 62, 77, 84, 87, 113, 119, 122-123, 126, 131, 180, 208, 305
余剰農産物問題　43, 49, 53, 58-59, 66, 77, 83

ラ行

連合国軍最高司令官総司令部（GHQ）　37
ラオス　40, 94-95, 171-172, 176, 197-198, 249, 256-257, 262, 267, 271, 277, 281
ルールケラ　147, 153
冷戦　26-27, 34, 40-41, 112, 305, 307, 314-315
連絡機構設置案（池田勇人）　224, 228

ワ行

「腕白小僧（Young Turks）」　127

人名索引

ア行

アイゼンハワー（Eisenhower, Dwight D.） 58, 60, 62, 73, 124, 145, 160-161
愛知揆一 54, 58, 66, 69, 71, 73
朝海浩一郎 140, 196
アザハリ（Azahari, A. M.） 217
アスマゥン（Asmaun） 281
阿部考次郎 134
鮎川義介 142
荒川昌二 94
アリソン（Allison, John） 52, 56, 59-60, 62
アンダーソン（Anderson, Robert B.） 127
安藤龍一 77
井口貞夫 82, 98
池田勇人 16, 30, 52, 54, 61-62, 132, 158-159, 172-173, 179-184, 188, 200-203, 205, 208-215, 217, 220-224, 226-246, 304-306, 309-310, 312-314
石川一郎 59-61
石坂泰三 42, 134
石田正 158
石橋湛山 28, 102-104, 109, 114, 119, 130, 137-138, 150, 309
板垣修 267
市川忍 134
一万田尚登 34, 61, 100-105, 108-119, 131, 134, 139, 167-168, 170, 172-174, 305
伊藤昌哉 211-213, 238
稲垣平太郎 55
犬養健 51
井上清一 134
井上亮 77
今井善衛 199-200, 203
ウ・チョウ・ニエン（U Kyaw Nyein） 151-152
ウ・ニュン（U Nyun） 185, 187, 189, 191-192, 199, 201-202, 207
ウ・ヌー（U Nu） 151-152
ウェアリング（Waring, Frank A.） 115-116, 129-131

上杉慎一 141
上田常光 291
植村甲午郎 60, 134
ウォー（Waugh, Samuel C.） 99
ウォロシーロフ（Voroshilov, Kliment Efremovich） 153
牛場信彦 285, 288, 296
宇山厚 94, 98
大川周明 142, 145
大来佐武郎 28, 39, 55, 69-70, 75, 77, 79, 84, 94, 98-99, 102, 119, 158-159, 185, 187-188, 191, 199, 203-204, 226, 305-306, 309, 313
大隈渉 221
大島寛一 199
大志摩孫四郎 137
大田三郎 227-228
大野勝巳 134-135, 228
大平正芳 199-200, 202, 214, 221, 224-228, 233-234, 245, 247-248, 305
大堀弘 71
岡崎勝男 51-52
岡田晃 77
小笠原三九郎 61, 64-65, 71
緒方竹虎 48, 51-52, 85, 87
小川平四郎 285
黄田多喜夫 224, 232-235, 237-238, 245, 247
小田部謙一 279
小田実 267

カ行

カイコ（Cayco, Librado D.） 237
開高健 267
鹿子木員信 142
鹿島守之助 296
柏木雄介 81, 204-205
粕谷孝夫 267
片山石郎 77, 81
兼松武 77
神野金之助 137
賀屋興宣 134, 139

人名索引　349

河合俊三　77
川上貫一　250
河崎一郎　134
川島正次郎　281
木内昭胤　285
岸信介　16, 85, 95, 102, 119, 121-125, 130-135, 137-166, 170-172, 175-176, 180, 226, 305, 308-309, 312
北一輝　142
清瀬一郎　141
グーネティレッケ（Goonetilleke, Sir Oliver）155
クヌイック（Knuiq）　279
久保田豊　55
クリシュナマチャリ（Krishnamachari, Tiruvallur Thattai）　153
黒金泰美　222, 238
ケネディ（Kennedy, John F.）　181-182, 246
ケネディ（Kennedy, Robert F.）　182-183
河野一郎　99, 170, 172, 200-202, 206
小坂善太郎　200, 202, 205-206
小島新一　137
小菅宇一郎　134
小林中　42

サ行

斎藤鎮男　303
坂田栄一　292
佐藤榮作　16, 51, 200-201, 206, 251-252, 259-260, 262-266, 268, 274, 276, 283, 287-288, 291-293, 297, 299
佐藤喜一郎　134
佐橋滋　203
シアヌーク（Sihanouk, Norodom）　280
椎名悦三郎　250, 261-262, 269, 274-275, 283-284, 290, 295, 297
重光葵　88-89, 92-93, 99, 102-103, 105, 109, 141
島重信　53, 58, 221-222, 227
下田武三　251
周恩来　153
蒋介石　157, 233, 242-243
新関八洲太郎　134
ジャクソン（Jackson, C. D.）　63
ジュアンダ（Djuanda Kartawidjaja）　217

ジュサップ（Jessup, Phillip C.）　34, 100
ジョーンズ（Jones, Howard P.）　116, 240, 245
ジョンストン（Johnston, Eric）　105-108, 110-111, 113, 116-118, 127, 133, 175, 305, 310
ジョンストン（Johnston, Percy）　36
ジョンソン（Johnson, Lyndon B.）　250, 258-260, 264, 282, 297
スカルノ（Sukarno, Achmad）　214, 216-219, 227, 231, 234, 236, 239-246, 248, 281, 292
杉道助　134
鈴木秀雄　287
鈴木重光　137
スターリン（Stalin, Iosif Vissarionovich）　106, 112
スタッセン（Stassen, Harold E.）　59, 63-65, 71, 73-74, 77-78, 82, 85, 87-89, 91-93, 99, 113, 118, 126-128, 175, 305, 310
ストライク（Strike, Clifford S）　36
スハルト（Suharto）　292, 300
スバンドリオ（Subandrio）　217, 220, 281, 292
スラワルディ（Suhrawardy, Huseyn Shaheed）154
関守三郎　188, 195
セナナヤケ（Senanayake, Richard G）　155
ソーテイン（Soe Thein）　278-279
曽野明　285
ソンサン（Son Sann）　280

タ行

タヴィル（Thavil, Luang）　185
高垣勝次郎　134
高碕達之助　38, 89, 91-92, 94, 102, 104-105, 108-109, 111-114, 117, 119, 134-135, 139, 305, 308, 313
高杉晋一　134
高橋覚　199
武内龍次　69-71, 75, 81, 84, 184, 265-267, 282, 284, 294
竹山道雄　144
田中角栄　200
田中三男　134
タナット（Thanat Kohman）　198, 269, 277
谷正之　89
谷盛規　77

種崎巧　285
田村幸久　266-267, 280
ダレス（Dulles, John Foster）　37, 47, 50, 58, 60, 62-63, 73-76, 78, 105-110, 112, 115, 127-130, 161-162, 167-168, 170, 172
千金良宗三郎　60
千葉皓　131, 137-138
チャン・バン・ドン（Tran Van Don）　277
葉公超　157
堤康次郎　51
ティハン（Thi Han）　279
ディロン（Dillon, Douglas C.）　161, 168, 170
デサイ（Desai, Morarji）　153
東条英機　142
土井正治　134
ドッジ（Dodge, Joseph M.）　37, 63, 65, 88, 128
ドハティー（Doherty, Edward W.）　195-196

ナ行

中川融　137, 139, 152
中野好夫　268
永野護　41-42, 55, 134
ニクソン（Nixon, Richard）　127
西山昭　260, 264, 269, 274, 283, 285, 287-288, 300, 309
ネール（Nehru, Jawaharlal）　143, 154, 169, 182-184

ハ行

ハーター（Herter, George）　127
鳩山一郎　16, 48, 77, 85, 89
ハミルトン（Hamilton, Fowler）　183
原覺天　39
原安三郎　42
バンダラナヤケ（Bandaranaike, Solomon West Ridgeway Dias）　156
バンディ（Bundy, McGeorge）　258
バンディ（Bundy, William P.）　258
ハンフリー（Humphrey, D. D.）　218
ハンフリー（Humphrey, George M.）　63, 100, 127
ピブーン（Phibun, Songkhram）　156
ヒューズ（Hughes, Rowland R.）　127
ヒューム（Home, Alexander Frederick Douglas）　223-226, 228-229
フーヴァー（Hoover, Herbert Jr.）　101-105, 109, 111, 127
プーマ（Phouma, Souvanna）　171
フェアレス（Fairless, Benjamin）　127, 131-133, 135-136, 306
福田赳夫　241, 251, 282, 288, 293-294
藤山愛一郎　39, 42, 61, 108, 130, 134, 167-170, 177, 188, 200, 203, 251, 285, 289, 293
ブラック（Black, Eugene）　38, 73, 75
古内広雄　217, 239, 245
ブルガーニン（Bulganin, Nikolai Aleksandrovich）　106, 153
フルシチョフ（Khrushchev, Nikita Sergeevich）　106, 153
ボール（Ball, George）　194, 196
ボールドウィン（Baldwin, Charles）　54, 64, 72, 82-83, 88, 97, 266
ポーレー（Pauley, Edwin）　35
星野直樹　142
ホリオーク（Holyoake, Keith）　244
ホリスター（Hollister, John B.）　102, 105, 111, 127

マ行

マーカット（Marquat, William F.）　37
マーフィー（Murphy, Robert D.）　54, 57
マイヤー（Meyer, Clarence E.）　60, 89
前尾繁三郎　222
マカパガル（Macapagal, Diosdado）　212, 214, 219, 232, 235-236, 238-239, 246-247, 277, 313
松井明　53
マッカーサー（MacArthur, Douglas）　149
マッカーサー二世（MacArthur, Douglas A. II）　129-131, 133, 138, 140, 143, 145-146, 148-149, 154, 158-162, 175, 306
マッキュアン（McEwen, John）　222
松岡洋右　142
松永安左ェ門　42
松村謙三　137-138
松村敬一　158
松本俊一　134
松本滝蔵　169
マナハン（Manahan, Manuel）　277

マハティール（Mahathir, bin Mohamad） 11
マリク（Adam Malik） 292
マルコス（Marcos, Ferdinand E.） 277
御巫清尚 260, 265
三木武夫 138, 289, 297
水田三喜男 107, 132, 136, 200-201, 205
宮崎弘道 77
宮沢喜一 71-72, 84, 108, 306
三好英之 141
向井忠晴 54, 57
ムカルト（Moekarto, Notowidigdo） 97
メンジス（Menzies, Robert Gordon） 232, 240, 242-244
メンデス（Mendez, Mauro） 277

ヤ行

山県勝見 134
山際正道 134
山崎隆造 136
山下貢 199
ヤニ（Yani, Ahmad） 217
ヤング（Young, Kenneth T. Jr.） 129
結城司郎次 156
湯川盛夫 107, 131-132, 134, 139
湯川康平 202
吉田茂 16, 30, 42, 45-55, 57-62, 65-66, 71-78, 82-85, 87, 108, 118, 131, 149, 163, 180, 226, 266, 305-306

吉野文六 252, 260, 263-264, 269, 283, 289

ラ行

ラーマン（Rahman, Tunku Abdul, Putra alHaj） 216, 219, 221, 230, 235, 240
ライシャワー（Reischauer, Edwin O.） 224, 230-233, 235, 238, 244, 247, 249, 259, 263, 265, 283, 301, 311
ラジャラトナム（Rajaratnam, Sinnatamby） 281
ラル（Lall, K. B.） 185, 204
ランドール（Randall, Clarence） 128-131, 154, 161-163, 305
リー・クァンユー（Lee Kuan Yew） 216
李承晩 243
リム（Lim Kim Sam） 291
ロイド（Lloyd, John Selwyn Brooke） 169
ロストウ（Rostow, Walt W.） 194, 264, 267, 273
ロックフェラー（Rockefeller, Nelson A.） 127
ロッジ（Lodge, Henry Cabot, Jr.） 263
ロドリゲス（Rodriguez, Filemon） 294
ロバートソン（Robertson, Walter S.） 44, 98, 110, 115, 129, 149, 167, 170

ワ行

渡辺武 54, 71, 114, 119, 309
和田周作 267

著者略歴

保城広至 (ほしろ　ひろゆき)

1975年　生まれ
1999年　筑波大学第一学群社会学類卒業
2005年　東京大学大学院総合文化研究科国際社会科学専攻博士課程中途退学
　　　　東京大学東洋文化研究所助教、オーストラリア国立大学客員研究員を経て、
現　在　日本学術振興会特別研究員PD。学術博士（東京大学）

主要論文

・「1962年の『アジア共同体』：OAEC構想と日本」『アジア研究』第53巻第1号, 2007年
・「『対米協調』／『対米自主』外交論再考」『レヴァイアサン』第40号, 2007年

アジア地域主義外交の行方：1952－1966
The Rise and Fall of Japan's Regional Diplomacy: 1952-1966

2008年7月30日第1版第1刷　印刷発行　Ⓒ

著者との了解により検印省略	著　者　保　城　広　至 発　行　者　坂　口　節　子 発　行　所　(有)　木　鐸　社 印　刷　アテネ社　製本　高地製本所	

〒112-0002 東京都文京区小石川 5-11-15-302
電話 (03) 3814-4195番　FAX (03)3814-4196番
振替 00100-5-126746　http://www.bokutakusha.com

（乱丁・落丁本はお取替致します）

ISBN978-4-8332-2406-2　C3031

東京裁判の国際関係
日暮吉延著 （鹿児島大学法文学部）
A5判・700頁・10000円（2002年）ISBN4-8332-2328-7
■国際政治における権力と規範
　本書は「国際政治における権力と規範」を分析枠組の基本に据え，米国による大戦後の戦争犯罪処罰計画の一環として東京裁判を位置づけるもので，多国間の国際関係を総合的・体系的に分析する国際政治の文脈から，東京裁判を捉え直す。従来のイデオロギー性を排し，一次資料の綿密・丹念な検討による実証的立論は画期をなす。
(2002年度吉田茂賞受賞)

アジアにおける冷戦の起源
M. Shaller, The American Occupation of Japan, 1985
M. シャラー著　五味俊樹監訳
A5判・524頁・4000円（1996年）ISBN4-8332-2223-X
■アメリカの対日占領
　アメリカがアジア政策のレールを敷いた対日占領政策について朝鮮戦争勃発までの期間を分析し，アメリカの東アジア世界再編成の目論見を，「世界的冷戦戦略の函数」として捉える斬新な視座を提示する。歴史認識における挑戦的な試み。

日米関係と「二つの中国」
池田直隆著 （国学院大学日本文化研究所）
A5判・500頁・8000円（2004年）ISBN4-8332-2356-2 C3031
■池田・佐藤・田中内閣期
　第二次大戦後，中国は台湾と大陸に「分断国家」化した。戦後の日中関係はいずれを「中国を代表する政権」として認知するかをめぐって争われた外交問題であると同時にそれは国内の政治問題でもあった。本書は日本にとって最重要課題である日米関係との整合性を求めつつ，日中関係を処理・発展させようと試みた苦悩の軌跡をたどる。そこには歴史の真実が顕現する，興味深い大作。

再軍備と五五年体制
植村秀樹著 （流通経済大学経済学部）
A5判・368頁・4000円（1995年）ISBN4-8332-2211-6
　本書は，我が国の敗戦から55年までの再軍備過程を，55年体制に至る政治過程との関連で明らかにする戦後政治外交史の研究。
　著者は今日なお未決着のままの安全保障という国家としての基本的問題を，55年体制にその出発点があるとみる。以後の「吉田ドクトリン」等の日米政府間交渉に分析の対象を限定することなく，国内政治過程との関連に注目しつつ考察する。

（税抜価格）